빛의
광장의
기록

윤석열
즉각퇴진
사회대개혁

빛의
광장의
기록

윤석열
즉각퇴진
사회대개혁

비상행동 기록기념위원회 백서위원회 엮음

주권자
시민의 힘으로
내란을 막아내다

윤석열즉각퇴진·사회대개혁
비상행동

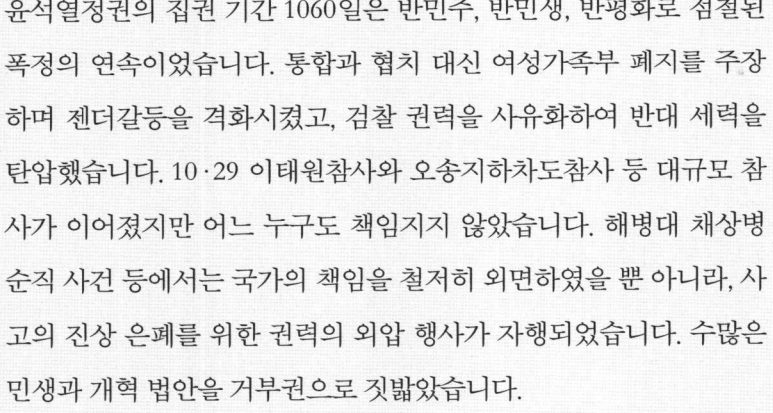

발간사

주권자 시민의 위대한 승리,
빛의 광장은 멈추지 않는다

윤석열정권의 집권 기간 1060일은 반민주, 반민생, 반평화로 점철된 폭정의 연속이었습니다. 통합과 협치 대신 여성가족부 폐지를 주장하며 젠더갈등을 격화시켰고, 검찰 권력을 사유화하여 반대 세력을 탄압했습니다. 10·29 이태원참사와 오송지하차도참사 등 대규모 참사가 이어졌지만 어느 누구도 책임지지 않았습니다. 해병대 채상병 순직 사건 등에서는 국가의 책임을 철저히 외면하였을 뿐 아니라, 사고의 진상 은폐를 위한 권력의 외압 행사가 자행되었습니다. 수많은 민생과 개혁 법안을 거부권으로 짓밟았습니다.

심지어 자신의 정치적 위기를 모면할 목적으로 비상계엄 선포를 위해 전 국민을 죽음의 전쟁 상황으로 내몰려고 했습니다. 국민의 생명과 안전을 지켜야 하는 국가의 역할을 완전히 저버린 것입니다. 기가 막힙니다.

급기야 2024년 12월 3일 늦은 밤, 임계점을 넘나드는 국민적 분노를 억누르고 권력을 연장, 장기 독재로 나아가기 위해 주권자에게 총부리를 겨누는 '12·3 비상계엄'이라는 헌법파괴 내란범죄까지 자행했습니다.

하지만 헌정질서가 무너지는 그 끔찍한 파국을 온몸으로 막아낸 것은 다름 아닌 평범한 주권자 시민들이었고, 불의에 맞선 용기 있는 국회의원과 국회 관계자 들이었습니다. 맨몸으로 장갑차를 막아서고, 국회의 담장을 넘어 계엄해제를 이끌어낸 그날 새벽의 결기는 기나긴 대항쟁의 위대한 서막이었습니다.

12·3 내란부터 이듬해 4월 4일 헌법재판소의 만장일치 파면 선고까지 123일, 그리고 6월 10일 비상행동의 공식 해산까지 190일. 그것은 경이로운 항쟁의 연속이었습니다. 촛불 대신 각양각색의 '응원봉'을 치켜든 청년과 시민들은 여의도와 광화문을 넘어 전국 방방곡곡을 '빛의 광장'으로 물들였습니다.

살을 에듯 차가운 칼바람 속 남태령 고개에서 트랙터를 지켜낸 시민과 농민의 뜨거운 연대, 기록적인 폭설을 뚫고 한남동 관저 앞에서 내란범 체포를 외쳤던 3박 4일의 시간들이 있었습니다. 지귀연 재판부의 윤석열 구속취소 결정에 맞서 즉각적으로 시작된 단식투쟁은 헌정수호를 열망하는 제 정당과 시민들이 결집한 광화문 농성장으로 확대되었습니다. 분노한 민심은 단 72시간 만에 100만 명의 파면 촉구 서명을 이끌어냈고, 헌법재판소 앞의 철야농성으로 이어졌습니다.

이 치열한 과정 속에서 비상행동은 제 정당과 함께 윤석열 즉각 파면과 사회대개혁을 위한 공동선언을 이끌어내며 굳건한 연대를 구축하기도 했고, 그 결과 헌법재판소에서 윤석열 8 대 0 만장일치 파면을 이끌어냈습니다.

그러나 파면 선고 이후에도 기득권 내란세력의 저항은 멈추지 않았습니다. 조희대 대법원은 대선 기간 유력 야당 후보의 2심 무죄 판결을 통상의 절차를 무시하고 이례적인 속도로 뒤집었습니다. 또한 사건을 유죄 취지로 파기환송하여 노골적인 선거 개입을 자행했고, 내란부역자들은 이를 틈타 재집권을 노렸습니다. 그러나 절체절명의 위기 앞에서도 주권자 시민들은 결코 흔들리지 않았습니다.

매 순간이 기적이었고, 매 걸음이 주권자가 직접 써 내려간 새로운 역사였습니다.

우리는 끝내 이겼습니다. 주권자 시민의 승리입니다. 헌정 사상 초유의 내란범죄를 저지른 현직 대통령을 폭력이 아닌 헌법적 절차와 광장의 힘으로 권좌에서 끌어내렸고, 투표장을 향한 굳건한 발걸음으로 내란세력의 재집권 시도를 완벽히 차단했습니다. 이는 2017년 박근혜 퇴진 촛불의 경험을 넘어, 우리 민주주의가 한층 더 성숙하고 단단해졌음을 전 세계에 증명한 사건입니다. 오만하고 무능한 권력은 반드시 국민의 심판을 받는다는 준엄한 진리를 다시 한번 역사에 새겼습니다.

오늘 이 백서 《빛의 광장의 기록》이 의미 있는 이유입니다. 나아가 윤석열을 파면시킨 것은 끝이 아니라 시작일 뿐입니다. 우리는 지난 2017년의 경험을 통해, 권력자를 끌어내리는 것만으로는 우리 삶의 근본적인 모순을 온전히 바꿀 수 없다는 뼈아픈 교훈을 얻었습니다.

그러기에 이번 광장에서는 처음부터 끝까지 윤석열 퇴진과 함께 '사회대개혁'의 목소리가 거세게 울려 퍼졌습니다.

차별과 혐오가 없는 평등한 세상, 생명과 안전이 지켜지는 사회, 기후위기를 극복하고 한반도의 평화가 정착된 나라, 노동의 권리가 보장되는 공존의 세상. 광장의 치열한 공론장을 통해 시민들이 직접 모아낸 '118개의 사회대개혁 과제'는 우리가 앞으로 나아가야 할 뚜렷한 이정표입니다. 내란세력의 잔재를 완전히 청산하고, 시민의 삶을 근본적으로 바꾸는 사회대개혁이 제도적으로 완수될 때, 비로소 우리의 190일 항쟁은 진정한 완성에 이를 것입니다.

이 백서에는 눈보라와 매서운 추위 속에서도 서로의 체온을 나누며 광장을 지켜낸 1000만 주권자 시민의 땀과 눈물, 그리고 희망이 고스란히 담겨 있습니다. 이 위대한 여정에 기꺼이 함께한 모든 시민 여러분, 그리고 전국 각지에서 헌신한 비상행동 단체 활동가 여러분에게 깊은 존경과 감사의 인사를 드립니다.

응원봉을 들기 전과 후의 세상은 분명히 달라져야 합니다. 주권자가 진정한 주인이 되는 그날을 향해, 우리가 함께 밝힌 빛의 광장은 앞으로도 결코 꺼지지 않고 힘차게 전진할 것입니다.

2026년 4월 4일
내란청산·사회대개혁비상행동 기록기념위원회

공동대표
김민문정, 박석운, 양경수, 이용길, 진영종

차례

1부 빛의 혁명 서사

2부 비상행동 소개: 조직 체계와 운영 방식

포토 에세이

사진으로 보는 빛의 혁명

계엄에서 파면까지,
123일의 기록

2024년 12월 3일, 서울역 대합실, 비상계엄 선포 뉴스특보를 시청하는 시민들.

12월 3일, 윤석열 비상계엄.

이제 헌법질서를 바로잡는 일이 시민들에게 주어졌다.

역사를 바로잡느냐, 암흑의 시대로 되돌아가느냐 하는 갈림길에서,

다시 위대한 시민들의 눈앞에는 결단을 해야 할 순간이 벼락처럼 다가왔다.

2024년 12월 3일, 국회 앞, 국회로 달려간 시민들.

12월 3일, 국회로 간 시민들.
장갑차를 몰고 온 계엄군보다,
헬기로 공중에서 떨어진 계엄군보다,
맨발로 달려온 시민들이 먼저 국회로 모였다.
민주주의에 대한 열망이 계엄령을 제압하는 순간이다.

2024년 12월 3일, 국회 주변, 계엄군을 맨몸으로 막는 시민들.

계엄군의 장갑차는 감히 시민을 뚫지 못한다.
계엄군의 장갑차를, 반헌법적 계엄을, 반민주적 내란을
단호히 돌려보내는 자랑스러운 시민들의 손짓을 보라.
단호하고, 부드러운 손짓을!

2024년 12월 4일, 광화문광장. '윤석열 불법 계엄 규탄 내란죄 윤석열 퇴진 국민주권 실현을 위한 전면적 저항운동 선포 전 국민 비상행동' 기자회견.

12월 4일, 기자회견.
민주주의가 위기에 몰린 비상한 상황에,
시민의 헌법적 권리를 박탈하려는 위기의 상황에,
권력을 전횡하려는 내란의 무리들이 판치는 상황에,
전국의 시민들이 전면적 저항의 깃발을 드높이 들었다.

2024년 12월 5일, 광화문, 12·5 집회.

12월 5일과 12월 6일, 집회.
시민들이 밝힌 빛이 강물이 되어 흐른다,
빛의 강물이 흐르고 흘러 광장에서 바다를 이룰 때까지!

2024년 12월 6일, 국회 앞, 12·6 집회.

자, 이제 윤석열 탄핵을 향해 깃발을 높이 들었다.
하늘을 수놓은 수많은 깃발을 보라,
손에 손에 움켜 쥔 빛의 의지를 보라,
깃발은 하늘을 흔들고,
시민의 빛은 땅을 밝힐 것이다.

2024년 12월 7일, 국회 앞, 윤석열 탄핵 기각에 국회를 가득 메운 시민들의 분노의 함성.

● 출처: 비상행동 송송

12월 7일, 집회.
윤석열 탄핵 기각은 분노가 되어
민주주의 회복과 사회대개혁의 원동력이 될 것이다.
우리에게 절망은 없다!

2024년 12월 9일, 국회 앞, 윤석열 탄핵 기각에 국회를 가득 메운 시민들의 분노의 함성.

12월 9일, 국민의힘 규탄.

이제 민주주의의 걸림돌을 치워야 할 시간이다.

시민이 밝힌 광장의 빛이 정치의 껍데기를 몰아냈다.

그래, 껍데기는 가라, 사라져라!

2024년 12월 11일, 향린교회, 윤석열즉각퇴진·사회대개혁비상행동 발족 기자회견.

12월 11일, 윤석열즉각퇴진·사회대개혁비상행동 결성.
우리의 갈 길은 아직 멀다.
민주주의를 회복하고 사회대개혁으로 가는 길은!
윤석열 즉각 탄핵과 사회대개혁으로 가는 길을
우리는 성큼성큼 걸어 나갈 것이다.

2024년 12월 14일, 국회 앞, 국회로 모인 200만의 시민.

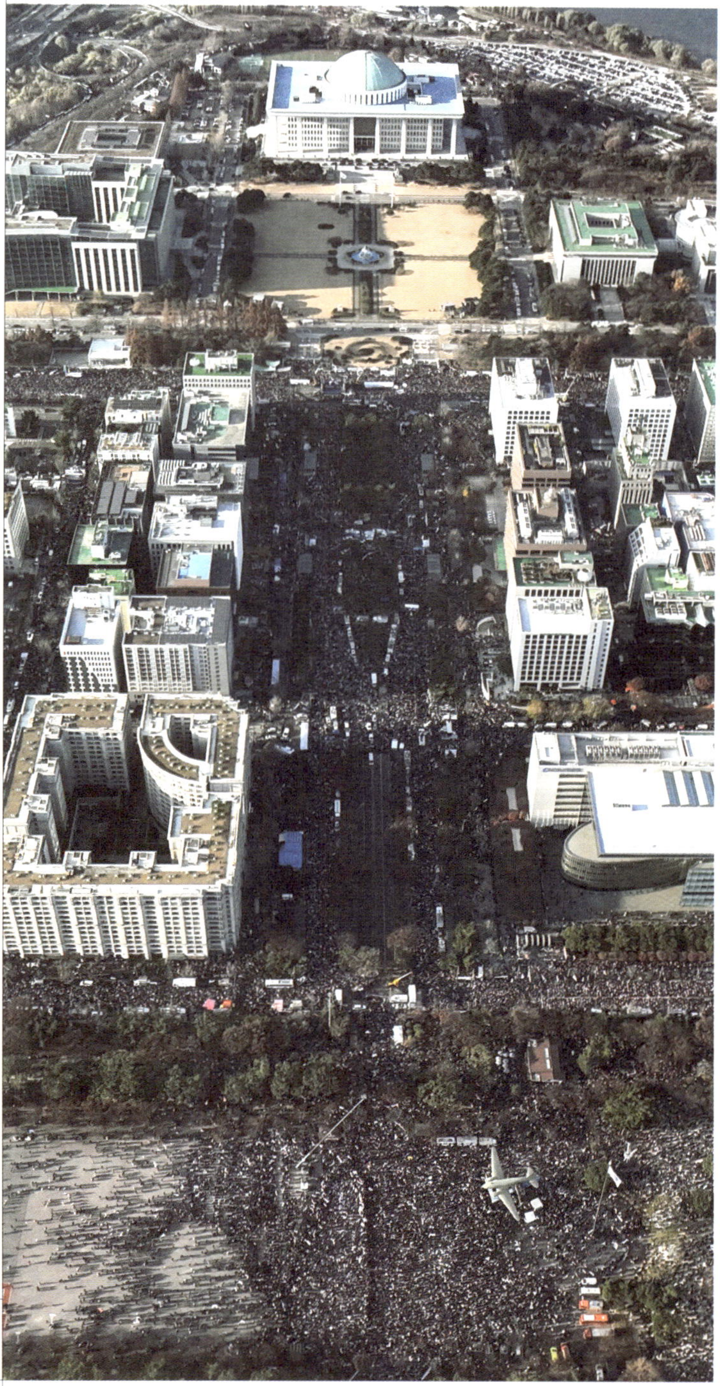

● 출처: 연합뉴스

12월 14일,
탄핵소추안 가결.
이들의 눈빛을 보라.
우리의 갈 길을 밝혀준다.
모두가 한 방향을
바라보지 않는가!
이제 한고비
넘었을 뿐이다.
우리는 하나되어
한목소리로,
산 자들이 따를 것임을
노래했다.

2024년 12월 21일, 남태령, 민주주의 역사의 장이 된 남태령.

12월 21일, 남태령.
농민이 앞장섰다, 시민이 함께했다!
밤을 세워 남태령을 역사의 장으로 만들었다.
남태령은 우리가 함께 넘어가야만 할 민주주의의 고개가 되리라.

2025년 1월 5일, 한남동 대통령 관저 앞, 폭설 속에서도 방한 필름을 두르고 철야농성에 참여하는 '키세스' 시민들.

1월 3일~1월 6일, 윤석열 체포투쟁.
내란수괴를 우리가 체포하리라!
새벽에 내리는 눈을 맞으며, 윤석열 체포의 순간에
만끽해야 할 기쁨을 예견하는 시민들의 표정을 보라!

2025년 1월 15일, 공수처 앞, 체포된 윤석열.

● 출처: 한겨레21

1월 15일, 윤석열 체포.
한남동에 숨어 있던 내란수괴를 시민들이 끌어냈다.
자, 이제 내란수괴를 파면하고,
법의 심판대에 세우자, 시민의 힘으로!

2025년 1월 18일, 서울서부지방법원 앞, 윤석열 지지자들의 난입.

1월 18일, 서울서부지방법원 폭동.

12월 3일 국회 유리창을 깨고 침탈을 시도한 자들과

1월 18일 법원의 유리창을 깨고 들어가 난동을 벌인 자들을,

우리는 기억하리라. 너희는 민주주의의 적이고, 역사의 적이라고!

2025년 2월 22일, 광화문 앞, 국민의힘 규탄 집회.

2024년 12월 8일, 부산 박수영 국회의원 사무실 앞, 윤석열구속파면 부산시민대회.

"내란동조 국민의힘 해체하라."
내란에 동조하는 국민의힘을 해체하라는 분노의 함성이
전국에 메아리쳤다.

2025년 3월 9일, 성공회대학교 존데일리홀, 3·9 시민대토론회에서 사회대개혁의 방향을 논의하는 시민들.

광장에서 시민들이 생각하는
옳은 사회의 모습을 거리낌 없이 토론하는 것!
이것보다 더 시원한 맛이 어디 있으랴!
진정한 사이다파티가 광장에서 펼쳐졌다.

윤석열 탄핵은 거스를 수 없는 역사다!
이제 어떻게 그들이 망쳐놓은 사회를
바로잡고 개혁해 나갈 것인가가 우리에게 주어졌다.
그래서 시민들이 모여서 대토론회를!
또 인터넷으로 전국의 시민들이 하나로 연결되어 사회대개혁의 방향을 함께
만들었다.

2025년 3월 8일, 서울구치소 앞, 석방된 윤석열.

3월 8일, 윤석열 석방.
내란수괴가 걸어 나왔다.
이것은 사법부가 허락한 탈옥이다.
백주 대낮에 사법부가 자행한 폭거를,
뻔뻔하게 걸어 나오는 내란수괴를
목도한 시민들은 새로운 각오를 다져야만 했다.

2025년 3월 8일, 광화문, 비상행동 의장단 단식농성.

3월 8일, 단식농성 시작.
비상행동이 광화문에 자리를 잡았다.
시민이 승리할 때까지 우리는 결코 여기를 떠나지 않을 것이다.
광화문 단식을 시작한 텐트에서 새로운 싸움이 시작되고,
이 싸움이 내란을 끝장내고야 말리라.

2025년 3월 12일, 광화문 앞, 야5당의 단식농성과 시민들의 농성장 설치.

단식농성과 시민들의 농성장 설치.
비상행동의 단식농성에 야당들도 화답하였다.
비상행동의 단식농성에 시민들도 농성텐트로 화답하였다.
길을 따라 끝없이 이어지는 시민들의 농성텐트가
헌법재판소까지 이어지리라!

2025년 3월 15일, 광화문, 전국에서 다시 운집한 100만 시민.

3월 15일.
시민들의 깃발이 광화문 하늘을 수놓았다.
깃발은 멈추지 않고 항상 움직이는 바람이며,
이 바람이 태풍이 되어 내란을 끝장내고
내란청산과 사회대개혁을 이루어내리라.
100만 시민이 광화문에 모였다. 비장하고 즐겁고 희망찬 만남이었다.

2025년 3월 13일, 광화문 앞, 윤석열 파면 촉구 부산 대학생 단식농성.

시민들의 동조단식.
비상행동의 단식에 전국의 시민들이 광화문으로 모였다.
텐트를 치고 내란을 끝장낼 때까지 함께 단식에 힘을 모았다.
단식이 힘을 북돋우는 초유의 현상을 우리는 목격하였다.
단식텐트가 광화문 일대를 뒤덮어가고 있다.
하늘에는 깃발, 땅에는 단식텐트!

2025년 3월 17일, 광화문광장, 야당과 함께 시국선언을 발표하는 비상행동.

비상행동, 야당과 함께 시국선언을 발표.
시민단체와 야당이 한목소리로 윤석열 즉각 파면을 외쳤다.
대한민국 주권자인 국민은 이미 윤석열을 파면했다.
헌법재판소는 내란의 편에 설 것인가,
시민과 함께 민주주의의 역사에 기록될 것인가
신속하게 결정하라!

2025년 3월 26일, 광화문, 시민과 함께 헌법재판소로 향할 준비를 마친 트랙터.

트랙터.

남태령을 넘었던 그 트랙터가,

역사의 고비를 앞장서서 넘었던 그 트랙터가,

광화문에서 시민과 함께했다.

이제 윤석열 파면결정을 미루는 헌법재판소를 함께 넘어가자.

2025년 3월 27일, 광화문광장, 일손을 놓고 빛의 광장으로 모인 노동자들.

일손을 놓은 노동자.
전 국민이 자발적으로 파업을 단행하였다.
행진을 하여 광화문으로, 벗들과 삼삼오오 빛의 광장으로,
윤석열 파면을 위하여 하루 일터에서 벗어나,
광화문에 모두의 일터를 일구어낸 역사적 날이다.

2025년 4월 1일, 헌법재판소 인근 안국역 앞, 은박 보온 담요를 덮고 헌법재판소 앞 철야농성에 돌입한 시민들.

헌법재판소 앞 끝장농성.
헌법재판소는 신속하게 대답하라!
헌법재판소의 판결이 있을 때까지 우리는 결코 이 자리를 떠나지 않으리라.
시민들 최후의 각오를,
승리의 그날을 함께할 자리를 안국동에 펼쳤다.

2025년 4월 2일, 헌법재판소 인근 안국역 앞, 100만 시민의 뜻이 담긴 서명을 헌법재판소에 제출하는 기자회견.

100만 서명.

100만 시민이 서명했다. 헌법재판소는 신속하게 판결하라.

전국에서 모인 서명지가 헌법재판소를 둘러싸고,

헌법재판소에는 시민의 마음이 담긴 100만 서명 용지가 나부끼리라.

헌법재판소는 신속하게 윤석열을 파면하라!

2025년 4월 4일, 헌법재판소 인근 안국역 앞, 기나긴 농성 끝에 마침내 '전원일치 파면'을 이끌어낸 주권자 시민들.

2025년 4월 4일, 광화문 일대, "민주주의가 승리했다" 현수막을 앞세우고 행진하는 시민들.

윤석열 파면.
"피청구인 윤석열을 파면한다!"
위대한 시민의 승리다.

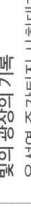

윤석열 정부의 등장

0.73%의 경고를 무시한 검찰공화국의 폭주

12·3 내란은 예견된 일이었다. 2022년 3월 9일 치러진 대한민국 제 20대 대통령 선거 결과는 참담한 분열과 갈등을 안고 있었다. 윤석열 후보는 48.56%를 득표하며 경쟁 후보와 불과 0.73%포인트 차이로 당선되었다. 이는 1987년 직선제 개헌 이후 역대 최소 표차였다. 국민의 절반 이상이 그를 지지하지 않은 것이다. 이것은 새 정부에게 '통합'과 '협치'가 선택이 아닌 필수임을 가리키고 있었다. 그러나 윤석열은 당선 직후부터 이 경고를 철저히 묵살했다.

헌정사상 최초의 검찰총장 출신 대통령이라는 이력은 곧바로 국정운영의 기조가 되었다. 그는 정치를 '수사'하듯 접근했다. 대화와 타협이라는 민주주의의 기본 원리는 실종되고, 오직 적과 아군을 구분하는 이분법적 사고만이 남았다. 그는 취임 초부터 검찰 편중 인사를 단행하며 대통령실과 행정부 요직을 검찰 출신으로 채웠다. 이는 대한민국을 '검사의 나라'로 전락시키는 시작이었다. 일선의 반발에도 시행령으로 경찰국을 만들어 경찰에 대한 장악을 강화했다. 윤석열 정부는 과반 의석을 확보하지 못하자 국회 입법권을 무력화하며 폭주하기 시작했다.

입틀막 정치, 바이든-날리면 사태

윤석열정권의 비뚤어진 언론관과 권위주의적 행태를 상징하는 사건이 바로 MBC 전용기 탑승 불허 사태였다. 2022년 9월 뉴욕 순방 중 발생한 대통령의 비속어 발언, 이른바 '바이든-날리면' 보도는 최고 권력자의 부적절한 발언에서 비롯된 외교적 참사였다. 그러나 정권은 이에 대한 성찰과 사과 대신 보도 통제와 책임 전가를 택했다. 해당 보도를 '악의적 가짜뉴스'로 매도하며 11월 동남아시아 순방길에서 특정 언론사의 전용기 탑승을 거부하는 헌정사상 초유의 조치를 단행했다.

이는 비판 언론에 대한 명백한 보복이자 취재 접근권을 볼모로 한 치졸한 언론 길들이기였다. 국민의 세금으로 운영되는 공적 자산인 대통령 전용기를 마치 권력자의 사유물처럼 다루며 취재진을 입맛대로 선별하고, 헌법이 보장한 언론의 자유를 정면으로 침해한 이 사건은 민주주의의 후퇴를 알리는 신호탄이었다. 권력의 감시자라는 언론의 본령을 부정하고 '받아쓰기'만을 강요했던 윤석열정권의 '입틀막' 언론탄압은 한국 언론사에 씻을 수 없는 오점으로 기록될 것이다.

젠더갈등과 혐오의 정치: '여성가족부' 폐지 추진

윤석열정권은 출범 전부터 '갈라치기'를 정치적 자산으로 삼았다. 대선 후보자 시기 페이스북에 올린 "여성가족부 폐지"라는 단 일곱 글자는 젠더갈등을 극대화하여 표를 얻으려는 저열한 정치 공학의 상징이었다. 결국 당선 이후 이러한 혐오의 정치는 노동자, 장애인, 시민사회 등 사회적 약자를 향한 전방위적 공격으로 확장되었다. 윤석열 재임 기간 동안 한국사회에서는 역사상 유례없는 여성·성평등 정책과 추진기구의 퇴행이 있었다. 윤석열정권의 첫 번째 여성가족부 장관 후보자는 인사청문회에서 여성가족부 폐지에 찬성한다고 답변했다. 여성가족부 폐지가 어려워지자 윤석열은 장관 후보자를 지명하지 않는 방식으로 여성가족부를 아무것도 할 수 없는 조직으로 무력화시켰다. 여성단체를 탄압하고, '청년 성평등 문화 확산 추진단' 사업을 아무런 근거 없이 폐지하기도 했다.

윤석열은 대선 시기부터 한국사회에 엄연히 존재하는 '구조적 성차별'을 부정하고 성평등 정책을 무력화시켰다. 중앙정부의 여성가족부 폐지 기조로 인해 지방자치단체의 성평등 추진체계 또한 축소되었다. 정부 정책에서 '여성'은 지워지고, '성평등'은 삭제됐다. 구조적 성차별을 해결해야 할 윤석열 정부는 자신의 책무를 방기했고, 이는 곧 여성의 노동·교육·경제·정치·돌봄 등 삶 전반에 악영향을 미쳤다.

'건폭' 몰이와 노동탄압: 양회동 열사의 죽음

윤석열정권은 경제 위기의 책임을 노동자들에게 전가하고, 이들을 척결 대상으로 삼았다. 화물연대의 정당한 파업을 '북핵 위협'에 비유하며 업무개시명령으로 탄압했고, 급기야 건설현장의 오랜 관행과 노사 협의 과정을 조직폭력배의 갈취 행위로 규정하며 '건폭(건설현장 폭력배)'이라는 신조어까지 만들어냈다. 대통령이 직접 나서서 "건폭을 뿌리 뽑겠다"고 선동하자, 경찰과 검찰은 실적 경쟁이라도 하듯 건설노동자들을 무더기로 수사하고 구속했다.

이러한 국가폭력의 정점에는 건설노조 강원지부 제3지대장 고(故) 양회동 열사의 죽음이 있었다. 2023년 윤석열의 건폭 근절 발언 3개월 만인 2023년 5월 1일 노동절, 양회동 지대장은 "정당한 노조 활동을 했는데 공갈범으로 몰리는 것이 너무 억울하다"는 유서를 남기고 분신 항거했다. 그는 윤석열정권의 잔인한 노동탄압이 낳은 사회적 타살의 희생자였다. 그러나 정권의 사과는 없었고 보수 언론은 '분신 방조 의혹'을 제기하는 등 고인의 명예마저 짓밟는 패륜적 대응으로 일관했다. 이는 윤석열정권이 국민을 보호해야 할 주권자가 아닌, 척결해야 할 적으로 간주하고 있음을 명백히 보여준 사건이었다.

10·29 이태원참사와 책임 회피: 국가 부재의 비극

2022년 10월 29일 밤, 서울 이태원 거리에서 159명의 소중한 생명이 스러졌다. 핼러윈 축제 기간 인파 밀집이 예견되었음에도, 정부와 지자체, 경찰은 그 어떤 사전 안전대책도 마련하지 않았다. 대통령실 용산 이전에 따른 경호 인력 집중과 '마약 수사' 실적을 위한 사복 경찰 배치에만 골몰했을 뿐, 시민의 생명을 지킬 안전 인력은 현장에 없었다.

참사 당일, 국가는 없었다. 수백 통의 구조 요청 신고(112)가 빗발쳤으나 정부의 컨트롤타워는 작동하지 않았다. 더욱 절망스러운 것은 참사 이후의 태도였다. 윤석열정권은 진심 어린 사과와 책임자 처벌 대신, 희생자를 '사망자'로 축소하고 유가족들의 모임을 방해하는 등 책임을 회피하기에 급급했다. 이상민 행정안전부 장관 등 책임자들은 자리를 보전했다. 유가족들이 차가운 아스팔트 위에서 오체투지를 하며 진상규명을 요구할 때도 윤석열은 그들을 외면했다. 10·29 이태원참사는 윤석열 정부가 국민의 생명과 안전을 지킬 의지도, 능력도 없는 '각자도생'의 사회를 만들었음을 증명하는 비극적 사건이었다.

남북 충돌 위기 고조와 한미일 군사협력 본격화

윤석열정권은 임기 초 국정과제 선정부터 남북 간 기존 합의의 이행을 배제하며 대북강경정책 추진을 공식화하였다. '북한 정권의 변화 촉진'을 주요 과제로 제시하며 2023년부터는 통일부의 기능도 '교류협력'이 아닌 '북한 인권 개선', '올바른 대북관 교육' 등으로 설정하고 교류협력 담당 인력도 대거 감축하였다. 2023년 9월에 헌법재판소가 '대북전단 살포' 행위의 위험성을 인정하면서도 처벌이 과도하다며 '남북관계발전법'의 대북전단 처벌 조항에 대해 위헌 결정을 내리자, 통일부는 이른바 '대북전단 살포'에 앞장서는 단체들을 집중지원하는 데 힘썼다. 윤석열 파면 이후 특검과 재판 과정에서 드러난 바에 따르면 2023년 10월 국가안전보장회의(NSC)에서 정부 차원의 대북전단 살포를 결정하고, 이후 2024년 11월까지 1년여간 군의 심리전단이 대북전단을 매단 수천 개의 풍선을 총 23회에 걸쳐 살포한 것으로 알려졌다.

　윤석열정권은 대북 군사압박을 강화한다는 명분 아래 문재인 정부 시기 중단된 바 있던 미국의 핵전략자산이 참여하는 실기동훈련을 재개하고 확대하였다. 2023년 상반기부터 미국의 핵전략폭격기, 핵잠수함, 핵항공모함 등이 4년여 만에 다시 한반도로 전개되어 대규모 실기동훈련을 진행하였다.

윤석열정권은 그 추세를 이어 2023년 4월에는 바이든 정부와 한미 핵협의그룹을 창설하여 미국의 핵전력을 한국 재래식전력으로 지원하는 한미 핵·재래식 통합을 공식화하였다. 아울러 2023년 8월에는 한미일 정상회의를 통해 한미일 3국의 군사협력을 준동맹 수준으로 격상시키며 일본 군사대국화를 뒷받침하는 한편, 미국의 패권 전략 아래 일본의 하부 파트너(Lower-tier partner)를 자초하는 굴욕적 안보 정책으로 일관했다.

윤석열정권의 이 같은 동맹 정책은 한반도 일대의 군사 긴장을 격화시켰을 뿐 아니라 중국 등 주변국과의 갈등 역시 심화시켰다.

야당과 주권자들에 대한 '반국가세력' 낙인찍기

윤석열 대통령은 자신의 대북정책을 비판하는 야당과 시민들을 겨냥하여 반국가세력이라는 낙인찍기를 서슴지 않았다. 2023년 6월 한국자유총연맹 기념식에서 "반국가세력들이 유엔사 해체를 주장하는 종전선언을 노래 부르고 다녔다"라며 종전선언 주장을 '반국가세력'의 주장으로 매도하고 탄압과 배제를 선동하였다. 같은 해 8·15경축사를 통해서는 "공산전체주의 세력은 늘 민주주의 운동가, 인권 운동가, 진보주의 행동가로 위장하고 허위 선동과 야비하고 패륜적인 공작을 일삼아왔다", "반국가세력이 활개 치고 있다"며 민주주의, 진보, 인권운동을 공산전체주의로, 반국가세력으로 낙인찍고 '정부가 단호하게 대응하겠다'며 배제와 혐오, 강압적 제압 기조도 분명히 하였다.

윤석열 대통령의 '반국가세력' 낙인찍기는 계속 확장되어, 급기야 '비상계엄' 선포의 주요 명분으로까지 활용되었다.

굴욕적 대일 외교와 역사쿠데타: 강제동원부터 사도광산까지

윤석열정권은 '미래 지향적 한일 관계'라는 미명 아래 대한민국 사법 주권과 역사를 일본에 헌납했다. 2023년 3월, 정부는 일본 전범 기업의 배상 책임을 한국 기업들의 기부금으로 대신하는 '3자 변제안'을 발표했다. 이는 피해자들이 수십 년간 싸워 쟁취한 법적 권리를 짓밟고, 가해자인 일본 정부와 기업에 면죄부를 쥐여준 굴욕적인 해법이었다.

친일 행보는 여기서 그치지 않았다. 후쿠시마 핵오염수 해양 투기에 대해 우리 정부는 일본 정부의 대변인을 자처하며 국민의 안전 우려를 '괴담'으로 치부했다. 급기야 2024년, 조선인 강제노역의 현장인 일본 사도광산의 유네스코 세계유산 등재 과정에서, '강제동원'이라는 표현이 명시되지 않았음에도 찬성표를 던지는 만행을 저질렀다.

이러한 대일 굴욕외교의 기저에는 한미일 군사협력이 자리하고 있었다. 대중국 군사압박을 위한 미국의 요구에 일본을 사실상 전쟁이 가능한 국가로 만드는 과정에서 한일의 군사협력이 추진되었고, 윤석열은 그에 앞장섰다. 2023년 대만 문제는 단순히 중국과 대만만의 문제가 아니라 북한 문제처럼 전 세계적인 문제라며 중국을 자극했다.

윤석열 대통령은 광복절 경축사에서 일본을 "보편적 가치를 공유하는 파트너"로 격상시키는 한편, 독립운동의 역사를 지우고 이승만·박정희를 우상화하는 작업에 착수했다. 독립기념관장을 비롯한 주요 역사·교육 기관장에 친일 사관을 가진 '뉴라이트' 인사들을 대거 기용하고, 비판 세력을 "공산 전체주의 세력", "반국가세력"으로 규정했다. 리박스쿨 등 극우 단체들이 활개 칠 수 있는 이념적 토양을 왜곡된 역사 인식을 가진 대통령이 직접 제공한 것이다.

이념논란으로 덧칠된 환경정책: 환경에 대한 고려 없는 개발사업과 규제 완화

윤석열 정부가 경제적 이익과 개발을 최우선하며, 환경을 지키기 위한 규제는 '킬러 규제 혁파'라는 이름으로 완화되었고 각종 개발사업은 환경적 고려 없이 추진되었다.

4대강 사업의 재자연화 정책을 포기했고, 14개의 신규댐 건설 계획을 발표하였다. 탈원전 정책은 '좌파 정책'이라 낙인찍으며 핵발전소의 확대와 수출 정책을 추진하고, '대왕고래'라는 석유산업 사기극으로 국고 낭비를 불러왔다.

설악산 오색 케이블카 사업을 번복하였고, 전국의 국립공원을 해제하거나 다수의 개발사업을 강행하였다. 제주 제2공항, 가덕도 신공항, 새만금 신공항은 물론 흑산도, 울릉도까지 위험하고 환경파괴적 공항 건설 사업을 번복하거나 강행하였다.

보호지역 예산을 대폭 삭감하고 그린벨트를 해제했다. 산림 관련 규제를 완화하고, 환경영향평가를 간소화하거나 지자체로 이양하기도 했다. 화학물질 규제를 역행하였고, 일회용품 규제를 유예하였다. 후쿠시마 방사능 오염수 대응을 포기하였다.

정책 결정 과정에서 전문가와 시민사회의 참여를 배제하거나 형식화하였으며, 환경단체들을 '좌파 녹색 카르텔'이라 낙인찍었다. 윤석열 정부는 국토환경의 질적 저하, 생태계 건강성 악화는 물론 사회적 갈등의 심화와 미래세대의 환경권을 침해하였다. 환경부는 '환경산업부'가 되어 부처의 존재 가치를 상실하였으며, 대통령의 말 한마디에 정책은 역행하거나 번복되고 후퇴하였다.

기본적 인권의 후퇴, 정권에 부역하는 인권위

윤석열정권은 사회보장 관련 예산을 대폭 삭감, 축소하는 등 사회의 필수적인 보호선을 후퇴시키며 사회권을 권리 아닌 권리로 만들었다. 서민, 취약계층, 사회적 약자를 더욱 두텁게 보호하겠다고 하였으나 정작 노인·아동·청소년·장애인·여성 분야의 예산은 효율성이란 미명 아래 대폭 삭감되어 편성되었다.

학생인권조례의 폐지, 장애인 이동권 투쟁에 대한 탄압, 사교육 문제의 심화, AI 교과서의 일방적 추진, 방송통신위원회의 언론통제, 대통령 명예훼손 수사를 명목으로 한 무분별한 통신정보 조회 등 민주사회의 근간이 되는 각종 자유와 권리들이 탄압받았다.

국가인권위원회는 윤석열정권이 임명한 이충상, 김용원, 이한별, 한석훈, 강정혜 등의 만행과 반인권적 행보로 독립성을 유지할 수 없는 기구가 되었다. 또 성소수자를 비롯한 사회적 소수자에 대한 차별과 인권문제 전반에 대한 인식이 결여된 안창호가 위원장으로 임명되며 본연의 기능을 상실하고 권력에 부역하는 기구로 전락했다.

무너진 공정과 상식: 채상병 사건과 민생 파탄

자신을 '공정과 상식'의 아이콘으로 포장했던 윤석열은 해병대 고(故) 채수근 상병 사망사건 수사 외압사건에서 그 가면을 벗어던졌다. 2023년 7월, 수해 실종자 수색 중 급류에 휩쓸려 순직한 채상병 사건을 수사하던 박정훈 대령은 사단장 등 윗선의 혐의를 적시했다는 이유로 항명 수괴로 몰렸다. 이 과정에서 대통령실의 외압이 있었다는 구체적인 정황과 "VIP가 격노했다"라는 증언이 쏟아져 나왔다. 국가를 위해 헌신한 청년의 억울한 죽음을 밝히는 것보다 정권의 안위를 지키는 것이 우선이었던 윤석열정권의 민낯이었다.

민생 또한 철저히 외면당했다. 윤석열은 쌀값 폭락으로 고통받는 농민들을 위한 '양곡관리법' 개정안을 거부권(재의요구권) 1호로 무력화시켰다. 하청·중소기업 노동자들의 권리를 보호하기 위한 '노란봉투법', 전국에서 3만 명이 넘는 피해자와 최소 8명 이상의 사망자를 양산한 전세사기 사태의 피해자들을 지원하기 위한 '전세사기특별법', 중소상인과 지역상권 활성화를 위한 '지역화폐법' 등 중요한 민생 법안들도 번번이 거부권 행사에 가로막혔다. 물가 폭등과 금리 인상으로 서민 경제가 벼랑 끝에 몰렸음에도, 정부는 부자 감세와 건전재정만을 앵무새처럼 반복했다. 성별 임금 격차 해소와 차별금지 등 평등을 위한 제도적 논의는 '구조적 성차별은 없다'는 대통령의 인식 아래 후퇴를 거듭했다.

파국을 향한 질주

윤석열 정부의 전반기는 한마디로 '반민주·반민생·반평화의 폭주'였다. 0.73%포인트의 근소한 차이로 당선되었음에도 겸손 대신 오만을, 통합 대신 배제를 선택했다. 검찰 권력을 사유화하여 정적을 제거하고 시민사회를 탄압했으며, 굴욕적인 외교로 민족의 자존심을 훼손했다. 국민의 생명이 위협받는 순간에 국가는 없었고, 책임을 묻는 국민에게는 색깔론과 혐오의 낙인을 찍었다. 이러한 윤석열정권의 퇴행과 폭정은 결국 2024년 총선에서의 야권 압승이라는 국민적 심판으로 이어졌다. 그러나 윤석열은 멈추지 않았고 오히려 계엄과 내란이라는 파국을 향해 가속페달을 밟기 시작했다.

【 2024년 총선 결과를 무시한 윤석열 정부의 반민주·반민생·반평화 행보 확대 】

전 국민을 불안과 공포로 몰아넣은 의료대란과
"대파 한 단 875원", 민생 파탄이 불러온 총선 심판

2024년 2월 윤석열정권이 '의료 개혁'이라는 미명 아래 일방적으로 강행한 의대 정원 2000명 증원은 대한민국 의료 시스템을 붕괴 직전으로 내몬 대재앙이었다. 현장과의 충분한 소통이나 필수·지역 의료를 살릴 정교한 로드맵 없이, 오로지 숫자에만 매몰된 불도저식 정책 추진은 전공의 집단 사직과 의료 공백 장기화라는 파국을 초래했다. 정권의 근시안적인 정책과 의료집단의 무책임이 불러온 참사였다.

그 결과 '응급실 뺑뺑이'로 불리는 환자 수용 거부 사태가 속출하고, 중증 환자들의 수술이 무기한 연기되는 등 국민의 생명권이 심각하게 위협받는 아비규환이 펼쳐졌다.

선거 직전 윤석열 대통령은 서울 양재동 하나로마트를 방문해 "대파 한 단에 875원이면 합리적"이라며 민생 현장을 전혀 모르는 대통령의 무지를 적나라하게 드러냈다. 고물가와 고금리에 신음하던 국민들은 이 발언에 분노했고, 이는 정권 심판론에 불을 붙였다. 2024년 4월 10일 제22대 국회의원 선거는 윤석열정권 2년에 대한 국민의 준엄한 심판이었다.

범야권은 192석을 확보하며 여당인 국민의힘을 참패시켰다. 192석은 전체 의석의 3분의 2에는 미치지 못하였다. 그러나 윤석열정권 2년의 국민적 평가는 엄중했다.

국민은 투표를 통해 국정 기조를 전면 쇄신하고 협치에 나설 것을 명령했다. 그러나 윤석열정권은 협치는커녕, 협치하라는 국회의원과 연구개발(R&D) 예산을 복원하라는 대학원생의 요구를 '입틀막'으로 대응했다. 총선 패배의 원인을 성찰하기는커녕, 비판하는 국민을 '반국가세력'으로 몰아세우고 국회의 입법권을 깡그리 무시하는 '거부권 통치'로 폭주하기 시작했다.

뉴라이트 전면 배치와 역사 부정

2024년 8월, 윤석열정권은 독립기념관장에 친일 뉴라이트 성향의 김형석을 임명하며 '역사쿠데타'를 감행했다. 이는 헌법 전문에 명시된 임시정부의 법통을 부정하는 행위이자, 순국선열에 대한 모독이었다. 광복회와 독립운동가 유족들은 물론, 보수층 내에서도 비판이 쏟아졌으나 윤석열정권의 김태효 국가안보실 1차장은 "중요한 것은 일본의 마음"이라는 식의 굴종 외교와 친일 인사 기용을 멈추지 않았다. 국민적 반발은 단순한 정책 비판을 넘어 정권의 정통성에 대한 근본적 회의로 번져갔다.

접경지역에서의 군사충돌 조장과 '무인기 평양 침투' 의혹

윤석열 정부는 총선 이후 접경지역에서 군사충돌을 조장하는 행위를 더욱 집중적으로 펼쳤다.

총선 직후인 5월부터 민간단체가 가세하여 9월까지 무려 50여 차례나 대북전단이 집중 살포되었고, 북한이 오물풍선으로 맞대응하자 대북전단 살포를 중지하기는커녕 대북 확성기 방송 재개, 9·19 군사합의 전면 파기와 비무장지대 인근의 육상완충지대 내 실사격훈련 재개 등 군사분계선 일대에서 충돌 가능성을 높이는 정책을 집요하게 이어갔다.

2024년 10월 11일, 북한은 한국의 무인기가 평양 상공에 세 차례 침투하여 전단을 살포하였다고 공식 발표하였고, 이후 추락 무인기 사진과 잔해 등을 공개하며 이 무인기가 10월 1일 국군의 날 퍼레이드에서 공개된 것과 동일한 기종이라고 발표하였다. 무인기의 평양 침투는 정전협정 위반이자 영공에 대한 침범으로서 자칫 군사충돌을 초래할 수 있는 중대한 사안이었는데, 당시 빗발치는 의혹 앞에서 김용현 국방부장관은 처음에 "보낸 적 없다"고 부인하다가 이후 "확인해줄 수 없다"는 모호한 태도로 일관하여 의혹을 더욱 증폭시켰다.

걷잡을 수 없는 권력형 비리 게이트의 폭발

총선 이후, 권력 내부의 썩은 환부는 곪아 터지기 시작했다. 은폐하려면 할수록 의혹은 눈덩이처럼 불어났다. 해병대 채상병 순직 사건 수사에 대한 대통령실의 외압 의혹은 구체적 증언과 물증으로 드러났다. 박정훈 대령에 대한 항명죄 적용 무리수, 이종섭 국방부장관의 도피성 출국 논란에 이어, "VIP가 격노하여 수사 결과를 뒤집었다"는 진술이 확보되었다. 여기에 영부인 김건희 씨의 주가조작 연루 의혹이 있는 도이치모터스 이종호 씨가 임성근 사단장 구명 로비에 개입했다는 정황까지 드러나며, 사건은 단순한 직권남용을 넘어선 '국정농단 게이트'로 비화되었다.

김건희 씨를 둘러싼 의혹은 정권의 도덕성을 붕괴시켰다. 디올 명품백 수수 영상이 공개되었음에도 검찰은 "직무 관련성이 없다"며 무혐의 처분을 내렸고, 도이치모터스 주가조작 사건 역시 불기소 처분하며 '법 앞의 평등'을 조롱했다.

10월 국정감사를 기점으로 터져 나온 '명태균 게이트'는 정권의 기반을 근본부터 흔들었다. 뉴스토마토의 보도로 시작된 김건희 공천 개입 의혹은 11월 5일, 윤석열 대통령의 육성이 담긴 녹취록이 공개되면서 사실로 확인되었다.

"공관위에서 나한테 들고 왔길래 내가 김영선이 경선 때부터 열심히 뛰었으니까 그거는 김영선이 좀 해줘라 그랬는데 말이 많네. 당에서…."

이 육성은 대통령이 당무에 불법적으로 개입하여 공천을 좌지우지했음을 증명하는 결정적 증거였다. 국민들은 "이게 나라냐"를 넘어 "윤석열은 대통령 자격이 없다"며 분노했다.

광장을 열기 위한 노력

정권의 폭정에 맞서 시민단체와 진보민중단체, 야당은 지속적인 연대를 모색하고 치밀하고 끈질기게 저항의 전선을 넓혀갔다.

거부권 거부, 광장을 열기 위한 최소강령·최대연대

시민사회(시민단체와 진보민중단체)는 2023년 12월부터 윤석열의 거부권 행사에 맞서 '거부권 남발하는 대통령을 거부한다' 대규모 기자회견, 거부권 남발 윤석열 규탄대회를 개최하는 등 시민사회단체들의 공동행동을 모색했다. 그리고 2024년 1월 거부권거부전국비상행동을 조직하여 윤석열정권의 입법 거부에 공동으로 대응했다. 민주사회를위한변호사모임(민변), 시민사회단체연대회의, 전국민주노동조합총연맹(민주노총), 전국농민회총연맹(전농), 전국여성농민회총연합(전여농), 빈민해방실천연대, 한국진보연대, 참여연대, 전국언론노동조합(언론노조), 10·29 이태원참사 유가족 등이 결합한 이 연대체는 총선 직후 '이태원특별법'의 여야 합의 처리를 압박해 성과를 냈고, 총선 직후인 5월과 7월 범국민대회를 통해 '채상병특검법' 통과를 촉구했다. 이 과정에서 시민사회와 야당은 윤석열정권의 폭주와 거부권 통치에 맞서 연대를 강화해 나갔다. 비록 대통령 거부권 행사를 막아내지는 못했으나, 이 과정은 각계각층의 피해자와 시민들이 '반(反)윤석열'이라는 깃발 아래 하나로 뭉치는 토대가 되었다.

국민적 분노는 임계점을 넘었으나 아직 박근혜 퇴진 광장처럼 대다수 시민이 참여하는 광장은 열리지 않고 있었다. 시민사회와 야5당은 윤석열정권의 거부권 통치에 맞서 윤석열을 반대하는 모두를 모으는 최소한의 공통 요구(최소강령)를 중심으로 최대한 넓게 뭉치는 〈최대연대〉 전략을 채택했다.

거부권거부전국비상행동은 11월 16일부터 매주 토요일 '윤석열을 거부한다 시민행진'을 광화문광장에서 시작하였다. 야5당도 사전대회를 거치고 함께 행진을 진행하였다. 11월 16일, 23일, 30일로 이어지며 광장에 참여하는 시민은 점점 늘어났다. 더불어 이 시기 집회와 행진에 다양한 시도가 진행되었다. 더욱 많은 시민이 함께할 수 있도록 〈위플래시〉, 〈아모르파티〉 등 케이팝과 구호를 결합하기도 하며 새로운 집회 문화의 정형이 만들어졌다. 그렇게 거대한 광장을 열기 위한 노력이 12월 7일을 향해 준비되고 있었다.

윤석열정권 퇴진운동본부와 퇴진총궐기

한편, 민주노총과 농민, 빈민과 한국진보연대 등을 주축으로 한 윤석열정권 퇴진운동본부는 더 강경하고 직접적인 투쟁을 전개했다. 2023년 건설 노동자 고(故) 양회동 열사의 죽음으로부터 촉발된 투쟁은 민중생존권을 지키는 동시에 윤석열정권 퇴진을 위해 이어졌다.

2024년 9월 28일 '윤석열정권 퇴진 시국대회'를 전국 동시다발로 진행하며 투쟁을 열어냈다. 10월 8일부터는 '윤석열 퇴진 국민투표'를 전국적으로 진행하며 거리에서 시민들의 윤석열 퇴진에 대한 열망을 확인하였다. 전국적으로 43만 명의 시민이 윤석열 퇴진에 동의하였다. 시국대회와 윤석열 퇴진 국민투표 등을 통해 윤석열정권에 맞서 전국적인 태세도 구축할 수 있었다. 윤석열의 비상계엄이 벌어지고 전국적으로 만들어진 광장은 이를 방증하였다.

11월부터 12월 초까지 윤석열정권을 퇴진시키기 위한 세 차례의 총궐기가 진행되었다. 11월 9일 '전국노동자대회 및 1차 총궐기'에서 경찰은 집회 참가자들을 폭력적으로 진압하고 연행하며 '입틀막'을 시도했으나, 이는 오히려 불에 기름을 붓는 격이 되었다. '전봉준투쟁단'과 청년 학생들까지 결합한 10만 명의 시민은 경찰의 폭력에 굴하지 않고 퇴진을 외쳤다.

11월 20일 '농민대회 및 2차 총궐기'에서는 전국의 농민들이 트랙터를 앞세우고 상경했고, 민주노총과 함께 '상여'를 메고 행진하며 정권의 장례식을 치르는 상징적 투쟁을 벌였다.

이제 12월 7일 '윤석열정권 퇴진 3차 총궐기'만을 남겨두고 있었다. 전국의 노동자, 농민이 윤석열정권 퇴진의 목소리를 높이기 위해 대규모 상경을 준비하고 있었다.

2030 여성들의 합류와 12·7 총궐기 준비

11월 말, 새로운 흐름이 감지되었다. '동덕여대 공학 전환 반대 시위'를 계기로 결집한 2030 여성들이 SNS를 통해 12월 7일로 예정된 대규모 집회 정보를 공유하며 참여를 독려하기 시작한 것이다. 정권 초부터 젠더갈등을 조장해온 정권에 대한 누적된 분노가 명태균 게이트 등을 계기로 폭발하며, 기존에 조직된 인원을 넘어 청년 세대의 자발적 참여가 급속도로 확산되었다.

2024년 11월 말, 대한민국은 거대한 폭풍 전야였다.

지지율 10%대 추락, 명태균이라는 스모킹 건과 김건희특검, 보수 언론의 윤석열 정부에 대한 등 돌림, 여당 내부의 분열, 그리고 매주 광화문과 시청을 가득 메우는 촛불로 윤석열정권은 정치적 불능 상태에 빠져 있었다. 특히 김건희특검에 대해 2024년 11월 26일, 윤석열은 세 번째 김건희특검법에 대해 거부권을 행사했는데, 당시 국민의힘 당 대표였던 한동훈은 특검을 받아야 한다는 입장으로 선회 중이었다.

윤석열 입장에서 네 번째로 김건희특검법이 상정된다면 거부권이 행사되더라도 국민의힘 이탈표로 인해 재표결 결과가 부결된다는 것을 장담하기 어려운 상황으로 치닫고 있었던 것이다. 또한 윤석열 정부에 대한 불신이 극대화되면서 윤석열 지지율도 폭락 중이었다. 1·2차 김건희특검법 거부권 행사 이후 윤석열의 지지율이 각각 20%대와 10%대로 하락했는데, 3차 거부권 행사 때 다시 10%대 초반으로 추락했다. 12월 7일로 예고된 '윤석열 퇴진총궐기'는 수십만, 아니 수백만 명이 모일 것이 확실시되었다. 이때 윤석열은 국민들에게 총부리를 겨누는 비상대권을 위한 비상계엄을 준비하고 있었다.

12·3 내란의 시작과 내란 우두머리 윤석열의 탄핵소추

12월 3일 대한민국을 뒤흔든 비상계엄 선포

내란 우두머리 윤석열은 2024년 12월 3일 10시 20분 대한민국 전역에 비상계엄을 선포했다. 반국가세력 척결을 명분으로 내세웠지만 윤석열과 그 일당의 권력을 강화하고 독점하기 위한 '위로부터의 쿠데타'였다. 헌법과 민주주의를 파괴하고 헌법기관인 국회와 선거관리위원회를 침탈했다. 이는 국민의 기본권을 침해한 헌법파괴범죄이자, 명백한 내란이었다. 함께 선포된 포고령은 위헌·위법한 내용으로 가득했다. 모든 정치활동을 금지하고 표현의 자유를 없애겠다는 포고령은 섬뜩함을 넘어 무시무시하여 과거 계엄령을 겪은 시민들의 트라우마를 일깨우고 분노를 일으켰다.

2024년 12월 3일, 서울역 대합실, 비상계엄 선포 뉴스특보를 시청하는 시민들.

계엄사령부 포고령(제1호)

자유대한민국 내부에 암약하고 있는 반국가세력의 대한민국 체제 전복 위협으로부터 자유민주주의를 수호하고, 국민의 안전을 지키기 위해 2024년 12월 3일 23시부로 대한민국 전역에 다음 사항을 포고합니다.

1. 국회와 지방의회, 정당의 활동과 정치적 결사, 집회, 시위 등 일체의 정치활동을 금한다.

2. 자유민주주의 체제를 부정하거나, 전복을 기도하는 일체의 행위를 금하고, 가짜뉴스, 여론조작, 허위선동을 금한다.

3. 모든 언론과 출판은 계엄사의 통제를 받는다.

4. 사회혼란을 조장하는 파업, 태업, 집회행위를 금한다.

5. 전공의를 비롯하여 파업 중이거나 의료현장을 이탈한 모든 의료인은 48시간 내 본업에 복귀하여 충실히 근무하고 위반 시는 계엄법에 의해 처단한다.

6. 반국가세력 등 체제전복세력을 제외한 선량한 일반 국민들은 일상생활에 불편을 최소화할 수 있도록 조치한다.

이상의 포고령 위반자에 대해서는 대한민국 계엄법 제9조(계엄사령관 특별조치권)에 의하여 영장 없이 체포, 구금, 압수수색을 할 수 있으며, 계엄법 제 14조(벌칙)에 의하여 처단한다.

2024년 12월 3일 화요일
계엄사령관 육군대장 박안수

비상계엄 속보가 알려지자 각계 시민사회단체들은 비상사태에 대응하기 위한 논의와 행동을 시작했다. 온라인 소통방은 속보와 논의로 가득 찼고, 긴급회의를 소집했다. 충격 속에서 비상계엄 선포에 반대하고, 비상계엄해제를 위한 행동을 시작했다. 시민사회단체들은 즉각 비상계엄의 위헌·위법성을 지적하며 비상계엄해제를 요구하고, 윤석열의 퇴진을 요구하는 성명을 발표했다.

맨몸으로 장갑차를 막아선 시민들

한편 많은 시민과 시민사회단체 관계자는 계엄해제권을 가진 국회를 지키기 위해 여의도로 몰려들었다. 총을 들고 국회로 들어가 국회의원들을 체포하려던 계엄군을 시민들은 맨몸으로 막았다. 국회의원들 역시 발 빠르게 움직였고, 경찰이 국회 정문을 봉쇄하자 담장을 넘어 본회의장에 집결했다. 국민의힘은 원내대표가 국회 밖 당사에서 의원총회를 소집하는 등 계엄해제 의결을 방해했다. 일부 계엄군은 시민들과 국회 보좌관 등을 진압하는 데 소극적이었다. 대다수 야당 의원과 일부 여당 의원까지 포함된 190명의 국회의원이 계엄해제 의결에 참여했다. 시민과 국회의원의 발 빠른 대응으로 비상계엄 선포 2시간 반여 만인 새벽 1시경 해제 요구 결의안이 통과되었고, 윤석열 정부는 새벽 4시 30분경 비상계엄 해제를 공식 선포했다.

그러나 윤석열은 계엄해제 선언을 미루고 제2의 계엄을 획책했다. 12·3 비상계엄 당시 계엄사령관이었던 박안수 육군참모총장은 국회에서 비상계엄해제요구 결의안이 통과된 지 2시간이 지난 12월 4일 새벽 3시경 충남 계룡시에 있던 육군본부 참모진들을 서울 용산 합동참모본부로 이동하라고 지시했을 뿐 아니라, 복귀 명령 또한 내리지 않았던 사실이 드러났다.

한편 여의도로 모인 시민사회단체 대표자들은 계엄해제 상황을 지켜보며 향후 대응계획을 함께 논의하였다. 피가 마르는 시간이 지나고 새벽 4시경 비로소 계엄은 해제되었다. 12·3 내란의 첫날 밤은 그렇게 마무리되었다.

제 시민사회단체 '비상행동'을 선포하다

12월 4일 아침이 밝자마자 노동시민사회단체 대표자와 활동가 500여명은 광화문광장 이순신 동상 앞으로 속속 모여들었다. 전날 여의도 논의를 바탕으로 '윤석열 불법계엄 규탄 내란죄 윤석열 퇴진 국민주

2024년 12월 4일, 광화문광장, 전 국민 비상행동을 선포한 제 단체들.

권 실현을 위한 전면적 저항운동 선포 전 국민 비상행동'을 선언하는 기자회견을 '각계 노동시민사회 일동' 명의로 개최했다.

충격적인 내란의 밤이 끝나자, 윤석열 일당의 행위가 내란이라는 점이 점점 분명해졌다. 내란의 진상에 대한 추가 폭로와 보도도 이어졌다. 시민사회단체와 학계, 대학생, 각계각층에서 윤석열즉각퇴진과 국회의 탄핵을 요구하는 시국선언이 쏟아졌다.

기자회견 이후 12월 4일 18시 광화문 동화면세점 앞에서는 '내란죄 윤석열 퇴진, 국민주권 실현, 사회대개혁, 퇴진 광장을 열자 시민촛불'을 시작했다. 내란 이후 첫 번째 윤석열 퇴진 집회가 시작되었고, 광장으로 시민들은 쏟아져 나왔다. 광장에 모인 수만 명의 시민은 위헌·위법한 비상계엄과 내란행위를 규탄하고 윤석열 탄핵과 퇴진을 외쳤다. 집회 이후에는 용산 방향으로 행진이 진행되었다. 함께 모인 노동·시민사회단체들은 윤석열 일당을 내란죄로 경찰에 고발하고, 국회의 윤석열 탄핵소추 의결과 특검법 제정을 요구하는 국회 국민동의청원을 시작했다.

윤석열의 탄핵소추 의결과 특검법 제정을 요구하는 국민동의청원은 12월 4일 제출되어 하루 만에 5만 명을 넘었다. 12월 5일 국회 상임위원회에 회부되었고, 최종 40만 287명이 참여하여 마무리되었다. 제 시민사회단체 대표자와 활동가 59명은 12월 4일 민변을 대리인으로 하여 윤석열과 김용현, 박안수, 김봉식 등을 국가수사본부에 1)내란죄, 2)직권남용체포교사죄, 3)직권남용권리행사방해죄, 4)국회법위반죄로 고소·고발했다. 이 고소·고발은 이후 윤석열의 내란죄 수사와 체포, 구속과 재판의 시작점이었다.

12·7 첫 주말 탄핵 촉구 시민행진
– 탄핵에 실패했지만 성공했다

생중계된 내란의 과정, 이후 드러나는 상황을 통해 윤석열의 비상계엄은 질서유지의 목적이 아니라 군을 동원해 국회와 헌법기관을 장악하여 헌정질서를 훼손하고 비상입법기구를 도입해 영구 집권으로 나아가려는 '내란'임이 점점 분명해졌다. 특히 윤석열 스스로가 부정선거론을 믿고 헌법상 독립기관인 중앙선거관리위원회에 군인들을 투입한 것이 확인되면서 여론은 들끓었다. 윤석열은 고개를 숙이는 척했지만 여전히 내란을 포기하지 않았고, 대통령직에서 내려올 생각도 없었다.

국회는 발 빠르게 내란 우두머리 윤석열에 대한 탄핵안을 제출하고 의결을 준비했다. 매일 광화문 집회를 이어가던 노동시민사회단

2024년 12월 7일, 여의도 국회 앞, 윤석열 탄핵을 촉구하는 시민들.

체들은 윤석열의 탄핵을 통한 직무정지가 시급하다고 판단했다. 국회의 탄핵소추 의결에 힘을 싣기 위해 12월 6일 금요일부터 집회 장소를 국회 앞 여의도로 변경했다. 물론 제대로 된 준비를 하기가 어려운 상황이었다. 하지만 제 시민사회단체들은 8월부터 이어진 '거부권 거부대회'에서 손발을 맞춰본 경험이 있었다. 당시 실무팀들이 중심이 되어 집회가 기획되고 준비되었다.

끝없이 몰려든 시민들, 촛불 대신 응원봉을 들다

국회가 위치한 여의도는 많은 시민이 모이기 불편한 곳이었다. 여의도광장은 사라진 지 오래였고, 중앙분리대와 가로수들은 집회 대열을 분산시켰다. 그러나 이에 굴하지 않고 국회 앞 대로에 무대를 만들었다. 윤석열 탄핵소추안이 본회의에 상정되는 날인 12월 7일엔 아침부터 시민들이 여의도로 모이기 시작했다.

집회를 준비하는 실무팀은 얼마나 많은 시민이 모일지 가늠하기 어려웠다. 수십만 명의 시민이 모일 것을 예상하며 무대를 준비했지만 실제 모인 시민들은 그 예상을 훌쩍 뛰어넘어 100만 명의 인파가 운집했다. 수많은 시민이 몰려들고 국회 앞은 그야말로 인산인해, 16시 집회 시작 시간이 되기 2시간 전부터 휴대전화는 먹통이 되었다. 너무 많은 시민이 더 모이며 통행이 어려워지고 안전사고의 위험이 커졌다. 민주노총 양경수 위원장은 "민주노총이 길을 열겠다"며 집회 대오를 국회 바로 앞 국회대로로 이끌었다. 금세 국회 앞 모든 도로는 시민들로 가득 찼다.

광장에 모인 시민들은 탄핵 가결을 요구했다. 그러나 국민의힘은 본회의장에 입장조차 거부하며 당론으로 끝내 탄핵소추안을 불성립시켰다. 주권자 시민들은 차분히 기다렸지만 국회는 응답하지 않았다. 분노가 커지고 집회가 끝나도 광장의 시민은 떠나지 않았다. 긴장이 높아졌다. 100만 명 가까이 모인 시민은 너무 많아서 행진을 할 수 없었다. 집회를 준비한 팀에서는 무대 앞에 남아 있던 시민들이 안전하게 집회를 마무리할 방법을 고민할 수밖에 없었다. 무거운 침묵의 시간이 지나고 케이팝으로 즉석에서 준비한 음악을 틀었다. 그 순간 응원봉과 케이팝이 여의도를 뒤흔들었다. 여의도에 모인 100만 시민은 케이팝에 맞춰 응원봉을 흔들며 윤석열 탄핵을 외쳤다. 새로운 빛의 광장이 열리고, 촛불 대신 응원봉을 흔드는 '빛의 혁명' 집회가 본격 시작된 순간이었다.

〔범국민촛불대행진 입장〕
윤석열은 더 이상 국민의 대통령이 아니다

오늘 국민의힘은 윤석열 탄핵소추안을 부결시켜 내란수괴 윤석열의 대통령직을 유지시켰습니다. 주권자 국민의 뜻을 짓밟은 내란동조 행위입니다. 우리는 결코 용납할 수 없습니다. 일부 국회의원의 당리당략을 앞세운 판단에 국민들이 제2, 제3의 계엄과 헌법파괴를 걱정하게 된 것이 참담하고 참담합니다.

하지만 우리 주권자 국민은 가만히 있지 않을 것입니다. 내란수괴 윤석열이 대통령의 권좌에 앉아 있는 것을 결코 용납하지 않을 것입니다.

야당들이 다음 주에 다시 탄핵안을 발의한다고 합니다. 우리는 내란수괴 윤석열의 직무를 정지시키고 퇴진, 처벌될 때까지 멈추지 않을 것입니다. 국민들은 국민의힘의 존재를 용납하지 않을 것입니다.

우리는 윤석열이 탄핵될 때까지 끝까지 싸울 것입니다. 탄핵안이 가결될 때까지 매일 국회 앞에서 촛불을 들고, 또 주말에는 전국 방방곡곡에서 대규모 촛불을 들어 올릴 것입니다.

위대한 국민 여러분, 내란수괴 윤석열을 끌어내리는 투쟁에 함께 싸워 나가시겠습니까? 끝까지 함께 싸웁시다.

내란세력들은 우리의 평화로운 집회를 폭력 시위로 변질시키려 할 것입니다. 이를 통해 우리의 대항쟁에 찬물을 끼얹으려 할 것입니다. 말려들지 맙시다. 끝까지 평화로운 집회를 만들어 나갑시다. 우리의 힘으로 민주주의를 지켜내고 끝내 승리합시다.

윤석열은 더 이상 국민의 대통령이 아니다. 윤석열을 탄핵하라!
내란수괴 윤석열을 탄핵하라!
내란동조범 국민의힘 해산하라!
국회는 윤석열 탄핵안 즉각 처리하라!

2024년 12월 7일
내란죄 윤석열 퇴진! 국민주권 실현! 사회대개혁!
범국민촛불대행진

'윤석열즉각퇴진·사회대개혁비상행동' 출범

12월 7일 첫 번째 주말집회를 마친 노동·시민사회단체의 대표자들은 주말에 모여 윤석열 퇴진운동을 이끌 연대기구의 구성 방안을 치열하게 논의했다. 그리고 12월 11일 윤석열즉각퇴진·사회대개혁비상행동(이하 비상행동)이 출범했다. 애초 제안된 명칭에서 국민은 빠지고 사회대개혁을 넣어 단체의 활동 목표가 윤석열 퇴진과 사회대개혁임을 분명히 했다.

12월 7일 이후 평일집회는 여의도에서 진행됐다. 특히 탄핵에 반대한 국민의힘을 향한 분노가 터져 나오며 '국민의힘 해체', '표결에 동참하라'는 구호가 등장했다. 국민의힘 당사 앞에서 진행된 국민의힘 해체 퍼포먼스는 참가자의 호응과 언론의 주목을 받았다.

그 시각 국무총리 한덕수와 국민의힘 대표 한동훈은 소위 '한한체제'를 내세우며, 윤석열의 질서 있는 퇴진을 위해 대통령의 권한을

2024년 12월 11일, 광화문 향린교회, 비상행동 발족 기자회견.

행사하겠다는 황당한 발상을 밝혔다. 그러나 국무총리와 집권여당 대표가 대통령의 권한을 행사하겠다는 '한한체제'는 헌법에 근거가 없는 '위헌적 발상'임이 드러났고, 윤석열에 대한 탄핵소추 요구는 더욱 커졌다.

비상행동이 빠르게 모일 수 있었던 이유

12월 7일 100만 명이 모인 집회를 큰 사고 없이 진행하고, 12월 11일 비상행동이 전국 1500개가 넘는 규모로 발 빠르게 출범할 수 있었던 것은 이미 윤석열정권 중반부터 윤석열 퇴진을 외쳐온 활동과 '거부 권거부행동'의 활동이 있었기 때문이다. 윤석열정권이 출범하기 전부터 지속적으로 윤석열정권 퇴진을 외쳤던 '촛불행동'이 있었지만 노동·시민사회단체들이 윤석열정권의 퇴진을 본격화한 것은 윤석열 취임 후 1년이 지난 뒤부터다.

다만 퇴진운동을 본격화한 진보민중노동단체들과 달리 시민사회단체들은 윤석열 퇴진운동에만 힘을 모으는 데는 이견이 있었다. 정권 2년 차에 정권 퇴진운동을 전면화할 경우 남은 집권 3년간 모든 운동과 구호가 사라지고 퇴진운동만 남을 것이라는 우려가 있었다. 그래서 시민사회의 다양한 의견과 퇴진 요구를 엮어 만들어진 연대기구가 '거부권거부전국비상행동'이다. 이 연대기구의 주요 구호는 '윤석열의 거부권을 거부한다'였다.

거부권거부전국비상행동은 윤석열에 반대하는 야당과 연대하는 것도 주저하지 않았다. 거부권거부전국비상행동은 2024년 8월부터 주말에 대규모 장외 집회를 개최했으며, 윤석열이 내란을 일으키기 직전인 11월 30일까지 시민행진을 광화문에서 진행했다. 12월 7일과 12월 14일에 진행된 집회는 거부권거부행동에서부터 손발을 맞춘 실무진들이 결합하여 집회를 진행하였다.

비상행동의 활동 목표와 체계

비상행동은 발족 당시 전국 1549개 단체가 참여했고, 목표로 1)내란수괴 윤석열즉각퇴진(탄핵·체포·구금), 2)내란동조 국민의힘 해체와 내란동조자 처벌, 3)국민주권 실현 및 사회대개혁, 4)사회대개혁을 만드는 광장 조성을 내세웠다. 사업 방향은 1)최소강령·최대연대 방식으로 운동을 확장함, 2)윤석열즉각퇴진 촛불의 전국 확대, 3)매일 촛불, 주말 최대 촛불로 확대, 4)다양한 시민참여 운동 전개로 정했다. 비상행동은 공동의장과 공동대표, 제 단체 대표자들이 참여하는 전국대표자회의와 단체 실무 책임자들이 참여하여 사업계획과 방향을 논의하는 운영위원회, 실무집행을 책임지는 상황실로 구성되었다.

'윤석열즉각퇴진·사회대개혁비상행동' 발족 선언문
주권자의 이름으로 명령한다. 윤석열은 퇴진하라!

"이번 기회에 다 잡아들여. 싹 다 정리해."

윤석열이 국가정보원 1차장에게 내린 지시라고 합니다. 민주주의를 수호하고 기본권을 보장해야 할 책무를 지는 대통령이 주권자에게 총부리를 겨눴습니다. 민주주의와 헌법을 파괴하는 비상계엄을 선포했습니다. 군을 통해 국회를 전복시키고, 주권자의 자유와 권리를 모두 박탈하려 했습니다. 심지어 계엄령 해제 결의가 있기 직전인 3일 새벽 1시경 윤석열이 곽종근 전 특수전사령관에게 직접 전화해 "의결정족수가 아직 다 안 채워진 것 같다"며 "빨리 문을 부수고 들어가서 안에 있는 인원들을 끄집어내라"고 했다고 합니다. 윤석열이 내란수괴라는 점이 분명히 드러난 것입니다. 그뿐 아니라 정치인, 노동자, 언론인 등을 체포·구금하고, 선거관리위원회와 법원 등 국가기관을 장악하려 했습니다. 또한, 국회의 계엄해제 요구를 폭력으로 막아 헌법을 무력화하려 했습니다.

내란수괴범 윤석열을 단 하루도 대통령직에 놔둘 수 없다.

최근 비상계엄과 관련한 충격적인 사실이 계속 확인되고 있습니다. 계엄의 명분을 쌓기 위한 국지전 유도 정황, 국회의원 체포 지시, 실탄 준비 지시 등 하루가 다르게 드러나고 있는 사실은, 만약 이번 비상계엄이 해제되지 않았더라면 상상도 할 수 없는 끔찍한 일이 우리에게 벌어졌을 것임을 보여줍니다. 그러나 윤석열은 여전히 대통령직을 유지하고 있습니다. 그는 여전히 기본적 인권을 유린하고 국가의 존립에 위협을 가할 수 있는 막대한 권한을 가지고 있습니다.

가만히 있을 수 없었습니다. 가만히 있지 않았습니다.

12월 3일 밤, 두려움과 불안에도 불구하고 국민들은 가만히 있지 않았습니다. 늦은 새벽 시민들은 국회로 가 계엄해제를 위해 군과 경찰에 저항했습니다. 이러한 시민들의 행동에 힘입어 국회의원들은 담벼락을 넘어 국회로 들어갈 수 있었고, 계엄해제를 의결할 수 있었습니다. 그날 새벽 시민들의 행동이 없었다면 비상계엄은 해제될 수 없었을 것입니다.

내란수괴 윤석열은 계엄 다음 날 아무렇지도 않게 웃는 표정으로 "야당에 경고만 하려던 것"이라고 해명했습니다. 새빨간 거짓말입니다. 그날 밤 윤석열 대통령과 그 관련자들은 국회를 폭동으로 장악하려 했고, 국민의 기본권을 전면 박탈하려 했으며, 폭력으로 주권자 위에 군림하려 했습니다.

'질서 있는 퇴진'은 불처벌을 용인하는 헌정파괴 행위입니다.

국민의힘은 대다수가 헌정파괴 내란을 멈추는 비상계엄해제를 요구하는 본회의에 불출석하고, 헌정질서가 예정한 국회 윤석열 탄핵소추안 표결에 불참하여 주권자가 부여한 권리와 의무까지 저버렸습니다. 그들은 헌법 수호가 아닌 내란을 옹호했으며, 시민이 아니라 내란수괴 윤석열을 선택했습니다.

나아가 그들은 어떠한 자격과 권한도 없으면서 한덕수 국무총리와 국정을 책임지겠다며 반헌법적 국정운영을 선포하기도 했습니다. 그러면서 탄핵이 아니라 하야를 운운하며 이를 '질서 있는 퇴진'이라고 주장하고 있습니다.

이들이 주장하는 '하야'는 헌정질서를 파괴하는 내란범죄자의 책임을 묻지 않겠다는 것으로 결코 '질서 있는 퇴진'이 아닙니다. 탄핵이 아니라 하야를 하자는 주장은 '불처벌'의 용인으로 헌법을 전면 부정하는 또 다른 헌정파괴행위입니다.

주권자가 명령한다. 윤석열을 즉각 탄핵하라!

국민의힘이 다시 한번 국민의 뜻이 아니라 내란수괴 윤석열 옹호를 선택한다면, 이는 헌법이 명시하고 있는 국민주권을 전면 부정하는 것입니다. 주권자의 뜻을 따르지 않고, 내란수괴 윤석열에게 굴종

하여 민주주의와 기본적 인권을 위협하는 국민의힘은 해체되어야 할 것입니다.

오늘 우리는 '윤석열즉각퇴진·사회대개혁비상행동'을 발족해 무너진 민주주의를 바로 세우는 대행진을 시작하려 합니다. 광장에 모인 시민들의 힘으로 내란수괴 윤석열을 신속히 퇴진시키고 처벌받도록 함으로써 훼손된 헌정질서를 회복시켜야 합니다. 그리고 그 광장에서 차별과 혐오가 없는 평등한 세상, 전쟁 없는 평화로운 세상, 모든 사람의 인권이 진정으로 존중받는 세상을 만들기 위한 한국사회 대개혁을 논의하고 토론했으면 좋겠습니다.

내란범죄자를 처벌하라는 국민의 뜻이 옳기 때문에 우리는 반드시 승리할 것을 확신합니다.

여러분께 제안드립니다.

윤석열의 즉각퇴진과 한국사회대개혁을 위해 함께해주시기 바랍니다.

매일 여의도 국회 촛불에 함께해주시기 바랍니다.

그리고 12월 14일 3시 국회 앞 그리고 광역 거점에서 내란수괴 윤석열 즉각 탄핵 범국민촛불대행진에 함께해주십시오.

안전하고 차별 없는 집회와 행진이 되도록 함께해주십시오.

함께 승리합시다. 감사합니다.

내란수괴 윤석열 즉각 탄핵하라!
내란동조 국민의힘 해체하라!
내란수괴 윤석열 즉각 체포·구속하라!

2024년 12월 11일

윤석열즉각퇴진·사회대개혁비상행동

적반하장 윤석열, 민심에 불을 지르다

12월 9일 검찰은 특별수사본부를 구성해 내란죄 혐의 수사에 들어갔다. 그러나 검찰 스스로가 내란의 공범으로 의심받는 상황에서 수사를 담당하기에는 법률적으로도 정치적으로도 부적절했다. 내란죄로 윤석열을 고소·고발한 제 시민사회단체들은 국가수사본부와 고위공직자범죄수사처(공수처)가 수사할 것을 요구하였다.

　한편 윤석열은 12월 12일 담화를 발표했다. 윤석열은 자신을 비판하는 국민과 야당을 헌정질서를 파괴하는 반국가세력으로 규정하고, 비상계엄은 통치행위라며 적반하장으로 자신의 내란범죄를 정당화했다. 내란범죄를 정당화하는 상황에서 당시 국민의힘이 주장한 '질서 있는 퇴진'은 가당치 않은 일임이 더욱 분명해졌다. 비상행동은 윤석열의 즉각 탄핵과 체포를 주장하며 대통령직을 수행하게 둘 수 없다는 입장을 분명히 했다. 그리고 12월 14일 윤석열 탄핵소추안 국회 의결을 강력히 촉구하며 12월 7일보다 더 많은 시민이 참여해 국회를 압박하자고 호소했다.

12월 14일, 시민의 힘으로 윤석열을 직무정지시키다

12월 7일의 국회의 탄핵소추안 표결 무산은 12월 14일 시민들에게 꼭 여의도로 모여야 하는 이유를 만들어주었다. 12월 14일 여의도 국회 앞 대로는 새벽부터 시끌벅적했다. 무대를 쌓고 음향을 준비하고 안전선을 만드는 등 집회 준비를 위한 여러 활동가의 움직임으로 분주했다. 날은 추웠지만 시민들의 열기는 뜨거웠다. 오후가 되자 국회 앞 여의도는 시민들로 가득 차기 시작했다. 국회의사당 앞을 넘어 여의도공원까지, 그리고 여의도역까지 시민들로 넘쳐났다. 시민들이

2024년 12월 14일, 여의도 국회 앞, 윤석열 탄핵소추안 가결에 기뻐하는 시민들.

대거 몰리자 국회의사당역 등 여의도의 주요 역에서는 무정차 통과
가 이어졌다. 무정차 통과로 대중교통 접근이 어렵자 시민들은 마포
대교와 서강대교를 걸어서 건너거나 영등포 쪽 방향에서 여의도로
걸어 들어왔다. 휴대전화는 먹통이 되었지만 거대한 시민들의 물결
은 파도가 되었다. 200만 명에 가까운 주권자 시민은 한목소리로 명
령했다. "내란 우두머리 윤석열을 탄핵하라!" 주권자 시민의 함성이
여의도를 가득 메웠다.

　1시, 2시, 그리고 4시, 예정된 시간이 되었다. 국회의 표결을 생중
계로 숨죽여 지켜보던 시민들은 우원식 의장이 300표 중 204표로 탄

핵소추안 가결을 선포하자 전율하며 환호하였다. 사회자는 주권자의 승리를 선언했다. 여의도 국회 앞에서는 민주주의의 축제가 열렸다. 드디어 내란 우두머리 윤석열을 직무정지시켜 제2의 계엄을 선포하지 못하게 막을 수 있었기 때문이다. 여의도는 환호성과 안도감으로 가득했다. 내란 우두머리가 탄핵소추되어 직무가 정지된 만큼 모두 일상으로 돌아갈 희망을 품고 집으로 돌아갔다. 그러나 이때는 내란세력을 단죄하고 윤석열을 파면하는 것이 호락호락하지 않을 것임을, 여러 우여곡절을 거칠 것임을 누구도 예상하지 못했다.

지역·해외에서도 터져 나온 탄핵 촉구 목소리

윤석열을 탄핵시키고자 하는 함성은 서울 여의도에서만 울려 퍼지지 않았다. 서울 200만 명, 대구·경북 5만 명, 부산 5만 명, 광주 4만 명, 경남 3만 명, 전남 2만 명, 전북 2만 명, 대전 1만 5000명, 울산 1만 명, 제주 1만 명, 강원 5000명, 충북 5000명, 충남 3000명 등 전국에서 225만 8000여 명의 시민이 광장으로 나왔다. 또한 이보다 더 많은 시민이 온라인과 방송으로 국회의 탄핵소추 의결 과정을 지켜봤다. 대한민국의 모든 시민, 해외동포, 그리고 세계 시민들이 초미의 관심사로 국회의 결정을 주목했다. 폭력적인 방법이 아니라 헌법이 정한 절차로 내란 우두머리를 직무정지시킨 것은 전례가 없는 K-민주주의의 모범 사례가 아닐 수 없었다.

내란수괴 윤석열 탄핵소추안 가결, 주권자가 승리했다!

위헌계엄, 내란수괴 윤석열 탄핵소추안이 가결되었다. 윤석열 탄핵을 외쳐온 주권자, 온 국민의 승리다. 망상에 빠진 윤석열과 탄핵 반대 당론을 고수해온 국민의힘을 무너뜨린 것은 국회와 광장, 각 지역에 자발적으로 모인 시민들과 민주주의, 촛불의 힘이었다.

1 윤석열을 즉각 체포·구속하여야 한다. 위헌계엄, 내란범죄가 명백한 만큼 헌법재판소 또한 신속히 파면을 결정해야 한다. 공석인 헌법재판소 재판관도 조속히 임명될 필요가 있다.

2 특검을 통한 내란수괴 윤석열 체포·구속, 내란의 동조자 부역자들에 대한 엄중한 수사와 단죄도 속도를 내야 한다. 지금 이 순간에도 새로운 폭로를 통해 내란범죄의 진실이 드러나고 있고, 윤석열과 부역자들은 계속해서 증거를 인멸하고 있다. 철저한 수사와 진상규명을 통해 윤석열 일당의 위헌계엄과 내란범죄의 전말을 낱낱이 밝혀야 한다.

3 오늘의 윤석열 탄핵소추안 가결은 사회대개혁을 위한 첫발이다. 윤석열정권이 고조시켜온 남북 위기와 노동·장애·여성·성소수자에 대한 혐오차별, 친일역사쿠데타와 언론탄압, 기후위기와 불평등, 양극화를 혁파하고, 모든 사람의 생명과 안전과 피해자 인권을 보장하며, 2017년 못다 이룬 촛불혁명의 과제를 완성해야 한다. 민생 안정을 위한 국회와 정부 차원의 대책 마련도 시급하다.

4 이제 한고비를 넘었을 뿐이다. 우리는 여기서 멈추지 않고 전국 각 지역에서 윤석열즉각퇴진과 부역자 청산을 요구하는 촛불과 다양한 시민참여 운동을 확대해 나갈 것이다.

5 또한 사회대개혁의 방향과 대안 마련을 위해 시민들과 함께 토론의 광장을 열어갈 것이다. 우리는 승리할 때까지 모일 것이다.

6 시민분들께 호소드립니다. 이제 시작입니다. 긴장을 늦춰선 안 됩니다. 12월 16일 다음 주 월요일부터 매일 광화문 앞에서 촛불을 이어갑니다. 그리고 12월 21일 다음 주 토요일 오후 3시 전국 광역지역 동시다발로 촛불을 엽니다. 서울 광화문 앞에서는 대규모 촛불집회를 개최하고자 합니다. 집회에 이어 헌법재판소 방향으로 행진을 하며 내란수괴 윤석열을 조속히 파면할 것을

촉구하고자 합니다. 이제 광화문에서 만납시다.

내란수괴 윤석열을 체포·구속하라!
내란수괴 윤석열을 파면하라!
내란동조자 체포 단죄하라!
특검으로 내란의 진상을 규명하라!

2024년 12월 14일
윤석열즉각퇴진·사회대개혁비상행동

멈추지 않는 내란음모와 시민의 반격

남태령 투쟁: 고립된 농민을 지킨 시민의 연대

12월 14일 윤석열의 직무는 정지되었으나 싸움은 끝나지 않았다. 윤석열은 직무가 정지된 상태에서도 "멈춰 서지만 결코 포기하지 않겠다"며 사실상의 불복 선언을 했고, 내란공범들은 증거인멸과 내란세력 결집을 시도했다.

특히 한덕수 국무총리는 대통령 권한대행 자격으로 헌법재판관 임명 절차를 지연시키며 탄핵 심판을 방해하려는 움직임을 보였다. 당시 헌법재판관은 6명으로 심리를 진행할 수는 있지만 판결을 할 수 없는 정족수였다. 헌법재판소에서 윤석열의 파면이 불가능하다는 뜻이었다. 3인의 임명 절차가 반드시 필요한 상황이었으나 한덕수는 불법적으로 임명을 거부했다. 더욱이 한덕수는 거부권 통치로 민심을 거역했던 윤석열의 정치를 답습했다. 양곡관리법을 비롯한 법안에 또다시 거부권을 행사한 것이다. 민심을 역행하는 이러한 행태에 분노한 농민들은 다시 트랙터를 몰고 서울로 향했다. 그들의 목적지는 윤석열 관저가 있는 한남동이었다. 농민들은 경찰과 협의하에 전국을 돌면서 안전하게 시민들에게 뜻을 전달하며 상경했다. 트랙터는 무기가 아니라 분노한 농민의 목소리를 전달하는 거대한 메시지였다.

그러나 농민들은 서울과 경기도의 경계인 남태령 고개를 넘자마자 경찰의 차벽에 의해 가로막혔다. 매서운 겨울바람 속, 고립된 농민들을 향해 경찰의 해산 명령이 떨어지던 12월 21일 밤, 기적이 일어났다. SNS를 통해 농민들의 고립 소식을 접한 시민들이 하나둘 남태령으로 모여들기 시작한 것이다. 손에 응원봉을 든 시민들은 경찰 차벽 뒤편에서 "차 빼라!", "내란수괴 윤석열을 체포하라!"를 외치며 인간 띠를 만들었다.

수천 명 이상으로 늘어난 시민은 막차 시간이 지났음에도 칼바람이 매섭게 불던 남태령 고개에서 서로만을 의지하며, 농민들의 트랙터를 지키고 경찰을 규탄했다. 시민들은 처음에 농민들을 지키기 위한 연대에 나섰으나, 21일 밤, 이 투쟁을 스스로의 투쟁이라 여겼다. 왜 집에 가지 않느냐는 질문에 시민들은 "내가 왜 가죠? 내가 가면 트랙터는 누가 지키나요?"라며 반문했다. 전국 각지에서 난방버스와, 시민들의 따뜻한 음식, 핫팩 지원이 쏟아졌다. 시민들은 자발적으로 음식을 나누고 서로를 다독였고, 돌아가면서 남태령역 화장실에서 쪽잠을 자며 밤을 지새웠다.

경찰에 의한 무자비한 탄압에 마음을 굳게 먹고 있던 농민들은 처음 보는 광경에 세상이 달라졌음을 실감했다. 내란수괴 윤석열을 체포하기 위해 떨쳐 일어났던 농민들의 투쟁을 지지하고 스스로 경찰의 탄압에 맞선 시민의 아름다운 연대였다. 12월 22일 날이 밝자 더 많은 시민이 남태령으로 모여 정오 무렵엔 수만 명이 운집했고, 남태

2024년 12월 21일. 남태령 고개. 시민들의 연대로 경찰의 차벽을 넘어 한남동으로 향하는 트랙터.

령의 전 차선은 시민들로 가득했다.

　농민과 시민들의 열기는 경찰 차벽으로 인해 더욱 뜨거워지고 있었다. 결국 트랙터는 경찰의 차벽을 넘어 한남동 윤석열 관저로 나아갔다. 시민과 농민의 연대는 공고했고, 이러한 압박은 결국 국회로 하여금 12월 27일 한덕수 국무총리 탄핵소추안 가결까지 이끌어내는 동력이 되었다. 뒤이어 대통령 권한대행이 된 최상목은 헌법재판관으로 마은혁 후보자를 제외하고 정계선, 조한창 후보자를 헌법재판관으로 임명해 헌법재판소는 윤석열을 파면할 수 있는 정족수가 되었다. 이처럼 '1차 남태령 투쟁'은 탄핵 가결 이후 느슨해질 수 있었던 투쟁의 동력을 다시 끌어올리며 윤석열 파면에 다가설 수 있는 결정적 계기가 되었다.

윤석열 체포투쟁: 눈보라 속의 3박 4일

해가 바뀌어 2025년 1월, 내란수괴 윤석열에 대한 단죄는 더욱 속도를 냈다. 검찰 특별수사본부와 공수처·경찰 공조수사본부는 윤석열에게 수차례 소환을 통보했으나 윤석열은 불응했다. 이미 김용현 전 국방부장관 등 계엄 가담자 9명이 구속기소된 상황에서, 윤석열은 관저 깊숙이 숨어 '방어권'을 운운하며 버티기에 들어갔다. 이에 수사당국은 체포영장을 청구했고, 법원은 이를 발부했다. 현직 대통령에 대한 헌정사상 초유의 체포영장이었다.

1월 3일, 1차 체포영장 집행 시도가 있었으나 경호처의 강력한 저항에 막혔다. 경호처는 "군사상·직무상 비밀 장소"라는 평계로 압수수색과 진입을 거부했다. 윤석열 측은 "경찰이 감히 대통령을 체포하려 하느냐"며 적반하장 격 태도를 보였다.

국민의힘 의원들[서울·경기·인천 5명: 나경원(서울 동작을), 조은희(서울 서초갑), 윤상현(인천 동·미추홀을), 김선교(경기 여주·양평), 김은혜(경기 성남분당을). 특히 윤상현 의원은 두 차례 체포 시도 및 호송 과정까지 끝까지 함께하며 언론에서 "호위무사 3관왕" 등으로 불리기도 했다. 대구·경북 15명: 강대식(대구 동구·군위을), 권영진(대구 달서병), 김승수(대구 북구을), 이인선(대구 수성을), 최은석(대구 동구·군위갑), 강명구(경북 구미을), 구자근(경북 구미갑), 김석기(경북 경주), 김정재(경북 포항북구), 송언석(경북 김천), 이만희(경북 영천·청도), 이상휘(경북 포항남·울릉), 임이자(경북 상주·문경), 임종득(경북 영주·영양·봉화), 조지연(경북 경산). 부산·울산·경남 11명: 김기현(울산 남구을), 박성민 (울산 중구), 박성훈(부산 북구을), 정동만

2025년 1월 3일, 한남동 대통령 관저 앞, 윤석열 체포·구속을 요구하며 한남동 대통령 관저 앞에 모인 시민들.

(부산 기장), 강민국(경남 진주을), 김종양(경남 창원의창), 박대출(경남 진주갑), 서일준(경남 거제), 서천호(경남 사천·남해·하동), 이종욱(경남 창원진해), 정점식(경남 통영·고성). 충청·강원 5명: 강승규(충남 홍성·예산), 장동혁(충남 보령·서천), 엄태영(충북 제천·단양), 유상범(강원 홍천·횡성·영월·평창), 이철규(강원 동해·태백·삼척·정선). 비례대표 9명: 강선영, 김민전, 김위상, 김장겸, 박준태, 박충권, 이달희, 조배숙, 최수진]은 윤석열의 체포 저지에 나섰다. 이들은 2025년 1월 6일(첫 번째 시도)과 1월 15일(두 번째 시도) 등에 관저 앞을 막아서며 공수처와 경찰의 진입을 방해했다. 이들 중 상당수는 이후 "특수공무집행방해" 혐의 등으로 고발되거나 수사 대상에 올랐다.

분노한 시민과 노동자들이 먼저 움직였다. 민주노총은 1월 3일 내

2025년 1월 5일, 한남동 대통령 관저 앞. 폭설 속에서도 방한필름을 두르고 철야농성에 참여하는 '키세스' 시민들.

란수괴 윤석열 체포 확대 간부 결의대회를 진행했다. 내란수괴 윤석열은 수사를 거부하고 오히려 노동자가 연행되자, 분노한 시민들은 광화문 집회가 끝나도 집으로 가지 않고 한남동으로 모여들었다. 시민들은 한남동 전체 차로를 가로막고 집회와 행진을 이어가며 윤석열 체포·구속을 위한 투쟁에 들어갔다.

경찰의 저지선에 막혀 대치가 이어지던 밤, 서울에는 기록적인 폭설과 함께 매서운 한파가 몰아닥쳤다. 그러나 이 눈보라는 오히려 시민들을 불러 모으는 신호탄이 되었다. 털모자를 쓰고 두꺼운 패딩을 입은 시민들이 눈길을 헤치고 한남동으로 집결했다. 그 모양이 마치 초콜릿 과자 '키세스'를 닮았다 하여 붙여진 이름, 바로 '키세스 시위대'의 등장이었다.

1월 3일부터 6일까지, 3박 4일간 이어진 한남동 철야농성은 그야말로 극한의 추위와 싸우는 동시에 내란세력의 마지막 발악에 맞서는 전투였다. 시민들은 서로의 체온에 의지하며 밤을 지새웠고, 전국의 시민들은 따뜻한 음료와 핫팩을 나르며 연대했다. 인근의 수도원과 건물들은 추위에 떠는 시민들을 위해 예배당과 내부 화장실을 개방했다.

결국 시민들의 끈질긴 압박과 수사당국의 의지가 결합해 1월 15일, 경찰은 1000명 이상의 경찰력을 투입하는 두 번째 체포 작전을 펼쳤다. 55경비단마저 "부당한 지시는 따르지 않겠다"며 돌아선 상황에서 경호처는 더 이상 버틸 수 없었다. 내란수괴 윤석열에 대한 체포영장이 집행되는 순간, 한남동과 광화문, 그리고 대한민국 전역에서 환호성이 터져 나왔다.

극우 내란세력의 준동과 국제 정세의 변화

윤석열 체포를 전후하여 극우세력과 보수 언론, 그리고 일부 국제 사회의 움직임은 심상치 않았다.

내란을 내전으로: 보수 세력의 최후 발악

국민의힘 일부 친윤 세력과 극우 유튜버들은 "죽창과 쇠파이프로 무장하자", "LPG 가스통으로 방어진을 치자"며 폭력을 선동했다. 이들은 백골단을 재건하여 국회 난입을 시도하는 등 내란을 내전 양상으로 몰고 가려 했다. 일부 여론조사에서 보수층 결집 현상이 나타나자,

보수 언론들은 일제히 "윤석열에게 방어권을 보장하라", "불구속 수사가 원칙"이라며 범죄자를 옹호하는 논조를 쏟아냈다.

드러나는 진실: 전쟁유도와 북풍공작

비상계엄해제 결의 이후, 군 관계자들의 제보와 민주당 등의 폭로를 통해 윤석열정권이 계엄 선포 명분을 만들기 위해 조직적으로 전쟁위기를 조장했다는 충격적인 사실도 드러나기 시작하였다.

김용현 국방부장관, 여인형 방첩사령관 등 군 수뇌부가 무인기 평양 침투를 기획·집행하여 평양을 비롯한 여러 곳에 무인기를 침투시켰고, 김용현 국방부장관이 오물풍선 원점타격을 지시하였으나 김명수 합참의장과 이승오 합참 작전본부장이 반대하여 시행되지 않았다는 제보도 이어졌다. 12월 23일에는 내란 기획에 함께 관여한 것으로 알려진 노상원 전 정보사령관의 압수 물품인 수첩에서 "북방한계선(NLL)에서 북의 공격 유도"라는 메모도 발견되었다.

무인기 평양 침투는 영공 침투 행위이며, 오물풍선 원점타격은 영토에 대한 군사공격이라는 점에서 모두 무력충돌로 이어질 개연성이 매우 높다. '북의 공격을 유도'하기 위한 것이 아니라면 결코 추진할 수 없는 도발적 군사행동을 윤석열 내란세력이 비상계엄을 앞두고 집요하게 추진한 것이다. 비상계엄의 선포 요건인 '전시 또는 이에 준하는 비상사태'를 만들고자 한 것이었다.

계속되는 증거인멸 의혹

한편, 증거인멸 의혹도 빗발쳤다. 무인기 평양 침투 사실이 공개된 직후인 10월 12일 새벽에 연천에서 평양 추락 무인기와 유사한 무인기가 발견되었으나 군은 조사 없이 이 무인기를 수거해 갔으며, 경찰에 관련 정보를 공개하지 말아달라고 요청한 사실이 드러났다. 드론작

전사령부 내 무인기 관련 장비를 보관 중이던 컨테이너가 의문의 화재로 전소되었고, 101드론대대의 자료들이 대거 폐기되는 정황도 드러났다.

그러한 가운데 국방부는 '평양 무인기 침투 기획설'에 대해 "확인해줄 수 없다"는 입장을 고집하는 한편, 외환 혐의는 "근거 없는 허위 주장"이며, "북한의 주장에 동조하는 것"이자 "군사 활동을 위축시키는 행위"라며 사건을 은폐하려는 모습으로 일관했다.

내란범들의 '외환죄(일반이적죄)'도 심판대로

비상행동은 자주통일평화연대, 접경지역연석회의와 함께 윤석열, 김용현, 여인형, 노상원 4명을 '대한민국에 군사상 해악을 끼친' 범죄, 즉 외환죄(일반이적죄) 혐의로 고발하고 진상의 철저한 규명과 관련자들의 엄벌을 촉구하였다. 이후 관련 의혹에 대한 진상규명과 처벌을 촉구하는 캠페인, 서명운동도 추진하였다.

서부지법 폭동과
계속되는 거부권 정국

극우 내란세력의 서부지방법원 폭동 사건

윤석열은 공수처에 체포된 후 수사를 일절 거부하고, 파렴치하게도 체포적부심을 신청했다. 1월 15일까지 한남동에 몰려 있던 극우 내란세력은 1월 16일부터 체포적부심 심사가 열리는 서울서부지방법원으로 몰려갔다. 체포적부심이 기각되고 구속영장 실질심사가 열리자, 집회 및 시위에 관한 법률에 따라 법원 앞 100미터 이내에서는 집회가 금지되어 있음에도 이들은 도로를 점거하며 법원을 위협했다.

광화문 극우집회를 주도하던 전광훈은 "우리는 서울구치소로 들어가서 강제라도, 왜 국민저항권이 최고의 권리니까, 대통령을 구치소에서 모셔 나와야 되는 것입니다"라며 극우 내란세력이 법원으로 들어가도록 부추겼다.

1월 19일 새벽 2시 50분경 구속영장이 발부되자, 법원 앞을 점거하

2025년 1월 18일, 서울서부지방법원, 윤석열 체포 소식에 서부지법을 습격한 극우 단체 회원들.

고 있던 극우 내란세력은 법원 외벽을 뜯고, 유리창을 파괴하는 것은
물론, 법원 건물 내에 불을 지르려고 했다. 또 "빨갱이 판사 찾아라"
라고 외치며 판사실의 문을 걷어차고 차은경 담당 판사를 찾아다니
기도 했다. 국민의힘 윤상현 의원은 폭동을 일으키려는 자들을 향해
"곧 훈방될 것"이라며 폭동을 부추겼다.

폭동 과정에서 수많은 경찰이 폭행당하고 결국 87명이 연행되었
다. 폭동 후 당시 국민의힘 원내대표였던 권성동은 오히려 '국민들이
왜 분노했는지 돌이켜 봐야 한다', '무리한 수사와 구속이 원인'이라
며, 폭동 범죄자들을 두둔하기도 했다. 비상행동은 즉각 법치주의를
부정하는 서부지법 폭동을 엄정하게 처벌하라며 입장을 발표했다.

그러나 상황은 다른 방향으로 흘러갔다.

역전되는 지지율, 또다시 거부권 통치가 이어지다

1월 17일 발표된 한국갤럽 여론조사에서 국민의힘 39%, 민주당 36%로 지지율이 역전되었다. 갤럽뿐 아니라 전국지표조사(NBC), 리얼미터가 모두 같은 흐름을 나타냈다. 한남동에서 극우 내란세력의 폭력을 선동하고 극우 내란세력이 윤석열 체포·구속 과정에서 결집한 결과였다. 위헌·위법한 비상계엄과 법치의 상징인 법원에서 폭동이 일어났는데도 오히려 윤석열을 옹호하는 국민의힘의 지지율이 높아진 매우 위험한 상황이었다.

이러한 상황에서 최상목 대통령 권한대행은 1월 14일 지방교육재정교부금법에 거부권을 행사했다. 곧이어 1월 21일에는 국가범죄시효특례법, 방송법개정안, 초중등교육법에 거부권을 행사했다. 설마 하던 일들이 계속해서 벌어졌다. 애초에 외환죄를 비롯해 11개의 범위를 6개로 축소한 내란특검법도 결국 1월 31일 최상목에 의해 거부권이 행사되었다. 여야 합의가 없다는 이유였다.

탈옥을 준비하는 윤석열

한편, 구속된 윤석열은 공수처의 수사는 일절 거부하다가 1월 21일 처음으로 헌법재판소에서 진행하는 변론에 출석했다. 윤석열은 "계엄 선포 당시 국회의원을 끌어내라고 지시한 적 없다"고 주장하며 "최상목 기획재정부 장관에게 국회 비상입법기구 관련 예산 편성을 지시하는 쪽지도 준 적이 없으며 오히려 보도를 통해 봤다"고 관련 혐의들을 부인했다.

윤석열이 공수처의 수사를 모두 거부하자 결국 공수처는 검찰에 윤석열 사건을 이첩했고, 검찰은 구속만료 하루 전인 1월 26일 윤석열을 구속기소했다. 윤석열 측은 2월 4일 지귀연 재판부가 있는 서울중앙지방법원에 검찰이 구속만료 기한을 넘겨 기소를 했다며 구속취소를 요청했다.

윤석열 파면, 국민의힘 해체를 외치다

비상행동은 윤석열의 구속 후 헌법재판소 변론 과정을 면밀히 모니터링하고, 파면 촉구 시민 의견 전달 캠페인을 진행하였다. 비상행동의 각 단체도 '윤석열 파면 촉구 시민 의견서' 릴레이 제출 기자회견을 진행했다. 윤석열이 구속된 상황이었기 때문에 투쟁의 파고가 더 높아지는 데는 어려움이 있었다. 그러나 주권자 시민들은 매주 토요일 '윤석열즉각퇴진 범시민대행진'을 통해 현황을 확인하고 윤석열 파면의 각오를 다졌다.

한편 극우 내란세력의 서부지법 폭동을 옹호하고 내란수괴 윤석열의 구속 상태를 풀라며 내란을 지속하고 있는 국민의힘 해체 투쟁과 캠페인도 전국적으로 계속 진행되었다. '내란공범 국민의힘 해체'를 슬로건으로 내걸고 2025년 1월 10일 금요일을 기점으로 '국민의힘 해체의 날'을 선포하여 전국 동시다발적으로 집중적인 기자회견과 집회를 열었다. 또한 매주 금요일 행동을 통해 국민의힘 당사와 주요 국민의힘 국회의원 사무실 앞에서 1인 시위, 선전전, 집회 등을 이어갔다.

파면의 광장에서 울려 퍼지는 사회대개혁의 목소리

윤석열 파면 못지않게 중요한 과제가 바로 '사회대개혁'이었다. 이는

2025년 3월 1일, 광화문광장, 우리가 바라는 사회대개혁 과제에 투표하는 시민들.

박근혜 퇴진 이후에도 정작 우리 사회는 달라진 것이 없다는 반성적인 평가에 의한 것이었다. 광장의 시민들은 윤석열 파면과 함께 노동권 강화, 성평등 확대, 정치개혁, 한반도 평화, 불평등 해소, 기후위기극복 등의 목소리를 꾸준히 냈다.

이에 비상행동은 출범 직후부터 100여 명이 넘는 정책 전문가와 활동가를 중심으로 사회대개혁특별위원회를 구성하고 사회대개혁과제를 만드는 작업에 착수했다. 또한 사회대개혁특별위원회가 마련한 118개의 과제를 주권자 시민들에게 알리고 의견을 받기 위해 온라인 공론장 '천만의 연결'을 개설했다. 2월 15일부터는 매주 토요일 시민대행진 사전행사로 '사회대개혁 이야기 다 나누는 사이다파티'

2025년 3월 9일, 성공회대 강당, 사회대개혁 시민대토론회에 참석한 시민들.

를 진행하며 사회대개혁 의제를 공론화하는 데 앞장섰다. 3월 9일에는 시민 150여 명이 참여해 우리 사회의 중요한 과제들을 토론하고 제안하는 시민대토론회를 개최하기도 했다.

그러나 사회대개혁을 위한 목소리는 3월 8일 내려진 윤석열 구속취소 결정으로 인해 파면 이후로 미뤄지게 되었다.

구속취소로 내란수괴 풀려나다

3월 8일 느닷없이 내란수괴 윤석열이 풀려났다. 2월 4일 윤석열 측이 요청한 구속취소 요청에 대해 재판부가 내란수괴의 손을 들어준 것

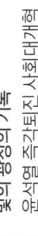

2025년 3월 8일, 서울구치소 앞, 구속취소 결정으로 풀려난 윤석열.

이다. 3월 7일 서울중앙지방법원 지귀연 재판부는 그간 날짜로 계산해왔던 구속기간을 매우 이례적으로 윤석열 사건에서 시간 단위로 해석했다. 윤석열 구속기소 당시 검찰은 날을 기준으로 1월 27일 오전까지 가능한 것으로 보고 1월 26일 16시 52분에 구속기소했으나, 같은 날 9시 7분까지 검찰이 구속기소했어야 한다며 법원이 내란수괴를 석방하는 사상 초유의 결정을 내린 것이다. 또한, 검찰 특별수사본부가 즉각 항고 요구를 했음에도 심우정 검찰총장 지도부는 이례적으로 항고를 포기했다. 설마 하던 우려가 현실로 이뤄진 것이다.

윤석열 구속취소,
파면으로 이어간
긴박했던 한 달

비상행동, 무기한 단식 및 철야농성에 돌입하다

비상행동 공동의장단은 3월 8일 14차 범시민대행진을 마친 후 서십자각 터에서 철야, 무기한 단식농성에 돌입했다. 비상행동 공동의장단이 단식에 돌입하고 철야농성에 들어가자 더불어민주당과 조국혁신당, 진보당, 기본소득당, 사회민주당까지 야5당도 광화문 서십자각 앞에 농성장을 꾸리고 단식농성에 돌입했다. 이어서 문화예술계, 학생, 시민들의 자발적인 단식과 철야농성도 이어지며 광화문은 거대한 농성장으로 변모했다.

비상행동은 3월 9일 심우정 검찰총장 등을 즉시 고발하고, 3월 10일 단식농성장에서 6개 정당(더불어민주당, 조국혁신당, 진보당, 기본소득당, 사회민주당, 정의당)과 '윤석열 즉각 파면 촉구 결의 공동입장문'을 채택했다. 3월 11일 전국대표자들이 비상시국선언문을 발표하였으며,

2025년 3월 15일, 광화문 앞, 윤석열 파면을 촉구하는 시민대행진.

● 출처: 비상행동 송승

농성장에서 시민사회단체들의 릴레이 시국선언이 이어졌다. 이렇듯 윤석열 구속취소 이후 광화문은 윤석열 파면투쟁의 베이스캠프이면서 투쟁 확산의 거점이 되었다.

100만 시민 총집중의 날, 계속되는 긴급집중행동

비상행동은 3월 15일 15차 범시민대행진을 '100만 시민총집중 집회'로 선포했다. 3월 15일 광화문과 전국 각지에서 모인 110만 명의 시민은 내란수괴 윤석열의 즉각 파면을 외쳤다. '100만 시민총집중 집회' 이후 비상행동은 긴급집중행동으로 평일집회와 단식, 철야농성을 이어갔고, 문화예술인, 학생 등 수많은 시민이 동조 단식을 개시했다.

100만 시민 총집중의 날 선언문
100만 시민의 이름으로 내란수괴 윤석열을 파면한다

윤석열의 비상계엄을 빙자한 내란이 일어나고 100일이 넘었습니다. 시민들의 힘으로 계엄을 해제하고, 내란 우두머리를 탄핵소추하고, 체포하고, 구속까지 시켰습니다. 그러나 당연히 파면되었어야 할 윤석열은 여전히 대통령입니다.

당연히 감옥에 있었어야 할 윤석열은 법원과 검찰의 비호를 받아 버젓이 서울구치소를 걸어 나왔습니다. 내란을 비호하는 국민의힘과 최상목 등은 여전히 윤석열의 하수인을 자처하고 있습니다.

거부권으로 내란특검법을 좌초시키고, 헌법재판소의 위헌 결정에도 헌법재판관을 임명하지 않고 있습니다. 계엄을 계몽이라고 하고, 노골적으로 탄핵을 기각시키라 하며, 범죄자를 피해자로 둔갑시키려 하고 있습니다.

그들의 선동에 사상 초유의 폭동이 일어나고, 혐오와 차별, 음모론으로 세상은 더욱 혼탁해지고 있습니다. 너무나도 화가 나고 분통이 터집니다. 또 불안하기도 합니다. 우리에게는 더 이상 내란 극우세력과 실랑이하고 있을 시간이 없습니다.

누군가는 일터와 삶의 보금자리에서 목숨을 잃고 있고, 또 누군가는 무너지는 생계에 고통받고 있습니다. 그들이 엉망으로 만든 세상을 바꾸기에도 시간이 모자라는데, 왜 우리가 윤석열 따위에게 이렇게까지 시간을 허비해야 합니까.

누군가는 17일에 파면될 것이다, 아니다 20일에 파면될 것이다 이야기합니다. 그러나 우리는 하루라도 더 참을 수 없습니다. 윤석열이 관저에 숨어 내란 비호 세력들과 권력을 휘두르며 민주주의를 무너뜨리고 있는 광경을 지켜보아야 하기 때문입니다.

윤석열과 내란 비호 세력들은 지금 이 순간에도 국가기관을 다시 장악하려 하고 있습니다. 내란을 비호했던 경찰들을 줄줄이 승진시키고, 검찰은 윤석열의 하수인으로서 윤석열을 석방시키고 경호처 범죄자들과 비화폰에 대한 수사를 방해하고 있습니다.

헌법재판소 재판관들은 자신이 어떠한 지위에 있는지 똑똑히 기억하십시오. 고통받고 있는 주권자 시민들의 얼굴을 바라보십시오. 헌법과 민주주의의 파괴를 사력을 다해 막아내고 있는 이들에게 더 기다리라고 말할 수 있는지 생각하십시오.

우리는 단 하루도, 아니 단 1시간도 더 기다릴 수 없습니다. 지금 당장 윤석열을 파면시켜야 합니다. 그리고 지금과는 다른 새로운 세상을 이야기해야 합니다. 그것이 우리가 이 광장에 모인 이유입니다.

파면은 끝이 아닌 시작입니다. 평화와 인권이 보장되고, 정의와 민주주의가 바로 서는 세상, 누구도 차별받지 않는 평등한 세상, 일터에서 죽지 않고 모두가 최소한의 인간다운 삶을 누리는 지속가능한 세상을 어떻게 만들지를 이야기하고 싶습니다.

그런데 아직 우리는 다시 만들 세상의 논의를 시작도 하지 못했습니다. 너무나도 명백한 헌법파괴 범죄자의 파면조차, 곡기를 끊고 풍찬노숙을 하며 애타게 기다리는 상황이 되었습니다. 우리의 헌정질서가 무너지지 않고 버티고 있는 것은 광장을 지킨 주권자 시민들이 있었기 때문입니다.

아무도 지켜주지 않았던 헌법을, 민주주의를 주권자인 시민들이 나서 수호하고 있습니다. 우리가 민주공화국의 위기를 끝내고 다른 세계로 나아가기 위해서는 시민들의 힘이 더욱 커져야 합니다. 윤석열즉각퇴진·사회대개혁비상행동은 시민들과 함께 민주공화국의 수호를 위한 윤석열의 파면을 촉구할 것입니다.

시민들께 다음을 호소드립니다. 평일 7시엔 매일 파면 촉구 집회와 행진이 이어집니다. 지금까지처럼 참여해주시기 바랍니다. 19일을 '민주주의 수호의 날'로 선포할 예정입니다. 광장에서 그리고 회사와 집에서, 민주주의를 지키기 위한 실천을 제안하겠습니다. 윤석열 파면을 위해 곡기를 끊은 이들과 하루 단식, 한 끼 단식에 동참해 주십시오.

오늘 전국에서 100만 명의 시민이 모였습니다. 만약 다음 주 주말까지 파면이 이뤄지지 않는다면 우리는 더 크게 더 강하게 모여야 합니다. 100만을 넘어 200만이 넘는 전국 시민의 집회를 만들 것입니다. 시민 여러분. 우리는 더 강해질 것입니다.

이번 주에는 반드시 주권자 시민의 힘으로 내란수괴 윤석열을 파면시킵시다. 하루빨리 윤석열의 파면을 넘어 달라질 우리의 새로운 세계를 이야기하고 싶습니다.

단 하루도 기다릴 수 없다.
100만 시민의 이름으로
내란수괴 윤석열의 파면을 선고한다.

주권자 시민의 명령이다.
헌법재판소는 내란수괴 윤석열을 즉각 파면하라!

2025년 3월 15일
윤석열즉각퇴진·사회대개혁비상행동

3월 17일에는 광화문 북측 광장에 비상행동과 야5당 1500여 명이 참가하여 긴급시국선언을 발표하였으며, 매일 즉각 파면을 촉구하는 시민들의 시국선언, 리본행동, 한 끼 단식 등이 이어졌다. 그러나 헌법재판소는 탄핵소추가결일로부터 100일이 되는 3월 19일까지 묵묵부답으로 시민들의 목소리를 외면했다.

생명을 건 단식농성과 집중행동,
그러나 내란공범에게 면죄부를 준 법원과 헌법재판소

비상행동의 집중행동, 각계각층의 시국선언은 끊임없이 이어졌다. 광화문은 평일에도 시민들로 가득 찼으며, 자발적인 참여로 수많은 천막이 농성장에 들어섰다. 3월 19일에는 건강이 악화된 공동의장 2명이 긴급하게 병원으로 이송되었다. 결국 비상행동은 투쟁의 전면 확대를 위해 3월 21일 14일 동안의 공동의장단 단식을 해제하고, 비상행동 공동대표단이 단식농성을 이어나갔다. 트랙터 행진과 시민총파업 등 3차 긴급집중행동을 선포했다.

그러나 상황은 나아지지 않았다. 법원은 경호처 간부들에 대해 구속영장을 기각하고, 헌법재판소는 3월 24일 내란공범 한덕수의 탄핵을 기각했다.

2차 남태령 투쟁 그리고 시민총파업

윤석열 재구속과 파면을 위해 전봉준투쟁단이 3월 25일 다시 한번 남태령에 집결했고 이번에도 시민들이 연대하기 위해 집결했다. 3월 26일 새벽에는 한 대의 트랙터가 우여곡절 끝에 광화문 농성장에 진입했다. 그러자 경찰이 농성장에 난입하여 폭력을 행사하고 트랙터

2025년 3월 15일, 광화문 앞, 동조 단식에 나선 시민들과 농성텐트촌.

를 탈취해 갔는데, 새벽부터 이어진 시민들의 저항과 비상행동의 긴급집회를 통해 결국 탈취를 막아냈다.

3월 27일에는 민주노총의 총파업 총력투쟁 대회와 시민들의 동조파업과 행진, 한국노총의 대의원 대회와 행진이 이어졌다. 하루 연차, 반차를 내고 각계각층의 시민들이 광화문광장을 가득 메웠다. 그러나 헌법재판소는 여전히 침묵을 이어갔다. 비상행동은 3월 28일 4차 긴급집중행동을 선포하고 헌법재판소 앞 철야 집중행동 및 시민행진을 이어간다는 계획을 발표했다.

2025년 4월 2일, 헌법재판소 인근 안국역 앞, 윤석열 파면을 촉구하는 2박 3일 철야농성에 돌입한 시민들.

지연된 정의는 불의, 헌법재판소의 침묵에 맞서 3일 만에 100만의 시민이 윤석열 파면 서명에 참여하다

4차 긴급집중행동이 시작된 시기는 내란공범 한덕수가 공석인 헌법 재판관의 임명을 미루고, 두 명의 재판관이 4월 18일에 퇴임을 앞둔 상황으로 더 이상 탄핵심판이 늦춰져서는 안 되는 상황이었다. 비상 행동은 매일 헌법재판소를 향한 긴급집회를 개최하고, 3월 30일부터 72시간 100만 전국 시민 서명을 시작했다. 서명 시작 10시간 만에 20만 명이 서명에 참여하며 헌법재판소에 대한 폭발적인 분노를 보여주었다. 결국 최단기간인 3일 만에 100만 명의 주권자 시민이 윤석열 파면을 위해 서명에 참여하였다.

4월 1일 비상행동이 재판관을 임명하지 않는 한덕수를 고발하는 기자회견을 개최하던 중, 헌법재판소는 긴 침묵을 깨고 4월 4일 11시 선고기일을 공지했다. 비상행동은 4월 1일부터 4월 2일까지 안국역 6번 출구 인근에서 24시간 철야 집중행동을 진행했다. 광역 주요도시에서 매일 열던 집회를 중단하고 헌법재판소 앞으로 달려온 것이다. 전국에서 온 수천의 시민과 노동조합 조합원이 헌법재판소 앞 도로를 가득 메우고 밤을 지새며 윤석열의 파면을 요구했다. 이어 4월 3일부터 선고일까지 철야농성을 진행했다. 서울 시내 곳곳에서 방송차량을 운영하여 8 대 0 만장일치 파면을 촉구했다. 시민들의 발걸음은 4월 3일에서 4일까지 이어졌으며 안국역 일대는 파면을 염원하는 리본과 응원봉을 든 시민들의 빛으로 가득했다.

주문. 피청구인 윤석열을 파면한다

헌법재판소의 마지막 평의가 4월 4일 오전 9시 30분에 열렸다는 소식이 전해졌다. 오전부터 수많은 시민이 탄핵심판 생중계를 함께 시청하기 위해 안국역 일대를 메우기 시작했고, 방송사들이 하나둘 자리 잡기 시작했다. 비상행동의 활동가들은 분주하게 라이브 방송과 안전관리를 하면서 방송사 생중계를 시청했다.

11시 22분 윤석열의 파면이 선고되었고, 현장은 환호로 가득 찼다. 시민들도, 비상행동 활동가들도 서로를 부둥켜안으며 기쁨의 눈물을 흘렸다. 비상계엄이 선포된 지 123일 만에, 시민들의 힘으로 내란수괴 윤석열을 파면시킨 것이다.

2025년 4월 4일, 헌법재판소 인근 안국역 앞, 윤석열 파면결정 중계를 보며 환호하는 시민들.

〔입장〕 윤석열 파면, 민주주의의 승리다
내란을 끝내고 사회대개혁으로 나아가자

내란수괴 윤석열이 파면되었다. 대한민국을 경악과 공포에 빠뜨린 한밤중 비상계엄을 선포한 지 123일 만이다. 헌법재판소의 만장일치 결정이 나왔지만 이미 한참 전에 이뤄졌어야 할 결정이다. 내란수괴 윤석열의 파면은 주권자 시민의 승리이자, 수많은 시민의 희생과 민주항쟁으로 일궈온 헌법과 민주주의의 힘을 재확인한 것이다.

윤석열의 12·3 비상계엄은 요건도 절차도 갖추지 못한 명백한 불법이자 위헌이다. 포고령에는 위헌적인 내용이 가득했으며, 이를

2025년 4월 4일, 광화문 앞, 윤석열 파면 직후 광화문광장을 행진하는 시민들.

근거로 한 국회봉쇄도, 헌법기관인 중앙선거관리위원회를 침탈한 것도 모두 위헌·위법한 조치였다. 국헌을 문란하게 하고 폭동한 내란이었다. 심지어 비상계엄 선포를 위해 전쟁을 기획하고 도발한 것까지 확인되었다.

그러나 주권자 시민들은 군경을 동원한 국회봉쇄를 맨몸으로 막아섰다. 여의도에 200만 시민이 모여 국회의 탄핵소추안 의결을 끌어냈으며, 남태령과 한남동 투쟁을 통해 윤석열을 체포했다. 윤석열이 탈옥하자 수천만의 시민이 광화문으로 모였고, 결국 윤석열을 파면시켰다.

윤석열의 파면은 끝이 아닌 시작이다. 우선 윤석열과 내란 일당에 대한 사법 처리가 엄중하게 이뤄져야 한다. 내란외환특검 도입을 포함해 외환 혐의와 경찰, 검찰의 내란 가담 여부에 대한 수사도 강도 높게 진행되어야 한다. 헌정을 유린하는 모든 범죄자의 말로가 어떠한지 똑똑히 남겨 제2, 제3의 내란을 막아야 한다.

헌법재판소의 윤석열 탄핵심판 결정을 방해하기 위해 헌법재판소의 위헌 결정에도 불구하고 재판관 임명을 거부한 한덕수, 최상목에 대한 법적·정치적 책임도 물어야 한다. 내란을 비호하고 동조한 국민의힘에 엄중한 책임을 묻고, 민주주의를 위협하며 폭동과 혼란을 조장한 이들에 대한 처벌도 필요하다. 나아가 4개월간 헌법파괴를 용인한 헌법재판소와 내란 우두머리를 풀어준 검찰과 법원의 강도 높은 개혁도 필요하다.

무엇보다 중요한 것은 윤석열과 내란세력이 위협한 헌정질서의 허점을 보완하고 내란의 재발을 막는 것이다. 시대착오적인 비상계엄을 헌법에서 삭제해야 한다. 헌법재판소의 무력화를 막기 위한 제도적 보완도 뒤따라야 한다.

주권자 시민들이 광장에서 외친 것은 '윤석열 파면'만이 아니다. 윤석열정권이 퇴행시킨 개혁의 가치를 복원하고, 인권과 민주주의, 평화와 평등, 생명과 생태, 돌봄과 노동이 존중받는 지속가능한 사회를 위해 사회대개혁을 완성해야 한다. 제 정당도 당리당략을 떠나 협력해야 한다.

지난겨울 광장에 모인 응원봉과 깃발의 정신을 우리는 잊지 않을 것이다. 내란의 종식과 새로운 사회를 위한 시민들의 열망을 우리는 똑똑히 보았고 함께 공유했다. 어느덧 봄이다. 움트는 새싹의 힘으로, 겨우내 광장을 지킨 주권자 시민의 힘으로 사회대개혁을 완성하자. 지난겨울 그랬던 것처럼 우리는 지치거나 포기하지 않을 것이다.

내란수괴 파면, 주권자 시민이 승리했다!

내란세력 단죄하여 내란을 끝장내자!

주권자 시민의 힘으로 사회대개혁 완성하자!

2025년 4월 4일

윤석열즉각퇴진·사회대개혁비상행동

파면 이후에도 이어진
내란세력의 재집권 시도와
비상행동의 대응

대법원의 노골적인 선거 개입

윤석열의 파면으로 대통령 궐위가 발생함에 따라 당시 대통령 권한 대행이었던 한덕수가 2025년 6월 3일로 제21대 대통령 선거를 공고했다.

이런 와중에 2025년 5월 1일, 조희대 대법원장이 재판장을 맡은 대법원 전원합의체는 이재명 더불어민주당 대표(당시 대선 후보)의 공직선거법 위반 사건 상고심에서 2심(원심)의 무죄 판결을 깨고, 대법관 10 대 2의 다수 의견으로 유죄 취지로 파기하여 사건을 서울고등법원으로 돌려보냈다. 사건 접수부터 전원합의체 선고까지 단 34일 만에 이례적으로 신속하게 진행된 것이다.

전원합의체 회부 당일과 4월 24일 두 차례 합의 기일이 열렸기 때문에 실질적인 합의 기간은 2일이었고, 5월 1일 선고일까지 감안해도

단 9일에 불과했다. 그 사이에 6만 쪽의 자료를 다 읽는다는 것은 불가능한 일이었다.

공직선거법 위반으로 벌금 100만 원 이상의 형이 최종 확정되면 의원직을 상실하고 향후 5년간 피선거권이 박탈되어 대선 출마가 원천적으로 봉쇄된다는 점에서 대법원의 명백한 선거 개입이었다. 특히 2심에서 무죄로 판단했던 사안을 대법원에서 뒤집은 것은 유력한 야당 대선 후보의 정치 생명을 끊어 선거 구도를 인위적으로 재편하려는 의도가 명확해 보였다.

윤석열의 체포방해, 윤석열 구속취소 등 '설마'가 '현실화'되었던 상황을 여러 번 목격했던 시민들은 또다시 극도의 불안감에 휩싸이게 되었다.

한덕수 대통령 권한대행의 돌연 사퇴와 대선 출마

이재명 후보의 선거법 사건을 대법원이 유죄 취지로 파기환송한 날인 2025년 5월 1일 한덕수 대통령 권한대행이 국무총리직을 사임하고 대선 출마를 선언했다. 12·3 비상계엄 당시 국무총리로서 이를 막지 못했다는 '내란방조' 혐의자가 대선에 출마하려 한다는 비판이 거셌다. 그러나 당시 지지율 정체에 빠졌던 국민의힘 내에서는 '김문수 후보'를 '한덕수'로 교체하려는 강력한 동력이 형성되고 있었다.

국민들의 불안감은 크게 확대되어 갔다. 이에 비상행동은 5월 8일 '사법부의 정치개입규탄! 내란청산 사회대개혁 촉구 기자회견'을 대규모로 진행했다.

5월 10일 새벽 국민의힘은 김문수 후보의 선출을 취소하고 한덕수의 입당과 후보등록을 마쳤다. 그리고 연이어 당헌에 따라 김문수 후보의 대선 후보 선출이 취소되었다고 공고했다. 그러나 국민의힘 전

당원 투표 결과 '한덕수 후보로의 변경' 안건은 최종 부결되었다. 이에 출마 선언 9일 만인 5월 11일, 한덕수는 "모든 것을 겸허히 수용하고 승복하겠다"며 불출마를 선언했다.

대선 포기 이후, 한덕수는 12·3 비상계엄 관련 내란방조 혐의로 재판에 넘겨졌다. 서울중앙지법은 1심 판결(2026년 1월 21일)을 통해 한덕수를 내란중요종사자로 규정하고 징역 23년을 선고, 법정구속했다.

6·3 대통령 선거와 비상행동 활동 종료

2025년 5월 1일 대법원에서 유죄 취지로 파기환송된 이재명 당시 더불어민주당 대표의 공직선거법 위반 사건은 서울고법으로 넘어간 이후, 서울고등법원 형사7부(재판장 이재권 부장판사)에 곧바로 배당되었다. 재판부는 당일 즉각 5월 15일을 첫 공판기일로 지정하고 피고인 소환장을 발송하는 등 속도감 있게 재판 절차에 착수했으나 국민들의 거센 저항에 직면하게 되었다. 결국 재판부는 첫 공판기일을 제21대 대선(6월 3일) 이후인 6월 18일로 연기했다.

6월 3일 치러진 제21대 대선은 1998년 이후에 대한민국에서 실시한 모든 선거 중 가장 높은 투표율인 79.4%를 기록했다. 개표 결과 이재명 후보가 49.42%를 득표하면서 41.15%를 득표한 김문수 후보를 289만 1874표, 8.27%포인트 차이로 제치고 대한민국 제21대 대통령에 당선되었다.

이재명 후보의 당선 이후 서울고법 재판부는 첫 공판기일을 "추후 지정"(기일 추정)으로 변경했다. 재판부는 이 결정이 "대통령은 내란 또는 외환의 죄를 범한 경우를 제외하고는 재직 중 형사상의 소추를 받지 아니한다"고 규정한 헌법 제84조(대통령 불소추특권)에 따른 조치라고 밝혔다.

비상행동은 대선 일주일 후인 6월 10일 전국대표자회의를 통해 활동 종료를 선언했다. 윤석열 파면과 내란세력의 재집권 저지라는 1차 목표를 달성했지만, 내란청산과 사회대개혁이라는 과제가 남아 있었다. 비록 비상행동은 활동을 종료하지만 각 단체들과 시민들은 일상으로 돌아가 사회대개혁을 위한 부문별, 지역별 활동에 더욱 집중해야 했다.

이에 비상행동은 내란재판 모니터링을 위한 활동뿐 아니라, 비상행동의 활동을 기록하고 시민들과 함께 기념하는 사업을 집행하기 위해 내란청산·사회대개혁비상행동 기록기념위원회를 구성했다.

[비상행동
평가와 과제]

비상행동의 활동 목표와 방향

비상행동은 2024년 12월 11일 발족을 위한 전국대표자회의를 통해
내란수괴 윤석열즉각퇴진(탄핵·체포·구금), 내란동조 국민의힘 해체
와 내란동조자 처벌, 시민주권 실현과 한국사회대개혁이라는 세 가
지 활동 목표를 세웠다.

또한 이러한 활동 목표를 이루기 위해 최소강령·최대연대 방식으로
운동을 확장하고 퇴진 촛불을 전국과 매일·주말 촛불로 확대하는 한
편, 다양한 시민참여 운동을 전개한다는 활동 방향을 정했다.

파면 이후 활동 목표와 방향

2025년 4월 4일 헌법재판소의 윤석열 파면결정이 내려진 직후인 4월

8일에는 4차 전국대표자회의를 통해 조직명을 '내란청산·사회대개혁비상행동'으로 변경하고 1)내란사태 종식과 내란재발 방지, 2)내란세력 청산과 재집권 저지, 3)민주주의 수호(극우의 세력화 저지), 4)사회대개혁 추진을 4대 활동 방향으로 확정했다.

구체적으로는 내란사태 종식과 내란재발 방지를 위한 내란죄 종사자 및 추가혐의와 관련된 수사 및 특검 촉구, 내란재발 방지 대책 수립과 제도 개선, 외환죄 진상규명 촉구, 내란세력 청산과 재집권 저지를 위한 국민의힘, 검찰, 경호처 등 내란동조 및 선동세력의 처벌 촉구, 국민의힘 재집권 저지, 민주주의 수호를 위한 극우·내란세력화 대응, 차별과 혐오정치 청산, 광장의 목소리 유지·확대와 의제 강화·확산, 사회대개혁 추진을 위한 사회대개혁 과제 공론화, 국회 협력 TF를 통한 정당과의 토론회, 대선후보 공약화와 향후 국정과제 수립을 위한 활동을 진행했다.

내란수괴 윤석열을 파면시키다

비상행동은 12월 3일 윤석열의 위헌·위법한 비상계엄 선포 직후 빠르게 전국 단위의 연대기구를 구성하여 국회의 탄핵소추안 가결, 윤석열 체포·구속과 헌법재판소의 파면결정, 대통령 선거까지 약 6개월간 시민과 주권자의 목소리를 조직하고 윤석열 퇴진, 내란청산, 사회대개혁을 위한 활동을 성공적으로 진행했다.

이 과정에서 비상행동은 내란수괴 윤석열즉각퇴진(파면 이후에는 내란청산), 내란동조 국민의힘 해체와 내란동조자 처벌, 시민주권 실현 및 한국사회대개혁을 사업 목표로 걸고 최소강령·최대연대의 방침에 따라 전국적인 집회와 시민행진, 기자회견, 고소·고발, 시국선언, 온·오프라인 서명, 온라인 페이지 운영 등 다양한 시민참여 운동을 주도적으로 전개했다.

　이러한 성과는 윤석열 퇴진과 내란청산, 사회대개혁을 외치며 6개월간 온·오프라인 광장을 지킨 자발적인 주권자 시민들의 투쟁과 국회와 정당, 비상행동을 구성해 활동해온 1739개 노동·농민·중소상인·빈민·학생·여성·성소수자·환경·인권·평화·종교·지역·시민·사회단체들의 연대를 바탕으로 이뤄질 수 있었다.

전국의 1739개 단위가 함께 투쟁에 나서다

비상행동은 12월 11일 발족 전인 12월 4일부터 윤석열의 위헌·위법한 비상계엄 선포를 규탄하고 즉각퇴진을 촉구하는 투쟁에 나섰다. 비상행동이 이렇게 신속하게 대응기구를 구성할 수 있었던 것은 이미 12·3 비상계엄 이전부터 이어졌던 각계각층의 윤석열정권 퇴진·규탄 행동과 사회대개혁 운동의 토대가 있었기 때문이다. 또한 무엇보다도 12월 3일 비상계엄의 즉시 해제를 촉구하고 2차 계엄 선포를 막기 위해 국회와 광장에 모여들었던 시민들의 자발적·적극적인 참여가 결정적이었다.

　이러한 시민들의 참여에 힘입어 비상행동은 서울뿐 아니라 전국 17개 광역시·도에서 동시다발적인 투쟁에 나섰고, 2025년 6월 10일 공식 해산하기까지 약 6개월간 전국적으로 1000회가 넘는 크고 작은 집회와 시민행동을 진행했다.

중요한 시기마다 구심점 역할을 하다

비상행동은 비상계엄 직후인 12월 4일부터 광화문과 국회 앞에서 윤석열 탄핵을 촉구하는 집회를 열었고, 12월 7일 국회에서 진행된 첫 번째 윤석열 탄핵소추안이 의결정족수 부족으로 무산되자 국회 앞 집중 집회, 표결에 불참한 국민의힘 규탄 행동을 통해 결국 12월 14일 국회의 탄핵소추안 가결을 이끌어낼 수 있었다.

탄핵소추안 가결 이후에도 비상행동은 광화문 집회를 이어가는 한편, 윤석열 체포·구속을 촉구하는 남태령 트랙터 행진, 한남동 관저 앞 투쟁으로 범시민항쟁을 이어갔고 막혀 있던 국면을 돌파할 수 있었다.

그러나 2025년 3월 7일 지귀연 재판부가 윤석열에 대한 구속영장을 취소하고 석방하는 엄중한 사태가 발생하자, 비상행동은 3월 8일 광화문 농성과 공동의장단의 단식투쟁에 돌입했다. 또한 윤석열 파면결정이 있었던 4월 4일까지 약 한 달간 네 차례에 걸친 전국 시민 긴급집중행동을 선포하고, 광화문을 중심으로 다양한 시민행동과 시민총파업 등의 대규모 집회를 조직했다. 또한 윤석열 파면을 촉구하는 헌법재판소 앞 투쟁, 72시간 만에 100만 시민이 참여한 윤석열 파면 촉구 온라인 서명 등 비상상황에 맞는 다양한 사업을 통해 헌법재판소의 만장일치 파면결정을 이끌어냈다.

투쟁이 장기화하면서 지역비상행동과 시군구 활동까지 유기적으로 연결되어 전국적인 윤석열 파면, 사회대개혁 투쟁을 전개했다. 부문별 활동은 물론, 온라인을 통한 시민활동도 활발하게 진행되면서 지역과 공간, 각계각층을 총망라한 운동으로 확대되었다.

이러한 투쟁의 결과, 현직 대통령의 내란행위라는 초유의 사태를 맞아 윤석열 파면이라는 역사적인 성과를 이끌어낼 수 있었고, 비상행동은 그 과정에서 중심적인 역할을 담당했다. 또한 내란세력의 재집권을 저지하고, 각 정당과 차기 정부에 사회대개혁 과제의 이행을 촉구하여 일부를 국정과제에 반영시키는 등 상당한 수준의 활동 목표를 달성할 수 있었다.

시민들의 자발적인 참여와 헌신으로 평등 집회를 열어내다

6개월에 걸친 윤석열 퇴진·사회대개혁 투쟁은 시민들의 자발적인 참여와 연대가 있었기에 가능했다. 국회, 광화문, 남태령, 한남동에서 이어진 비상행동 집회에만 연인원 1000만 명이 넘는 시민이 참여했고, 1000개가 넘는 시민발언이 이어졌다. 단순한 참여를 넘어 시민들이 스스로 투쟁의 주체로 나아갔다.

12월 3일 비상계엄 선포 직후부터 윤석열 파면까지 123일간 서울에서만 67일, 이틀에 하루꼴로 집회와 시민행진을 전개했다. 시민행진 거리만 약 145킬로미터에 달했고 220여 개의 문화공연도 이어졌다. 전국에서 열린 집회와 시민행진까지 더하면 그 수를 헤아리기도 어려울 정도로 많은 시민이 참여하고 행동했다.

특히 평등 집회 원칙을 마련해 집회 내에서 혐오와 차별을 배격하기 위한 각별한 노력을 기울였으며, 그 결과 더욱 다양하고 많은 시민이 참여할 수 있었다. 이는 성평등 관점의 조직 운영 원칙을 적용하고 평등하고 안전한 집회를 만들기 위한 모든 비상행동 소속 단위들의 노력과 전국대표자회의와 운영위원회 등 전국의 단체들이 참여하는 각급 회의체, 100명 이상의 활동가들로 구성된 상황실의 기획과 헌신이 있었기 때문에 가능했다.

아직 청산되지 않은 내란, 미완의 사회대개혁

비상행동은 윤석열즉각퇴진뿐 아니라 내란청산과 사회대개혁을 활동 목표로 내걸었지만, 윤석열 파면과 내란세력의 재집권이라는 1차 목표를 달성한 후 활동을 종료했다. 여기에는 윤석열 파면 이후 급속하게 줄어든 시민들의 참여와 관심, 내란청산과 사회대개혁을 이행하기 위한 보다 집중력 있는 활동의 필요성, 비상행동을 구성한 각급 회의체와 상황실 활동가들의 역량 소진 등의 요인이 있었다. 다만 비상행동 해산 이후에도 비상행동에서 활동했던 각 단체들과 시민들은 현장으로 돌아가 내란청산과 사회대개혁 실현을 위한 활동을 계속 이어나가고 있다.

비상행동은 발족 당시부터 사회대개혁위원회를 특별위원회로 구성하여 12개 의제와 118개 사회대개혁 과제를 정리하고, 집회와 토론회, 온라인 종합 페이지인 '천만의 연결'을 통해 공론화하였으며, 각 정당의 공약과 차기 정부의 국정과제에 일부 반영되도록 하는 성과를 거두기도 했다.

그러나 1차 탄핵소추안 부결, 윤석열과 내란세력의 체포영장 집행 저지와 증거인멸, 한덕수·최상목 대통령 권한대행 등 내란부역자들의 내란청산 방해, 국민의힘 등 내란동조 세력의 재집권 시도, 사법부의 윤석열 석방과 대선 개입 시도 등 엄중하고 긴박한 상황들이 6개월 내내 이어지면서 집회를 중심으로 한 광장투쟁 활동이 불가피하긴 했지만, 그 과정에서 사회대개혁이나 집회 외에 일반 시민의 참여를 이끌어낼 수 있는 다양한 기획에는 다소 부족한 점도 있었다.

윤석열을 출현시킨 반쪽 개혁, 반복하지 않겠다는 다짐

2017년 박근혜 탄핵으로 들어선 문재인 정부는 박근혜 퇴진 광장을 계승하는 '촛불정부'를 자임했지만, 광장의 시민들이 요구한 개혁 과제를 이행하지 못했고 결국 군경을 동원한 12·3 내란과 윤석열이라는 괴물을 출현시켰다. 제2의 윤석열의 출현을 막기 위해서라도 내란의 완전한 청산과 사회대개혁은 필수적인 과제다.

이를 위해 비상행동은 2025년 6월 10일 활동 종료를 선언하면서 내란청산과 사회대개혁을 촉구하는 후속사업으로 집회와 시민행동, 내란재판 모니터링, 기록기념사업 등을 결의했다.

또한 비상행동에 참여했던 단체들을 중심으로 내란의 완전한 청산과 사회대개혁 실현을 위한 다양한 활동을 이어가고 있고, 이를 위한 시민들의 자발적인 참여와 행동도 계속되고 있다.

내란청산과 사회대개혁을 위한 시민들의 행진은 아직 끝나지 않았다.

사회대개혁,
응원봉을 들기 전과 후의
세상을 바꾸기 위하여

2017년 촛불의 교훈과 비상행동의 결단

2016년 겨울, 광장을 가득 채운 촛불은 박근혜 정권을 퇴진시켰으나, 그 이후의 과제였던 '사회대개혁'은 정치권에 일임되었다. 그 결과, 시민의 삶을 근본적으로 바꾸는 개혁은 지체되었고, 기득권 구조는 온존했다. 비상행동은 출범 단계부터 이 뼈아픈 교훈을 되새겼다. 정권퇴진은 끝이 아니라 시작이어야 했다. 사회대개혁을 정권이 바뀐 뒤의 과제로 미루거나 정치권의 선의에만 맡겨둔다면, 또다시 '남 좋은 일만 시키는' 역사를 반복할 수밖에 없다는 위기의식이 팽배했다.

이에 비상행동은 조직 구성 초기부터 '퇴진투쟁'과 '사회대개혁 준비'를 투 트랙으로 진행한다는 원칙을 세웠다. 2024년 12월 11일 비상행동 발족식에서 공식 설치된 '사회대개혁특별위원회(이하 특위)'는 이러한 문제의식의 결실이었다. 특위는 향후 한국사회대개혁 사업을 기획하고, 광장을 단순한 규탄의 장이 아닌 대안을 모색하는 공론장으로 만든다는 명확한 목표를 가지고 출범했다.

광범위한 연대와 체계적인 조직 구성

특위는 초기부터 빠르게 조직을 정비했다. 특정 단체의 주장이 아닌 다양한 사회 영역의 목소리를 담아내기 위해, 총 127개 단체 190명의 전문가와 활동가가 참여하는 단위로 확대되었다.

특위는 효율적이면서도 민주적인 운영을 위해 11개 부문별 소위원회와 내란 종식 특별과제 TF로 편제되었다. 각 소위원회는 현장성과 전문성을 겸비한 소위원장과 팀장을 중심으로 운영되었으며, 전체를 조율하는 '총괄조정위원회'를 두어 과제 간의 중복이나 충돌을 조정했다. 이는 각 영역의 구체적인 요구를 살리되, '새로운 대한민국'이라는 하나의 청사진 아래 정책을 통합하려는 시도였다.

광장의 목소리, 정책이 되다: 시민참여 프로세스

특위는 개혁 과제 도출 과정에서 '책상 위'가 아닌 '광장 속'을 선택했다. 엘리트 중심의 정책 입안 방식을 탈피하고, 촛불 시민들의 열망을 직접 수렴하기 위해 온·오프라인을 넘나드는 입체적인 시민참여 프로그램을 가동했다.

광장의 발언대와 공론장: '사이다파티'와 '천만의 연결'
특위는 2025년 2월 15일부터 본격적인 시민 의견 수렴에 나섰다. 매주 토요일 광화문광장에서 열린 사전대회는 단순한 집회가 아닌 정책 축제의 장이었다.

2025년 3월 1일, 광화문 서십자각터, 사회대개혁 과제를 시민들에게 설명하는 특위 위원들.

각 소위원회는 2월 15일부터 3월 1일까지 총 네 차례에 걸쳐 광장에서 진행된 사회대개혁 이야기 다 나누는 '사이다파티'를 통해 시민들을 직접 만났고, 새로운 세상을 위한 구체적인 아이디어를 제안했다. 이는 현장의 생생한 목소리를 정책 언어로 번역하는 1차 관문이었다.

특위는 광장에 나오지 않거나 생계, 지역 등 다양한 이유로 광장에 나올 수 없는 시민들이 온라인 공간에서도 자유롭게 연결될 수 있도록 2월 6일 온라인 시민 광장인 '천만의 연결'을 오픈했다. 시민들은 '천만의 말씀'을 통해 내가 원하는 세상에 대해 자유롭게 의견을 내고, 12개 분야 118개 사회대개혁 과제에 대한 온라인 토론을 벌였다. '천만의 연결'은 QR코드를 통해 광장에서도 실시간 접속이 가능했다. 특위는 여기에 남겨진 수만 건의 데이터를 텍스트 마이닝 기법으로 분석하여 핵심 키워드를 도출하고, 소위원회 논의의 기초 자료로 삼았다.

이후 '천만의 연결'은 '광장의 에너지를 지속가능한 사회대개혁의 실질적인 동력으로 연결하고자 한 실천'으로 평가받아 《한겨레신문》이 주관하는 10회 휴먼테크놀로지어워드에서 특별상인 시빅테크상을 수상하기도 했다.

숙의와 연결: '천만의 대화'

단순한 의견 수렴을 넘어 깊이 있는 토론을 위해 '천만의 대화' 프로젝트가 가동되었다. 시민들은 광장이 아닌 지역과 학교, 회사, 동네에서 삼삼오오 모여 자신이 원하는 사회대개혁 방안에 대해 숙의했다. 특위는 대화 운영 가이드를 제공하여 토론을 지원했고, 각 모임에서 도출된 결론은 온라인 플랫폼에 축적되었다. 이 과정은 개별화된 시민들의 요구를 공통의 의제로 묶어내는 '연결'의 과정이었다.

11개의 소위원회와 12개 분야 118개의 개혁 과제

사회대개혁 특위는 책상 위에서 만들어진 엘리트들의 정책이 아니라, 각자의 영역에서 세상을 바꾸기 위해 노력해온 시민사회 활동가들과 함께 광장의 요구를 반영하는 데 주력했다. 이를 통해 12개 분야, 118개의 개혁 과제를 도출했다. 또 이번 광장의 가장 큰 특징이었던, 수많은 밤샘 연대와 자유발언을 분석하여 광장 시민들의 요구를 만들어냈다.

이를 통해 다시 민주공화국 시민이 주인 되는 세상, 정의로운 경제

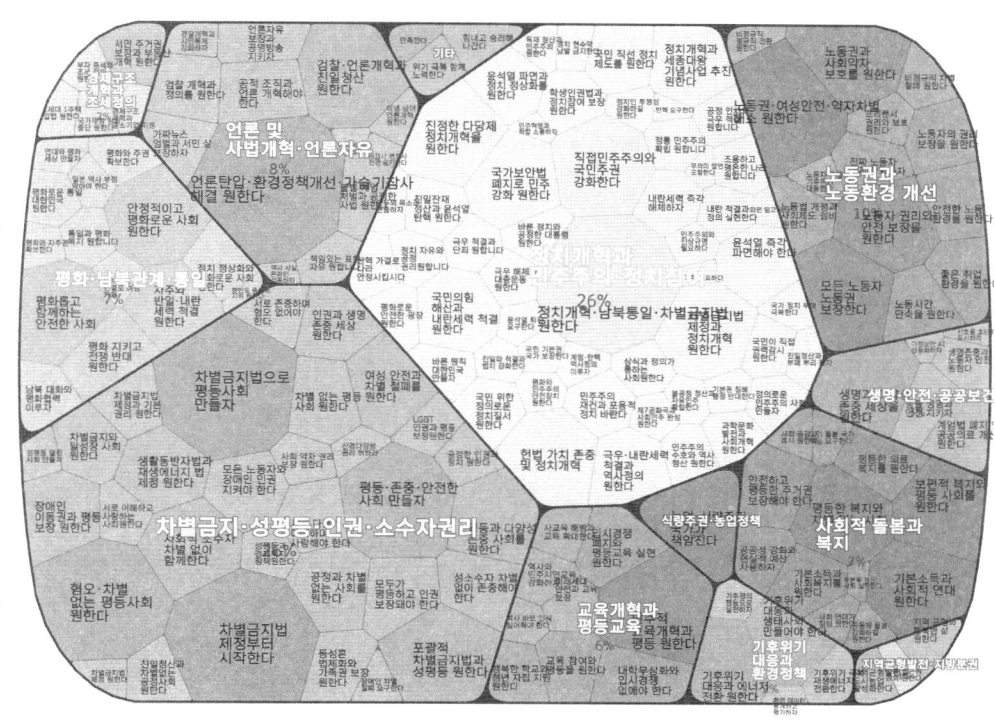

온라인 공론장 '천만의 연결'을 통해 시민들이 남긴 사회대개혁 과제 분포도.

와 민생이 안정된 사회, 평화·주권·역사정의가 실현되는 사회, 기후위기 너머 정의로운 생태 사회, 모두의 행복한 삶을 위한 돌봄중심 사회, 좋은 일자리와 보편적 노동권이 보장되는 사회, 생명·안전이 지켜지는 세상, 모두의 존엄과 공존을 위한 성평등·인권 사회, 언론·정보통신·문화의 공공성과 표현의 자유가 보장되는 사회, 식량주권과 먹거리가 보장되고 지역이 살아나는 세상, 교육과 청(소)년의 삶에 평등을 여는 세상, 특별과제: 내란 종식과 헌정질서 회복의 과제가 만들어졌다.

시민과 나누고 정당과 머리를 맞대다

3월 9일, 시민대토론회: 시민과 나누는 사회대개혁 과제

특위의 활동은 보고서 발간에 그치지 않았다. 특위는 2025년 3월 9일, '사회대개혁 시민대토론회'를 개최하여 광장의 열기를 정책적 숙의로 승화시켰다. 각 소위원회에서 다듬어진 의제들이 시민들에게 보고되었고, 시민들은 스스로 정책에 의견을 제시하며 수많은 과제를 완성된 과제가 아닌 진화, 발전하는 과제로 숙성시켜 나갔다.

8개 정당과 공동정책토론회

윤석열 파면 직후, 비상행동은 특위의 성과물을 바탕으로 원내외 8개 정당(더불어민주당, 조국혁신당, 진보당, 기본소득당, 사회민주당, 노동당, 녹색당, 정의당)과 공동정책토론회를 진행했다. 사회대개혁의 요구를 시민사회와 정치권이 함께 논의하고 만들어가는 토론의 장이었다.

비상행동 사회대개혁특별위원회는 12·3 내란이라는 헌정파괴의 위기 속에서, 단순히 '과거의 청산'에 머무르지 않고 '미래의 설계'를 준비했다.

전국 시민들이 참여한 6·21 광장시민대토론회

6월 10일 비상행동은 윤석열 파면과 내란세력의 재집권 저지라는 소기의 목표를 달성했지만, 내란청산과 사회대개혁이라는 과제를 남기고 공식활동을 종료했다. 그러나 6월 대선을 통해 수립된 차기 정부에 시민들이 요구했던 사회대개혁 과제를 전달하고 관철할 노력이 필요했다. 이에 비상행동은 파면 직후인 4월부터 전국 시민 1000여 명이 참여하는 '광장시민대토론회'를 준비했다.

비록 장소 섭외의 어려움 때문에 준비 과정에서 규모가 다소 축소

공동 정책토론회

탄핵을 넘어, 대선을 넘어, 사회대개혁으로 만드는 새로운 세상

- 일시 : 2025년 4월 17일(목) 09:30 ~ 18:30
- 장소 : 국회의원회관 제1소회의실
- 주최 : 내란청산·사회대개혁 비상행동,
  더불어민주당, 조국혁신당, 진보당, 기본소득당,
  사회민주당, 노동당, 녹색당, 정의당

- 참가 신청 : https://bs1203.net/417Forum

8개 정당·비상행동 공동정책토론회 '탄핵을 넘어, 대선을 넘어, 사회대개혁으로 만드는 새로운 세상'.

되기는 했지만 6월 21일 전국에서 모인 시민 250여 명과 함께 서울 명동에서 광장시민대토론회를 진행했다. 이 토론회에서는 "차기 정부 우선 개혁 과제는 무엇인가"를 주제로 시민들이 자유롭게 제안하고 토론해 참여자 80% 이상의 동의를 얻은 과제들을 뽑는 과정을 거쳤다.

2025년 6월 21일, 서울 명동, 전국의 시민들이 모인 광장시민대토론회.

그 결과 총 144개의 제안된 과제 중에서 114개의 과제가 우선 개혁 과제로 채택되었고, 채택된 과제들을 보고서로 작성해 이재명 정부의 국정기획자문위원회에 전달했다.

윤석열과 같은 내란세력이 다시 등장하지 않기 위해서는 사회대개혁을 통해 응원봉을 들기 전과 후의 세상을 바꾸어야 했다. 이를 위해 비상행동은 시민사회 활동가들과 머리를 맞대고 사회대개혁 과제를 다듬었으며, 시민·정당들과 함께 그 과제들을 구체화했다. 시민들과 함께한 과정은 응원봉을 들기 전과 후의 세상을 바꾸기 위해, 대한민국이 나아가야 할 이정표를 제시하는 일이었다.

비상행동과 정치권의 연대, 그리고 대선

'윤석열즉각퇴진·사회대개혁비상행동'과 야권과의 연대

비상행동과 더불어민주당, 조국혁신당, 진보당, 기본소득당, 사회민주당 등 야당의 연대는 계엄 정국 초반부터 진행되었다. 계엄 직후 군경의 국회봉쇄에도 야권의 국회의원은 담장을 넘어 국회로 진입했고, 비상계엄해제요구 결의안을 가결했다. 그 시각 시민들은 국회 앞으로 모여 군경과 격렬한 대치를 이어갔다.

직후 야권에서는 윤석열 탄핵소추안을 발의했고, 비상행동은 시위를 본격화했다. 헌정질서 수호를 위한 시민사회와 정치권과의 연대 흐름은 이렇게 시작되었다. 이 연대는 장외에서의 대중적인 시민 투쟁과 제도권 내의 원내 정치를 결합하여 시너지를 내는 것을 주요 목적으로 형성되었다.

주요 연대 목적과 방향

비상행동과 야권이 공동대응한 목적은 분명했다. 첫 번째 목적은 헌법재판소의 신속한 파면결정 등을 촉구하며, 관련된 헌정파괴 행위나 내란 관련 의혹에 대해 진상규명과 철저한 사법적 책임을 묻는 것이었다.

두 번째 목적은 사회대개혁 추진이었다. 단순한 권력 교체나 인사조치를 넘어 민주주의 회복, 기후위기 극복, 경제적 불평등 해소 등 한국사회의 근본적 대개혁을 요구하는 광장 시민들의 목소리를 제도화하는 것이다.

또한 법·제도 개선 및 특검 추진 등도 그 목적 중 하나였다. 계엄과 내란의 민주주의 헌정질서 파괴를 막기 위한 법적·제도적 장치를 마련하고, 국회 내에서 특검법 등을 처리하는 데 힘을 모아나갔다.

이 연대는 제도적 권한을 가진 원내 정당과 폭넓은 대중 동원력을 가진 비상행동이 역할을 분담하는 형태로 이뤄졌다. 국회라는 제도권 내에서의 법리적·행정적 절차(특검 추진 등)와 광장에서의 주권자 시민들의 목소리가 상호 보완적으로 작용하며, 협력하여 강력한 연대를 모색하게 되었다.

주요 공동 기자회견과 입장 발표

2024년 12월 6일 '내란동조 국민의힘 규탄 및 탄핵소추안 가결 촉구' 공동 기자회견을 국회 본관 앞에서 비상행동 소속 시민사회단체와 야5당이 공동으로 주최하여, 비상계엄 선포에 대한 책임을 묻고 탄핵안 가결을 촉구했다.

또한 윤석열 구속취소 직후 광화문에서 비상행동의 공동의장단이 단식철야농성에 돌입한 다음 날인 2025년 3월 9일 '윤석열 파면 촉구 긴급 비상행동 선포' 기자회견을 개최하였다. 야5당 등 원내 정당들은 공동대응을 위한 '원탁회의'를 구성하여 이견을 조율하고, 비상행동 대표단과 정기적인 연석회의를 열어 행동 방향과 공동선언문을 채택했다.

2025년 3월 10일엔 "내란세력 종식과 재집권 저지, 사회대개혁을 위해 협력한다"는 내용의 합의와 공동선언을 발표했다. 이 선언은 원외정당인 정의당도 참여했다. 그 내용을 구체적으로 보면 윤석열의 파면과 내란세력 재집권 저지, 내란의 완전한 종식을 위해 힘을 모으고, 파면 이후에도 차별과 혐오정치를 배격하며, 다양성과 민의를 반영하는 정치를 실현하고, 시민참여가 보장된 가운데 민주주의 회복과 평화 실현, 사회대개혁을 위해 협력하기로 약속했다.

윤석열의 파면과 내란 종식, 사회대개혁을 위한 공동입장문

위헌·위법한 12·3 비상계엄 선포 이후 100여 일이 흘러 윤석열의 파면결정을 앞두고 있습니다. 그러나 법원은 내란수괴 윤석열의 '구속취소' 결정을 내렸고 이에 내란 옹호 세력들은 윤석열의 구속취소에 이어 탄핵까지 부결시켜 윤석열을 다시 복귀시키겠다며 총력을 다하고 있습니다. 윤석열의 내란을 막아낸 이래, 내란을 종식시키고 민주주의를 회복하기 위한 우리의 노력이 가장 큰 위기를 맞고 있습니다.

그동안 내란세력들이 국회를 마비시키고 자신의 반대 세력들을 잡아 가두기 위해 오랫동안 준비와 실행을 모의했으며, 비상계엄 정당화를 위해 평화와 안전을 볼모로 국지전 유발까지 계획했다는 충격적인 정황이 만천하에 드러났습니다. 그러나 이들은 지금까지도 잘못을 일절 인정하지 않고 계엄령이 '국민 계몽령'이었다는 궤변을 늘어놓고, 선거 결과가 조작됐다는 음모론을 퍼트리면서 되레 자신들이 헌법의 수호자인 양 굴고 있습니다. 극우세력을 선동하고, 헌법기관에 대한 폭력과 위협을 부추기며 내란을 이어온 것입니다.

저들은 온갖 궤변을 늘어놓으며 갖은 법기술을 동원하여 역사와 정의의 심판을 피하려고 하지만 이 나라 주권자의 요구는 분명합니다. 헌법재판소는 자신의 권력과 안위를 지키기 위해 국민에게 총칼을 겨눈 대통령을 즉시 '파면'해야 합니다. 수사기관과 법원은 내란수괴 윤석열을 즉각 다시 구속하여 자신의 범죄를 은폐하고 책임을 회피하려는 시도를 원천 차단해야 합니다.

내란수괴 윤석열의 파면과 처벌은 끝이 아니고 시작입니다. 내란의 완전한 종식을 위해 이 사태의 전말을 밝히는 진상규명, 내란공범과 내란 옹호자들에 대한 처벌과 심판, 재발 방지를 위한 조치들이 이어져야 합니다.

민주주의, 민생경제, 불평등, 돌봄, 기후, 전쟁 등 한국사회가 직면한 여러 위기 앞에서 사회대개혁의 요구도 뜨겁습니다. 대한민국의 희망찬 미래를 상상하며 시민들과 함께 지혜를 모으고, 사회대개혁이 흔들림 없이 추진되도록 제 세력이 연대하지 않으면 극우 내란세력들이 조장하는 차별과 혐오, 폭력의 악순환이 반복될 것입니다.

더 이상의 후퇴가 없도록 민주주의를 회복·강화하고, 주권자가 참여하는 살맛 나는 세상, 누구나 균등하게 인간다운 삶을 누릴 수 있는 세상, 차별과 혐오, 폭력과 전쟁이 없는 평화롭고 안전한 사회를 반드시 만들어내야 합니다.

이에 비상행동과 제 정당은 다음과 같이 선언합니다.

첫째, 내란수괴 윤석열을 즉각 파면하고 처벌하기 위해 시민들과 함께 끝까지 싸우겠습니다.

둘째, 내란의 철저한 진상규명과 처벌, 내란의 완전한 종식을 위해 흔들림 없이 연대하겠습니다.

셋째, 내란의 재발 방지를 위해 시급하고 필수적인 법제도 개선을 위해 협력하겠습니다.

넷째, 내란세력의 심판과 재집권 저지를 위해 힘을 모으겠습니다.

다섯째, 차별과 혐오정치를 배격하고, 다양성을 존중하고 민의를 반영하는 정치를 함께 구현하겠습니다.

여섯째, 윤석열의 파면 이후에도 시민참여가 보장된 가운데 민주주의 회복과 평화 실현, 사회대개혁을 이루기 위해 협력하겠습니다.

일곱째, 이상의 공동의 결의를 이행할 방안에 대해 후속 협의를 진행하겠습니다.

내란수괴 윤석열을 즉각 파면하라!

윤석열의 하수인 심우정 검찰총장 사퇴하라!

내란을 끝내고 민주주의 수호하자!

2025년 3월 10일

윤석열즉각퇴진·사회대개혁비상행동,

더불어민주당, 조국혁신당, 진보당, 기본소득당, 사회민주당, 정의당

3월 8일 이후 비상행동 주최로 광화문에서 열린 매일 저녁 집회와

토요일 범시민대행진에는 야5당 원탁회의가 공동주최로 참여했고 주요정치인의 발언도 이어갔다.

이후에 비상행동과 야5당 원탁회의 등은 한 차례 더 공동선언을 이어갔고, 이 선언에는 비상행동, 야5당 원탁회의 그리고 원외정당인 정의당, 녹색당, 노동당도 참여했다.

윤석열즉각퇴진·사회대개혁비상행동 조직도

내란청산·사회대개혁서울비상행동
윤석열즉각퇴진·사회대개혁경기비상행동
사회대전환·윤석열정권퇴진인천운동본부
윤석열정권퇴진강원운동본부
윤석열퇴진!민주·평화·평등사회대전환!충북비상시국회의
윤석열정권퇴진충남운동본부
윤석열정권퇴진대전운동본부(현 내란청산·사회대개혁대전운동본부)
윤석열퇴진사회대개혁세종비상행동
윤석열퇴진전북도민운동본부
윤석열즉각퇴진·사회대개혁전남비상행동
윤석열정권퇴진·사회대개혁광주비상행동
윤석열정권퇴진과새로운사회건설을위한경북시국행동
윤석열즉각퇴진·사회대개혁경남비상행동
윤석열퇴진대구시국회의
윤석열즉각퇴진울산운동본부
윤석열즉각퇴진·사회대개혁부산비상행동
윤석열정권즉각퇴진·한국사회대전환제주행동

전국대표자회의
공동의장단
공동대표단

운영위원회
공동운영위원장단

상황실
상황실장단

사무국
자원봉사단

정책기획팀

조직팀

행사기획팀
연출팀
집회사회팀
행진사회팀
수어통역팀
기술팀

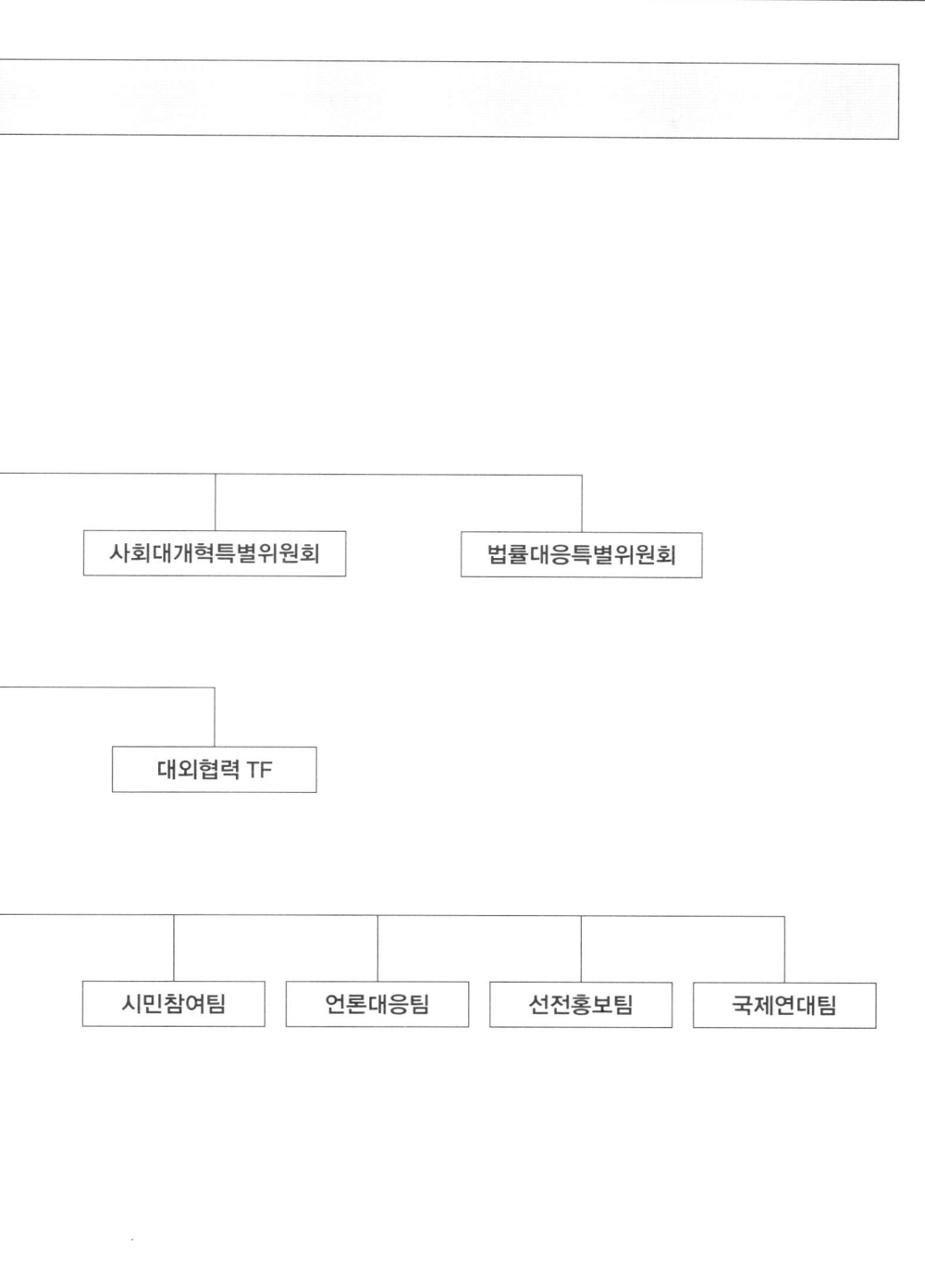

사회대개혁특별위원회   법률대응특별위원회

대외협력 TF

시민참여팀   언론대응팀   선전홍보팀   국제연대팀

비상행동 체계와 운영

대한민국 헌정사와 민주주의 발전사에서 2024년 12월 3일은 내란세력에 맞서는 진보민중, 시민사회의 저항이 확대되는 중대한 역사적 변곡점으로 기록된다. 당일 야간에 윤석열 대통령에 의해 기습적으로 단행된 비상계엄령 선포는, 1987년 민주화 이후 공고화되었다고 믿어졌던 대한민국의 절차적 민주주의와 헌정질서에 대한 심각한 위협으로 인식되었으며, 즉각적인 위헌 논란과 함께 전 국민적 공분을 촉발하는 기폭제가 되었다.

이하 비상행동은 2024년 12월 11일 총 1739개(2025년 6월 10일 해소 시 기준)의 전국의 진보민중·시민단체로 구성되었다. 다양한 지역과 부문의 단체들이 결합하면서 많은 의사소통과 의견 수렴이 필요했다. 매주 진행된 운영위원회와 중요한 시기마다 열린 전국대표자회의에서는 기조와 활동계획을 두고 치열한 토론이 이어졌다.

매주 토요일 집회를 중심으로 주간 활동계획이 짜여졌고, 서울뿐 아니라 전국광역도시에서 동시다발로 진행되었기 때문에 주초에는 주요 기조와 구호, 주요 활동계획이 결정되었다. 집회 개최뿐 아니라 예측할 수 없는 상황에 대응하기 위해 비상행동은 일주일에 많게는 수십여 차례의 입장을 내야 했고, 기자회견이나 각종 캠페인도 진행해야 했다. 그런 만큼 민주적이고도 신속한 의사결정과 빠른 대응체계를 구축하는 것이 필요했다.

이러한 상황과 특징 등을 고려하여 비상행동의 체계와 운영은 발족 이후 상황의 변화에 따라 끊임없이 조응하며 발전했다.

기본적으로 매주 월요일 각 팀에서 지난주의 토요일 집회를 포함한 사업에 대한 평가를 진행했다. 정책기획팀에서 정세를 종합하고, 집회 동력을 파악하여, 다가올 토요일 집회의 기조와 방향 그리고 주요 요구와 구호 등의 초안을 마련했다.

화요일 오전에는 공동운영위원장단회의가 각 팀에서 올라온 평가 초안과 사업 방향 계획을 바탕으로 추가 보완해 평가와 사업계획을 화요일 오후에 있는 운영위원회에 제출했다. 운영위원회를 거쳐 사업 계획 방향이 결정되면 각 팀장이 참여하는 집행팀 회의를 개최해 사업을 팀별로 분담하고 집행했다.

만약 운영위원회에서 큰 이견이 있거나 조율해야 할 상황들이 발생하면 공동의장단 또는 공동대표단 회의 등을 개최하여 의견을 최종 확정했다. 빠른 판단이 필요한 중요 사안의 경우에는 공동의장단과 공동대표단 회의를 개최하여 최종 의견을 조율해 확정했다.

필요에 따라 공동의장단과 공동운영위원장 연석회의, 공동운영위원장과 상황실장 연석회의 등도 개최하며 의견 협의와 집행을 위해 함께 노력했다.

전국대표자회의

1. 구성취지와 역할

비상행동 전국대표자회의는 비상행동 소속 단체의 대표자들로 구성한 회의체로 비상행동의 최고의사결정기구다. 비상행동은 2024년 12월 11일 1549개 단체로 발족했으며, 최종적으로는 1739개 전국단체 대표자로 구성되었다. 전국대표자회의는 비상행동의 최고의사결정기구의 역할을 수행했으며 비상행동의 결성과 해산, 주요 사업계획과 예산안의 의결, 공동의장과 공동대표 등 임원 인선에 대한 의사결정을 담당했다.

2. 주요 활동

비상행동이 활동한 기간 전국대표자회의는 총 다섯 차례 개최되었다. 1차 대표자회의에서는 비상행동 발족을 결의하고, 조직 명칭을 정했으며, 활동 목표와 활동 방향, 의사결정 집행체계를 결정했다. 2차 대표자회의에서는 윤석열 탄핵소추 이후 사업계획과 추가 임원 인선을 논의했다. 3차 대표자회의에서는 윤석열 석방 이후 시국선언과 농성 계획을 논의하였고, 3월 15일 100만 대회를 결의하였다. 윤석열 파면 이후 열린 4차 대표자회의에서는 조직명칭을 '내란청산 사회대개혁 비상행동'으로 변경하고 대선 대응 방침을 논의하였다. 6월 10일 열린 5차 대표자회의에서는 비상행동의 해산을 결정하고 기록기념위원회를 수임기구로 결정했다.

3. 구성원

비상행동 참가 단체의 대표자로 구성. 참가 단체 명단 참조.

4. 주요 일지

◆ 2024년 12월 11일 수요일 10시, 발족 전국대표자회의, 향린교회 (160개 단체 217명)

◆ 2024년 12월 20일 금요일 11시, 2차 전국대표자회의, 향린교회 (115개 단체 152명)

◆ 2025년 3월 11일 화요일 14시, 3차 전국대표자회의, 향린교회 (142개 단체 131명)

◆ 2025년 4월 8일 화요일 14시, 4차 전국대표자회의, 향린교회 (110개 단체 98명)

◆ 2025년 6월 10일 화요일 11시, 5차 전국대표자회의, 향린교회 (75개 단체 62명)

공동의장단

1. 구성취지와 역할

비상행동 공동의장단은 애초 전국대표자회의의 의장 역할로 제안되었다. 다만 비상행동 발족 전후 과정에서 활동 방향과 임원 인선을 조율하고 조정하는 역할을 수행했다. 발족 시 10명으로 출발했으나 부문 대표성을 고려해 7인이 추가 선임되었다.

2. 주요 활동

비상행동 의장들은 발족 이후 진행된 대부분의 집회와 기자회견에서 비상행동의 공식 입장을 발표하고 대표하는 역할을 수행했다. 윤석열이 법원의 구속취소와 검찰의 항고 포기로 탈옥한 3월 8일 공동의장단이 단식농성을 결의하고 투쟁에 들어갔다. 집회 현장에 상주하였기에 비상행동 공동의장단은 상주하던 공동운영위원장단과 연석회의를 통해 파면투쟁의 선봉이자 농성지도부 역할을 수행했다. 비상행동 해산 이후 공동의장단 일부(5명)는 기록기념위원회 대표자로 선정되어 비상행동의 기록기념사업을 수임하였다.

3. 구성원

김동명(한국노동조합총연맹 위원장), 김민문정(한국여성단체연합 공동대표), 김소연(비정규노동자의집꿀잠 공동의장/공동대표), 김은정(기후위기비상행동 공동운영위원장), 김재하(전국민중행동 공동대표), 박석운(한국진보연대 상임 상임대표), 양경수(전국민주노동조합총연맹 위원장), 윤복남(민주사회를위한변호사모임 회장), 이나영(한일역사정의평화행동 공동대표), 이용길(전국시국회의 상임대표), 이호림(성소수자차별반대무지개행동 집행위원), 이홍정(자주통일평화연대 상임대표의장), 정영이(전국여성농민회총연합 회장), 진영종(참여연대 공동대표), 최영찬(빈민해방실천연대 공동대표), 최휘주(윤석열OUT청년학생공동행동 전국대표), 하원오(전국농민회총연맹 의장) (총 17명)

4. 주요 일지

◆ 2024년 12월 8일 일요일 14시, 비상행동 준비회의, 시내 모처
◆ 2024년 12월 15일 일요일 14시, 비상행동 의장단 회의, 민주노총
◆ 2025년 3월 7일 금요일 16시, 비상행동 의장단과 공동운영위원장 연석회의, 참여연대
◆ 2025년 3월 8일 토요일 18시, 비상행동 의장단 단식농성 결의, 광화문 동십자각
◆ 2025년 3월 9일 일요일 14시, 비상행동 긴급행동계획 발표 기자회견, 광화문 서십자각 농성장
◆ 2025년 3월 8일 ~ 3월 22일(15일간), 비상행동 의장단 단식철야농성, 광화문 서십자각 농성장
◆ 2025년 4월 4일 금요일 10시, 헌법재판소의 윤석열 파면결정에 대한 입장 발표, 안국역 인근

공동대표단

1. 구성취지와 역할

비상행동 공동대표단은 비상행동에 참여한 여러 단위 중에서 비상행동을 대표할 단체 대표들로 구성됐다. 공동대표단은 비상행동의 전국대표자회의 구성원이자 대외적으로 집회와 기자회견 등에서 비상행동을 대표하여 발언하는 역할을 맡았다. 비상행동 공동대표단은 공동의장 17인을 비롯하여 총 68명으로 구성되었다.

2. 주요 활동

비상행동 공동대표단은 비상행동이 주최하는 집회와 기자회견에서 대표 발언을 통해 비상행동의 입장을 밝히고, 3월에는 공동의장단의 단식을 이어받아 단식농성을 진행하였다. 공동대표단은 비상행동이 진행하는 집회와 기자회견 등 각종 행사에 앞장섰으며, 3월 11일 전국대표자회의 직후 열린 시국선언 기자회견을 주도했다.

3. 구성원

고기복(외국인이주노동운동협의회 운영위원장), 권달주(전국장애인차별철폐연대 상임공동대표), 김경민(한국YMCA전국연맹 사무총장), 김경한(전국사학민주화교수노조 공동대표), 김광호(전국민주노동조합총연맹 인천본부장), 김다은(한국청년연대 대표), 김동명(한국노동조합총연맹 위원장), 김민문정(한국여성단체연합 공동대표), 김남수(전국대학민주동문회협의회 상임대표), 김남순(윤석열정권퇴진강원운동본부 상임대표), 김소연(비정규노동자의집꿀잠 공동의장/공동대표), 김영호(윤석열퇴진충남운동본부 대표), 김은정(기후위기비상행동 공동운영위원장), 김율현(윤석열정권퇴진대전운동본부 공동대표), 김재하(전국민중행동 공동대표), 김종기(4·16세월호참사가족협의회 운영위원장), 김평수(한국민족예술단체총연합 공동대표), 노진철(환경운동연합 공동대표), 레빗(학생인권법과 청소년인권을 위한 청소년-시민전국행동 활동가), 류봉식(윤석열즉각퇴진·사회대개혁광주비상행동 상임대표), 문경식(윤석열즉각퇴진·사회대개혁전남비상행동 공동대표), 미류(체제전환운동조직위원회 공동대표), 박석운(한국진보연대 상임공동대표), 박승렬(4·16연대, 공동대표), 서정길(자주연합 공동대표), 선재원(민주평등사회를위한전국교수연구자협의회 상임의장), 손미희(우리학교시민모임 공동대표), 손정목(통일시대연구원 부원장), 송경동(윤석열퇴진예술행동 대표), 송란희(한국여성의전화 상임대표), 송성영(시민사회단체연대회의 공동대표), 신수연(윤석열퇴진청소년비상행동 공동대표), 신태섭(민주언론시민연합 상임대표), 양경수(전국민주노동조합총연맹 위원장), 우경선(녹색연합 상임대표), 우석균(건강권실현을위한보건의료단체연합 운영위원장), 유수훈(함께하는시민행동 공동대표), 윤복남(민주사회를위한변호사모임 회장), 윤정숙(시민평화포럼 공동대표), 이나영(한일역사정의평화행동 공동대표), 이길우(윤석열퇴진대구시국회의 상임공동대표), 이민경(윤석열퇴진전북운동본부 공동대표), 이병하(윤석열즉각퇴진·사회대개혁경남비상행동 공동대표), 이세우(전국먹거리연대 공동대표), 이연희(평화주권행동 평화너머 사무총장), 이의영(경제정의실천시민연합 공동대표), 이용길(전국시국회의 상임대표), 이은정(전국여성연대 상임대표), 이재정(윤석열 물어가는 법청년행동 공동대표), 이종철(윤석열즉각퇴진·사회대개혁경기비상행동 공동대표), 이형숙(민족민주열사희생자추모기념단체연대회의 공동대표), 이호림(성소수자차별반대무지개행동 집행위원), 이홍정(자주통일평화연대 상임대표의장), 이혜선(윤석열즉각퇴진·사회대개혁세종비상행동 공동대표), 임태훈(군인권센터 소장), 정록(체제전환을위한기후정의동맹 집행위원장), 정영이(전국여성농민회총연합 회장), 정해랑(주권자전국회의 공동대표), 정혜실(차별금지법제정연대 공동대표), 조은영(한국YWCA연합회 회장), 조현주(흥사단 이사장 직무대행), 진영종(참여연대 공동대표), 최영찬(빈민해방실천연대 공동대표), 최진협(한국여성민우회 상임대표), 최휘주(윤석열OUT청년학생공동행동 전국대표), 하원오(전국농민회총연맹 의장), 한충목(평화통일시민회의 상임대표), 황철우(비정규직없는세상만들기네트워크) (총 68명)

4. 주요 일지

◆ 2024년 12월 11일 수요일 10시, 발족 전국대표자회의, 향린교회 (160개 단체 217명)

◆ 2024년 12월 20일 금요일 11시, 2차 전국대표자회의, 향린교회 (115개 단체 152명)

◆ 2025년 3월 11일 화요일 14시, 3차 전국대표자회의, 향린교회 (142개 단체 131명)

◆ 2025년 4월 8일 화요일 14시, 4차 전국대표자회의, 향린교회 (110개 단체 98명)

◆ 2025년 6월 10일 화요일 11시, 5차 전국대표자회의, 향린교회 (75개 단체 62명)

운영위원회

1. 구성취지와 역할

비상행동 운영위원회는 일상적 의사결정단위다. 비상행동 전국대표
자회의의 위임을 받아 비상행동의 일상적 의사결정을 담당하였다.
각 단체의 집행책임자(또는 대표자)들이 주로 참여하였고, 회의마다
100여명에 가까운 운영위원이 참여했다.

2. 주요 활동

운영위원회는 2024년 12월 17일 1차 운영위원회를 시작으로 매주 화
요일 14시 향린교회에서 열렸다. 전국대표자회의가 열린 때를 제외
하고는 주 1회 진행되었다. 비상행동의 주 단위 사업계획을 검토 승
인하고, 집회의 기조, 장소 등과 같은 사안들을 결정했다. 운영위원회
는 회의마다 치열하고 진지하게 진행되었다. 작게는 주말에 진행될
집회의 명칭을 정하는 것부터, 주말 대회의 기조까지 치열한 토론이

매번 이어졌다. 대부분 합의를 통해 결정했지만 합의가 어려운 일부 사안은 표결로 의사결정을 진행했다. 비상행동은 그 이름처럼 비상시기에 만들어진 연대기구였고, 윤석열 탄핵소추와 남태령과 한남동 투쟁, 윤석열 구속취소 이후 광화문 농성투쟁 등 예측하기 어려운 상황도 많아 빠른 의사결정이 필요했기 때문이다.

3. 구성원

운영위원회에는 비상행동 참여단체의 대표자나 위임받은 집행책임자가 참여하였다. 회의마다 참가자는 달랐지만 평균적으로 초기에는 100명 이상이 참여했고, 후반기에는 70여 명 내외의 집행책임자가 운영위원으로 결합하였다.

4. 주요 일지

◆ 2024년 12월 17일 화요일 14시, 1차 운영위원회, 향린교회 (114개 단체)
◆ 2024년 12월 24일 화요일 14시, 2차 운영위원회, 향린교회 (73개 단체)
◆ 2024년 12월 31일 화요일 14시, 3차 운영위원회, 향린교회 (69개 단체)
◆ 2025년 1월 7일 화요일 14시, 4차 운영위원회, 향린교회 (67개 단체)
◆ 2025년 1월 21일 화요일 14시, 5차 운영위원회, 향린교회 (71개 단체)
◆ 2025년 2월 4일 화요일 14시, 6차 운영위원회, 향린교회 (62개 단체)
◆ 2025년 2월 11일 화요일 14시, 7차 운영위원회, 향린교회 (56개 단체)
◆ 2025년 2월 18일 화요일 14시, 8차 운영위원회, 향린교회 (63개 단체)
◆ 2025년 3월 4일 화요일 14시, 9차 운영위원회, 향린교회 (49개 단체)
◆ 2025년 3월 14일 금요일 14시 30분, 긴급운영위원회, 향린교회 (48개 단체)
◆ 2025년 4월 22일 화요일 14시, 10차 운영위원회, 향린교회 (41개 단체)
◆ 2025년 5월 13일 화요일 14시, 11차 운영위원회, 향린교회 (38개 단체)
◆ 2025년 5월 27일 화요일 14시, 12차 운영위원회, 향린교회 (36개 단체)

공동운영위원장단

1. 구성취지와 역할

비상행동 공동운영위원장단은 공동행동 운영위원 중에서 책임 있게
운영위원회가 운영될 수 있도록 사전 안건 검토와 협의 조정을 진행
한 기구다. 공동운영위원장단은 총 27명으로 구성되었다. 공동운영
위원장은 규모가 있거나 대표성이 있는 단체의 집행책임자들로 구성
되어 운영위원회 안건 검토, 집회의 참가현황 점검, 비상행동의 활동
전략 점검, 대외협력과 조정 업무를 진행하였다.

2. 주요 활동

비상행동 공동운영위원장단은 운영위원회와 전국대표자회의에 앞
서 사전에 안건을 조율하는 활동을 진행했다. 또한 한남동, 광화문 등
농성 시 공동의장단과 함께 긴급 합동회의를 통해 긴급 활동계획을
점검하고 논의하는 역할을 수행했다. 1~2차에 거친 집담회(전략워크

숍)을 진행해 당면 시기 비상행동의 전략을 논의하였다. 비상행동 공동운영위원장들은 상황실과 긴밀하게 소통하여 논의와 집행이 잘 이루어지도록 하는 역할도 수행했다. 또한 공동운영위원장 중 일부는 대외협력팀을 구성하여 국회와의 협력 등을 담당하였다. 이승훈 공동운영위원장과 안지중 공동운영위원장은 번갈아가며 운영위원회의 의장 역할을 수행하였다.

3. 구성원

고미경(전국민주노동조합총연맹 사무총장), 권종탁(전국먹거리연대 집행위원장), 권혁주(전국농민회총연맹 사무총장), 김혜진(전국불안정노동철폐연대 상임활동가), 김희영(한국여성민우회 사무처장), 류기섭(한국노동조합총연맹 사무총장), 배득현(한국청년연대 사무처장), 신미희(민주언론시민연합 사무처장), 신우용(환경운동연합 사무총장), 안지중(한국진보연대 집행위원장), 양이현경(한국여성단체연합 공동대표), 윤순철(시민사회단체연대회의 윤석열 퇴진특별위원회 위원장), 이승훈(시민사회단체연대회의 운영위원장), 이은정(전국여성연대 집행위원장), 이지현(참여연대 사무처장), 이춘선(전국여성농민회총연합 정책위원장), 이태호(시민평화포럼 운영위원장), 장유진(윤석열OUT청년학생공동행동), 정규석(녹색연합 사무처장), 정윤희(윤석열퇴진예술행동), 조지훈(민주사회를위한변호사모임 사무총장), 조항아(빈민해방실천연대 사무처장), 주제준(한일역사정의평화행동 공동운영위원장), 천정환(민주평등사회를위한전국교수연구자협의회), 최덕희(전국비상시국회의 대협위원장), 최은아(자주통일평화연대 사무처장), 홍경표(한국YMCA전국연맹 국장) (총 27명)

4. 주요 일지

◆ 2025년 2월 4일 화요일 9시, 공동의장+운영위원장단 집담회, 비상행동의 활동 방향과 대응계획에 대한 전략워크숍 진행

◆ 2025년 2월 18일 화요일 9시, 공동의장과 운영위원장단 2차 집담회, 2차 전략워크숍

◆ 2025년 3월 26일 화요일 10시 30분, 당면 시기 투쟁 계획 사전 검토

◆ 2025년 3월 28일 금요일, 공동대표단과 운영위원회 연석회의, 전국시민비상행동 계획 논의

[상황실]

1. 구성취지와 역할

상황실은 비상행동의 주요 활동을 기획하고 운영위원회에서 결정된 사업들을 집행하는 핵심 실무단위였다. 비상행동은 출범 당시부터 비상행동의 운영과 활동을 실무적으로 집행할 상황실을 구성하였고, 전국의 각 단체에서 활동가들을 파견받아 100여 명의 상황실을 구성하였다. 상황실은 4명의 상황실장을 중심으로 1국, 9팀으로 구성되었고, 비상행동의 운영·회계, 사업기획, 집회 준비, 시민조직, 시민참여 행사 기획, 언론홍보, 영상·사진기록, 의료지원, 국제연대 등 활동 전반을 책임졌다.

상황실장들은 비상행동의 활동과 관련된 전반적인 현안과 진행상황을 파악·점검하고, 현장에서의 긴급한 의사결정을 내리는 한편, 비상행동의 실무집행을 책임졌다. 매주 열리는 상황실 집행팀 회의에서는 팀별로 기획된 사업을 검토하고, 운영위원회에서 결정된 주

2025년 4월 5일, 광화문 동십자각 앞, 18차 범시민대행진을 마친 비상행동 상황실 활동가들, 자리에는 함께하지 못했지만 비상행동에는 각 단체에서 파견된 100여 명의 상황실 활동가가 함께했다.

요 사업을 집행하기 위한 실무논의를 진행했다.

2. 주요 활동

상황실장단 수시 회의 및 팀장단과 팀별 주간 회의를 정기적으로 진행했다.

3. 상황실 구성

사무국(자원봉사단 포함), 정책기획팀, 조직팀, 행사기획팀, 시민참여팀, 언론대응팀, 선전홍보팀, 미디어팀, 의료안전팀, 국제연대팀

4. 상황실장

서채완(민주사회를위한변호사모임), 엄미경(전국민주노동조합총연맹), 이재근(참여연대), 정용준(전국민중행동) (총 4명)

사무국

1. 구성취지와 역할

사무국은 비상행동의 운영에 필요한 예산 관리와 재정 집행을 비롯하여 제반 실무를 담당하기 위해 구성되었다.

산하에 시민자원봉사단을 모집하여 운영하였으며, 12·3 비상계엄으로부터 124일간 67차례 진행된 집회와 농성 등을 위한 집회 신고와 장소 확보, 무대와 부스 설치, 피켓, 현수막 등 제반 사항들을 준비하고 관리하는 역할을 담당하였다.

2. 주요 활동

사무국은 비상행동 운영을 위한 예산 관리와 재정 집행을 담당했다. 또한 사안에 따라 공공기관과 경찰 등 유관기관 대응, 집회 신고와 장소 확보, 무대 설치 등 제반 사항 준비, 행사물품 관리 및 배포, 시민자원봉사자 조직 및 운영 등 비상행동의 살림을 도맡았다.

3. 구성원

사무국장: 심규협(한국진보연대)

사무국원: 강홍구(환경운동연합), 김광일(녹색교통운동), 김두환(서울진보연대), 김식(한국청년연대), 김주은(별들의집), 김한정희(전국여성농민회총연합), 노희준(전국민주노동조합총연맹), 박상미(전국민주노동조합총연맹), 신엘라(진보당), 이경석(환경정의), 이효원(한국노동조합총연맹 금속노련), 장유진(윤석열OUT아웃청년학생공동행동), 최석환(전국농민회총연맹), 최은서(정의기억연대) (총 15명)

4. 주요 일지

◆ 2024년 12월 7일 토요일 15시, 내란죄 윤석열 퇴진! 국민주권 실현! 사회대개혁! 범국민촛불대행진, 국회의사당역 5번 출구 (참가자 100만 명)

◆ 2024년 12월 14일 토요일 15시, 내란수괴 윤석열 즉각 탄핵! 범국민촛불대행진, 국회 의사당대로 (참가자 200만 명)

◆ 2024년 12월 21일 토요일~12월 22일 일요일, 내란수괴 윤석열 즉각 체포·구속! 농민 행진 보장 촉구 시민대회, 남태령-한강진역 2번 출구

◆ 2025년 1월 4일 토요일~1월 6일 월요일, 윤석열 즉각 체포 촉구 긴급행동, 한남동 일신홀 앞

◆ 2025년 3월 9일 일요일~4월 4일 금요일, 내란수괴 윤석열 즉각 파면 촉구 긴급집중행동 농성, 광화문 서십자각 터 일대

◆ 2025년 3월 15일 토요일 16시, 윤석열즉각퇴진·사회대개혁비상행동 15차 범시민대행진, 광화문 동십자각 (참가자 100만 명)

◆ 2025년 3월 22일 토요일 16시, 윤석열즉각퇴진·사회대개혁비상행동 16차 범시민대행진, 광화문 동십자각 (참가자 100만 명)

◆ 2025년 4월 4일 금요일 11시, 헌법재판소 파면 선고 생중계, 헌법재판소 앞 (안국역 6번 출구 앞 농성장)

자원봉사단

1. 구성취지와 역할

자원봉사단은 안전하고 평등한 집회 공간을 만들기 위해 구성되었고, 활동에 동의하는 모든 사람의 자발적인 참여로 운영되었다.

비상행동 시민자원봉사단은 2024년 12월 14일 집회를 시작하여 2025년 4월 5일 집회를 마지막으로 총 42회(일) 자원봉사를 진행했고, 연인원 1005명이 참여했다. 총 활동시간은 156시간에 달한다(토요일 집회 5.5시간, 평일 저녁 집회 2.5시간 적용).

2. 주요 활동

자원봉사단은 집회 장소에서의 안전시설 설치와 관리, 집회 참가자 인솔과 혼잡·인파 관리, 집회 물품 배포와 관리, 자원봉사단 교육과 지원, 자원봉사 활동 기록 등의 활동을 진행했다.

3. 구성원

자원봉사단 단장: 강홍구, 김식, 신엘라 (총 3명)

자원봉사단 팀장: 김두환, 손솔, 이미선, 이은정 (총 4명)

시민자원봉사자: 1005명

4. 주요 일지

◆ 2024년 12월 14일 토요일 집회 45명 (첫 공식 활동)

◆ 2025년 1월 4일 토요일 집회 140명 (한강진 투쟁)

◆ 2025년 3월 1일 토요일 집회 118명 (100만 집중 집회)

◆ 2025년 3월 15일 토요일 집회 236명 (자원봉사자 최대 참가 집회)

◆ 2025년 4월 1일~4일 농성 196명 (안국역 철야농성 운영)

정책기획팀

1. 구성취지와 역할

정책기획팀은 비상행동의 정책과 사업, 활동 방향과 기조 등을 기획했다. 또한 비상행동의 입장과 성명, 보도자료 등 문건을 작성하고 각급 회의 안건 준비와 결과 정리를 담당했다. 사회대개혁특별위원회를 지원하고 관련 실무를 담당했다.

2. 주요 활동

12월 11일 발족 대표자회의 자료의 정리와 결과를 시작으로 매주 진행되었던 집행팀 회의와 공동운영위원장단 회의, 운영위원회, 3월 8일 단식과 함께 시급하게 제기되었던 공동의장단 및 공동운영위원장단 회의 등 주요 회의의 안건을 준비하고 사업계획안을 제출했다.

또한 한덕수의 거부권 행사 등 정치적 사안이 있을 때 비상행동의 주요한 입장을 발표했으며, 윤석열 즉각 파면 촉구 전국시민서명, 각

지역에서 실행할 국민의힘 해체의날 전국동시다발행동 등을 제안하였다.

동시에 사회대개혁특별위원회를 구성하고 실무를 지원하였으며, 사회대개혁 토론회와 사이다파티, 온라인공론장 천만의 연결을 기획하고 운영했다.

3. 구성원

팀장: 김주호(참여연대), 주제준(한국진보연대)

팀원: 김수정(한국여성의전화), 박한희(차별금지법제정연대), 오세형(경제정의실천시민연합), 우동희(한국진보연대), 이정희(전국민주노동조합총연맹), 정남진(함께하는시민행동) (총 8명)

4. 주요 일지

◆ 2024년 12월 11일 수요일, [입장] 윤석열즉각퇴진·사회대개혁비상행동발족 선언문

◆ 2024년 12월 14일 토요일, [입장] 내란수괴 윤석열 탄핵소추안 가결, 주권자가 승리했다!

◆ 2024년 12월 20일 금요일, [입장] 농민의 트랙터 행진은 정당하다!

◆ 2024년 12월 27일 금요일, [입장] 내란공범 한덕수 대통령 권한대행 탄핵, 스스로 자초한 주권자의 심판이다

◆ 2024년 12월 31일 화요일, [입장] 윤석열 체포영장 발부, 공수처는 신속하고 엄중히 집행하라

◆ 2025년 1월 4일 토요일, [입장] 윤석열은 연행하지 못하면서 평화 행진 노동자들을 연행한 경찰을 규탄한다

◆ 2025년 1월 15일 수요일, [입장] 주권자의 힘으로 내란수괴 윤석열을 체포했다

◆ 2025년 3월 9일 일요일, [기자회견문] 윤석열이 파면될 때까지 우리는 광장을 지킬 것이다

◆ 2025년 4월 4일 금요일, [입장] 윤석열 파면, 민주주의의 승리다 내란을 끝내고 사회대개혁으로 나아가자

◆ 2025년 6월 10일 화요일, [회의자료] 내란청산사회대개혁비상행동 5차 전국대표자회의

조직팀

1. 구성취지와 역할

조직팀은 영역별 지역 네트워크를 통해 전국의 비상행동을 연결하기 위해 구성되었다. 시민사회단체연대회의, 민주노총, 자주통일평화연대, 민주노점상전국연합, 환경운동연합, 4·16연대 등 단체별 전국 네트워크를 중심으로 지역에서 진행되는 윤석열 퇴진 운동과 광장을 취합하였다. 이뿐 아니라, 비상행동 내 1739개 단체와 소통하는 창구로서 전국대표자회의, 운영위원회 등 주요 회의구조를 운영하며 참석자 조직 및 관리 역할을 담당했다.

2. 주요 활동

조직팀은 비상행동 전국대표자회의와 운영위원회 참석자 조직 및 관리, 비상행동 소속 단체들의 활동 취합과 보고, 전국 비상행동 활동 취합 및 전국지도 제작, 비상행동 활동 보고 정리, 기타 소통방 관리

등 조직 업무를 담당했다.

3. 구성원

팀장: 서민영(시민사회단체연대회의), 안혜영(전국민주노동조합총연맹), 최영옥(자주통일평화연대)

팀원: 강홍구(환경운동연합), 김나영(민주노점상전국연합), 김선우(4·16연대), 김지혜(한국진보연대), 황남순(자주통일평화연대) (총 8명)

4. 주요 일지

◆ 2024년 12월 13일~2025년 5월 10일, 비상행동 활동 보고 작성 및 배포

◆ 2024년 12월 11일~2025년 4월 4일, 전국 비상행동 활동 지도 정리 및 배포

행사기획팀

1. 구성취지와 역할

행사기획팀은 윤석열즉각퇴진을 요구하는 비상행동의 모든 집회와 행진을 기획·운영하며, 누구나 안전하고 평등하게 참여할 수 있는 광장의 문화를 만들어가는 역할을 담당했다. 집회와 긴급행동을 앞두고 집회 콘셉트와 전체 구성, 프로그램 흐름을 설계하고, 무대 운영, 발언자와 공연 섭외, 현장 스태프 조직, 시민행진 등 집회의 전 과정을 총괄했다. 특히 광장을 찾은 수많은 시민이 두려움과 차별 없이, 서로를 존중하며 함께 목소리를 낼 수 있는 현장을 만들기 위해 노력했으며 집회가 참여하는 시민 모두의 것이 될 수 있도록 차별과 혐오 없는 광장을 원칙으로 삼는 평등 집회를 위한 약속을 함께 만들고 이를 지켜냈다.

2. 주요 활동

2024년 12월 4일부터 2025년 5월 10일까지 158일 동안 66번의 집회와 행진을 기획하고 운영했다. 매주 전체회의, 연출팀 회의, 행진팀 회의, 시민발언 선정 회의 등을 통해 집회를 준비하고 평가했다. 주말 정기·긴급 집회 이외에 평일에도 윤석열 파면을 촉구하는 야간 산책, 분노의 대행진을 기획해 진행했다.

3. 구성원

팀장: 김지호(한국민족예술단체총연합), 정진임(투명사회를위한정보공개센터)

팀원: 강경란(정의기억연대), 김형남(군인권센터), 류정애(성남민예총), 민희(플랫폼C), 밍갱(한국여성노동자회), 박민주(자주통일평화연대), 박범수(안산비상행동), 박희원(참여연대), 서민영(시민사회단체연대회의), 써니(한국여성단체연합), 안현진(여성환경연대), 여경(한국여성민우회), 은사자(한국여성민우회), 이사라(비정규직없는세상만들기), 이상혁(전국민주노동조합총연맹), 이재정(윤석열퇴진을위해행동하는청년들), 조민기(환경운동연합)

연출: 서정민갑(대중음악의견가), 송은영(공연기획자), 유수훈(공연기획자), 지정환(공연기획자) (행사기획팀 총 23명)

집회사회: 김미란, 김지애, 김형남, 박민주, 박범수, 박지선, 박지하, 이미현, 최보민 (총 9명)

행진사회: 강경란, 강보람, 강새봄, 김도현, 김봄빛나래, 김조은, 김지애, 김형남(행진팀장), 난설헌, 도경은, 레나, 민희, 밍갱, 박민주(행진팀장), 박범수, 박세희, 박은정, 박지선, 박지하, 백휘선, 복성현, 서민영, 송영경, 써니, 여경, 예림, 원혜인, 은사자, 이재정, 이효원, 임지혜, 정, 조민기, 지수, 최보민, 최휘주 (총 36명)

수어통역팀: 김홍남, 김가연, 김윤경, 김현숙, 문지연, 박미애, 백수정, 신윤정, 심수현, 유민지, 윤남수, 윤하원, 이가람, 이수현, 정지은, 정지현 (총 16명)

기술팀(무대, 음향, 영상 등): 김동호, 이휘규, 박준호, 손지은(조은음향) / 정대범, 안동훈(미음사) / 최정식(프로라이브) / 한길희(경성발전기) / 박진완(센

스라이트) / 이명후(명시스템) / 윤여창, 이종석, 강연정, 지준, 최규만, 전승호, 정해린, 강상민, 김창배, 배희옥, 오병준(청춘미디어) / 이송은(동승크레인) / 임주혁, 신봉철(라라미디어) / 이기업, 조성훈(베스트시스템)

출연진: 416합창단, 9와숫자들, 강아솔, 강지수, 강허달림, 갤럭시익스프레스, 곽푸른하늘, 구남과여라이딩스텔라, 극동아시아타이거즈, 길가는밴드, 김뜻돌, 김목인, 김민정, 김영, 김유진, 김평수, 꽃다지, 노갈, 노래로물들다, 다브다, 단편선, 단편선순간들, 달로와, 독립합창단, 돈주, 두번째달, 로큰롤라디오, 류금신, 마루, 말로, 모허, 문진오, 미루, 민중가수연합합창단, 박은영, 박일환, 박정환, 박준, 배영경, 밴드차세대, 보엠, 봄날, 브로콜리너마저, 비나리풍물팀, 빛의혁명연극팀, 사이, 서정숙, 성기완, 세여울, 손방일, 손병휘, 손현숙, 솔가, 솔루션스, 송순규, 송희태, 쇼라마, 스카웨이커스, 슬라이드로사, 시민과함께하는뮤지컬배우들, 시민합창단, 신승은, 신용남, 쓰다, 아디오스오디오, 아시안체어샷, 아카시아, 안계섭, 앰비규어스댄스컴퍼니, 양반들, 엄광현, 여러모로합창단, 연영석, 예람, 오단해, 옥상달빛, 요조, 워킹애프터유, 유연이, 유주현, 유희스카, 이날치, 이란, 이랑, 이마주, 이삼헌, 이서영, 이서영, 이소선합창단, 이수진, 이씬, 이지상, 이한철밴드, 이혜규, 임정득, 잠비나이, 재주소년, 전기뱀장어, 정밀아, 정우, 정읍시립국악단, 정태춘, 제천간디합창단, 조국과청춘, 조성일, 지민주, 지보이스, 최고은, 최도은, 최미루, 최삼, 최승웅, 카리나네뷸라, 코토바, 퀴어페미니스트댄스공간루땐, 패치워크로드, 평화의나무합창단, 포크음악가연합, 프롬, 하림, 하이미스터메모리, 한선희, 해리빅버튼, 허정혁, 허클베리핀, 호레이, 호와호, 황푸하, 황푸하와작은불꽃, 희망새, DJ록시, DJ제제, DJ호도리 (총 222팀, 1116명)

4. 주요 일지

◆ 2024년 12월 7일~2025년 4월 5일 기간 동안 여의도, 경복궁에서 윤석열즉각퇴진과 사회대개혁을 외치는 범시민대행진 18차례 진행
◆ 2024년 12월 24일, 메리퇴진크리스마스 민주주의 응원봉 콘서트
◆ 2025년 2월 12일, 내란 종식 대보름 한마당 진행

- ◆ 2025년 1월 4일~1월 6일, 한남동 관저 앞에서 내란수괴 윤석열 체포구속 긴급행동을 2박 3일간 진행
- ◆ 2025년 2월 15일~2025년 3월 1일, 경복궁에서 사회대개혁 이야기 다 나누는 사이다파티 진행
- ◆ 2025년 3월 5일~3월 6일, 서울 도심 곳곳에서 윤석열 파면 촉구 야간산책 진행
- ◆ 2025년 3월 9일~3월 28일, 경복궁에서 내란수괴 윤석열 즉각 파면 긴급집중행동으로 매일 집회 진행
- ◆ 2025년 3월 27일, 광화문에서 윤석열 즉각 파면 민주주의 수호 전국시민총파업 및 거리행진 진행
- ◆ 2025년 3월 31일, 서울 도심에서 분노의 대행진 진행
- ◆ 2025년 4월 1일~4월 4일, 헌법재판소 앞에서 24시간 철야 집중 끝장 결의대회 진행

[시민참여팀]

1. 구성취지와 역할

시민참여팀은 윤석열 퇴진 집회 참여를 넘어, 광장 안팎으로 시민 참여를 끌어내기 위한 다양한 프로그램을 기획하고 운영했다. 사전 프로그램을 다양한 방식으로 마련하여 보다 쉬운 참여를 이끌고자 했고, 집회 참가자들과 공론장을 통해 윤석열정권 때 심화된 불평등과 차별·혐오 등을 해결하기 위한 광장의 요구를 기록하고 정리했다.

2. 주요 활동

전봉준투쟁단과 무박 2일에 걸쳐 시민 연대의 장이었던 남태령 대첩 참여자들을 대상으로 한 '남태령 뒤풀이', 광장의 시민들을 대상으로 한 '시민 공론장: 광야에서 광장으로'를 기획 운영하며 남태령과 광장에 참여한 시민들의 경험과 감상을 나누고 더 큰 연대를 위한 시민 참여 활동을 모색했다.

3월 28일 진행된 '윤석열 즉각 파면 민주주의 수호 전국 시민 총파업 대회'에서도 다양한 시민참여 프로그램을 기획하고 운영했다. 주요 활동으로는 시민들이 윤석열 파면을 촉구하며 지장을 찍는 '윤석열 파면 지장 찍기', 시민 발언과 대표단 발언, 퍼포먼스로 구성된 '광장의 함성'이 이어졌다. 또한, 광화문에 리본을 달거나 파업 머리띠를 만드는 부스를 운영하여 시민들이 직접 참여하고 의지를 표현할 수 있도록 했다.

민주주의를 온몸으로 지키고 뜨겁게 연대하는 시민들의 생생한 이야기를 온라인으로 수집했다. 내란사태를 겪은 시민들의 솔직한 심경, 광화문과 여의도, 남태령, 관저 앞 집회에 참여했던 참가자들의 강렬한 연대 경험을 기록하고 사회대개혁을 향한 구체적 요구를 확인할 수 있었다. 이 메시지들을 콘텐츠로 제작해 SNS에 배포했다.

집회를 오가는 시민들을 대상으로 시민참여형 프로그램을 운영했다. 연달아 이어지는 집회에서 발생하는 피켓 낭비를 최소화하기 위해 재사용 피켓을 제공하는 등 '피켓 꾸미기 존'을 운영하고, 제주항공 참사를 추모하는 시민 메세지를 모으기 위해 '추모의 벽'을 설치했다. 내란사태 관련자들의 망언에 스티커를 붙여 투표하는 '최악의 내란공범 뽑기'와 '탄핵 딱지로 내란치기', 시민이 직접 "피청구인 대통령 윤석열을 파면한다"를 외치며 법봉을 두드리는 '시민재판관' 체험 부스, 시와 그림 등 민중 예술로 바라보는 '광장 연대 갤러리' 거리 전시 등 다양한 프로그램을 통해 광장을 다채롭고 풍성하게 운영했다.

3월 19일 진행된 '민주주의 수호의 날'은 평일 중 시간을 내어 참여하는 시민들이 내란을 멈추는 한 끼 단식, 리본행동, 거리강연에 참여했고, 시민사회단체들이 부스를 직접 운영하여 행사를 더욱 알차게 만들었다.

이태원참사와 세월호참사를 상징하는 보라색과 노란색, 비상행동의 민트색 등 색색의 리본에 시민들이 요구와 바람을 적어 광장 곳곳에 매다는 리본행동을 진행했다. 4월 5일까지 진행된 집중행동 기간에는 헌법재판소에 신속한 만장일치 윤석열 탄핵판결을 요구하는 리본행동을 진행하여 서울 정부청사와 헌법재판소가 위치한 안국역 집회무대 주변을 가득 채웠다.

3. 구성원

팀장: 민선영(참여연대), 최계연(서울민중행동), 이민호(서울환경연합)
팀원: 박희원(참여연대), 원정혜(참여연대), 치자(여성환경연대), 주선민(민주사회를 위한 변호사모임), 지수(민달팽이유니온), 혜원(4·16연대), 이진영(청소년-시민 전국행동), 이승훈(시민사회단체연대회의), 고운(무지개행동) (총 12명)

4. 주요 일지

- ◆ 2024년 12월 28일 토요일, 남태령 뒤풀이, 향린교회 (참가자 70명)
- ◆ 2025년 1월 25일 토요일, 광야에서 광장으로 시민 공론장 part.1, 향린교회 (참가자 60명)
- ◆ 2025년 2월 1일 토요일, 광야에서 광장으로 시민 공론장 part.2, 향린교회 (참가자 65명)
- ◆ 2025년 2월 12일 수요일~2월 28일 금요일, 한 페이지가 될 수 있게: 시민 메시지 수집, 온라인 (참가자 32명)
- ◆ 2025년 2월 22일 토요일, '피청구인 대통령 윤석열을 파면한다' 시민재판관, 광화문광장
- ◆ 2025년 3월 19일 수요일, 내란을 멈추는 광장, 광화문광장 (참가자 107명)
- ◆ 2025년 4월 19일 토요일, 파면뒤풀이 사회대개혁앞풀이, 향린교회 (참가자 97명)
- ◆ 2025년 5월 13일 화요일, 자원봉사 공론장, 민주노총 회의실 (참가자 30명)

언론대응팀

1. 구성취지와 역할

언론대응팀은 윤석열 퇴진을 요구하는 비상행동의 입장과 주관·주최·후원하는 다양한 활동을 시민과 언론에 알리기 위해 상황실 내 주요 팀으로 설치되었다. 내란 우두머리 윤석열을 탄핵하고 위헌·위법한 내란사태를 종식시키기 위해서는 시민의 힘을 결집시키는 것이 가장 중요했다. 언론대응팀은 언론 노출을 높이고, 우호적인 언론 환경을 조성하여 전국에서 전개된 '빛의 혁명' 집회, 기자회견, 서명운동, 직접행동 등 현장 소식을 신속히 전달하고, 더 많은 참여와 응원의 힘을 모아가는 데 함께했다.

2. 주요 활동

12·3 내란사태 직후부터 국회의 탄핵소추안 부결을 거치면서 시민사회의 집회와 대응은 평일과 주말을 막론하고 이어졌고, 언론의 많

비상행동 소개: 조직 체계와 운영 방식

은 관심이 이어졌다. 쏟아지는 언론사들의 후속 대응 문의, 취재 요청 등을 처리하기 위해 '공식언론공보방'으로 명명한 대언론 소통창구를 만들었다. 국내·해외 300명이 넘는 언론인이 참여한 공보방을 통해 비상행동 활동 계획을 알리고 관련 질의응답도 진행했다. 이뿐 아니라 3500여 명이 구독한 비상행동 소식 채널 또한 별도로 운영했다.

수많은 인파가 몰리는 상황에서 평화롭고 안전한 집회를 위해 언론대응팀은 〈집회 안내사항과 집회 참여 가이드라인〉을 배포했다.

한편 집회 현장에서는 언론사와 1인 미디어의 원활한 취재와 보도를 위해 협조하면서도 그 과정에서 발생하는 다양한 안전 위협 상황을 대응하기 위한 대책도 함께 마련했다. 무대 안전 및 통행 방해, 심지어 동의 없는 근접 촬영 등과 관련한 구체적인 가이드라인을 정하고, 프레스라인을 운영하여 취재진들과 적극 소통하였다. 또한 시민들에게도 근접 촬영을 거부할 수 있다는 점을 알리고 'No Camera' 스티커를 제작·배포하였다. 혐오와 차별 발언에도 단호하게 대처하여 평등한 집회의 원칙이 언론사에도 적용되는 부분임을 분명히 했다.

언론대응팀은 외신기자간담회를 열어 비상행동 발족 배경을 소개하고, 윤석열의 거짓말 팩트체크를 통해 진실을 알리며, 광장에 모인 시민의 힘이 무엇인지를 알리는 활동을 진행했다. 2월 12일부터 3월 6일까지 24일간 헌법재판소 앞에서 22번의 '윤석열 파면을 촉구하는 시민사회단체 릴레이 기자회견'을 조직하여 진행했고, 이후 3월 10일부터 4월 2일까지는 24일간 비상행동 농성장 앞에서 64번의 '비상행동 각계각층 릴레이 시국선언 및 윤석열 즉각 파면 촉구 긴급집중행동'을 조직해 진행했다.

언론대응팀은 윤석열 파면 후 열린 주말 집회를 앞두고 12월 3일부터 이어진 비상행동의 다양한 활동을 정리해 배포했다.

3. 구성원

팀장: 김희순(참여연대), 최은아(자주통일평화연대), 신미희(민주언론시민연합)

팀원: 최보민(참여연대), 원혜인(민주언론시민연합), 박희원(참여연대), 임태훈 (군인권센터) (총 7명)

4. 주요 일지

- ◆ 2024년 12월 11일~2025년 6월 11일, 비상행동 활동 관련 대언론 소통, 보도자료 제작 및 배포
- ◆ 2025년 1월 16일 목요일 14시 30분, 윤석열즉각퇴진과 한국사회대개혁에 대하여 : 한국 시민사회 – 외신기자 간담회, 프레스센터 외신기자클럽
- ◆ 2025년 2월 12일 수요일~3월 6일 목요일, 윤석열 파면을 촉구하는 시민사회단체 릴레 이 기자회견, 헌법재판소 앞 (총 22회)
- ◆ 2025년 3월 10일 월요일~4월 2일 수요일, 비상행동 각계각층 릴레이 시국선언 및 윤석 열 즉각 파면 촉구 긴급집중행동, 비상행동 농성장 앞 (총 64회)
- ◆ 2025년 3월 30일 일요일~4월 2일 수요일, '72시간 100만 온라인 긴급 탄원 캠페인' 진행
- ◆ 4월 2일 수요일 오후 12시, 내란수괴 윤석열 8 대 0 만장일치 파면 촉구 전국 100만 시민 서명 헌법재판소 제출 기자회견, 안국역 6번 출구 무대 앞
- ◆ 2025년 4월 5일 토요일, 통계로 보는 '윤석열 파면 촉구' 비상행동 4개월 활동

선전홍보팀

1. 구성취지와 역할

선전홍보팀은 비상행동의 목표와 핵심 메시지를 사회에 전달하고, 시민들의 공감과 참여를 이끌어내기 위해 홍보물을 제작하는 등 생생한 현장을 기록하는 일을 했다.

2. 주요 활동

비상행동이 진행하는 집회, 행사, 기자회견 등 공식적인 일정의 홍보물을 제작하였다. 사전 홍보와 더불어 더 많은 시민이 참여할 수 있도록 현장을 사진과 영상으로 기록하여 알렸다. SNS를 운영해 비상행동 일정의 단순 알림이 아니라 시민들과 실시간으로 소통하면서 의견을 반영하려고 노력하였다. 좀 더 나은 집회 문화 정착을 위해 환경적인 관점에서 접근하여 'NO윤NO쓰' 캠페인을 진행하여 쓰레기를 줄이는 집회를 만들기 위한 시도를 하였다.

3. 구성원

팀장: 임태영(녹색연합), 장우식(한국진보연대)

팀원: 김원호(녹색연합), 김지호(녹색교통운동), 김희지(노동건강연대), 다디잔(참여연대), 송승현(전국민주노동조합총연맹), 이계정(참여연대), 이순모(통일시대연구원), 조원호(통일의길), 황일수(녹색연합) (총 11명)

4. 주요 일지

- ◆ 집회, 기자회견, 행사 홍보물디자인(웹자보, 현수막, 피켓 등)
- ◆ 집회, 기자회견, 행사 기록(사진 및 영상 촬영)
- ◆ SNS 관리와 콘텐츠 제작 및 시민 소통(엑스, 인스타그램, 페이스북, 유튜브)
- ◆ 비상행동 로고 제작
- ◆ 홈페이지 제작과 관리

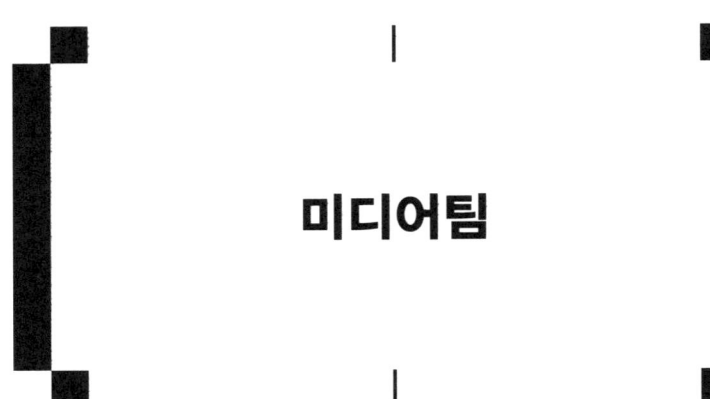

미디어팀

1. 구성취지와 역할

비상행동 시민 미디어팀은 12·3 비상계엄 이후 이어진 윤석열 퇴진과 내란 청산 그리고 비상행동의 활동을 기록해온 시민 미디어 활동가들의 연대체로 20대 페미니스트 대학생부터 광장을 꾸준히 기록해온 다큐멘터리스트, 60대 노동조합 활동가까지 세대와 계층 넘어선 다양한 구성원이 모여, 계엄에 맞선 시민들의 외침과 비상행동의 활동을 담기 위해 카메라를 들었다.

2. 주요 활동

남태령과 한남동, 광화문과 헌법재판소 앞에서 함께 울고 웃으며 싸웠던 순간들을 함께하며 광장을 가득 채웠던 시민들의 모습과 목소리를 기록했고, 현장의 숨결과 비상행동의 기조를 알리는 영상들을 만들어왔다.

이러한 활동 속에서, 각 활동가 자신의 시선과 경험을 바탕으로 광장을 바라본 옴니버스 다큐멘터리 〈우리는 광장에서〉를 제작했고, 계엄 선포 1년을 맞이하여, 비상행동 활동가들의 목소리와 경험을 잇고 새롭게 확장하는 다큐멘터리 〈비상 12·3〉을 제작했다.

3. 구성원

팀장: 김영욱(청년비스튜디오)

팀원: 김종관(다큐멘터리감독), 박채한(대학생), 신정숙(시민) 이명훈(청년비스튜디오), 이현호(다큐멘터리감독), 장병철(노동조합활동가), 최종호(다큐멘터리감독), 최호영(다큐멘터리감독), 허철녕(다큐멘터리감독), 홍다예(다큐멘터리감독) (총 11명)

4. 주요 일지

기조영상 제작

◆ 11차~18차 범시민대행진 기조영상 제작

◆ 12차 범시민대행진 기조영상 제작 (2월 22일)

◆ 13차 범시민대행진 기조영상 제작 (2월 29일)

◆ 14차 범시민대행진 기조영상 제작 (3월 8일)

◆ 15차 범시민대행진 기조영상 제작 (3월 15일)

◆ 긴급 행동 기조영상제작 (3월 19일)

◆ 16차 범시민대행진 기조영상 제작 (3월 22일)

◆ 17차 범시민대행진 기조영상 제작 (3월 29일)

◆ 18차 범시민대행진 기조영상 제작 (4월 5일)

◆ 내란 종식, 사회대개혁을 위한 시민행진 기조영상 제작 (4월 19일)

유튜브 제작

◆ 범시민대행진을 만드는 숨은 주인공들!, 모두를 위한 집회를 만드는 자원봉사자 만나다!

◆ 세종호텔 고공농성 연대의 현장, 힘내라 해고노동자 고진수!

◆ 윤석열 퇴진을 위해 노래하고 춤추는 시민들의 이야기, 시민합창단 율동단 인터뷰

◆ 광장에서 배우는 율동! 민중가요 [바위처럼]을 함께 배워봅시다!

◆ [긴급] 윤석열 구속취소, 민변 회장이 정리해드립니다

◆ 3월 21일 민주주의 수호의 날 프로그램 스케치 영상

◆ 시민의 힘으로 피청구인 윤석열을 파면한다

◆ 대표단 발언 및 스케치 쇼츠 30여 개 제작

의료안전팀

1. 구성취지와 역할

보건의료단체연합 회원들은 국회의 계엄해제가 이루어진 12월 4일부터 집회에 참여하며 동시에 시민들의 안전과 건강 문제에 대응했다. 이어 비상행동이 공식 출범하면서 조직 구성을 논의할 때 의료안전팀을 제안해 비상행동 상황실 단위로 자원하여 일원으로 함께하기 시작했다.

2. 주요 활동

의료안전팀은 연달아 이어진 정기·비정기 윤석열 퇴진 집회들에서 의료부스 운영, 집회 대오 내 순회하며 의료적 필요가 있는 참가자 유무를 확인하는 활동, 그리고 행진 중 환자 발생 시 대응하는 활동을 했다. 정기집회뿐 아니라 전봉준투쟁단, 민주노총 등에서 주최한 긴급 철야농성에서는 철야시간 저체온증을 비롯한 응급상황에 대비하는 당직 순회활동을 담당했다. 또한 의료부스에서는 환자 대응을 비롯해 윤석열정권이 추진해온 의료민영화 정책과 공공의료 파괴 행태를 고발하고 사회대개혁 과제로 의료민영화 중단 공공의료 확충을 요구하는 대시민 선전전을 전개했다.

3. 구성원

의료안전팀에는 일일이 열거하기 어려울 정도로 많은 인원이 참여했다. 보건의료단체연합 회원들의 참여를 시작으로, 보건의료계열 학생들, 2030 보건의료인들의 폭넓은 자원활동 참여로 확대되었다. 기존 회원이 아닌 보건의료 청년학생들의 참여 신청은 연인원 300여 명 이상이 수합되었다. 주말 집회에는 매번 수십여 명의 보건의료인들이 함께했다.

4. 주요 일지

◆ 윤석열즉각퇴진·사회대개혁비상행동 출범 후 모든 비상행동 집회 시 의료지원활동 담당

◆ 의료민영화 반대, 공공의료 확충 시민 선전전 및 서명운동

◆ 2024년 12월 21일~12월 22일, 내란수괴 윤석열 체포구속 농민 행진 보장 촉구 시민대회 철야집회 당직

◆ 2025년 1월 3일~6일, 윤석열 관저 앞 윤석열 즉각 체포 촉구 긴급행동 철야집회 당직

◆ 2025년 1월 25일, 문화예술인 비상행동 국민의힘 해체쇼 철야집회 당직

◆ 2025년 3월 25일~26일, 긴급 윤석열 즉각 파면! 내란세력 청산! 전봉준투쟁단 서울재진격2 철야집회 당직

◆ 2025년 4월 2일, 헌법재판소 앞, 윤석열 즉각 파면 보건의료인 시국선언 기자회견

국제연대팀

1. 구성취지와 역할

국제연대팀은 12·3 내란 상황을 국제사회에 알리고, 국제적인 연대와 지지를 받기 위해 구성된 팀이다. 민변 국제팀, 사단법인 오픈넷, 참여연대, 국제평화포럼 등 국제활동을 하는 단체들의 활동가들로 구성되었다.

2. 주요 활동

국제연대팀은 12·3 내란의 실태를 국제사회에 알리고, 유엔인권메커니즘을 활용해 내란세력들의 불법행위를 진정하는 활동을 했다. 외신기자 간담회의 자료 제작·번역을 하였으며, 헌법재판관 미임명, 서부지방법원 폭동, 정부와 국민의힘 의원들의 사법부 겁박, 국가인권위원회의 내란옹호 및 계엄 침묵, 법원의 내란수괴 구속취소 등 불처벌 등의 사항을 세계인권기구연합 승인소위, 유엔 특별절차에 진정하는 등의 활동을 했다.

3. 구성원

서채완(민주사회를위한변호사모임), 류다솔(민주사회를위한변호사모임), 한림세영(민주사회를위한변호사모임), 류경완(국제평화포럼), 윤홍기(사단법인 오픈넷), 이태호(참여연대), 이재근(참여연대) (총 7명)

4. 주요 일지

◆ 2025년 1월 16일 목요일, 윤석열즉각퇴진과 한국사회대개혁에 대하여: 한국 시민사회-외신기자 간담회

◆ 2025년 2월 6일 목요일, 헌법재판관 미임명 등 사법권 독립 침해 유엔 특별절차 긴급진정

◆ 2025년 2월 14일 금요일, 국가인권위원회 내란옹호 등에 관한 세계인권기구연합 특별심사 요청 및 유엔 인권옹호자 특별절차 긴급진정

◆ 2025년 5월 19일 월요일, 내란수괴 윤석열 구속취소, 불구속 및 비공개 재판에 대한 유엔 특별절차 긴급진정

◆ 2025년 9월 19일 금요일, 세계인권기구연합의 국가인권위 특별심사에 대한 의견서 제출

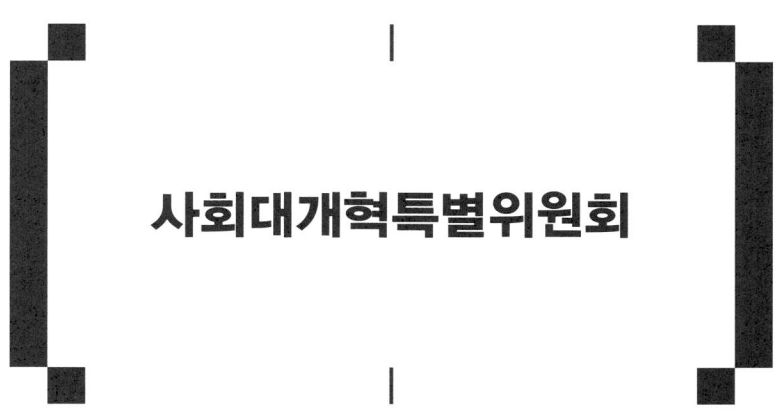

사회대개혁특별위원회

1. 구성취지와 역할

사회대개혁특별위원회는 비상행동의 특별위원회로서 향후 한국사회의 대개혁을 위한 사업을 기획하고 집행했다. 2024년 12월 11일 발족하고 129개 단체, 189명이 참여했다.

2. 주요 활동

비상행동은 사회대개혁특별위원회(이하 특위)를 설치하고 그 역할을 1)향후 한국사회의 대개혁에 대한 사업을 기획하고 진행, 2)사회대개혁을 위한 촛불 광장 전개로 정하고, 초동모임 주체로 윤순철(시민사회단체연대회의 정책위원장), 이정희(전국민주노동조합총연맹 정책실장), 주제준(한국진보연대 정책위원장), 황순식(전국비상시국회의 대변인) 등 4인을 지명했다.

초동모임의 주체들은 특위의 사회대개혁 과제를 만들기 위해 11개 분야(소위원회)로 분류하고 각 소위원회는 소위원장·팀장·관할 공동위원장을 두며, 과제의 조정을 위해 총괄조정위원회를 설치하고, 비상행동 참가 단체를 대상으로 참가 신청을 받았으며, 1차 전체회의에서 특위의 조직 구성의 승인과 공동위원장 선출로 조직 구성을 완료했다.

이후 소위별 논의를 거쳐 소위별 사회대개혁 과제(개혁 과제 118개, 세부과제 424개)를 성안했다. 소위원회는 내부 회의를 거쳐 각 과제별로 법률개정(폐지)·법률제정·정책전환·개헌 등을 표기하여 소위당 9~12개씩 제출했으며, 두 차례의 총괄조정회의에서 과제의 중복 및 충돌 등을 검토하여 최종과제를 확정하였다.

또한 특위는 12·3 비상계엄으로 대통령이 탄핵소추된 시기를 고려하여 내란의 방지-적발-규명-처벌을 논의할 '특별과제 TF'를 구성하여 활동했다.

3. 구성원

공동위원장

권연수(청년하다 대표), 박래군(4·16재단 운영위원장), 신지연(전국여성농민회총연합 사무총장), 양이현경(한국여성단체연합 공동대표), 윤순철(시민사회단체연대회의 정책위원장), 이정희(전국민주노동조합총연맹 정책위원장), 장서연(민주사회를위한변호사모임 부회장), 정규석(녹색연합 사무처장), 정세은(민주평등사회를위한전국교수연구자협의회 상임대표), 조혜인(차별금지법제정연대 법률위원회 부위원장), 주제준(한국진보연대 정책위원장), 황순식(전국비상시국회의 대외협력위원장) (총 12명)

분야별 소위원회

다시 민주공화국 시민이 주인되는 세상: 이태호(위원장)
정의로운 경제와 민생이 안정된 사회: 정세은(위원장), 김은정(위원장), 이원

호(위원장), 권오인(팀장)

평화·주권·역사정의가 실현되는 사회: 홍상영(위원장), 최은아(팀장)

기후위기 너머 정의로운 생태 사회: 한재각(위원장), 이경석(팀장)

모두의 행복한 삶을 위한 돌봄중심 사회: 남찬섭(위원장), 최희연(위원장), 전은경(팀장)

좋은 일자리와 보편적 노동권이 보장되는 사회: 남우근(위원장), 배진경(위원장), 우문숙(팀장), 류제강(팀장)

생명·안전이 지켜지는 세상: 박래군(위원장), 김선우(팀장)

모두의 존엄과 공존을 위한 성평등·인권 사회: 박한희(위원장), 임선희(팀장)

언론·정보통신·문화의 공공성과 표현의 자유가 보장되는 사회: 이진순(위원장), 이원재(위원장), 명숙(위원장), 유승현(팀장)

식량주권과 먹거리가 보장되고, 지역이 살아나는 세상: 허헌중(위원장), 권종탁(팀장)

교육과 청(소)년의 삶에 평등을 여는 세상: 배경내(위원장)

특별과제 TF: 서채완(위원장), 주제준(위원장), 이태호(위원장), 최석군(위원장), 최은아(위원장)

총괄팀장: 김건우(팀장)

비상행동 상황실 지원: 김장희(위원장), 김주호(위원장), 오세형(위원장), 우동희(위원장), 정남진(위원장), 정(위원장)

온라인 공론장 천만의 연결 기획·제작·운영: 권오현(위원장), 김주호(위원장), 달리(위원장), 이계정(위원장), 전세현(위원장), 정유진(위원장), 황순식(위원장), 단디(위원장)

3·9 시민대토론회, 6·21 광장시민대토론회 총괄: 김주호(위원장)

4. 주요 일지

◆ 2025년 3월 9일 13시, 3·9 시민대토론회, 성공회대 정보과학관 5층 (참가자 120명)

◆ 2025년 4월 17일 9시 30분, 8개정당·내란청산사회대개혁비상행동 공동토론회, 국회의원회관 제1소회의실 (참가자 100명)

◆ 온라인에서 시민들이 자유롭게 사회대개혁 과제를 제안하고 118개 과제 중 내가 생각하는 중요한 과제에 대해 투표할 수 있는 '천만의 연결' 홈페이지 기획 및 운영 (2025년 1월부

터 6월까지 총 7회 회의 진행)

◆ 소위별 '천만의 대화' 시민모임 운영 (2025년 1월부터 4월까지 약 33건의 온·오프라인 시민모임 진행, 약 2500명 참여)

◆ 사회대개혁에 대해 공부하고 문제를 푸는 '사회대개혁 온라인 골든벨' 진행 (시민 약 1500명 참여)

◆ 차기 정부가 꼭 해야할 '내 맘속 1번 사회대개혁 과제' 온라인 이벤트 진행 (시민 약 200여 명 참여)

◆ 매주 토요일 광화문 집회 사전행사로 소위원회별 사회대개혁 과제를 프레젠테이션하고 시민들과 이야기 나누는 '사회대개혁 이야기 다하는 파티'(사이다파티) 진행

◆ 2025년 6월 21일 10시, '차기 정부 우선 개혁 과제 시민이 직접 제안하자!' 광장시민 대토론회, 전국은행회관 국제회의장 (전국 시민 200여 명 참여)

법률대응특별위원회

1. 구성취지와 역할

법률대응팀은 비상행동에서 발생하는 법률 문제에 대해 자문, 필요한 법적대응을 하기 위해 구성된 팀이다. 팀은 민변 소속 변호사들로 구성이 되었다.

2. 주요 활동

법률대응팀은 비상행동의 범시민대행진 및 긴급집회와 관련하여 인권침해감시단을 운영하고, 필요한 법적대응을 수행했다. 또한, 비상행동 차원에서 필요한 고소·고발, 조사입회, 의견서 제출, 자문 등의 법률대응 활동을 수행했다. 법률대응팀은 구체적으로 12·3 비상계엄 선포 및 포고령에 대한 헌법소원, 윤석열 탄핵심판사건에 대한 시민의견서 제출, 내란세력에 대한 고소·고발, 비상행동 활동가에 대한 변호활동, 집회제한통고처분에 대한 집행정지 신청 등을 수행했다. 현장에서는 경찰의 부당한 공권력 행사에 항의하고, 연행자를 접견했으며, 시민들에게 법률상담을 제공했다. 인권침해감시단에는 평일 10여 명, 주말 시민대행진에는 50여 명 이상 등이 참여하며 연인원 1000여 명이 참여했다.

3. 구성원

윤복남, 조지훈, 서채완, 박한희, 주선민, 최석군, 최새얀 (총 7명)
민주사회를위한변호사모임 윤석열퇴진특별위원회와 연계

4. 주요 일지

◆ 2024년 12월 27일 금요일, 한강진역 인근 행진에 대한 집행정지 신청
◆ 2025년 1월 3일 금요일, 내란수괴 윤석열 체포방해 경호처장 등 고발 기자회견
◆ 2025년 1월 7일 화요일, 12·3 비상계엄 및 포고령 헌법소원 청구 기자회견
◆ 2025년 2월 17일 월요일, 윤석열 파면 촉구 '45,289인 시민의견서' 헌법재판소 제출 기자회견
◆ 2025년 3월 6일 목요일, '헌법재판관 미임명' 최상목과 국무위원 직무유기 고발 기자회견
◆ 2025년 3월 9일 일요일, 심우정 검찰총장 등 직권남용죄 고발 기자회견
◆ 2025년 4월 1일 화요일, '헌법파괴범' 한덕수 권한대행 고발 및 엄벌촉구 기자회견
◆ 2025년 4월 9일 수요일, 내란세력 재판관 지명, 한덕수 대통령 권한대행 직권남용, 이완규 법제처장 내란죄 등 고발 기자회견
◆ 2025년 4월 10일 목요일, 내란청산·사회대개혁비상행동 안지중 공동운영위원장 경찰조사 출석 기자브리핑
◆ 2025년 4월 30일 수요일, 내란청산·사회대개혁비상행동 한덕수 고발사건 고발인 조사 출석 기자브리핑

3부

비상행동 소개

지역별 비상행동의 형성과 전개

지역 비상행동 소개

전국 집회 개최와 지역별 전개 현황

2024년 12월 3일 비상계엄 선포 당일 여의도 국회의사당 앞에서 자발적으로 촉발된 시민들의 항쟁은, 이후 수도권에 국한되지 않고 전국광역 주요 거점 도시와 시군구로 신속하게 확산되었다. 지역에서의 집회는 주로 광역단위로 꾸려진 대책기구가 중심이 되어 진행되었다. 각 광역 지역 집회는 중앙의 비상행동과 연결되어 긴밀하고 신속하게 대응 기조를 정하고 전국동시다발로 집회와 기자회견 등을 개최할 수 있었다. 또한 집회는 일회성 분출로 소멸하지 않고, 윤석열의 탄핵과 파면까지 각 지역단위의 특수한 정치적 상황과 맞물리며 진행할 수 있었던 것은 지역별 대책기구가 튼튼히 꾸려진 덕분이었다. 그 결과 국회와 윤석열, 그리고 헌법재판소 압박과 병행하여, 계엄 내란 부역 정치인들을 심판하는 다층적인 투쟁 구조를 형성했다.

특히 3월 8일 윤석열의 구속취소 이후 광화문광장을 중심으로 비상행동의 공동의장단이 철야 단식농성을 진행했고 민주당, 조국혁신당, 진보당 등 야5당의 국회의원이 동조 단식농성을 이어가면서 중앙의 촛불은 더욱 커졌다. 동시다발로 진행된 광역 시위도 그 규모가 더욱 커져갔다. 비상행동은 '내란수괴 윤석열 즉각 파면 긴급행동'을 야권과 함께 진행했다. 매머드급 대통령 탄핵 촉구 집회가 개최되었다. 지역도 같은 방식으로 집회를 더욱 확장시켜 나갔다. 이런 집회의 일상화는 2025년 4월 4일 윤석열의 파면까지도 이어졌다.

서울

내란청산·사회대개혁서울비상행동

1. 발족 경과

내란청산·사회대개혁서울비상행동은 서울지역 노동, 종교, 정당, 시민사회 단체 293개가 참여해 2024년 12월 19일 향린교회에서 발족했다. 서울비상행동은 4월 17일 전체대표자회의에서 내란청산·사회대개혁서울비상행동(이하 서울비상행동)으로 명칭을 변경했다. 너머서울, 민주노총 서울본부, 서울교육단체협의회, 서울민중행동, 윤석열 퇴진사회대전환 서울시국회의가 공동으로 제안했다. 서울비상행동은 헌법 훼손과 기본권 침해, 국민주권의 위협 속에서 내란수괴 윤석열의 즉각퇴진과 내란동조자의 체포와 처벌, 국민주권 실현과 사회대개혁을 위해 서울지역에서의 활동을 주도적으로 해나가고 구단위 풀뿌리 단체까지 퇴진 운동을 확장하기 위해 발족했다.

2024년 12월 19일 11시 30분, 서울비상행동 발족 기자회견, 세종문화회관 계단.

2. 주요 활동

2024년 12월 19일 목요일, 세종문화회관에서 서울비상행동 발족 대표자회의와 기자회견이 개최되었다. 출범 당시 293개 단체가 뜻을 모았으며, 이후 15개 단체가 추가로 가입하며 더욱 확대되었다. 이어 2024년 12월 27일부터 2025년 5월 2일까지는 '국민의힘 해체의 날 서울지역 구별 실천 행동'이 전개되었다. 매주 금요일 진행하는 것을 원칙으로 하되, 지역과 단체의 상황에 따라 날짜를 유연하게 조정하며 서울 곳곳에서 지속되었다.

2025년 3월에는 총파업 투쟁이 본격화되었다. 3월 26일 수요일 16시에는 전국시민총파업 총력투쟁 선포 및 123인 동조단식 기자회견이 열렸으며, 계획보다 많은 130명이 단식에 참여하며 결연한 의지를 보였다. 바로 다음 날인 3월 27일 목요일에는 전국시민총파업의 날을 맞아 서울 전역 154개 거점에서 313명이 참여한 대규모 피켓팅을 진행했다.

　마지막으로 4월 2일 수요일에는 10시 30분부터 16시 30분까지 '내란수괴 윤석열 파면버스'가 운행되었다. 서울비상행동 출범 전인 12월 13일에 이어 진행된 이번 행동에는 83명이 참가하였으며, 헌법재판소 앞을 시작으로 한남동 관저, 서울중앙지방법원, 서울시청, 열린송현녹지광장 등 주요 거점을 순회하며 파면 목소리를 높였다.

3. 참가 단체

(사)광개토대제기념사업회, 4·9통일평화재단, 615구로본부, 615시민합창단, 615용산본부, SKB비정규직지부 도봉노원지회, 가재울녹색교회, 강동구평화의소녀상보존시민위원회, 강동기후생태유니온, 강동노동인권센터, 강동시민연대, 강동연대회의, 강동희망키움네트워크, 강북구노동인권네트워크, 강서양천녹색당, 강서양천민중의집, 건설노조 강북지대, 건설노조 수도권북부지역본부, 경계를넘어함께가는통일로, 공공연대 한전인재개발원 분회, 공공연대노동조합 강서구지부, 공공운수노조 라이더유니온 성동광진지회, 공공운수노조 서울본부, 공공운수노조 서울여대 분회, 공공운수노조 서울지부 연세대분회, 공공운수노조 희망연대본부, 관악 기후위기비상행동, 관악공동행동, 관악교육공동체 모두, 관악사회복지, 관악여성회, 관악주민연대, 광진시민사회단체연석회의, 광진주민연대, 광진참여네트워크, 구로교육연대회의, 구로기후위기비상행동, 구로마을공동체네트워크, 구로마을교육공동체(준), 구로민중의집, 구로시민센터, 구로여성회, 국제전략센터, 금속노조 서울본부, 금속노조 서울지부 동부지역지회, 금속노조 서울지부 수입자동차지회, 금속노조 현대자동차지부정비위원회 동부지회, 기독교대한감리회 수유교회, 기독교사회선교연대회의 평화통일위원회, 기후위기대응서울모임, 나라사랑청년회, 난곡사랑의집, 난곡주민도서관 새숲, 남북사진문화교류위원회, 남

서여성환경연대 더초록, 노동당 서울시당, 노동인권센터 꿈지락, 노동자
연대, 노동중심사회대전환실천모임, 노원겨레하나, 노원공동행동, 노원
나눔의집, 노원도봉교육공동체, 노원서비스공단지회, 노원여성회, 노원
일행, 녹색당 서울시당, 누리장애인자립생활센터, 다른세상을 향한 연대,
대노련 북서부지역지부, 대학노조 서울본부, 더나은삶을위한정책연합당
(준), 돌봄노조 구립하계실버센터분회, 돌봄노조 중계시립분회, 동부교육
시민모임, 동작공동체라디오 동작FM, 동작마을넷 마음껏, 동작역사문화
연구소, 동학실천시민행동, 들꽃향린교회, 마트노조 이마트지부 왕십리
지회, 미디어집, 민달팽이유니온, 민주노련 광성지역, 민주노련 구로금천
지역, 민주노련 남동지역, 민주노련 노량진수산시장지역, 민주노련 노량
진지역, 민주노련 동대문중랑지역, 민주노련 동작지역, 민주노련 북동부
지역, 민주노련 북부지역, 민주노련 서강지역, 민주노련 서부지역, 민주
노련 송파지역, 민주노련 영등포지역, 민주노련 중부지역, 민주노총 공공
운수노조 서울본부 클린에코지회, 민주노총 민주일반연맹 강동문화재단
분회, 민주노총 서울본부, 민주노총 서울본부 남동지역지부, 민주노총 서
울본부 동부지역지부, 민주노총 서울본부 북부지역지부, 민주노총 서울
본부 서부지역지부, 민주노총 서울본부 중부지역지부, 민주야놀자, 민주
여성노조, 민주연합노조 성동구지부, 민주우체국, 민주일반노동조합 제
화지회, 민주일반연맹 명지전문대분회, 민주일반연맹 서울본부, 민중민
주당 서울시당, 배고픈사자작은도서관, 배달플랫폼노동조합 강서양천지
회, 배달플랫폼노조 성동광진지회, 보건의료노조 상계백병원지부, 보건
의료노조 서울본부 국립재활원지회, 보건의료노조 서울본부 여의도성
모병원지회, 보건의료노조 원자력의학원지부, 보건의료노조 을지병원지
부, 보건의료노조 한양대의료원지부, 봉천동나눔의집, 불평등을 넘어 새
로운서울을만드는사람들(너머서울), 빈곤사회연대, 빈민해방철거민연합,
사단법인희망씨, 사무금융노조, 사법정의국민연대, 서대문노동시민네트
워크, 서대문시국회의, 서대문은평시민연대(준), 서비스연맹 서울본부,
서비스일반노조 서대문유니온지회, 서울윤석열퇴진대학생행동, 서울겨
레하나, 서울교육노동자현장실천, 서울교육혁신네트워크, 서울교통공사
노조, 서울노동광장, 서울녹색당, 서울대학생진보연합, 서울민족예술단

체총연합, 서울민중행동, 서울여성연대(준), 서울자주통일평화연대, 서울장애인차별철폐연대, 서울지역새로운노동자정치운동체추진모임, 서울진보연대, 서울참교육동지회, 서울청년진보당, 서울청소년노동인권네트워크, 서울통일의길, 서울평등의길, 서울혁신교육학부모네트워크, 서울혁신학교졸업생연대 '까지', 성동구 통일한마당 추진위원회, 성동시민연대, 성북기후위기비상행동, 성북시민사회연석회의, 송파기후위기비상행동, 송파연대회의, 시민모임즐거운교육상상, 어린이책시민연대 서울지부, 언론노조, 여순항쟁서울유족회, 연세대학교 비정규노동문제 해결을 위한 공동대책위원회, 영등포시민연대 피플, 예술고학생연대(예비예술인연대), 용산시민연대, 우리동네노동권찾기, 윤석열퇴진사회대전환강서양천운동본부, 윤석열퇴진사회대전환성동구운동본부, 이음나눔유니온, 인디학교, 일터와 삶터의 예술공동체 마루, 자주평화통일실천연대, 장애인부모연대, 재벌개혁경제민주화네트워크, 적폐청산 의열행동본부, 전교조 사립 관동지회, 전교조 사립북부지회, 전교조 서울 초등남부지회, 전교조 중등 강동송파지회, 전교조 중등 관동지회, 전교조 중등 남부지회, 전교조 중등 북부지회, 전교조 초등 강동송파지회, 전교조 초등 관동지회, 전국공무원노동조합 강동구지부, 전국공무원노동조합 서울본부, 전국교육공무직본부 서울지부, 전국교직원노동조합 서울지부, 전국기간제교사노동조합, 전국돌봄서비스노동조합 강서구지회, 전국민주일반연맹 서울일반노동조합 급식지부, 전국실천불교승가회, 전국여성노동조합서울지부, 전국택배노동조합 서대문우체국지회, 전국택배노동조합 우체국본부 강동지회, 전국학교비정규직노동조합 강서양천지회, 전국학교비정규직노동조합 서부지회, 학교비정규직노동조합 강동송파지회, 학비노조북부지회, 전국학교비정규직노동조합 서울지부, 전국학교비정규직노동조합 성동광진지회, 전국화학섬유노조 K2지회, 전국활동지원사노동조합, 전국회의서울지부, 전환서울, 정보경제연맹, 정의당 서울 은평을지역위원회, 정의당 서울시당, 정의당 서울시당 강동구위원회, 정의당 서울시당 강북구위원회, 정의당 서울시당 관악구위원회, 정의당 서울시당 광진구위원회, 정의당 서울시당 금천구위원회, 정의당 서울시당 노원구위원회, 정의당 서울시당 마포구위원회, 정의당 서울시당 서대문구위원회, 정의당 서울시당 성북구위원회, 정의당 서울시당 송파구위원회, 정의당 서울시당 용산구위원회, 정의당 서울시당 종로구위원회, 주거권네트워크, 즐거운청년커뮤니티 이끌림, 지하철노조 창동차량지부, 진보교육연구소, 진보당 서울노동자당, 진보당 서울시당, 진보당 서울시당 강동구송파구위원회, 진보당 서울시당 강북구위원회, 진보당 서울시당 강서구양천구위원회, 진보당 서울시당 관악구위원회, 진보당 서울시당 구로구위원회, 진보당 서울시당 노원구위원회, 진보당 서울시당 동대문구위원회, 진보당 서울시당 마포구위원회, 진보당 서울시당 서대문구위원회, 진보당 서울시당 성동구광진구위원회, 진보당 서울시당 성북구위원회, 진보당 서울시당 중랑구위원회, 진보대학생넷 동국대 지회, 진보대학생넷 서울동부대학 연합지회, 진보대학생넷 서울서부대학 연합지회, 진보대학생넷 서울여대 지회, 진보대학생넷 서울인천지부, 진보대학생넷 성공회대 지회, 진보대학생넷 숙명여대 지회, 진보대학생넷 이화여대 지회, 진보대학생넷 인천대 지회, 진보대학생넷 한양대 지회, 징검다리교육공동체, 참교육을위한전국학부모회 서울지부, 참소중한, 철도노조 서울지방본부, 청년전태일, 코리아국제평화포럼, 택배노조 노원지회, 토닥토닥바른교육을위한부모회, 통일공방, 통일시대연구원, 통일염원시민회의, 통일의길, 통일중매꾼, 평등교육실현을위한 서울관악학부모회, 평등교육실현을위한 서울남부학부모회, 평등교육실현을위한 서울중북부학부모회, 평등교육실현을위한 서울학부모회, 평화연방시민회의, 평화의길, 평화이음, 평화통일시민연대, 푸른공동체 살터, 풀뿌리여성단체 너머서, 학교너머더큰학교, 한국노총서울본부, 한국비정규노동센터, 한국중소상인자영업자총연합회, 한반도통일역사문화연구소, 한울림장애인자립생활센터, 함께노동(준), 함께노원, 함께서울, 향린교회, 행동하는 지역공동체 동서울시민의힘, 행동하는동대문연대, 형명재단, 홈리스행동, 화섬식품노조 수도권지부, 희망세상일구는 구로여성회, 희망연대노조 딜라이브 강동지회

※ 발족식 이후 가입된 단위, 15개 단체

강서시민정치참여단(강서시민사회연대), (사)열린사회시민연합 북부시민

회, 서울지역대학 인권연합동아리, 공공운수노조 서울시사회서비스원지부, 서대문마을넷, 교육희망네트워크, 서울환경연합, 정의당영등포구위원회, 용산희망나눔센터, 시민영화제작소 〈발언시간〉, 서울풀뿌리시민사회단체네트워크, 전국택배노동조합 서울지부, 윤아웃청학공동행동, 대학생시국회의, 시민권력직접행동

4. 활동 보고

주요 일지

- 2024년 12월 27일 금요일~2025년 5월 2일 금요일, 국민의힘 해체의날 실천, 구별 국민의힘 의원 사무실 앞 또는 지하철역 등 주요 거점 (특히 1월 둘째 주에는 서울 25개 구 중에 20개 구 33개 거점에서 진행)
- 2025년 2월 7일 금요일 10시, '내란의 힘' 자처하는 국민의힘은 즉각 해산하라 최악의 내란공범 국회의원은 누구인가! 기자회견, 국민의힘 당사 앞
- 2025년 2월 7일 금요일 13시 30분, 내란수괴 변호인이 서울시 인권위원장? 오세훈 서울시장은 배보윤, 도태우 즉각 해촉하라! 긴급 기자회견, 서울시청 정문 앞
- 2025년 3월 13일 목요일 10시 30분, 서울지역 시민단체, 노동조합, 정당, 종교 풀뿌리 각계 비상시국선언 기자회견 헌법재판소는 내란 우두머리 윤석열을 지금당장 파면하라!, 광화문 서십자각 비상행동 농성장 앞
- 2025년 3월 22일 토요일~2025년 3월 28일 금요일, 서울비상행동 상임대표단 릴레이 단식농성, 광화문 단식농성장
- 2025년 3월 26일 수요일 16시, 3·27 전국시민총파업 총력투쟁 선포! 123인 동조단식 기자회견, 광화문
- 2025년 3월 27일 목요일, 전국시민총파업의 날 서울지역 123곳 거점 피켓팅, 154개 거점 (수유역, 대림역, 강동역, 이촌역, 성수역, 건대입구역, 가산디지털단지역, 가산SK V1앞, 남구로역, 강남역, 장지역, 국회의사당역 국민은행 앞, 숙대입구역, 서대문역, 구로디지털단지역, 정부서울청사, 안국역 사거리, 외대역 등)
- 2025년 4월 2일 수요일 10시 30분~16시 30분, 내란수괴 윤석열 파면버스, 열린송현녹지광장~한남동 국제루터교회 앞~서울시청 앞~열린송현녹지광장
- 2025년 4월 22일 월요일~5월 1일 수요일, 윤석열 재구속 내란세력 불출마 촉구 서울시민선언 시민캠페인, 서울 곳곳
- 2025년 5월 2일 금요일 11시, 윤석열 재구속 내란세력 불출마 촉구 서울시민선언 기자회

견, 광화문 월대 앞

◆ 2025년 5월 15일 목요일 11시, 사회대개혁! 개헌입법! 시민의 힘으로! 1203인의 선언운동 기자회견, 세종문화회관 계단

시군구 활동

◆ 2024년 12월 27일 금요일~5월 2일 금요일, 구별 국민의힘 해체 투쟁, 서울 곳곳

경기
윤석열즉각퇴진·사회대개혁
경기비상행동

1. 발족 경과

윤석열의 12·3 내란 직후, 경기도 지역사회는 즉각적인 대응 태세에 돌입했다. 2024년 12월 10일 15시, '책고집'에서 소집된 '경기지역 제 정당시민사회 비상 원탁회의'는 조직 구성을 제안하며 투쟁의 깃발을 올렸다. 이 자리에는 도내 34개 광역 민중시민단체와 진보정당이 참여해 연대의 의지를 확인했다.

이어 12월 19일 10시 30분, 민주노총 경기본부 5층에서 '경기비상 행동 대표자회의'를 개최하여 조직 체계를 확정했다. 이 과정에서 19개 시군별 비상행동이 조직적으로 참여하였으며, 시군별 조직이 미비한 지역은 광역연대조직과 진보정당을 매개로 소통 구조를 촘촘히 구축했다. 이는 경기도 전역을 포괄하는 광범위한 민주 수호 연대체를 실현했다는 점에서 큰 의미와 성과를 남겼다.

2025년 4월 19일 토요일 15시, 경기비상행동 경기사회대개혁토론회, 경기도의회.

2. 주요 활동

경기비상행동은 결성 직후부터 숨 가쁘게 움직이며 지역 내 반윤석열 투쟁의 구심점 역할을 했다.

먼저 2024년 12월 10일 화요일 15시, 책고집에서 '경기지역 제정당 시민사회 비상 원탁회의'를 개최하여 투쟁의 대열을 정비했다. 이어 12월 13일 금요일 11시, 국민의힘 경기도당 앞에서 '경기 비상시국선언 기자회견'을 열어 윤석열정권 심판의 포문을 열었으며, 12월 20일 금요일 17시, 수원 올림픽공원 앞에서 '전농 트랙터 행진단 경기 연대 집회'를 통해 상경투쟁하는 농민들과 뜨겁게 연대했다.

해를 넘겨 투쟁은 시민참여와 종교계로 더욱 확산되었다. 2025년 1월 22일 수요일 18시 30분, 수원역 문화광장에서 '경기시민문화제'

를 열어 시민들과 함께 호흡했고, 2월 19일 수요일 18시에는 같은 장소에서 '경기 종교인 시국대회'를 개최하여 각계각층의 참여를 이끌어냈다.

투쟁이 절정에 달했던 3월에는 서울 광화문과 직접 연결했다. 3월 14일 금요일 10시 30분, 광화문 농성장에서 '경기비상행동 대표자 릴레이 기자회견'을 진행하며 파면투쟁에 힘을 실었다. 윤석열 파면 이후인 4월 19일 토요일 15시, 경기도의회 대회의실에서는 '경기비상행동 경기사회대개혁토론회'를 개최하여, 정권퇴진을 넘어 지역 사회의 근본적인 개혁 방안을 모색하는 자리까지 나아갔다.

3. 참가 단체

경기자주통일평화연대, 경기시민사회단체연대회의, 민주노총 경기도본부, 전농경기도연맹, 경기여성단체연합, 경기청년연대, 경기민주언론시민연합, 경기정의평화기독교행동, 경기민중행동, 민주노동자전국회의 경기지부, (사)경기민예총, 경기주권연대, 경기자주여성연대, 행동하는경기대학생연대, 경기진보연대, 진보당 경기도당, 경실련경기도협의회, 경기환경운동연합, 경기여성연대, 경기시민사회포럼, 경기장애인차별철폐연대, 경기복지시민연대, 참교육을위한전국학부모회 경기지부, YMCA 경기도협의회, YWCA경기협의회, 경기교육희망네트워크, 평화비경기연대, 다산인권센터, 노동당경기도당, (사)공감직업환경의학센터, 노동해방을위한좌파활동가 경기결집, 정의당경기도당, 경기녹색당, 경기평화교육센터, 삶을가꾸는교육자치포럼, 성남비상행동, 용인비상행동, 경기광주비상행동, 여주비상행동, 이천비상행동, 양평비상행동, 김포비상행동, 안산비상행동, 광명비상행동, 부천비상행동, 경기중부비상행동, 고양비상행동, 파주비상행동, 포천비상행동, 의정부비상행동, 오산비상행동, 평택비상행동, 수원비상행동, 화성비상행동

4. 활동 보고

주요 일지

- ◆ 2024년 12월 10일 화요일 15시, 경기지역 제 정당 시민사회 비상 원탁회의, 책고집
- ◆ 2024년 12월 13일 금요일 11시, 경기 비상시국선언 기자회견, 국민의힘 경기도당
- ◆ 2024년 12월 19일 목요일 10시 30분, 경기비상행동 발족 대표자회의, 민주노총경기 5층
- ◆ 2024년 12월 20일 금요일 17시, 전농 트랙터 행진단 경기 연대집회, 수원 올림픽공원 앞
- ◆ 2025년 1월 10일 금요일 11시, 국민의힘 해체 경기비상행동 기자회견, 국민의힘 경기도 당 앞
- ◆ 2025년 1월 22일 수요일 18시 30분, 경기시민문화제, 수원역 문화광장
- ◆ 2025년 2월 19일 수요일 18시, 경기 종교인 시국대회, 수원역 문화광장
- ◆ 2025년 3월 14일 금요일 10시 30분, 경기비상행동 대표자 릴레이 기자회견, 광화문 농성장
- ◆ 2025년 4월 7일 월요일 11시, 경기비상행동 기자회견, 국민의힘 경기도당 앞
- ◆ 2025년 4월 19일 토요일 15시, 경기비상행동 경기사회대개혁토론회, 경기도의회 대회의실
- ◆ 2025년 5월 9일 금요일 17시, 전농 트랙터 행진단 경기 연대 집회, 수원 올림픽공원 앞
- ◆ 2025년 6월 12일 목요일 15시, 경기비상행동 수원시의회 국민의힘 규탄 기자회견, 수원 시의회 앞

인천
사회대전환·윤석열정권퇴진인천운동본부

1. 발족 경과

사회대전환·윤석열정권퇴진인천운동본부(이하 인천퇴진운동본부)는 인천지역의 노동·시민사회 83개 단체가 모여 2025년 1월 22일 정식 출범했다. 인천지역은 2024년 10월 8일 민주노총 인천본부 대강당에서 시국토론회 개최를 시작으로, 10월 23일 첫 지역 시국집회를 성사시키며 지역에서의 윤석열정권 퇴진 열기를 모아내기 시작했다. 그 후 11월 19일 '사회대전환·윤석열정권퇴진인천운동본부준비위'를 출범시켰고, 12·3 비상계엄 선포를 기점으로 본조직 출범 전까지 폭발적인 집회와 다양한 실천투쟁을 전개했다. 인천퇴진운동본부는 1월 22일 전체 대표자회의를 통해 '내란죄 피의자 윤석열 퇴진, 위헌적 계엄령 내란동조 국민의힘 해체, 국민주권 실현과 한국사회대전환'의 세 가지 목표와 사업 방향을 확정한 후 83개 단체와 함께 힘차게 운동본부를 발족했다.

2024년 12월 18일 수요일 18시 30분, 인천퇴진운동본부준비위원회가 주최한 인천시민촛불 행진, 부평대로.

2. 주요 활동

인천퇴진운동본부는 10월 23일 첫 지역시국집회를 시작으로 하여 2025년 4월 4일 15차 인천시민촛불을 마지막 집회로 진행했다. 매회 300여 명에서 많게는 5000여 명이 참여했다 특히 최대인원이 모인 12월 9일 인천천터미널집회는 청소년, 깃발부대 등 연인원 5000여 명이 집결하여 모두를 놀라게 했다. 핫팩과 손피켓 등 선전물이 턱없이 부족하였고, 준비한 방송차량도 인원을 다 소화하지 못해 급하게 노조방송차 등을 섭외하여 행진까지 무사히 마쳤던 것이 가장 인상 깊다.

또한 인천퇴진운동본부는 주중에는 지역촛불을 진행하고, 토요일에는 서울집회로 집중하는 등 주 2회 촛불을 사수하느라 고생이 많았고 9차 촛불부터는 청년, 통일, 여성 등 영역 및 단위별로 주관단위를 정해서 가열차게 촛불을 이어간 것이 특징이다. 4월 4일, 윤석열 탄핵 인용 후 '사회대전환·내란청산 인천운동본부(준)'로 전환하고 활동을 이어갔으며 7월 15일부로 공식일정을 마무리하였다.

인천퇴진운동본부는 15차 시민촛불 외에도 윤석열 퇴진 국민투표와 부평역, 동암역, 주안역 등 주요 거점을 정해 대시민 선전전을 매일 진행하였고, 사안별 기자회견을 수시로 진행, 특히 내란공범이자 탄핵반대의 선두에 있었던 윤상현 의원 사퇴촉구 활동을 전개하였다. 윤상현 의원실 앞 기자회견과 막말 규탄, 국민의힘 해체 현수막 찢기 퍼포먼스, 국민청원운동, 윤상현 의원 사무실~배준영 의원 사무실 앞까지 시민행진 등을 전개하여 시민들의 많은 호응을 받았다. 이 외에도 1203명 인천시민선언 신문광고, 102030 응원봉 집담회, 한국사회대전환을 위한 '인천, 다시 만들 세계' 토론광장 등의 활동을 전개하였다.

3. 참가 단체

*민주노총 인천본부 건설노조경인본부, 공공운수노조인천본부, 공무원노조인천본부, 금속노조인천지부, 보건의료노조인천부천본부, 서비스연맹인천본부, 전교조인천지부, 정보경제연맹인천본부, 화섬식품노조인천권, 민주일반연맹인천본부, 대학노조인천권, 언론노조인천권, 금속한국지엠지부, 공공운수인천공항지역지부, ***인천지역연대** 남동희망공간, 노동자교육기관, 노동희망발전소, 사회진보연대인천지부, 서구민중의집, 인천민예총, 인천사람연대, 인천장애인차별철폐연대, 인천청년유니온, 인천평화복지연대, 인천평화와통일을여는사람들, 천주교인천교구노동사목, 평등교육실현을위한 인천학부모회, 녹색당 인천시당, 정의당 인천시당, 진보당 인천시당, 노동당 인천시당, ***인천시민사회단체연대** 가톨릭환

경연대, 강화도시민연대, 민주사회를위한변호사모임인천지부, 도시농부꽃마당, 실업극복인천본부, 생명평화포럼, 인도주의실천의사협의회인천지부, 인천녹색소비자연대, 인천녹색연합, 인천장애우권익문제연구소, 인천참언론시민연합, 인천환경운동연합, 천주교인천교구사제연대, 청솔의집, 함께걷는길벗회, 함께걸음인천장애인자립생활센터, 희망을만드는마을사람들, (사)너머인천고려인문화원, (사)시민과대안, *인천여성연대 인천여성노동자회, 전국여성노동조합인천지부, 한국여성인권플러스, 인천여성민우회, 인천여성회, 인권희망강강술래, *인천자주통일평화연대 인천빈민연합, 인천시민의힘, 민족문제연구소인천지부, 서해5도평화운동본부, 인천거레하나, *인천자주평화연대 *인천비상시국회의 *기후위기인천비상행동 *미추홀구전세사기피해대책위원회 *F1반대대책위원회 인천노사모, 인천목회자정의실천협의회, 남북평화재단경인본부, 참살이문학, 인천퇴직교육자협의회, 의열단인천지부, 기장인천노회정의평화부, 시국을생각하는인천약사모임(가), 인천도시공공성네트워크, 참교육을위한전국학부모회인천지부, 인천노동사회포럼, 노후희망유니온인천본부, 건강한노동세상

4. 활동 보고

주요 일지

- 2024년 10월 8일 화요일 15시, 인천시국토론회 '인천지역 윤석열 퇴진투쟁 어떻게 할 것인가', 민주노총 인천본부 대강당
- 2024년 12월 4일 수요일 11시, 헌정유린 내란수괴 윤석열 체포 구속 촉구 긴급 기자회견, 인천시청
- 2024년 12월 9일 월요일 18시 30분, 내란주범 윤석열 즉각 체포·구속! 내란공범 국민의힘 해체! 사회대개혁 쟁취! 3차 인천시민촛불, 구월동 롯데백화점~국민의힘 인천시당
- 2024년 12월 10일 화요일~2025년 1월 24일 금요일, 내란공범 탄핵반대 윤상현, 배준영 규탄 1인 시위, 윤상현 의원 사무실, 배준영 의원 사무실
- 2024년 12월 18일 수요일 18시 30분, 4차 인천시민촛불, 부평대로 우리은행앞 (700여 명)
- 2024년 12월 26일 목요일 18시 30분, 5차 인천시민촛불, 구월동 로데오광장 (300여 명)
- 2024년 12월 27일 금요일 11시, 국민의힘 해체의 날 기자회견, 윤상현 의원 사무실 (30여 명)

◆ 2025년 1월 22일 수요일 16시, 윤석열정권 퇴진 인천지역연대체 구성을 위한 1차 대표자 회의, 전교조인천지부

◆ 2025년 2월 12일 수요일 18시 30분, 10차 인천시민촛불-한반도평화실현, 구월동 로데오광장 (300여 명)

◆ 2025년 2월 19일 수요일 18시 30분, 11차 인천시민촛불-윤석열 가고 기후정의 오라, 구월동 로데오광장앞 (300여 명)

◆ 2025년 2월 26일 수요일 18시 30분, 12차 인천시민촛불-성평등은 민주주의의 시작이다, 구월동로데오광장 (300여 명)

◆ 2025년 3월 11일 화요일 11시 30분, 내란수괴 윤석열 석방 규탄! 윤석열 하수인 검찰 규탄! 윤석열 즉각 파면촉구 인천지역 기자회견, 인천시청 (50여 명)

◆ 2025년 3월 13일 목요일 18시 30분, 14차 인천시민촛불, 구월동 인주대로~국민의힘 인천시당 (300여 명)

◆ 2025년 4월 4일 금요일 18시 30분, 15차 인천시민촛불, 구월동 로데오광장

◆ 2025년 4월 30일 수요일 15시, 한국사회대전환을 위한 토론광장 '인천, 다시 만들 세계', 민주노총 인천본부 대강당 (50여 명)

강원
윤석열정권퇴진강원운동본부

1. 발족 경과

윤석열정권퇴진강원운동본부는 2023년 5월 윤석열정권의 탄압에 저항하여 산화한 건설노동자 양회동 열사 투쟁을 계기로 결성되었다. 2024년 9월 28일, 윤석열정권 퇴진 강원대회를 1000명 규모로 성사하고, 11월 26일 윤석열정권 퇴진 강원 시국회의와 시국선언을 계기로 조직을 확대하여 강원지역에서 전면적인 퇴진투쟁을 선포했다. 12월 3일, 윤석열의 비상계엄 선포 직후 비상행동에 돌입해 시군지역 투쟁을 조직하며 노동, 농민, 청년, 시민사회, 종교, 교육 등 9개 부문 단체, 2개 진보정당, 11개 시군조직 등 총 22개 단체가 참여해 윤석열 파면투쟁을 펼쳤다. 2025년 4월 4일, 윤석열 파면 이후 '내란청산 사회대개혁 강원비상행동'으로 명칭을 변경하여 내란세력 완전 청산과 국민의힘 해체, 사회대개혁을 향한 활동을 이어가고 있다.

2. 주요 활동

윤석열정권퇴진강원운동본부는 비상계엄 직후인 2024년 12월 4일, '불법계엄 규탄! 윤석열 퇴진' 긴급 비상행동을 시작으로 시군별 집회를 진행했다. 12월 7일에는 국회 앞에서 열린 범국민촛불대행진에 강원지역 퇴진 버스 20대를 조직, 1000명이 집중 참여했다.

2024년 12월 21일, 국민의힘 권성동 의원 강릉사무소 앞에서 1000명이 모여 '윤석열 파면! 국민의힘 해체!'를 요구하며 1차 강원도민대회를, 2025년 2월 15일 강릉 월화거리에서 800명이 모여 '윤석열 즉각 파면-처벌! 국민의힘 해체! 사회대개혁 실현' 2차 강원도민대회를 진행했다.

2025년 3월 27일, 원주 문화의 거리에서 650여 명이 모여 '윤석열 즉각 파면'을 촉구하는 민주노총 총파업 강원지역대회 및 시민대행진을 진행했다. 4월 1일~2일, 서울 안국역에서 진행한 '헌법재판소를 포위하라! 윤석열 파면하라!' 24시간 철야 집중행동에 60여 명이 함께했다.

집회뿐 아니라 2024년 12월 6일, 국민의힘 강원도당 앞에서 진행한 '윤석열 탄핵 거부-국민의힘 규탄 기자회견'을 시작으로 2월 말까지 11개 시군 곳곳에서 '국민의힘 해체의 날 전국 동시다발 공동행동'을 진행했다. 2025년 1월 7일, 국민의힘 권성동 의원 제명 국민동의청원에 돌입, 6일 만에 5만 명 청원을 돌파하여 1월 17일에는 국회에서 권성동 의원 제명 촉구 기자회견을 진행했다. 2025년 3월 12일, 강원특별자치도청 앞에서 '윤석열을 다시 감옥으로! 즉각 파면 촉구' 2차 강원 시국선언을 170개 단체가 참여해 진행했다.

2025년 3월 10일, '윤석열 석방 규탄-즉각 파면 촉구 강원 긴급 비상행동 주간'을 선포하고 4월 3일까지 춘천지방법원 앞과 주요 지역 거점에서 '윤석열 파면-내란 종식' 집중실천을 진행했고, 3월 19일

2025년 3월 12일 수요일, 윤석열 즉각 파면 촉구 강원 시국선언, 강원특별자치도청 앞.

'전국 동시다발 강원 민주주의 수호의 날'에 70여 명의 내란을 멈추는 한 끼 단식, 11개 시군 집중 선전전을 진행했다. 윤석열 파면 선고일인 4월 4일, 11개 시군별로 '윤석열 만장일치 파면 촉구' 선전전과 파면 선고에 따른 입장 발표와 시군 대회를 진행했다.

3. 참가 단체

강원기독교교회협의회, 강원민주재단, 강원시민사회단체연대회의, 대학생기후행동 강원지부, 모두가 특별한 교육연구원, 전국농민회총연맹 강원도연맹, 전국민주노동조합총연맹 강원지역본부, 전국여성농민회총연합 강원도연합, 진보대학생넷 강원지부, 정의당 강원특별자치도당, 진보당 강원특별자치도당, 불법계엄 내란죄 윤석열 탄핵 강릉비상행동, 동해

삼척시민행동, 내란수괴 윤석열 탄핵 설악권 주민비상행동, 양구민주단체협의회, 윤석열정권퇴진원주운동본부, 정선시민연석회의, 윤석열정권퇴진철원운동본부, 춘천공동행동, 윤석열 퇴진홍천시민행동, 횡성촛불연대, 윤석열 퇴진범태백시민모임

4. 활동 보고

주요 일지

◆ 2024년 12월 4일 수요일 17시 30분, 불법계엄 규탄! 윤석열 퇴진! 강원지역 긴급 비상행동, 강원특별자치도청 앞 (80명)

◆ 2024년 12월 9일 월요일 10시, 내란공범 국민의힘 해체! 윤석열 탄핵 동참 촉구 기자회견, 국민의힘 강원특별자치도당 앞 (30명)

◆ 2024년 12월 21일 토요일 15시, 윤석열 즉각 파면-처벌! 내란공범 국민의힘 해체! 사회대개혁 실현! 1차 강원도민대회, 권성동 의원 강릉 사무실 앞 (1000명)

◆ 2024년 12월 27일 금요일 11시, 국민의힘 해체의 날 전국 동시다발 강원 공동 행동 1차 권성동 의원직 제명 국민동의청원 돌입 기자회견, 권성동 의원 강릉 사무실 앞 (30명)

◆ 2025년 1월 7일 화요일 11시, 국민의힘 해체의 날 전국 동시다발 강원 공동행동 2차 국민동의청원 5만 돌파! 권성동 의원직 제명 촉구 기자회견, 국회 소통관 (9명)

◆ 2025년 1월 24일 금요일 16시, 국민의힘 해체의 날 전국 동시다발 강원 공동행동 3차, 신철원농협 앞 (12명)

◆ 2025년 2월 7일 금요일 18시, 국민의힘 해체의 날 전국 동시다발 강원 공동행동 4차, 춘천 거두사거리 (11명)

◆ 2025년 2월 14일 금요일 17시, 국민의힘 해체의 날 전국 동시다발 강원 공동행동 5차, 정선 다이소 사거리 및 이철규 의원 사무실 앞 (9명)

◆ 2025년 2월 15일 토요일 15시, 윤석열 즉각 파면! 국민의힘 해체! 사회대개혁 실현! 2차 강원도민대회 및 강원도 전봉준투쟁단 트랙터 대행진, 강릉 월화거리 (800명)

◆ 2025년 2월 21일 금요일 17시 30분, 국민의힘 해체의 날 전국 동시다발 강원 공동행동 6차, 속초 KT플라자 앞 및 이양수 의원 사무실 앞 (50명)

◆ 2025년 3월 10일 월요일~4월 3일 목요일, 윤석열 석방 규탄 및 즉각 파면 촉구 강원 긴급 비상행동 주간 진행(선전전), 춘천지방법원 및 11개 시군 주요 거점

◆ 2025년 3월 12일 수요일 14시, '내란수괴 윤석열을 다시 감옥으로! 윤석열을 즉각 파면하라!' 2차 강원 시국선언, 강원특별자치도청 (연명 단체 170개, 개인 67명, 기자회견 70명)

◆ 2025년 3월 19일 수요일 11시~19시, 윤석열 즉각 파면 촉구 전국 동시다발 강원 민주주의 수호의 날 집중행동, 춘천 거두 사거리 및 11개 시군 주요 거점

◆ 2025년 3월 27일 목요일 15시, 윤석열 즉각 파면 민주노총 총파업 총력투쟁 강원지역대회 및 시민대행진, 원주 문화의 거리 (650명)

◆ 2025년 4월 4일 금요일 8시, 윤석열 만장일치 파면 촉구 집중행동, 춘천 하이마트 사거리 등 11개 시군 (100명)

시군구 활동

◆ 2024년 12월 9일 월요일, 국민의힘 해체! 권성동 사퇴 및 제명 촉구 기자회견, 권성동 의원 강릉 사무실 앞

◆ 2024년 12월 17일 화요일, 국민의힘 해체! 권성동 사퇴 및 제명 촉구 기자회견, 권성동 의원 강릉 사무실 앞

◆ 2025년 1월 20일 월요일, 국민의힘 해체! 권성동 사퇴 및 제명 촉구 기자회견, 권성동 의원 강릉 사무실 앞

◆ 2025년 3월 7일 금요일 10시, 원강수 원주시장 특별보좌관 극우내란집회 주동 규탄 기자회견, 원주시청 앞

◆ 2025년 3월 21일 금요일~4월 3일 목요일, 윤석열 즉각 파면 촉구 천막농성, 동보노빌리티 앞 광장 (매주 토요일 '범시민대행진' 버스 조직 및 참가)

◆ 2025년 1월 10일 금요일 10시 30분, 국민의힘 한기호 의원 고발 서명운동 돌입 기자회견, 한기호 의원 춘천 사무실 앞

◆ 2025년 3월 11일 화요일~4월 3일 목요일, 윤석열 즉각 파면 촉구 공동 철야농성 (5개 단체 및 정당), 춘천 거두 사거리

◆ 2025년 3월 12일 수요일~3월 21일 금요일, 윤석열 즉각 파면 촉구 단식투쟁 (대한성공회 춘천나눔의집 지성희 신부), 춘천 거두 사거리 농성장

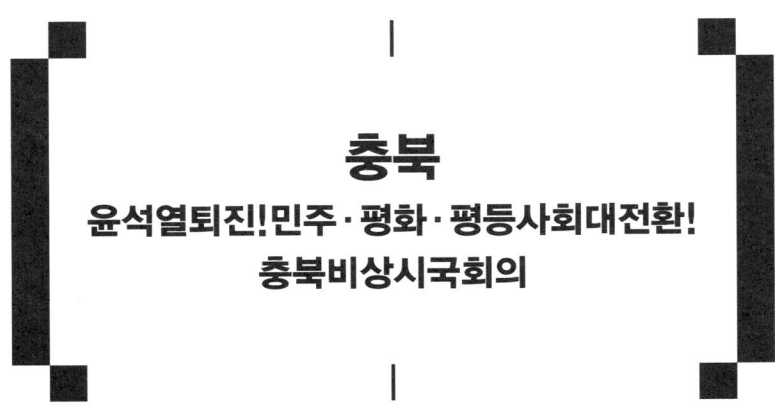

충북
윤석열퇴진!민주·평화·평등사회대전환!
충북비상시국회의

1. 발족 경과

윤석열퇴진!민주·평화·평등사회대전환!충북비상시국회의(이하 충북
비상시국회의)는 54개 단체(시군 7개 단체 포함)가 참여해 2024년 12월
4일 오전 11시 '저항운동 선포' 기자회견 후 발족하였다. 충북비상시
국회의는 노동, 농민, 시민단체, 종교계, 여성계를 대표하는 5인의 상
임대표와 공동집행위원장을 두고, 불법 비상계엄 윤석열 퇴진과 사
회대전환을 위한 활동을 전개하기로 하였다.

2. 주요 활동

충북비상시국회의 청주권에서 2024년 12월 4일 1차 시국대회를 개
최하는 한편, 동년 12월 14일 1차 도민총궐기 대회 등 세 차례에 걸친
도민총궐기대회와 40차에 걸친 시국대회. 4월 4일 승리보고대회를
진행해 청주권에서는 연인원 2만 2101명이 참석하였다.

2024년 12월 4일 목요일. 윤석열 불법계엄 규탄! 민주주의 사수와 국민주권 실현을 위한 '저항운동 선포 노동.정당.시민사회단체 기자회견', 충북도청.

시군별로는 제천시, 충주시, 음성군, 진천군, 옥천군, 보은군, 영동 군 등에서 기자회견, 선전전 등 통합 139회에 걸친 활동이 진행되었 으며 연인원 5020여 명이 참여하였다.

그 외에 국민의힘 규탄을 위한 기자회견과 '근조화환 시위' 등이 충북 6개 지역 동시다발 항의행동이 진행되었으며, 언론대응을 통해 윤석열 퇴진을 촉구하였다. 한편, 충북대학교 내에서 벌어진 극우 유 튜버의 방화 행위에 대한 고소·고발 등이 진행되었다.

3. 참가 단체

감리교목회자모임 충북연회 새물결, 기본소득 충북넷, 노동당 충북도당,

다사리장애인자립생활센터, 민주노총 충북지역본부, 민주사회를위한변호사모임 충북지회, 민중의 벗 호죽 정진동 목사 추모사업회, (사)두꺼비친구들, (사)충북민예총, 삶과 노동을 잇는 배움터 '이짓', 생태교육연구소 '터', 생활교육공동체 '공룡', 유해물질로부터 안전한 삶과 일터 충북노동자시민회의, 서원대학교 민주동문회, 이주민노동인권센터, 전국농민회총연맹 충북도연맹, 전환충북, 정의당 충북도당, 정의당 남부3군지역위원회, 정의당 충주지역위원회, 진보당 충북도당, 청주노동인권센터, 청주대학교 민주동문회, 청주도시산업선교회, 청주여성의 전화, 청주지역녹색교회연대, 청주충북환경운동연합, 청주페미니스트네트워크 걔네, 청주YWCA, 충북교육발전소, 충북기후위기비상행동, 충북노동자교육공간 '동동', 충북녹색당, 충북대학교 민주동우회, 충북민주언론시민연합, 충북사람연대, 충북생활정치여성연대, 충북시민사회단체연대회의, 충북여성장애인연대, 충북이주여성인권센터, 충북장애인차별철폐연대, 충북직지장애인자립생활센터, 충북참여자치시민연대, 충북NCC, 태고종 충북사회인권위원회, 평등교육실현을 위한 충북학부모회, 한국기독교장로회 충북농어촌목회자협의회, **지역단체** 윤석열 탄핵! 충주시민 비상행동, 음성민중연대, 윤석열 퇴진! 제천단양 비상시국회의, 윤석열 퇴진 괴산군민행동, 윤석열 탄핵을 요구하는 옥천 주권자 일동, 영동촛불행동

4. 활동 보고

주요 일지

◆ 2024년 12월 4일 수요일 11시 30분, 윤석열 퇴진!민주·평화·평등 사회대전환!충북비상시국회의 발족 회의, 청주충북환경운동연합

◆ 2024년 12월 9일 월요일 11시, 위헌계엄 내란수괴 윤석열 즉각 탄핵! 즉각 체포! 표결 불참! 내란동조! 국민의힘 해체 충북시국회의 기자회견, 충북도청 서문

◆ 2024년 12월 14일 토요일 16시, 윤석열즉각퇴진! 내란공범 국민의힘 해체! 민주·평화·평등 사회대전환! 충북도민 총궐기대회, 충북도청 서문 (1만여 명)

◆ 2025년 1월 20일 월요일 10시, 충북비상시국회의 전체 대표자회의, 수동성당

◆ 2025년 2월 15일 토요일 16시, 윤석열즉각퇴진! 내란공범 국민의힘 해체! 민주·평화·평등 사회대전환 충북도민 2차 총궐기대회, 충북도청 서문 (2000여 명)

◆ 2025년 3월 14일 금요일 11시, 욕설과 협박, 심지어 방화까지! 내란옹호 극우세력의 충북대학교 교정난동! 극우세력 고소·고발 및 미온대처 경찰 규탄 기자회견, 충북도경찰청

◆ 2025년 3월 29일 토요일 16시, 윤석열즉각퇴진·구속수사! 내란동조 국민의힘 해체! 민주·평화·평등 사회대전환! 3차 도민총궐기, 충북도청 서문 (700여 명)

◆ 2025년 4월 4일 금요일, 윤석열 탄핵심판 생중계 및 충북비상시국회의 입장 발표 기자회견, 윤석열 파면! 충북도민 승리대회

시군구 활동

◆ 2024년 12월 5일 목요일 11시, 윤석열 불법계엄 규탄! 민주주의 사수와 국민주권 실현을 위한 저항운동 선포 노동·정당·시민사회단체 기자회견, 제천시청 브리핑룸

◆ 2024년 12월 6일 금요일 18시, 윤석열 퇴진 촛불집회, 충주공용버스터미널

◆ 2024년 12월 9일 월요일 10시 30분, 괴산군민은 윤석열의 조속한 퇴진과 처벌을 촉구합니다 기자회견, 괴산군청 브리핑룸

◆ 2024년 12월 10일 화요일 11시, 내란을 방조한 자 그 또한 내란범이다! 민심거역 국민의힘 해체! 옥천군 노동·시민사회 기자회견, 박덕흠 의원 옥천 사무소

◆ 2024년 12월 12일 목요일 18시 30분, 윤석열 퇴진 영동촛불행동, 영동 삼일공원

◆ 2024년 12월 12일 목요일 18시 30분, 내란죄 윤석열 퇴진! 진천군민촛불, 진천읍사무소 앞

◆ 2024년 12월 13일 금요일 18시, 윤석열 퇴진 음성촛불, 충북혁신도시 중앙광장

충남
윤석열정권퇴진충남운동본부

1. 발족 경과

민주노총 세종충남본부가 충남시민사회단체연대회의와 충남민중행동에 '윤석열정권퇴진충남운동본부'의 확대·강화를 제안함에 따라, 2024년 6월 21일 민주노총 세종충남본부 대회의실에서 '윤석열정권퇴진충남운동본부 1차 전체대표자회의'를 열고 활동을 시작하였다. 윤석열의 불법 비상계엄 이후에는 윤석열정권퇴진충남운동본부와 충남시민사회단체연대회의가 공동으로 회의를 개최하며 활동을 진행하였다.

2. 주요 활동

윤석열의 불법 비상계엄 이후 각 시군에서 윤석열 퇴진을 요구하며 출근 선전전, 문화제, 행진, 촛불집회 등 집회 투쟁을 전개했다. 서산 24회(선전전 포함), 보령 68회(선전전 포함), 당진 16회, 아산 14회, 부여

2024년 12월 14일 토요일, 윤석열 퇴진 충남시민대행진에 참여한 시민들, 천안 아우리.

15회, 서천 5회, 예산·홍성 10회 등 충남의 전 시군에서 윤석열 퇴진 투쟁을 진행했다. 충남의 경우 천안지역을 중심으로 집중결의대회와 충남시민행진, 충남시민대회 등을 중심으로 17차례의 집회 투쟁을 진행했다.

집회와 선전전 투쟁 외에도 국민의힘 윤석열 탄핵 촉구 기자회견, 국민의힘 긴급 규탄 기자회견, 내란동조 국민의힘 국회의원 사퇴하라 기자회견, 세상을 바꾸는 전봉준투쟁단 트랙터 대행진, 국민의힘 해체의 날 전국 동시다발 행동, 내란옹호 국민의힘 해체! 성일종 즉각 사퇴! 서산·태안 기자회견, 내란공범 강승규 규탄 행동, 김태흠 지사 윤석열 면회 추진 규탄 및 즉각 중단 요구 기자회견, 윤석열 석방 규탄 충남 긴급 기자회견 등을 진행했다.

3. 참가 단체

민주노총 세종충남본부 전국농민회총연맹충남도연맹, 노동당 충남도당, 녹색당 충남도당, 정의당 충남도당, 진보당 충남도당, 충남동학농민혁명 단체협의회, 민족문제연구소충남지부, 충남건생지사, 충남노동건강인권 센터새움터, 전국여성농민회총연합충남도연합, 6·15공동선언실천충남 운동본부, 두리공감, 충남민주화운동계승사업회, 충남참교육동지회, 기 억과평화를위한1923역사관, 충남목회자정의평화실천협의회, 조선일보 폐간실천단, 천안동학혁명기념사업회, 천안민예총, 천안여성회, 평등교 육실현을위한천안학부모회, 평등교육실현을위한아산학부모회, 동학농 민혁명아산시기념사업회, 아산시민연대, 당진동학농민회승전목기념사 업회, 보령시국회의

4. 활동 보고

주요 일지

◆ 2024년 12월 4일 수요일 17시, 윤석열 퇴진 충남집중결의대회, 천안 아트박스 도로 (300여 명)

◆ 2024년 12월 5일 목요일~12월 6일 금요일 17시, 윤석열 퇴진 충남집중결의대회, 천안 아트박스 도로 (500여 명)

◆ 2024년 12월 9일 월요일~12월 13일 금요일 18시, 윤석열 퇴진 충남시민행진, 천안 아트 박스 도로 (500여 명)

◆ 2024년 12월 11일 수요일 14시, 내란수괴 윤석열 구속! 내란공범 국민의힘 해체! 민주노 총 세종충남본부 총파업 결의대회, 천안 야우리 (3500여 명)

◆ 2024년 12월 14일 토요일 15시, 윤석열 퇴진 충남시민대행진, 천안 아트박스 도로 (2500여 명)

◆ 2024년 12월 21일 토요일~2025년 3월 22일 토요일 매주 토요일 16시 30분, 윤석열 파면· 구속! 국민의힘 해체! 사회대개혁 실현! 충남시민대회, 천안 아트박스 앞 (200~300여 명)

◆ 2025년 2월 15일 토요일 15시, 윤석열 파면! 국민의힘 해체! 사회대개혁 실현! 세종충남 본부 전 조합원 행동의 날, 국민의힘 충남도당 (1000여 명)

◆ 2025년 2월 15일 토요일 16시 30분, 윤석열 파면! 국민의힘 해체! 사회대개혁 실현! 충남 시민대회, 천안 야우리 (800여 명)

◆ 2025년 3월 1일 토요일 16시 30분, 을사늑약 120년! 윤석열 파면! 내란·친일세력 청산! 충남시민대회, 천안 야우리 (300여 명)

◆ 2025년 3월 8일 토요일 16시 30분, 3·8 세계여성의 날 충남대회, 천안 야우리 (200여 명)

◆ 2025년 3월 22일 토요일 16시 30분, 3·22 윤석열 즉각 파면! 내란세력 청산! 사회대개혁 실현! 충남시민대회, 천안 야우리 (300여 명)

◆ 2025년 4월 4일 금요일 10시, 윤석열 파면 촉구 결의대회, 온양온천역 광장 (300여 명)

시군구 활동

◆ 2024년 12월 4일 수요일~2025년 4월 4일 금요일, 윤석열 퇴진 출근 선전전 및 지역 집회, 천안, 서천, 예산, 공주, 아산, 당진, 서산, 홍성, 천안, 논산, 부여, 서천, 보령

대전
윤석열정권퇴진대전운동본부
(현 내란청산·사회대개혁대전운동본부)

1. 발족 경과

윤석열정권퇴진대전운동본부(현 내란청산·사회대개혁 대전운동본부)는 대전의 노동자·빈민·민중단체를 중심으로 19개 단체가 모여 윤석열 퇴진 없이 민중생존권을 지킬 수 없다는 것을 천명하며 2023년 12월 27일, 윤석열정권퇴진대전운동본부(준)를 발족하였다.

이듬해 2·29 윤석열 퇴진 만세운동대회를 중앙 지침 없이 자력으로 5000여 명의 참가자와 함께 진행해 퇴진투쟁의 힘찬 포문을 열었다. 이를 1차로 시작해 불법계엄 전까지 6차에 이르는 대전시민대회를 진행하며 퇴진 광장 확대를 도모해왔다.

불법계엄 이후 총 46개 민중·시민사회·종교단체 및 정당이 대거 참여해 조직 확대, 49차에 이르는 대전시민대회를 진행하고, 윤석열 석방 이후 철야농성장도 운영해 퇴진투쟁의 거점을 마련했다. 4월 4일 윤석열 파면 이후 내란청산·사회대개혁 대전운동본부로 이름을 변

2024년 12월 14일 토요일, 차선 하나만을 남겨두고 인도와 도로를 가득 채운 2만여 명의 대전시민, 은하수 네거리~방죽 네거리.

경해 파면 이후 두 차례(조기 대전 이전, 불법계엄 1년) 대전시민대회를 진행했다.

2. 주요 활동

대전 지역의 투쟁은 계엄 선포 이전인 2024년 2월 29일, 5000여 명이 운집한 '윤석열 퇴진 만세운동대회'를 시작으로 2025년 4월 4일 파면 선고일까지 쉼 없이 이어졌다. 이 기간 동안 총 49차례의 대전시민대회가 개최되었으며, 연인원 10만여 명의 시민이 참여해 광장을 뜨겁게 달구었다.

대전시민대회는 단순한 집회를 넘어 시민참여형 공론장으로 자리 잡았다. 본부 대표자의 기조 발언을 시작으로 사회대개혁 의제 발언, 시민 2~3인의 자유발언, 공연, 현장 인터뷰, 그리고 행진으로 이어지는 짜임새 있는 구성을 갖췄으며, 종종 사회대개혁 부스를 운영하여 시민들이 직접 개혁 과제를 논의할 수 있도록 했다.

결정적인 국면마다 대전 시민들은 행동에 나섰다. 첫 번째 탄핵소추안 표결을 앞둔 2024년 12월 7일에는 탄핵버스 3대에 100여 명이 탑승해 상경투쟁을 전개했고, 국회에서 2차 탄핵소추안이 가결된 12월 14일에는 역대 최다인원인 약 2만여 명의 시민이 대전시민대회에 결집하여 탄핵 가결을 이끌어냈다. 파면을 앞둔 2025년 3월 15일에도 시민대행진을 위해 파면버스 2대에 70여 명이 몸을 싣고 서울로 향했다.

대중 집회뿐 아니라 일상적인 여론전도 치열했다. 국민의힘 해체, 윤석열 파면, 이장우 대전시장 사퇴, 내란세력 청산 등을 요구하며 총 13차례의 기자회견과 13차례의 성명서를 발표했고, 수차례의 거리 선전전을 통해 시민들에게 투쟁의 당위성을 알렸다.

2025년 들어서는 '사회대개혁'을 위한 숙의 과정이 본격화되었다. 2월 14일에는 '윤석열정권퇴진대전운동본부 사회대개혁 토론회'를 개최하였고, 이어진 2월 15일 25차 대전시민대회에서는 멘티미터를 활용한 광장 토론을 진행했다. 시민들은 '윤석열 최악의 말', '최악의 내란범', '사회대개혁 의제' 등에 직접 투표하며 광장의 주인으로서 목소리를 높였다.

파면 선고가 임박한 3월 11일부터 4월 3일까지는 '내란수괴 윤석열 즉각 파면! 즉시 재구속!'을 내걸고 철야농성장을 운영하며 마지막까지 투쟁의 고삐를 늦추지 않았다. 마침내 운명의 날인 4월 4일, 시민들은 함께 모여 헌법재판소의 윤석열 파면 선고 생중계를 지켜보았고, 파면이 선고되는 순간 환호하며 '대전시민 승리대회'로 대장정을 마무리했다.

3. 참가 단체

세상을 바꾸는 대전민중의힘, 민주노총 대전본부, 충청지역노점상연합회, (사)대전민주화운동계승사업회, 대전충남겨레하나, 대전장애인차별철폐연대, 대전충청5·18민주유공자회, 민족문제연구소 대전지역위원회, 대전청년회, 대전지역대학생공동체 궁글림, 대전충청대학생진보연합, 민교협 대전세종충청지회, 대전충청지역 대학노동조합, 대전자주연합(준), 대전여성단체연합, 양심과 인권-나무, 대전시민사회단체연대회의, 대전자주통일평화연대, 한국노총 대전지역본부, 평화통일교육문화센터, 노무현을 사랑하는 대전모임, 대전교육연구소, 청춘학교, 대전평화여성회, 언론소비자주권행동대전충청본부, 대전촛불행동, 대전학부모연대, 대전기독교교회협의회 사회선교위원회, 빈들공동체교회, 대전기독교윤리실천운동, 원불교 평화행동, 성서대전, 대전목회자정의평화협의회, 빈들장로교회 기후정의위원회, 기독교대한감리회남부연회 평화통일특별위원회, 충남대학교 민주동문회, 목원대학교 민주동문회, 한남대학교 민주동문회, 배재대학교 민주동문회, 침례신학대학교 민주동문회, (사)대전민예총, 노래패 놀, 마당극단 좋다, (사)대전작가회의, 진보당 대전시당, 정의당 대전시당

4. 활동 보고

주요 일지

◆ 2024년 2월 29일 목요일, 윤석열정권 퇴진 만세운동대회 (1차 대전시민대회), 대전 일대

◆ 2024년 3월 13일 수요일~3월 27일 수요일 평일 18시 30분, 윤석열정권 퇴진! 집중 퇴근 선전전 "퇴근길 퇴진", 대전 주요 교차로

◆ 2024년 5월 8일 수요일, 22대 총선 평가 및 윤석열정권 퇴진운동의 과제 강연 토론회, 대전 내 회의실

◆ 2024년 10월 2일 수요일~11월 27일 수요일 매주 수요일 18시 30분, 윤석열 퇴진 분노의 수요행동, 대전 일대

◆ 2024년 12월 7일 토요일, 1차 탄핵소추 및 10차 대전시민대회, 대전 일대 (탄핵버스 3대 상경 병행)

◆ 2024년 12월 14일 토요일, 2차 탄핵소추 통과 및 16차 대전시민대회, 대전 일대

◆ 2025년 1월 10일~2월 28일 매주 금요일, '국민의힘 해체의 날' 이장우 대전시장 사퇴 촉구 선전전, 대전시청 등

◆ 2025년 2월 14일 금요일, 윤석열정권퇴진대전운동본부 사회대개혁 토론회, 대전 내 회의실

◆ 2025년 3월 4일 화요일~3월 7일 금요일 11시 30분, 윤석열 파면 촉구 선전전, 대전 일대

◆ 2025년 3월 11일 화요일~4월 3일 목요일, 내란수괴 윤석열 즉각 파면 및 즉시 재구속 촉구 대전지역 철야농성, 은하수 네거리 거점

◆ 2025년 3월 24일 월요일, 대전비상시국회의 단식농성, 은하수 네거리 농성장

◆ 2025년 3월 27일 목요일, 민주노총 총파업 결의대회 및 42차 대전시민대회, 대전 광장

◆ 2025년 4월 4일 금요일 10시, 윤석열 대통령 파면 선고 함께 보기 및 오픈마이크, 헌법재판소 앞 및 대전 거점

◆ 2025년 4월 4일 금요일, 49차 대전시민 승리대회, 대전 광장

세종
윤석열퇴진 · 사회대개혁세종비상행동

1. 발족 경과

2023년 7월, 세종민중행동이 세종시민사회단체에 만민공동회 방식으로 '나라걱정 세종촛불' 집회를 제안했고, 그해 8월 13일 첫 연대집회(150여 명 참여) 이후 총 4회(8월 13일, 8월 31일, 9월 8일, 9월 15일) 나성동 현대차 사거리에서 시국 촛불집회를 열었다.

윤석열의 비상계엄 선포 이후 2024년 12월 4일 9시 세종시청 앞에서 30여 개 노동·시민단체 명의로 기자회견을 열고, '헌정파괴 내란죄자 윤석열 탄핵' 투쟁을 선포했다. 12월 8일 토요일 노동·시민 긴급간담회에서 '윤석열퇴진세종운동본부(준)'을 발족해 12월 9일 월요일부터 13일 금요일까지 매일 총 다섯 차례의 집회와 행진을 주관했다.

12월 19일 세종시청 브리핑룸에서 윤석열즉각퇴진·사회대개혁세종비상행동(이하 세종비상행동) 전환을 선포했고, '긴급 3대과제(명백한 내란범 윤석열 즉각 체포 · 구속, 헌법재판소 신속 파면결정, 특검 통한 내란동조자 부역자들에 대한 엄중한 수사와 단죄)'와 '사회대개혁 3대 방향(남북 위기 해소 및 한반도 긴장 완화 · 평화 관계 구축, 구조적이고 지속적인 차별 철폐, 헌법에 명시된 인권 보장, 잘못된 역사 바로잡고 언론 자유 보장)'을 요구했다.

세종비상행동에는 세종민중행동과 세종시민사회단체연대회의에 소속된 단체 등 15개의 노동시민사회단체들이 참여했고, 이후 27개 단체로 확대되었다.

세종민중행동(이혜선 세종민중행동 상임대표, 김민재 민주노총 세종지부장), 세종시민사회단체연대회의(가명현 세종민주화운동계승사업회 이사장, 황치환 세종YMCA 이사장)에서 세종비상행동 공동대표단 4인을 구성했고, 집행단위는 민주노총 학교비정규직노조 세종지부(김광태 조직국장)와 세종참여연대(성은정 처장)가 맡았다.

2. 주요 활동

2024년 12월 9일부터 2025년 4월 4일까지 도담동 해뜨락광장에서 집회(30분) 이후 나성동 국민의힘 세종시당사 앞과 정부세종청사 종합안내동까지 행진했다(1시간). 총 20차례의 집회와 행진, 23일간 철야농성(세종정부청사 안내동 앞)했다. 연인원 5000명이 참여했다.

세종시민들은 서울-세종 간 거리가 멀지 않아 단체별로 토요일 서울 집회에도 적극 참여했다. 민주노총 세종지부는 세종충남지역본부의 천안 집회에도 매주 토요일에 참여했다. 세종의 집회는 다양한 퍼포먼스에 노동 · 시민들이 다양하게 참여했고 매주 발언신청을 받아 시민 발언이 끊이지 않았다. 제주항공여객기참사가 일어났을 때는 추모집회와 침묵시위를 함께 진행했다.

12월 14일 탄핵소추안 가결 이후에는 참여자가 많이 줄었으나, 지

2024년 12월 13일 금요일 18시 30분, 5차 나라걱정세종행진 집회, 세종시 도담동 해뜨락광장 (1500명 참가).

귀연 판사의 윤석열 석방 판결 다음 날부터 즉각 철야농성에 돌입하여 탄핵 인용일까지 23일간 철야농성했다. 비상행동 천막에는 시민들의 격려 방문과 성금이 이어졌다. 민주당, 조국혁신당이 비상행동 철야농성 천막 옆에서 천막을 치고 함께 농성했다.

3. 참가 단체

세종민중행동, 민주노총 세종지부, 세종민주평화연대, 세종여성회, 세종참여자치시민연대, 세종환경운동연합, 세종YMCA, 세종교육희망네트워크, (사)세종여성, (사)세종민주화운동계승사업회, 4·16세종시민모임, 장남들보전시민모임, 세종통일을만드는사람들, 겨레하나세종지부, 나다움사회적협동조합, (사)새로운생각연구소, 세종교육연구원, 세종마을교육연구소, 세종보철거를위한시민행동, 세종여성살림터복숭아공동체, 세종인권마당, 세종장애인차별철폐연대, 실버스토리, 참교육학부모회 세종지부, 책수다, 천주교대전교구정의평화위원회, 행정수도완성시민연대

4. 활동 보고

주요 일지

- 2024년 12월 9일 월요일 18시 30분, 1차 윤석열정권 퇴진 세종 집회 및 행진, 도담동 해뜨락광장~나성동 국민의힘 세종시당 당사 앞

- 2024년 12월 10일 화요일 18시 30분, 2차 윤석열정권 퇴진 세종 집회 및 행진, 도담동 해뜨락광장~나성동 국민의힘 세종시당 당사 앞

- 2024년 12월 11일 수요일 18시 30분, 3차 윤석열정권 퇴진 세종 집회 및 행진, 도담동 해뜨락광장~나성동 국민의힘 세종시당 당사 앞

- 2024년 12월 12일 목요일 18시 30분, 4차 윤석열정권 퇴진 세종 집회 및 행진, 도담동 해뜨락광장~나성동 국민의힘 세종시당 당사 앞

- 2024년 12월 13일 금요일 18시 30분, 5차 윤석열정권 퇴진 세종 집회 및 행진, 도담동 해뜨락광장~나성동 국민의힘 세종시당 당사 앞

- 2024년 12월 20일 금요일 18시 30분, 6차 윤석열즉각퇴진·사회대개혁 세종 집회 및 행진, 도담동 해뜨락광장~나성동 국민의힘 세종시당 당사 앞

- 2024년 12월 27일 금요일 18시 30분, 7차 윤석열즉각퇴진·사회대개혁 세종 집회 및 행진, 도담동 해뜨락광장~나성동 국민의힘 세종시당 당사 앞

- 2025년 1월 3일 금요일 18시 30분, 8차 윤석열즉각퇴진·사회대개혁 세종 집회 및 행진, 도담동 해뜨락광장~나성동 국민의힘 세종시당 당사 앞

- 2025년 1월 10일 금요일 18시 30분, 9차 윤석열즉각퇴진·사회대개혁 세종 집회 및 행진, 도담동 해뜨락광장~나성동 국민의힘 세종시당 당사 앞

- 2025년 1월 17일 금요일 18시 30분, 10차 윤석열즉각퇴진·사회대개혁 세종 집회 및 행진, 도담동 해뜨락광장~나성동 국민의힘 세종시당 당사 앞

- 2025년 1월 24일 금요일 18시 30분, 11차 윤석열즉각퇴진·사회대개혁 세종 집회 및 행진, 도담동 해뜨락광장~나성동 국민의힘 세종시당 당사 앞

- 2025년 2월 7일 금요일 18시 30분, 12차 윤석열즉각퇴진·사회대개혁 세종 집회 및 행진, 도담동 해뜨락광장~나성동 국민의힘 세종시당 당사 앞

- 2025년 2월 14일 금요일 18시 30분, 13차 윤석열즉각퇴진·사회대개혁 세종 집회 및 행진, 도담동 해뜨락광장~나성동 국민의힘 세종시당 당사 앞

- 2025년 2월 21일 금요일 18시 30분, 14차 윤석열즉각퇴진·사회대개혁 세종 집회 및 행진, 도담동 해뜨락광장~나성동 국민의힘 세종시당 당사 앞

- 2025년 2월 28일 금요일 18시 30분, 15차 윤석열즉각퇴진·사회대개혁 세종 집회 및 행

진, 도담동 해뜨락광장~나성동 국민의힘 세종시당 당사 앞

- ◆ 2025년 3월 7일 금요일 18시 30분, 16차 윤석열즉각퇴진·사회대개혁 세종 집회 및 행진, 도담동 해뜨락광장~나성동 국민의힘 세종시당 당사 앞
- ◆ 2025년 3월 13일 목요일~4월 4일 금요일, 윤석열 즉각 파면 촉구 무기한 철야농성, 정부 세종청사 종합안내실 앞 천막 1동
- ◆ 2025년 3월 14일 금요일 18시 30분, 17차 윤석열즉각퇴진·사회대개혁 세종 집회 및 행진, 도담동 해뜨락광장~나성동 국민의힘 세종시당 당사 앞
- ◆ 2025년 3월 21일 금요일 18시 30분, 18차 윤석열즉각퇴진·사회대개혁 세종 집회 및 행진, 도담동 해뜨락광장~나성동 국민의힘 세종시당 당사 앞
- ◆ 2025년 3월 28일 금요일 18시 30분, 19차 윤석열즉각퇴진·사회대개혁 세종 집회 및 행진, 도담동 해뜨락광장~나성동 국민의힘 세종시당 당사 앞
- ◆ 2025년 4월 4일 금요일 18시 30분, 20차 윤석열즉각퇴진·사회대개혁 세종 집회, 도담동 해뜨락광장

전북
윤석열퇴진전북도민운동본부

1. 발족 경과

윤석열퇴진전북운동본부는 2024년 1월 전북시민사회단체 신년하례회에서 연대투쟁 의지를 확인했다. 이후 3월 전북민중대회, 5월 세계노동절 투쟁을 거쳐 2024년 9월 전북지역 40여 개의 단체가 윤석열퇴진 전북 도민대회 조직위원회를 건설했고, 1000여 명 참여 집회를 통해 조직건설의 초석을 다졌다.

윤석열퇴진전북운동본부(이하 전북운동본부)는 12·3 비상계엄 이전인 2024년 11월 6일 전북지역에서 개별적·분산적으로 전개된 윤석열 투쟁을 조직적 위력적 투쟁을 전개하기 위해 시민사회단체 60개 단체가 참여한 전북운동본부를 발족하여 신속하고 주도적인 투쟁을 전개했다. 이후 82개 단체로 확대되었다.

2024년 12월 14일 토요일, 12.14 윤석열 퇴진 1만 전북도민대회, 전주객사 풍패지관 앞 (1만 5000여 명 참가).

2. 주요 활동

전북운동본부는 윤석열의 불법 비상계엄 선포 이전인 2024년 11월 23일 토요일 윤석열 퇴진 전북 도민대회를 개최했다. 이어 비상계엄 선포 다음 날인 12월 4일 9시, 총경로 사거리에서 500여 명이 참여한 기자회견을 시작으로 파면투쟁을 본격화했다. 2024년 12월 14일 토요일에는 1만 5000명이 운집한 윤석열 퇴진 전북 도민대회를 개최하는 등, 2025년 4월 4일까지 주중 비상촛불집회 15회, 주말 도민대회 15회를 비롯해 각종 기자회견을 포함하여 연인원 5만 여 명이 참여하는 대장정을 이어갔다.

윤석열 파면 이후, 전북운동본부는 '내란세력청산·사회대개혁실현 전북개헌운동본부'(이하 전북본부)로 조직을 전환했다. 전북본부는 사회대개혁 실현과 개헌을 목표로 운동본부 토론회 1회, 대중 토론회 1회, 개헌 대중강연회 1회 등을 진행하며 공론화 사업에 힘썼다. 또한, 전북 도민을 대상으로 사회대개혁 우선과제 선정을 위한 설문조사도 실시했다. 비록 목표를 완전히 달성하지는 못했으나, 내란동조 세력인 국민의힘 해체 투쟁을 벌였으며, 특히 전북 출신인 국민의힘 조배숙 국회의원을 제명하기 위한 국민청원 운동을 전개하는 등 끝까지 책임을 묻는 활동을 펼쳤다.

3. 참가 단체

가톨릭농민회전주교구연합회, 건강사회를위한치과의사회전북지부, 고창시민행동, 공공성강화정읍시민단체연대회의, 군산우리땅찾기시민모임, 남북역사문화교류협회전북지부, 남원동학농민혁명기념사업회, 남이랑북이랑, 동학천도교보국안민실천전북연대, 무주시민행동, 민족문제연구소 전북지부, 민주노총 전북본부, 민주사회위한변호사모임 전북지부, (사)전북교육연구소, 살맛나는민생실현연대, 생명평화마중물, 생명평화정의전북기독행동, 세월호분향소지킴이, 시민행동21, 원불교사회개벽교무단전북지부, 윤석열 퇴진고창운동본부, 윤석열 퇴진순창운동본부, 윤석열 퇴진김제시민운동본부, 이석규민주노동열사기념사업회, 익산참여연대, 자주연합(준), 장수시민사회단체연대, 전북장애인철폐연대, 전국농민회총연맹전북도연맹, 전국여성농민회총연합전북도연합, 전북2032노동위원회, 전북5월동지회, 전북NCC, 전북검찰개혁시민모임, 전북겨레하나, 전북교수연구자연합, 전북교육마당, 전북교육연대, 전북교육자치시민연대, 전북교육행동, 전북녹색당, 전북녹색연합, 전북민예총, 전북민주언론시민연합, 전북민주화운동기념사업회, 전북 민중행동, 전북불교생명평화네트워크, 전북비상시국기독교연석회의, 전북비상시국회의, 전북시민사회단체연대회의, 전북쌀생산자협회, 전북아래로부터노동연대, 전북여성노동자회, 전북여성단체연합, 전북예수살기, 전북인권협의회,

전북지역대학민주동문회협의회, 전북참교육동지회, 전북청소년교육문화원, 전북친환경농업인연합회, 전북평화연대(준), 전북평화와인권연대, 전북환경운동연합, 전북희망나눔재단, 전주YMCA, 전주YWCA, 전주시민회, 정읍동학시정감시단, 정의당전북도당, 중증장애인자립생활연대, 진보광장, 진보당전북도당, 차별없는노동사회네트워크, 참교육학부모회 전북지부, 참여자치군산시민연대, 참여자치전북시민연대, 천주교전주교구정의구현사제단, 평화와통일을여는사람들군산, 평화와통일을여는사람들익산, 평화와통일을여는사람들전주, 평화와통일을위한YMCA만인회, 한국여성소비자연합 전북지회

4. 활동 보고

주요 일지

- ◆ 2024년 12월 4일 수요일 17시, 모이자 객사로! 윤석열 즉각 파면 국민의힘 해체! 1만 전북 도민대회, 객사 앞 (500명)

- ◆ 2024년 12월 5일 목요일 18시, 모이자 객사로! 윤석열 즉각 파면 국민의힘 해체! 1만 전북 도민대회, 객사 앞 (700명)

- ◆ 2024년 12월 7일 토요일 18시, 모이자 객사로! 윤석열 즉각 파면 국민의힘 해체! 1만 전북 도민대회, 객사 앞 (3000명)

- ◆ 2024년 12월 9일 월요일 18시, 모이자 객사로! 윤석열 즉각 파면 국민의힘 해체! 1만 전북 도민대회, 객사 앞 (1000명)

- ◆ 2024년 12월 14일 토요일 15시, 모이자 객사로! 윤석열 즉각 파면 국민의힘 해체! 1만 전북 도민대회, 객사 앞 (1만 5000명)

- ◆ 2024년 12월 21일 토요일 16시, 모이자 객사로! 윤석열 즉각 파면 국민의힘 해체! 1만 전북 도민대회, 객사 앞 (2000명)

- ◆ 2024년 12월 28일 토요일 16시, 모이자 객사로! 윤석열 즉각 파면 국민의힘 해체! 1만 전북 도민대회, 객사 앞 (2000명)

- ◆ 2025년 1월 4일 토요일 16시, 모이자 객사로! 윤석열 즉각 파면 국민의힘 해체! 1만 전북 도민대회, 객사 앞 (2000명)

- ◆ 2025년 3월 8일 토요일 17시, 모이자 객사로! 윤석열 즉각 파면 국민의힘 해체! 1만 전북 도민대회, 객사 앞 (3000명)

◆ 2025년 4월 4일 금요일 18시 30분, 모이자 객사로! 윤석열 즉각 파면 국민의힘 해체! 1만 전북 도민대회, 객사 앞 (300명)

시군구 활동

◆ 매주 목요일 18시, 군산시 집회, 한길문고 앞 (100~300여 명)

◆ 매주 토요일 17시, 정읍시 집회, 정읍 원협 앞 (100~300여 명)

◆ 격주 토요일 17시, 김제시 집회, 김제 홈플러스 앞 (50~200여 명)

◆ 매주 금요일 18시, 익산시 집회(12월~2월), 익산 하나은행 앞 (100~500여 명)

전남
윤석열즉각퇴진·사회대개혁전남비상행동

1. 발족 경과

윤석열즉각퇴진·사회대개혁전남비상행동은 2024년 11월 22일 금요일 14시, 전남도의회 초의실에서 윤석열 퇴진을 위한 전남지역 시국간담회를 두 차례 갖고, 2024년 12월 4일 수요일부터 시군별로 시국회의(간담회) 진행과 기자회견 및 시국대회 조직을 시작했다. 2024년 12월 5일 목요일 헌정 유린, 내란수괴 윤석열 체포 구속 전남도민 비상시국회의를 거쳐 2024년 12월 19일 목요일 11시 30분에 윤석열즉각퇴진·사회대개혁전남비상행동(이하 전남비상행동) 등 550여 개 단체가 참여해 내란수괴 윤석열즉각퇴진(탄핵·체포·구금), 내란동조 국민의힘 해체, 내란동조자 처벌, 국민주권 실현과 한국사회대개혁, 개헌을 목표로 출범하였다.

2. 주요 활동

전남비상행동은 이전인 2024년 11월 22일 금요일, 첫 시국간담회를 시작으로 시국회의를 통해 대응방향을 논의하였다. 12월 3일 화요일 계엄선포가 있고 다음 날인 4일 수요일에 시군 11개 시군지역에서 시국대회를 조직하며 행동을 시작하게 되었다. 이어 2024년 12월 5일 목요일 헌정 유린, 내란수괴 윤석열 체포 구속 전남도민 비상시국회의 구성하여 조직을 정비하고, 체계적인 대응 태세를 갖추어 본격적인 행동에 돌입하였다.

2025년 3월 1일에는 전남도청 앞에서 전남도민총궐기대회를 개최하였으며, 기자회견 여섯 차례를 포함하여 입장 및 성명을 10회(시군 제외)이상 진행하였다. 또한, 공식적인 서울 상경투쟁도 여섯 차례 조직하였다.

이와 함께 19개 시군별로 기자회견, 집회, 선전전 등의 다양한 행동을 조직·주도하였으며, 개헌과 사회대개혁을 위한 공론화 사업으로 도민 설문조사와 두 차례 토론회, 도민 선언 기자회견을 진행하였다.

3. 참가 단체

*전남 전남참교육학부모회, 더불어민주당 전남도당, 진보당 전남도당, 정의당 전남도당, 조국혁신당 전남도당, 민주노총 전남지역본부, 전남시민단체연대회의, 전농광주전남연맹, 전남NCC(기독교교회협의회), 전남교육회의, 전남진보연대, 전남6·15자주통일평화연대, 전남환경운동연합, 전남장애인차별철폐연대, 전국여성농민회 광주전남연합, 전관예우 근절을 위한 협법개정 운동본부, 광주전남추모연대, 광주전남 자주연합, 광주전남정치회의, 민주평등사회를 위한 교수연구자협의회 목포대 분회관해당(인문과 예술의집), 518민주화운동부상자회 호남지부, 공공운수노조광주전남본부, 전국공무원노조 전남본부, 금속노조광주전남지부, 민주일반

2024년 12월 19일 목요일 11시 30분, 윤석열즉각퇴진·사회대개혁전남비상행동 출범 기자회견, 전남 도의회 앞.

연맹전남지역본부, 보건의료노조광주전남본부, 사무금융노조광주전남본부, 서비스연맹광주전라본부, 전교조 전남지부, 정보경제연맹전남본부, 화섬식품노조광주전남지부, 공무원노조교육청본부 전남교육청지부, 공무원노조교육청본부 본청지회, 전국학교비정규직노동조합 전남지부, 공공연대노동조합 전남본부, 전남여성장애인연대, 전국공무원노동조합 전남소방지부, 지역아동센터연합전남지부, 전국사무금융 서비스노동조합 광주전남본부, 전국건설노조 광주전남지역본부, 전국서비스산업노동조합연맹 광주전라본부, 전국장애인부모연대 전남지부, 전남청소년노동인권센터, 전국쌀생산자협회 광주전남본부, 가톨릭농민회광주대교구연합회, 615전남통일교육센터, 전남평화의소녀상연대, (사)전남문화예술협회, (사)한국시각장애인협회 전남지부, 전남여성인권단체연합, 전남사회적경제팔로우지원단, 참교육동지회, 전남교육연구소, 청년청소년노동권익센터, 생명농업포럼, 전국민주택시노조 전남지역본부, 5·18민주화운동공로자회 전남지부, 5·18민주유공자유족회 전라남도지부, 전남참교육동지회, 전국건설노동조합 광주전남지역본부 전남건설지부 **강진군** 한국기독교장로회, 강진시찰위원회, 기독교연합회, 불교사암연합회 원불교 강진교당, 천주교 강진성당, 불교총신도회, 전국공무원노조 강진군지부, 보건의료원노조 강진의료원지부, 강진군농민회, 희망사회연구소, 강진라이온스, 강진군풍물패연합, 영랑풍물, 풍물패장터, 소리조아, 어린이도서연구회 강진지회, 돌쇠 김현주기념사업회, 합수윤한봉 기념사업회, 공무원노조교육청본부 강진지회, 전국학교비정규직노동조합 강진지회 ***고흥군** 고흥군농민회, 청정고흥연대회의, 전국공무원노조 고흥군지부, 공공연대노동조합고흥지부, 고흥생태문화모임느티나무, 사회적협동조합고흥온마을학교, 학교비정규직노조고흥지회, 전국건설기계노조광전지부고흥군지회, 참교육학부모회 고흥지회, 진보당 고흥준비위원회, 고흥발전포럼, 전교조고흥지회, 전국한우협회고흥군지부, 고흥여성모임시나브로 전국공무원노조전남교육청지부고흥지회, 고흥참교육학부모회, 공무원노조교육청본부 고흥지회, 전국학교비정규직노동조합 고흥지회, 공공연대노동조합 고흥지회 ***곡성군** 공무원노조교육청본부 곡성지회, 전국학교비정규직노동조합 곡성지회, 곡성군농민회, 전국공무원노조 곡성군지부, 교육회의 곡성 ***광양시** 광양참교육학부모회, 민주노총 광양시지부, 공공연대노동조합 광양지부, 공무원노조교육청본부 광양지회, 전국학교비정규직노동조합 광양지회, 광양장애인자립생활센터, 진보당 광양시지역위원회, 광양평통사, 김대중재단 광양시지회, 참교육학부모회 광양시지회, 광양518행사위원회, 정의당 광양시 지역위원회, 광양민주시민교육센터, 광양YMCA, 광양시농민회, 더불어민주당 순천광양곡성구례(을)지역위원회, 광양여순10·19시민연대, 조국혁신당 광양지역위원회, 광양YWCA, 광양참여연대, 공공연대노조 광양지부, 공공연대노조 광양환경공사지회, 공공운수노조 동방지부 광양분회, 사무금융노조 농협광양분회, 전국건설노조 건설기계 광양지회, 전국건설노조 전남동부지역 기중기지회, 전국교직원노조 광양초등지회, 전국교직원노조 광양중등지회, 전국금속노조 성원지회, 전국금속노조 포스코사내하청 광양지회, 전국금속노조 포스코 광양지회, 전국금속노조 EEWKHPC지회, 전국민주우체국본부 광양우체국지부, 전국택배노동조합 CJ광양지회, 전국학교비정규직노조 광양지회, 전국화학섬유식품산업노동조합 씨지앤율촌전력지회, 노무현재단 광양후원회원모임, 전남녹색연합, 교육회의 광양, 전국플랜트건설노동조합전남동부경남서부지부 **구례군** 6·15구례지부, 공무원노조교육청본부 구례지회, 구례민주단체연합, 전국학교비정규직노동조합 구례지회, 윤석열 퇴진 구례운동본부, 구례군농민회, 구례군 여성농민회, 전국공무원노조 구례군지부, 민주연합노조 구례군지부, 학교비정규직노조구례지회, 지리산사람들, 전국협동노동조합 구례축협지회, 공공운수노조구례자연드림파크지회, 구례귀농촌네트워크, 진보당 구례지역위원회, 교육청노조 구례지부, 공공연대노조 한국도로공사지부, 구례노인생활지원사노조, 구례10·19여순연구회, 봉성신문 **나주시** 나주참교육학부모회, 6·15나주지부, 민주노총 나주시지부, 나주시농민회, 공무원노조교육청본부 나주지회, 전국학교비정규직노동조합 나주지회, 나주시 여성농민회, 전국공무원노조 나주시지부, 교육회의 나주, 나주진보연대, 나주사랑시민회, 나주평통사, 진보당 나주시지역위원회, 한국쓰리엠 나주지회, 건설기계노조 나주지회, 체육회 나주지회, 전남비이오진흥원 노동조합, CJ택배 나주지회, 나주교통지회 **담양군** 6·15담양지부, 공무원노조교육청본부 담양지회, 담양군농민회, 전국학교비정규직노동조합 담양지회, 담양군 여성농민회, 교육회의 담양, 담양518행사위원회, 농어촌기본소득운동 전남본부 **목포시** 목포참교육학부모회, 목포 평화와 통일을 여는 사람들, 목포문화연대, 진보당 목포시지역위원회, 목포여성의전화, 목포여성인권지원센터, 목포518부상자회, 6·15목포지부, (사)목포민주화운동계승사업회, 민주노총 목포신안지부, 공무원노조교육청본부 목포지회, 전국학교비정규직노동조합 목포지회, 정의당 목포시지역위원회, 목포신중앙시장, 기장목포노회, 목포세월호잊지않기 실천회의, 여성문화네트워크, (사)함께평화, 교육회의 목포, 목포시소상공인연합회, 목포YMCA, 목대민교협, 관해당, 목포환경연합, 목포여성장애인센터, 조국혁신당 목포시지역위원회, 목포YWCA, 더불어민주당 목포시지역위원회, 전교조 목포초등지회, (사)함께누리, 남녘교회, 박태영열사기념사업회 **무안군** 무안군체육회, 무안군탁구협회, 목포무안신안축협, 무안군행정동우회, 무안군공무직노동조합, (사)무안군장애인협회, 무안군산림조합, 전국공무원노조 무안군지부, 무안군새마을금고, 평통사, 정의당 무안군 지역위원회, 무안군 여성농민회, 무안군향군여성회, (사)인의예술회,

한국문인협회 무안지부, 새마을지도자 무안군협의회, 해병대 무안군전우회, 몽탄농협, 518기념식 추진위원회, 삼향농협, 청계농협, 무안문화원, 무안읍교회, 무안제일교회, 천주교 무안성당, 무안동학농민혁명기념사업회, 무안서남부채소농협, 무안농협, 운남농협, 무안읍 이장협의회, 공무원노조교육청본부 무안지회, 무안군농민회, 전국학교비정규직노동조합 무안지회 **보성군** 보성군농민회, 전교조보성지회, 학비노조보성지회, 보성사람과세상(준), 진보당 보성지역위원회, 극단연바람, 공무원노조교육청본부 보성지회, 전국학교비정규직노동조합 보성지회 **순천시** 민주노총 순천시지부, 공무원노조교육청본부 순천지회, 순천교육공동체, 전국학교비정규직노동조합 순천지회, 순천환경운동연합, 순천시농민회, 순천YMCA, 순천YWCA, 순천시 여성농민회, 좋은친구들, 순천KYC, 순천청년연대, 철도노조호남지방본부, 순천함께그린쿱, 순천정원쿱, 순천힐링쿱, 전남동부지역사회연구소, 어린이도서연구회 순천지회, 순천평화와통일을여는사람들, 순천615통일합창단, 어린이책 시민연대, 순천평화나비, 전교조초등지회, 전교조중등지회, 전교조사립지회, 파파스부모합창단, 역사기행고인돌, 한국신광노조, 제일대민주동문회, 소리골남도, 놀이패두엄자리, 순천언론협동조합, 태백산맥문학기행, 순천대민주동문회, 진보당 순천시 지역위원회, 순천 전남녹색연합, 정의당 순천시 지역위원회, 민주당 순천시 지역위원회, 민족문제연구소 전남동부지회, 순천NCC, 순천6월항쟁동지회, 연향뜰쓰레기소각장반대범시민연대, 우리마을교육연구소, 현대제철대법승소자부당인사저지대책위원회, 순천작가회의, 전통연희단 랑, 전국공무원노조 순천시지부 **신안군** 공무원노조교육청본부 신안지회, 전국학교비정규직노동조합 신안지회, 교육회의 신안 **여수시** 여수참교육학부모회, 기본소득당 전남도당, 여수촛불행동, 여수시민사회단체연대회의, 여수YMCA, 여수YWCA, 전교조여수지회, 여수지역사회연구소, 여수일과복지연대, 여수환경운동연합, 여수경실련, 여수대안시민회, 여수시민감동연구소, 민주노총 여수시지부, 한국노총 여수지역지부, 여수진보연대, 전국화학섬유식품산업노동조합, 더불어민주당 여수을지역위원회, 진보당 여수시지역위원회, 더민주전남혁신회의, 여수참여연대, 전국장애인부모연대 여수시지회, 여수장애인자립자활센터, 여수 구봉 상가번영회, 민예총 여수지회, 여순사건 창작오페라 침묵, 다온사회적협동조합, 공직공익비리신고 전국시민운동연합 여수시지부, 솔샘교회, 전남건강과 생명을 지키는 사람들, 여수시민협, (사)행복누리, 518민주화운동공로자회 여수시지부, 전국플랜트건설노동조합여수지부, 공무원노조교육청본부 여수지회, 전국학교비정규직노동조합 여수지회, 공공연대노동조합 여수지부, 전국공무원노조 여수시지부, 교육회의 여수 **영광군** 공무원노조교육청본부 영광지회, 전국학교비정규직노동조합 영광지회, 공공연대노동조합 영광지부, 영광군 여성농민회, 영광군농민회, 진보당 영광군지역위원회, 영광 깨어있는 시민물결, 영광청년회의소, 더불어민주당 영광지역위원회, 조국혁신당 영광지역위원회, 영광군연합번영회, 영광농협, 영광 SRF비대위, 영광 여성의전화 **영암군** 영암참교육학부모회, 영암민주단체협의회, 영암군농민회, 민주노총 영암군노동상담소, 학교비정규직노동조합 영암지회, 참교육을위한 학부모회 영암지회, 영암한살림달마을공동체, 영암군쌀생산자협회, 영암언론협동조합, 진보당 영암군지역위원회, 정의당 영암군지역위원회, 영암군연합청년회, 영암군새마을회, 영암문화원, 영암지역자활센터, 영암군여성단체협의회, 한국여성소비자연합 영암군지회, 한국여성농업인 영암군연합회, 생활개선 영암군연합회, 한국자유총연맹 영암군여성회, 영암군친환경농업협회, 영암학회, 민주평화통일자문회의 영암군협의회, 소비자교육중앙회 영암군지회, 한국후계농업경영인 영암군연합회, 원불교 영암교당, 영암촛불동지회, 민주노총 영암군지부, 공무원노조교육청본부 영암지회, 전국학교비정규직노동조합 영암지회, 전국공무원노조 영암군지부 **완도군** 완도5·18행사위원회, 공무원노조교육청본부 완도지회, 민주노총민주일반연맹 공공연대노동조합 완도군 자원관리센터지부, 전국학교비정규직노동조합 완도지회, 공공연대노동조합 완도지부, 민주민생완동행도, 공공연대 노동조합 자원관리지부, 교육회의 완도, 진보당 완도군지역위원회, 공감플러스 **장성군** 장성참교육학부모회, 공무원노조교육청본부 장성지회, 장성시민연대, 전국학교비정규직노동조합 장성지회, 공공연대노동조합 장성지부, 장성교육협동조합, 장성민들레, 전국공무원노조 장성군지부, 교육회의 장성 **장흥군** 장흥군농민회, 동학농민혁명기념사업회, 환경운동연합, 김준배 열사정신계승장흥사업회, 전교조장흥지부, 교육희망연대, 민주진보연대, 민주연합노조 장흥지부, 민중의벗 정광훈의장 추모사업회, 진보당 장흥군위원회, 공무원노조교육청본부 장흥지회, 전국학교비정규직노동조합 장흥지회 **진도군** 진도사랑연대회의, 진도군농민회, 89동지회, 진도교육희망연대, 건설기계노조진도지회, 공공연대노조진도지부, 남도평화쉼터, 아리락(국악앙상블), 향적사, 기독교장로회 진도교회, 더불어민주당 진도지역위원회, 진보당 진도지역위원회, 공무원노조교육청본부 진도지회, 전국학교비정규직노동조합 진도지회, 공공연대노동조합 진도지부, 전국공무원노조 진도군지부 **함평군** 공무원노조교육청본부 함평지회, 전국학교비정규직노동조합 함평지회, (사)함평사건희생자유족회 **해남군** 해남YMCA, 희망해남21, 민주노총 해남군지부, 공무원노조교육청본부 해남지회, 전국학교비정규직노동조합 해남지회, 해남군농민회, 윤석열퇴진해남운동본부, 김남주기념회, 고정희기념회, 해남민예총, 해남평통사, 해남군청비정규직노조, 진보당 해남지역위원회, 깨끗한해남만들기운동본부, 전국공무원노조 해남군지부, 해남교육회의, 5·18민중항쟁해남동지회, 6·25참전유공자회해남군지회, 개인택시해남군지부, 국제라이온스해남여성클럽, 국제라이온스해남우슬클럽, 국제라이온스해남클럽, 국제로타리3610지구제10지역, 국제로타리해남공룡클럽, 국제로타리해남땅끝클럽, 국제로타리해남로타리클럽, 국제로타리해남목련클럽, 국제와이즈멘해남땅끝클럽, 국제와이즈멘해남클럽, 남북통일운동국민연합, 농촌지도자군연합회, 대한노인회군지회, 대한민국고엽제전우회해남군지회, (사)한국여성어업인연합회해남군분회, (사)해남군방범연합회, 소비자교육중앙회 해남지회, 소상공인연합회, 여성의용소방대연합회, 의용소방대군연합회, 전국이통장연합회 해남지회, 한국농업경영인해남군연합회, 한국여성농업인해남군연합회, 한국예총 해남지회, 한국외식업중앙회 해남군지부, 한국자유총연맹해남군지회, 해남YMCA, 해남군 녹색어머니회, 해남군 모범운전자회, 해남군4-H연합회, 해남군번영회, 해남군수산업경영인회, 해남군약사회, 해남군여성단체협의회, 해남군의사회, 해남군의정동우회, 해남군재향군인회, 해남군지역자율방재단, 해남군체육회, 해남다인회, 해남문화원, 해남여성자원봉사회, 해남재향경우회, 해남중·고총동문회, 해남청년회의소, 해남향교, 해남신문, 해남우리신문, 해남군민신문, 해병전우회, 행정동우회, 황산옥매광산구몰광부유족회, 해남군88연합회, 전교조해남지회, 고정광훈 해남기념사업회, 남도한울생협(전남인), 더불어민주당 해남지역위원회, 땅끝문학회, 민족예술인총연합 해남군지부, 민주노총 해남군지부, 한국기독교장로회전남노회 정의화생명위원회, 해남군 농업발전연구회, 해남군비정규직노조, 해남나비 **화순군** 화순참교육학부모회, 민주노총 화순군지부, 공무원노조교육청본부 화순지회, 전국학교비정규직노동조합 화순지회, 화순군 여성단체협의회, 화순진보연대, 화순교육복지희망연대, 한살림화순공동체, 민주노총 화순군지부, 화순군 생활개선회, 화순군 여성농민회, 화순사람들협동조합(준), 화순군농민회, 건설기계노조화순군지회, 학교비정규직노조화순군지회, 민주연합노조 화순군지부, 전국택배노동조합 한진화순지회, 화순민주청년회, 보건의료노조전남대병원지부, 전국금속노동조합 아성프라텍지회, 진보당 화순지역위원회, 대학무상화 평준화 화순지회, (사)한국여성소비자연합화순지부, 윤석열 퇴진 화순비상행동

4. 활동 보고

주요 일지

- 2024년 12월 5일 목요일, 헌정 유린, 내란수괴 윤석열 체포 구속 전남도민 비상시국회의
- 2024년 12월 5일 목요일, 내란범죄자 윤석열을 즉각 탄핵·체포 성명 발표
- 2024년 12월 19일 목요일 10시, 전남도의회 결성대표자회의
- 2024년 12월 19일 목요일 11시 30분, 출범 기자회견, 전남도의회 앞
- 2024년 12월 30일 월요일 13시 30분, 전남비상행동 1차 공동대표단회의, 장흥군민회관
- 2024년 12월 31일 화요일, 제주항공여객기참사에 대한 입장과 31일 국무회의, 내란특검법, 김건희 특검법 즉각 공포 촉구 성명
- 2025년 1월 8일 수요일, 내란특검법·김건희특검법 부결시킨 국민의힘 규탄 입장 발표
- 2025년 1월 16일 목요일, 내란수괴 윤석열 체포에 대한 전남비상행동 입장
- 2025년 2월 6일 금요일 10시 30분, 전남비상행동 신년하례회(시국강연), 장흥군민회관
- 2025년 2월 17일 월요일 14시, 전남비상행동 공동대표자 및 집행위원회 연석회의, 전남

도의회 1층 중회의실

◆ 2025년 2월 22일 토요일 17시, 극렬 내란공조 세력 집결 대응 집회, 목포평화광장

◆ 2025년 2월 27일 수요일, 윤석열 즉각 파면, 내란청산, 사회대개혁 전남도민총궐기대회 대시민 선전전 및 기자회견

◆ 2025년 3월 1일 토요일 14시, 윤석열 즉각 파면! 내란세력 청산! 사회대개혁과 개헌 실현! 전남도민총궐기대회 개최, 전남도청 앞 도로

◆ 2025년 3월 11일 화요일 13시 전교조전남지부 회의실에서 전남비상행동 공동대표 및 집행위원 연석회의

◆ 2025년 3월 12일 수요일 11시, 윤석열 즉각 파면 촉구 기자회견, 전남도청 앞

◆ 2025년 3월 24일 월요일 14시, '한덕수 탄색심판 선고 입장 및 윤석열 즉각 파면' 긴급 시국기자회견, 전남도청 앞

◆ 2025년 3월 31일 월요일 14시, 전남비상행동 공동대표 및 집행위원 연석회의, 전교조전남지부 회의실

◆ 2025년 4월 4일 금요일 14시, '헌법재판소 파면 선고 결과'에 따른 기자회견, 전남도청 앞

◆ 2025년 4월 9일 수요일 14시, 전교조 전남지부 회의실에서 공동대표자 및 집행위원회 연석회의

◆ 2025년 4월 9일 목요일, '내란세력 재판관 지명, 한덕수를 처벌하고 내란세력 청산하자' 입장문 발표

◆ 2025년 4월 23일 수요일 14시, 명칭변경과 조직전망 관련 전체 대표자회의, 목포대학교 남악캠퍼스

◆ 2025년 4월 28일 월요일 14시, 개헌과 사회대개혁 관련 1차 토론회, 도의회 초의실

◆ 2025년 4월 29일 화요일 14시, 개헌과 사회대개혁 관련 2차 토론회, 도의회 초의실

◆ 2025년 5월 21일 수요일 13시 30분, 전남비상행동 전체 대표자회의, 전남도의회 초의실

◆ 2025년 5월 27일 화요일, 11시, 개헌과 사회대개혁 전남도민 선언 기자회견, 전남도청 앞

시군구 활동

◆ 목포: 집회 42회, 기자회견 5회, 상경투쟁 3회, 철야농성 25일, 전남 집회 1회

◆ 장성: 35회

◆ 영암: 9회, 선전전 9회

◆ 보성: 집회 3회, 상경투쟁 2회, 선전전 5회

◆ 장흥: 집회 14회, 상경투쟁 1회, 선전전 13회

◆ 여수: 집회 18회, 선전전 26회

◆ 진도: 집회15회, 상경투쟁 2회, 선전전 매일

◆ 구례: 집회 25회, 아침 선전전 서울 상경버스 1대 (2회) 전남 집회 버스 1대

◆ 무안: 16회

◆ 강진: 집회 16회, 선전전 15회, 상경투쟁 2회

◆ 담양: 집회 6회, 선전전 39회, 상경버스 1대 1회, 전남 집회 버스 1대 1회

◆ 완도: 선전전 25일, 노동자대회 상경투쟁 2회

◆ 나주: 집회 10회, 선전전 20회, 상경투쟁 1회

◆ 영광: 집회 19회, 선전전 19회, 상경투쟁 2회 (버스 1대, 버스 2대, 전남 집회 1회)

◆ 광양: 집회 14회, 선전전 30회,상경투쟁 3회, 전남 집회 1회, 기자회견 1회

◆ 고흥: 집회 11회, 상경투쟁 2회, 전남 집회 1회

◆ 순천: 집회 24회, 선전전 22회, 상경투쟁 7회, 기자회견 3회

◆ 해남: 집회 2회, 선전전 20회, 상경버스 3회, 기자회견 1회

◆ 화순: 집회 5회, 상경투쟁 2회, 전남 집회 버스 1대

광주
윤석열정권퇴진·사회대개혁광주비상행동

1. 발족 경과

윤석열정권퇴진·사회대개혁광주비상행동(이하 광주비상행동)은 광주 지역의 각계 민주원로와 인사들을 고문단과 자문위원으로 위촉하고 종교, 학계, 직능은 물론 시민사회와 노동자, 농민 등 부문운동과 각계 단체 180여 단체가 참여해 광주시민 시국대회, 비상 시국회의 등을 거쳐 2024년 12월 10일 발족했으며 '윤석열 파면! 국민의힘 해체! 사회대개혁 실현!'을 목표로 설정하였다. '헌정유린 내란수괴 윤석열을 파면하라!, 내란정당 국민의힘을 당장 해체하라!, 내란동조 세력, 종사자 반드시 처벌하라!' 국민주권 실현 위한 사회대개혁 국민운동을 전개하는 것을 기치로 삼았다.

2. 주요 활동

광주비상행동은 12월 3일 윤석열이 비상계엄을 선언하자 바로 5·18

2024년 12월 4일 수요일 9시, 광주시민비상시국대회, 5·18민주광장.

민주광장에서 철야농성과 비상대책을 수립하고 12월 4일 오전 9시 5·18민중광장에서 '윤석열 즉각 체포, 구속 광주시민 시국대회'를 개최하여 본격적인 대응태세와 투쟁을 선언했다. 내란청산을 위한 세 차례 비상시국회의, 세 차례 대규모 상경투쟁, 21차례 광주시민대회, 그리고 연인원 10만 명이 참여한 21차례 광주시민총궐기투쟁을 전개했다.

또한 5·18민주광장을 중심으로 단식농성, 천막 철야농성과 삼보일배 등을 진행했으며 20차례의 각계 단체의 릴레이 시국선언과 27차례 기자회견, 14회에 걸쳐 윤석열 파면 대행진을 진행했다. 또한 사회대개혁을 위한 시민 공론장, 광주시민 여론 조사 실시와 정당 및 국회 연속토론회 등을 개최하였다.

3. 참가 단체

(사)5·18민중항쟁기동타격대동지회, (사)광주NGO시민재단, (사)광주마당, (사)광주시민센터, (사)광주여성인권지원센터, (사)광주전남6월항쟁, (사)광주전남녹색연합, (사)광주환경운동연합, (사)노동실업광주센터, (사)생명평화일꾼백남기농민기념사업회, (사)시민생활환경회의, (사)오월민중항쟁정신계승사업회, (사)오월어머니집, (사)우리민족, (사)윤상원기념사업회, (사)일제강제동원시민모임, (사)지역공공정책플랫폼광주로, (사)한말호남의병기념사업회, (재)누리문화재단, (재)박관현기념재단, (재)전남대학교동창장학회, 4·19문화원, 4·19풍물단, 5·18민족통일학교광주전남지부, 5·18민주화운동공로자회, 5·18민주화운동부상자회, 5·18민주화운동유족회, 890회, JOC장년회, 가톨릭공동선연대, 가톨릭농민회광주대교구연합회, 건강사회를위한약사회광주전남지부, 건강사회를위한치과의사회광주전남지부, 건설노조광주전남지역본부, 공공연대공공기관지부, 공공연대노동조합, 공공운수광전본부, 공무원노조남구지부, 공무원노조북구지부, 광산구마을활동가네트워크, 광주YMCA, 광주YWCA, 광주경실련, 광주광역시남북교류협의회, 광주교사노동조합, 광주교육청지부, 광주교통약자, 광주기독교교회협의회(광주NCC), 광주나눔장애인자립지원센터, 광주진보노점상연합회, 광주녹색당, 광주대학교민주동문회, 광주마을공동체네트워크, 광주민족예술인단체총연합, 광주민청학련동지회, 광주복지공감+, 광주사회혁신가네트워크, 광주소비자공익네트워크, 광주시농민회, 광주시민단체협의회, 광주여성노동자회, 광주여성민우회, 광주여성센터, 광주여성의전화, 광주여성장애인연대, 광주여성친화마을활동가네트워크, 광주여성회, 광주장애인인권센터, 광주장애인차별철폐연대, 광주전남원불교환경연대, 광주전남건설지부, 광주전남교수연구자연합, 광주전남긴급조치9호동지회, 광주전남대학민주동우(문)회협의회, 광주전남대학생진보연합, 광주전남민주언론시민연합, 광주전남민주화운동동지회, 광주전남비상시국회의, 광주전남시민연대, 광주전남시민행동, 광주전남여성단체연합, 광주전남자치단체공무직노조, 광주전남작가회의, 광주전남정치개혁연대, 광주전남정치회의, 광주전남촛불행동, 광주전남추모연대, 광주진보연대, 광주평화연대, 광주

평화와통일을여는사람들, 교육지표기념사업회, 국민주권당 광주시당, 국민주권연대광전지부, 금속노조광전지부, 금호타이어곡성지회, 금호타이어지회, 기본소득당 광주광역시당, 김사복추모사업회, 김준배열사정신계승사업회, 김학수열사추모사업회, 까리따스수녀회, 더민주광주혁신회의, 더불어사는전남대탈패더전탈, 동고동락(노동실업센터), 동구기후위기행동, 동구지역아동센터연합, 동신대학교민주동우회, 들솔, 마을발전소, 목포대학교민주동우회, 민족전대공대615세대모임새지평, 민주노총 광주본부, 민주노총 서비스연맹, 더불어민주당 광주시당, 민주대동세상, 민주사회를위한변호사모임 광주전남지부, 바른역사시민연대, 박승희정신계승사업회, 박종태추모사업회, 보건의료노조광전본부, 보훈병원광주지회, 북구마을네트워크, 비정규교수노조전남대분회, 비정규수노조조선대분회, 새벽기관차(전남대법대), 서구마을넷 '이락', 서남도시가스지회, 소나무당 광주광역시당, 소비자시민모임, 소태골나나학당, 순천대학교민주동문회, 시국사건관련미임용자광주전남모임, 시민플랫폼나들, 씨튼수녀회, 아나키스트의열단, 안병하기념사업회, 안병하인권학교, 안중근의사기념사업회광주전남지부, 에코바이크, 오월광장, 오월을사랑하는사람들의모임, 오월잇다, 우리농촌살리기운동천주교광주대교구본부, 원불교광주교구, 은빛참교사회, 이경동한상용열사추모사업회, 이철규열사추모사업회, 임춘평을사랑하는시민모임, 자주시대길동무새날, 자주연합(준), 전교조광주지부, 전국공무원노동조합광주본부, 전국교수노조광주전남지부, 전국민주일반노동조합광주전남본부, 전국아파트연합회광주시회, 전남대80총학동지회, 전남대84학번87년총학모임 '사랑칠', 전남대92년24대총학생회, 전남대농대민주동우회, 전남대학교87년총학생회, 전남대학교민주동우회, 전남여성장애인연대, 전남참교육동지회, 전대병원노조, 정의당 광주광역시당, 조국혁신당 광주시당, 조선대84모아회, 조선대학교교수평의회, 조선대학교민주동우회, 줌마리봉스, 지혜학교, 진보당 광주시당, 참교육학부모회 광주지부, 참여자치21, 천주교광주대교구정의평화위원회, 철도노조호남지방본부, 통일애국열사김양무정신계승사업회, 학비광주지부, 현산인문학당, 호남대학교민주동우회, 호남의열단

비상행동 소개: 지역별 비상행동의 형성과 전개

4. 활동 보고

주요 일지

- 2024년 12월 7일 토요일 17시, 상경투쟁, 국회 앞 (버스 26대, 1000여 명)
- 2024년 12월 7일~2025년 3월 29일 매주 토요일 17시, 윤석열 퇴진 광주시민 총궐기대회 (총 20차례), 5·18민주광장 또는 금남로
- 2024년 12월 9일 월요일~12월 13일 금요일 19시, 1차~4차 윤석열 퇴진 광주시민대회 (총 4회), 5·18민주광장
- 2024년 12월 31일 화요일~2025년 1월 4일 토요일, 제주항공여객기참사 합동분향소 지킴이 (참여 27개 단체)
- 2025년 2월 11일 화요일, '개헌안 의제 발굴' 시민 원탁토론회
- 2025년 2월 27일 목요일~3월 5일 수요일, '사회대개혁 과제 선정 여론조사'
- 2025년 3월 8일 토요일, '시민 숙의공론장'
- 2025년 3월 10일 월요일~3월 31일 월요일 19시, 2차 윤석열 퇴진 광주시민대회 (총 17회), 5·18민주광장
- 2025년 3월 11일 화요일~4월 3일 목요일, 릴레이 시국선언 (참여 20개 단체)
- 2025년 3월 11일 화요일~4월 3일 목요일, 천막 철야농성 (누적 299개 단체 700여 명, 단식 10명)
- 2025년 3월 15일 토요일, 상경투쟁, 광화문 (버스 47대, 1400여 명)
- 2025년 4월 4일 금요일, 21차 승리보고대회, 5·18민주광장
- 2025년 4월 8일 화요일, 사회대개혁 의제 50 – 광주선언 발표

  (참고: 비상행동 주관 집회 총 47회 진행, 연인원 10만 5000여 명 참가)

경북
윤석열정권퇴진과
새로운사회건설을위한경북시국행동

1. 발족 경과

경북은 별도의 윤석열 퇴진 비상행동을 발족하지 않았다. 내란 훨씬
이전에 민주노총 경북본부가 지역의 각 진보 정당들과 전농 경북도
연맹 등에 제안하여 2023년 6월 27일에 '윤석열정권퇴진과새로운사
회건설을위한경북시국행동'(이하 경북시국행동) 1차 모임을 경주근로
자종합복지관에서 가졌다. 8월 29일 2차 모임에서 대표단을 결성하
고, 일부 산별의 지부들과 포항시민단체연대회의, 6·15실천남측위
본부 등까지 포함하여 윤석열을 몰아내기 위한 일련의 활동을 이미
하고 있었다.

하지만 경북 전역을 조직적이고 체계적으로 지휘하는 조직의 성
격은 아니었다. 그렇기에 12·3 비상계엄 선포 이후의 각 지역 활동은
지역별로 전개된 측면이 강하다.

2024년 12월, 경북 곳곳에서 내란수괴 척결을 촉구하는 시민들.

2. 주요 활동

연대단위의 중앙 조직이 강력하기 어려운 경북 지역의 특성상 내란 획책 기도를 무산 시키기 위한 저항은 지역별로, 때로는 조직별로 이루어졌다. 포항은 영일대 해수욕장이나 죽도시장 앞에서 윤석열 퇴진포항비상행동이, 구미는 구미역 등에서 윤석열 퇴진구미시국회의이, 경주는 신라대종 앞 등에서 윤석열 퇴진경주시민행동이 자체적으로 집회를 하는 식이었다. 이 외에도 의성, 안동, 경산 등 많은 지역에서 자발적 결성과 행동이 이루어졌다.

민주노총 경북본부의 포항, 경주, 구미, 경산, 북부(안동) 등 각 지부도 여러 역할을 했다. 거의 매주 벌어지는 집회는 지역별로 편차를 두고 이어졌다. 경북 전체로는 4월 헌법재판소 판결 직전 경북시국행동 기자회견, 노동절 노동자대회 등에 집중했다.

집회 외의 활동으로는 기자회견과 투쟁 현장에서의 피켓팅 그리고 설 귀향 선전전 등이 있었다. 지역이라 별도의 온라인 캠페인이나 고발 같은 법적 조치는 조직하지 않았다. 다만, 구미시장이 이승환 콘서트를 갑자기 불허하여 많은 시민이 항의하는 온라인 활동이나 집회가 열리기도 했다.

3. 참가 단체

민주노총 경북지역본부, 전국농민회 경북도연맹, 노동당 경북도당, 녹색당 경북도당, 정의당 경북도당, 진보당 경북도당, 6·15공동선언실천 남측위 대구경북본부, 대경진보연대, 포항시민단체연대회의, 경산 마더센터 '함께', 경산시민모임, 경산민주단체협의회

4. 활동 보고

주요 일지

◆ 경북: 2024년 12월 7일~2025년 4월 4일 매주 목요일 16시, 경산 선전전, 경산 오거리

◆ 경주: 2024년 12월 28일~2025년 4월 4일 격주 토요일 16시, 경주 집회, 봉황대

◆ 안동: 2024년 12월 7일~2025년 4월 4일 매주 토요일 17시, 안동 집회, 안동 문화의 거리

◆ 의성: 2024년 12월 7일~2025년 4월 4일 월요일~금요일 18시, 의성 집회, 의성군청

◆ 포항: 2024년 12월 7일~2025년 4월 4일 매주 토요일 16시, 포항 집회, 영일대 누각 앞

◆ 성주: 2025년 1월 2일 목요일 18시, 성주 집회, 농협중앙회 성주군지부

◆ 울진: 2024년 12월 7일~2025년 4월 4일 매주 월요일 18시 30분, 울진 집회, 울진군청 앞 버스정류장

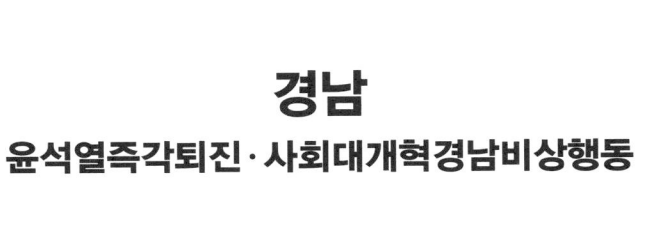

경남
윤석열즉각퇴진 · 사회대개혁경남비상행동

1. 발족 경과

윤석열즉각퇴진사회대개혁경남비상행동은 불법 비상계엄 다음 날인 2024년 12월 4일 오전 9시 창원시청광장에서, 윤석열정권 출범 직후부터 결성하여 활동하던 '윤석열퇴진경남운동본부'가 긴급대표자회의를 열고 향후 투쟁 방향과 조직 확대를 결정하면서 시작되었다. 2024년 12월 9일 오전 10시 민주노총 경남본부 4층 대강당에서, 경남 시민사회 진보 민주 단체 정당 연석회의를 진행하여 윤석열즉각퇴진·사회대개혁경남비상행동 (이하 경남비상행동) 결성에 대한 의견을 모으고, 이어 기자회견을 진행하였다. 이후 12월 11일에 출범회의를, 12월 16일에 공동대표자회의를 진행하며 투쟁 방향과 사업계획을 수립해 나갔다.

2024년 12월 14일, 내란수괴 윤석열 탄핵! 체포! 구속! 국민의힘 내란동조자 처벌! 경남도민대회, 창원시청광장.

2. 주요 활동

경남비상행동은 12월 4일 17시 창원시청광장에서, '불법계엄 윤석열 즉각 체포 경남시국대회'를 시작으로 매일 집회를 진행하였고, 12월 14일 국회에서 윤석열 탄핵소추안이 가결된 이후부터는 매주 1회(토요일) 집회를 이어갔다.

그러다 윤석열이 석방되던 2025년 3월 8일 이후 또 매일 집회를 진행했으며, 3월 12일부터는 창원시청광장에서 천막농성을 시작하였다.

2024년 12월 4일부터 윤석열이 탄핵된 2025년 4월 4일까지 50여회 집회를 진행하였다. 12월 14일 이전에는 집회마다 2000~3000명의 시민이 참여했고, 12월 14일에는 2만여 명의 시민이 참여하였다.

국회 탄핵소추안 가결 후에는 참여 인원이 줄긴 했으나 2025년 4월 4일 탄핵 판결이 날 때까지 500여 명이 꾸준히 참여하였다.

대부분 창원시청광장에서 집회 후 창원시내 일대(상남동)를 행진하며 시민들과 소통했는데, 1월 11일, 18일에는 창원시청광장에서 국민의힘 경남도당까지 '분노의 행진'을 중심으로 진행하기도 했다.

집회 외 기자회견, 항의 방문, 토론회, 시국농성 및 선전전 등 다양한 활동을 하였다.

3. 참가 단체

경남진보연합(창원진보연합, 진주진보연합, 김해진보연합, 양산진보연합, 사천진보연합, 남해진보연합, 산청진보연합, 합천진보연합, 거창진보연합), 경남 자주통일평화연대, 경남시민단체연대회의, 518민족통일학교 경남지부, 한국YMCA경남연합협의회, 경남여성연대(경남여성연대, 진주여성회, 창원여성회, 사천여성회, 남해여성회, 전국학교비정규직노동조합 경남지부, 전국여성농민회 경남연합, 경남지역 페미니즘동아리연합 '아우르니', 민주노총 경남지역본부 여성위원회), 경남여성단체연합(경남여성회, 경남여성장애인연대, 김해여성회, 김해여성의전화, 디딤장애인성인권지원센터, 마산창원여성노동자회, 진주여성민우회, 진해여성의전화, 창원여성살림공동체, 창원여성의전화, 통영여성장애인연대, 거창여성회), 민주노총 경남지역본부, 한국노총경남본부, 전농부산경남연맹(거제시농민회, 거창군농민회, 고성군농민회, 김해시농민회, 남해군농민회, 밀양시농민회, 사천시농민회, 산청군농민회, 양산시농민회, 의령군농민회, 진주시농민회, 창녕군농민회, 하동군농민회, 함안군농민회, 함양군농민회, 합천군농민회), 전국여성농민회 경남연합(거창군여성농민회, 고성군여성농민회, 남해군여성농민회, 진주시여성농민회, 창녕군여성농민회, 함안군여성농민회, 합천군여성농민회), (사)전국양파생산자협회 경남도지부, 경남환경운동연합, 경남지식연대, 전국회의경남지부, 열린사회희망연대, 경남겨레하나, 하나됨을위한늘푸른삼천, 경남자주연합(준), 천주교정의평화위원회, 천주교민족화해위원회, 민주화를위한변호사모임 경남지부, 경남기후위기비상행동,

615창원, 진보대학생넷, 경남청년유니온, 6월항쟁정신계승경남사업회, 경남6월항쟁기념사업회, 경남민주항쟁정신계승시민사회연대회의, 김주열열사기념사업회, 창원촛불시민연대, 경남민예총(창원민예총, 경남민예총 진해지부, 창원민예총시민풍물단), 일본군'위안부'할머니와함께하는마창진시민모임, 통일촌, 통일엔평화, 교육희망경남학부모회, 창우회, 경남대동문공동체, 경상국립대학교 민주동문회, 언론소비자주권행동창원지부, 경남교육연대(진주교육공동체 결, 김해교육연대, 거제교육연대, 우리교육공동체), 경남대학교 퇴진촛불 참가단, 한국비정규교수노동조합 경상대분회, 한국비정규교수노동조합 인제대분회, 국립창원대학교 탄핵촛불참가단, 마창거제 산추련, 노무현재단 경남지역 후원회원 일동, 푸른내서주민회, 고성희망연대, 참여와연대를위한함안시민모임, 경남여성을 사랑하는 경남여성모임, 창원시 안전정책 모니터링단, 경상도비혼여성공동체WITH, 진주여성민우회, 살림성평등교육강사단, 젠더N모니터링단, 창원페미니즘 철학하는 여자들, 경남여성풋살FC, 세계시민교육강사단, 경남페미니즘스터디, (사)기본사회, 더민주경남혁신회의, 민주당 경남도당(여성위원회, 청년위원회, 노인위원회, 대학생위원회, 장애인위원회, 노동위원회, 농어민위원회, 을지로위원회, 사회적경제위원회, 소상공인위원회, 직능위원회, 자치분권위원회, 다문화위원회, 교육연수위원회, 홍보소통위원회, 문화예술특별위원회), 조국혁신당 경남도당, 진보당 경남도당[진보당 경남노동자당, 진보당 경남도당 농민위원회, 진보당 경남금속현장위원회(준), 진보당 경남도당 학비현장위원회, 진보당 경남도당 마트현장위원회, 진보당 경남도당 택배현장위원회, 진보당 경남도당 청년진보당(준)], 정의당 경남도당, 노동당 경남도당, 경남녹색당, 여성의당 경남도당, 기본소득당 경남도당, 지역 고문(김영만, 김종연, 이순일, 김창호, 이경희, 박종권, 정현찬, 김윤자, 이정희, 신석규, 정동화, 김윤규, 이현숙, 김윤규, 제해식, 전진숙), 여성 고문(김하경, 정혜란, 최갑순, 김미영, 강문순, 김윤자, 이덕자), 종교 고문(배진구, 공명탁, 이암스님), 교수 고문(안승욱), 노동자 고문(허연도, 김천욱, 김재명, 류조환), 농민 고문(변희길, 공기영, 표만수, 박명석, 송모열, 김경찬, 이호원, 하영명, 장병길, 김종석, 변종호, 김희식) **윤석열퇴진창원운동본부** 경남대동문공동체, 진보당 창원성산구위원회, 진보당 창원의창구위원회, 진보당 마산지역위원회, 진보당 진해구위원회, 진보대학생넷 창원지회, 창원진보연합, 창원기후행동, 창원촛불시민연대, 창원민예총, 창원여성회, 일본군'위안부'할머니와함께하는마창진시민모임, 열린사회희망연대, 통일촌, 천주교마산교구정의평화위원회, 경남기후위기비상행동, 6월항쟁경남사업회, 민주노총 경남지역본부, 전농부경연맹. **윤석열즉각퇴진·사회대개혁진주비상행동** 더불어민주당 진주시갑지역위원회, 더불어민주당진주시을지역위원회, 민주노총 진주지역지부, 생활정치시민네트워크진주같이, 서부경남민주개혁협의회, 세월호진실찾기진주시민의모임, 정의당 진주시위원회, 진보당 진주시위원회, 진보대학생넷진주지회, 진주YWCA, 진주녹색당, 진주민주시민사랑방, 진주시농민회, 진주시여성농민회, 진주여성회, 진주자주통일평화연대, 진주진보연합, 진주참여연대, 진주청년불교단체연합회, 진주혁신포럼, 진주환경운동연합, 통일엔평화, LH사옥관리노동조합 **윤석열정권퇴진양산비상행동** 민주노총 양산지역지부, 양산환경운동연합, 양산YMCA, 양산겨레하나, 양산노동복지센터, 양산시농민회, 김해양산시민촛불연대, 더불어민주당 양산갑지역위원회, 더불어민주당 양산시을지역위원회, 진보당 양산시위원회, 정의당양산시위원회, 기본소득당 **윤석열퇴진거제운동본부** 민주노총 거제지역지부, 금속노조 대우조선지회, 거통고조선하청지회, 웰리브지회, 한화오션사무직지회, 공무원노조 거제시지부, 학교비정규직노조 거제지회, 전교조 거제초등지회, 거제중등지회, 보건의료노조 대우병원지부, 공공운수노조 화물연대 거통고지부, 민주버스본부 세일교통지회, 거제오션투어지회, 일반노조 거제공무직지회, 거제복지지회, 건설노조 거제지회, 택배노조 거제CJ지회, 거제롯데지회, 거제한진지회, 거제우체국지회, 사무금융노조 거제지회, 민주택시노조 해금강택시분회, (사)좋은벗, 경남민예총 거제지부, 참교육학부모회 거제지회, (사)통영거제환경운동연합, 거제고성통영 노동건강문화공간 새터, 거제참교육동지회, 거제여성연대(대표자 최연심), 일제강제징용노동자상 거제건립추진위원회, 거제교육연대, 친일잔재청산거제범시민대책위원회, 노무현재단 거제지회, 거제YMCA, 흥사단 거제지부, 노자산지키기시민행동, 대우조선 강한민주노동자투쟁위원회, 대우조선 실천하는현장노동자연대, 더불어민주당 거제지역위원회, 진보당 거제시위원회, 조국혁신당 거제지역위원회, 정의당 거제시위원회, 노동당 거제지역위원회 **윤석열퇴진김해운동본부** 노동당 김해시위원회, 정의당 김해시위원회, 진보당 김해시위원회, 민주노총 김해지역지부, 김해농민회, 교육희망 김해학부모회, 김해교육연대, 김해노동인권센터, 김해양산시민촛불연대, 김해겨레하나, 김해여성의전화, 김해민예총 **윤석열퇴진밀양시민실천행동** 민주노총 밀양지부, 밀양두레기금 너른마당, 밀양겨레하나, 진보당 밀양시위원회, 더불어민주당 밀의함창지역위원회, 밀양765kV송전탑반대대책위원회, 밀양장애인자립생활센터, 밀양장애인인권센터, 밀양교육희망학부모회, 세월호진상규명과안전한밀양을위한시민모임 **사천시민행동** 사천진보연합, 민주노총 사천지부, 사천남해하동환경운동연합, 교육희망사천학부모회, 사천시농민회, 전교조사천지회, 사천여성회, 문화사랑새터, 더불어민주당 사천남해하동지역위원회, 진보당 사천시위원회 **윤석열탄핵산청촛불행동** 전국농민회총연맹 산청군농민회, 전교조 산청지회, 전공노 산청군지부, 민주일반연맹 산청공무직지회, 산청군농협노동조합, 진보당 산청군위원회, 민주시민, 개인 참가자(104명) **윤석열탄핵합천운동본부** 합천군농민회, 합천군여성농민회, 가톨릭농민회합천, 공무원노조합천군, 전교조합천군, 공무직노조, 합천농협노조, 진보당 합천, 더불어민주당 합천, 함께하는합천, 노사모합천지회, 생명의숲되찾기합천운동본부 **윤석열즉각퇴진거창비상행동** 거창군여성농민회, 언론소비자주권행동 거창지부, 사람사는세상 거창, 거창군농민회, 푸른산내들, 전국공무원노동조합 경남본부 거창군지부, 민주노총 일반노조 거창군공무직지회, 함께하는 거창, 거창여성회, 민예총 거창지부 **윤석열퇴진남해행동본부** 남해 진보연합, 남해군 농민회, 남해군 여성농민회, 남해 어린이책 시민연대, 남해 기후행동, 남해촛불행동, 진짜 남해 청년회, 노무현 재단 남해지회, 전국 공무원 노동조합 남해군지부, 남해군 공무직지부

4. 활동 보고

주요 일지

◆ 2024년 12월 4일 수요일 9시, 윤석열 퇴진경남운동본부 긴급대표자회의, 창원시청광장

(23개 단체 대표자)

◆ 2024년 12월 4일 수요일 17시～12월 14일 (토) 13시, 윤석열 탄핵체포 사회대개혁 창원시민대회(매일), 창원시청광장 (4000～2만 명)

◆ 2024년 12월 9일 월요일 10시 30분, 경남 시민사회 진보 민주 단체 정당 연석회의, 민주노총 경남본부 4층 대강당 (경남지역 정당, 시민사회단체, 시민 등 100여 명)

◆ 2024년 12월 11일 수요일 14시, 윤석열즉각퇴진·사회대개혁경남비상행동 대표자회의, 민주노총 경남본부 4층 대회의실 (참가 단체 대표 30여 명)

◆ 2024년 12월 14일 토요일 13시, 내란수괴 윤석열 탄핵! 체포! 구속! 국민의힘 내란동조자 처벌! 경남도민대회 (국회 윤석열 탄핵소추안 표결), 창원시청광장 (2만여 명)

◆ 2024년 12월 16일 월요일 11시, 윤석열즉각퇴진·사회대개혁경남비상행동 공동대표자회의, 민주노총 경남본부 206호 회의실 (공동대표 15명)

◆ 2024년 12월 16일 월요일～2025년 3월 8일 토요일 14시, 윤석열 탄핵구속·국힘당 해체·내란동조자 처벌 시군 대회 (매주 1회), 경남 각 시군

◆ 2024년 12월 17일 화요일 11시, 윤석열 탄핵 유감 발언 창원시장 규탄과 공개사과 촉구 기자회견 및 항의방문, 창원시청 앞 (50여 명)

◆ 2024년 12월 19일 목요일 14시, 윤석열즉각퇴진·사회대개혁경남비상행동 2차 대표자회의, 민주노총 경남본부 4층 대회의실 (참가 단체 대표 30여 명)

◆ 2025년 1월 8일 수요일 14시, 국민주권 실현과 사회대개혁을 위한 1차 토론회 '다시 만들 세계', 더불어민주당 경남도당 대회의실 (100여 명)

◆ 2025년 1월 22일 수요일 14시, 사회대개혁 2차 토론회 '다시 만들 세계 2', 한국노총 경남지역본부 대강당 (50여 명)

◆ 2025년 3월 10일 월요일 11시, 윤석열 석방 규탄·파면을 위한 국민항쟁 촉구 기자회견, 경남도청 앞 (30여 명)

◆ 2025년 3월 12일 수요일 10시, '윤석열 탄핵 촉구 경남시국농성' 돌입 기자회견, 창원시청광장 (50여 명)

◆ 2025년 3월 12일 수요일～4월 4일 금요일, 윤석열 탄핵 촉구 경남시국농성과 출퇴근 선전전, 창원시청광장 농성장 (단체별 순번제)

시군구 활동

◆ 창원: 2024년 12월 4일 수요일～2025년 4월 4일 금요일, 2024년 내란수괴 윤석열 탄핵! 체포! 내란공범 국민의힘 해체! 창원시민대회, 창원시청광장 (4만 5000여 명)

◆ 진주: 2024년 12월 4일 수요일~2025년 5월 7일 수요일, 불법계엄 원천무효 윤석열 즉각 체포 시국대회 (52회 진행), 시청 등 (1만 2000여 명)

◆ 산청: 2024년 12월 4일 수요일~2025년 4월 24일 목요일, 윤석열 퇴진 신천군촛불행동, 원지 하나로마트 (870명 이상 참가)

◆ 김해: 2024년 12월 5일 목요일~2025년 4월 4일 금요일 18시 30분, 윤석열 퇴진 김해 시민대회, 김해 내외동 한국 1차 사거리 (3500여 명 이상)

◆ 거제: 2024년 11월 20일 수요일~2025년 4월 17일 목요일, 헌법유린 내란범 윤석열체포 거제시민 시국대회, 고현 신한은행

1. 발족 경과

윤석열퇴진대구시국회의(이하 대구시국회의)는 윤석열정권의 폭정에 맞서 2023년 5월 10일 대구지역 노동·민중·시민사회단체와 정당이 결성하였으며 결성 당시 명칭은 '윤석열심판 대구회의'다. 정기적인 시국대회를 개최를 비롯한 윤석열정권 심판 투쟁을 벌여 나갔으며 이후 투쟁 방향을 명확히 하고 정세에 부합하는 투쟁을 만들어가기 위해 2024년 10월 15일 전체대표자회의를 통해 윤석열 퇴진대구시국회의(이하 대구시국회의) 명칭을 변경하고 활동을 진행하였다. 대구시국회의는 윤석열의 12·3 비상계엄에 맞서 시국대회를 중심으로 123일 동안 대구경북 시도민들과 함께 다양한 활동과 투쟁을 벌여 나갔으며 2025년 6월 12일 전체대표자회의를 통해 해산하였다.

2025년 12월 14일, 윤석열 퇴진 10차 대구시민시국대회에 참가한 시민들, 공평 네거리~중앙 네거리.

2. 주요 활동

대구시국회의는 2024년 12월 4일 오전 9시 30분 동대구역에서 윤석열 퇴진을 요구하는 긴급 기자회견과 가두행진을 진행하며 투쟁의 포문을 열었다. 대구시민시국대회는 12월 4일 1차를 시작으로 4월 4일 26차까지 진행하였다. 12월 14일 10차 시국대회는 4만 5000여 명 최다인원이 참석하였으며 각종 투쟁과 활동에 연인원 11만 3000여 명이 참석하였다. 다양한 계급·계층·세대가 서로의 다양성을 존중하며 존중하며 집회를 만들어가고 참여하였다.

이밖에 국민의힘 규탄, 추경호 사퇴 촉구, 홍준표 사퇴 촉구 등 기자회견을 진행하였으며 국민의힘 국회의원 지역사무실 규탄 행동과 집회, 1인 시위를 진행하였다. 제주항공여객기참사 시민분향소를 운영하고 추모집회를 진행하였으며, 시민토론회와 노래자랑 등 기획사업을 진행하였다. 윤석열 구속취소 이후 매일 아침, 저녁 시민캠페인과 매일 저녁 대구시민시국행진과 긴급행동을 진행하였다.

3. 참가 단체

10월문학회, 건강사회를위한약사회, 대구경북지부건설산업연맹대구경북본부, 경북대학교민주동문회, 경일대학교민주동우회, 계명대학교민주동문회, 공공운수노조대구경북지역본부, 공무원노조대구본부, 교육공무직본부대구지부, 금속노조대구지부, 기독교교회협의회인권위원회, 김수경열사추모사업회, 김영균열사추모사업회, 노동당 대구시당, 녹색당 대구시당, 다릿돌장애인자립생활센터, 다사장애인자립생활센터, 대구경북겨레하나, 대구경북대학생진보연합, 대구경북목회자정의평화협의회, 대구경북민족민주운동선배그룹(준), 대구경북민주화운동계승사업회, 대구경북보건복지단체연대회의, 대구경북여성단체연합, 대구경북열사희생자추모(기념)단체연대회의, 대구경북자주통일평화연대, 대구경북주권연대, 대구경북지역대학민주동문(우)회협의회, 대구경북지역양심수후원회, 대구경북진보연대, 대구경북차별금지법제정연대, 대구경북청년대학생시국회의, 대구기본소득당, 대구기후위기비상행동, 대구노동세상, 대구노동운동역사자료실, 대구대학교민주동문회, 대구민중과함께, 대구사람장애인자립생활센터, 대구시민단체연대회의, 대구여성광장, 대구여성노동자회, 대구여성의전화, 대구여성회, 대구이육사기념사업회, 대구장애인권교육네트워크(준), 대구장애인차별철폐연대, 대구지하철노조, 대구청년유니온, 대구참여연대, 대구촛불행동, 대구통일열차, 대구평화와통일을여는사람들, 대구풀뿌리여성연대, 대구한의대학교민주동우회, 대구환경운동연합, 대학노조대경본부, 민주노동자전국회의대구지부, 민주노총 대구지역본부, 민주일반연맹공공연대노조대경본부, 민주주의를요구하는경북대학교대학생모임, 박동학열사추모사업회, 보건의료노조대구경북지역본부, 비정규교수노조, 빈곤과차별에저항하는인권운동연대, 생명평화아시아, 서비스연맹 대경본부, 손석용열사추모사업회, 언론노조대경협의회, 영남대학교민주동문회, 영남대한총련세대, 오추옥열사추모사업회, 윤석열 퇴진을위한경북대학교비상시국회의, 의료연대본부대구지역지부, 이성경동지추모사업회, 이영기열사추모사업회, 장애인지역공동체, 전교조대구지부, 전국여성노동조합대구지부, 정의당 대구시당, 조국통일범민족연합남측본부대구경북연합, 진보당 대구시당, 질라라비장애인야학, 평화통일대구시민연대, 평화통일실천연대, 학교비정규직노조대구지부, 함께하는장애인부모회, 현장실천사회변혁노동자전선대경지부, 협동조합노조대경본부

4. 활동 보고

주요 일지

◆ 2024년 12월 4일 수요일 17시, 윤석열 퇴진 1차 대구시민시국대회, CGV대구한일 앞 (1200여 명)

◆ 2024년 12월 7일 토요일 18시, 윤석열 퇴진 4차 대구시민시국대회, CGV대구한일 앞 (2만 5000여 명)

◆ 2024년 12월 14일 토요일 17시, 윤석열 퇴진 10차 대구시민시국대회, 공평 네거리~중앙 네거리 (4만 5000여 명)

◆ 2024년 12월 28일 토요일 17시, 윤석열 퇴진 12차 대구시민시국대회, CGV대구한일 앞 (3000여 명)

◆ 2025년 1월 4일 토요일 17시, 윤석열 퇴진 13차 대구시민시국대회, CGV대구한일 앞 (2000여 명)

◆ 2025년 1월 23일 목요일 19시, 탄핵파티 에피소드1 : 100개의 응원봉, 100개의 이야기, 매일가든 (70명)

◆ 2025년 2월 1일 토요일 17시, 윤석열 퇴진 17차 대구시민시국대회, CGV대구한일 앞 (500여 명)

◆ 2025년 3월 8일 토요일 17시, 윤석열 퇴진 22차 대구시민시국대회, CGV대구한일 앞 (1300여 명)

◆ 2025년 3월 10일 월요일~21일 금요일 8시, 대시민 아침 집중 캠페인 (주말 제외 10회), 범어 네거리 (매회 50여 명)

◆ 2025년 3월 10일 월요일~20일 목요일 18시, 대시민 저녁 집중 캠페인 (주말 제외 9회),

CGV대구한일~대구백화점 (매회 100여 명)

◆ 2025년 3월 10일 월요일~20일 목요일 19시, 윤석열 구속! 윤석열 파면! 국민의힘 해체!
대구시민대행진 (주말 제외 9회), 2·28공원~공평 네거리~중앙 네거리 (매회 300여 명)

◆ 2025년 4월 4일 금요일 10시 30분, 윤석열 탄핵심판 선고 생중계 공동시청 및 윤석열 퇴
진 대구시국회의 입장 발표 기자회견, CGV대구한일 앞 (500여 명)

◆ 2025년 4월 4일 금요일 17시, 윤석열 퇴진 26차 대구시민시국대회, 공평 네거리 (2000여
명)

울산
윤석열즉각퇴진울산운동본부

1. 발족 경과

윤석열즉각퇴진울산운동본부(이하 울산운동본부)는 2024년 12월 4일 울산지역의 41개 노동, 시민사회단체, 제 정당이 참여해 발족했다. 이후 참여단체가 늘어나 53개 단체가 참여하였다. 윤석열의 불법적인 비상계엄 선포로 시민사회단체, 제 정당의 분노가 폭발했고, 헌정유린과 내란사태에 대한 책임을 물어 윤석열정권을 반드시 퇴진시켜야 한다는 목표 아래 긴급 기자회견과 간담회를 통해 '윤석열퇴진울산운동본부(윤석열 국회 탄핵소추안 가결 이후 '윤석열즉각퇴진울산운동본부'로 개칭)'를 구성하기로 결정하였다.

2. 주요 활동

울산운동본부는 비상계엄 선포 바로 다음 날인 2024년 12월 4일부터 내란범 윤석열의 즉각 구속을 요구하며 집회를 진행했다. 2025년 4월

4일 윤석열이 파면된 날까지 집회는 총 54회, 참여 인원은 6만 명에 달한다. 울산지역의 집회는 공연예술인의 자발적인 참여가 돋보였으며, 집회의 구성이 다양하고 풍부했다. 시민들의 참여도를 높여 윤석열에 대한 분노를 표출하는 장이었을 뿐 아니라 집회 자체를 즐길 수 있도록 준비되었다.

집회 외에도 기자회견, 선전전, 1인 시위, 토론회, 철야농성 등을 진행하였다. 불법 비상계엄을 선포한 바로 다음 날 오전 '비상계엄 규탄! 내란죄 윤석열 퇴진 촉구 기자회견'을 시작으로 총 28회의 기자회견을 진행했으며, 울산 전역에서 시민들의 참여를 호소하고 윤석열정권의 범죄행위를 홍보하는 33회의 선전전을 진행했다. 윤석열이 석방된 후 시민사회의 분노가 극에 치달아 시작했던 25일간의 철야농성장은 윤석열이 파면되는 그날까지 불이 꺼지지 않았다. 특히, 퇴진(파면) 집회에 참여했던 청년들을 중심으로 진행한 청소년, 대학생, 청년 100명의 시국 원탁회의에서는 윤석열 파면 이후 청년들이 꿈꾸는 대한민국에 대한 진지한 토론이 이어져 눈길을 끌었다.

3. 참가 단체

건강사회를위한약사회울산지부, 건강사회를위한치과의사회울산지부, 교육희망울산학부모회, 노회찬재단울산모임, 다시만난청년, 대안문화공간 품&페다고지, 더불어민주당 울산시당, 더불어숲작은도서관, 민족문제연구소 울산지부, 민주노총 법률원 울산사무소, 민주노총 울산지역본부, 바꾸자울산포럼, 부산경남울산열사정신계승사업회, 부산대학교민주동문회울산모임, 북구비정규직노동자지원센터, 서영호양봉수열사정신계승사업회, 어린이책시민연대울산지회, 울산4·16기억행동, 울산기후위기비상행동, 울산대학교민주동문회, 울산동구주민회, 울산민예총, 울산민주화운동기념계승사업회, 울산민중행동, 울산부모교육협동조합, 울산북구주민회, 울산불교환경연대, 울산산재추방운동연합, 울산새생명교

2024년 12월 11일, 내란공범 국짐당 장례식, 국민의힘 울산시당 앞.

회, 울산시민연대, 울산여성의전화, 울산여성회, 울산인권운동연대, 울산자주통일평화연대, 울산장애인부모회, 울산중구주민회, 울산지역연대기금, 울산진보연대, 울산촛불행동, 울산태양광협동조합, 울산평화너머, 울산환경운동연합, 울주군주민회, 전국민주화운동동지회울산동지회, 정의당 울산시당, 정책과비전포럼, 조국혁신당 울산시당, 진보당 울산시당, 탈핵울산시민공동행동, 한반도평화와번영을위한협력, 함께꾸는꿈노옥희재단, 노무현재단 울산지부 (참관), 노동당 울산시당 (2025년 5월 30일 탈퇴)

4. 활동 보고

주요 일지

◆ 2024년 12월 5일 목요일 15시, 불법계엄! 내란범 윤석열 퇴진! 민주노총 울산지역본부 총파업 결의대회, 태화강역 광장 (8000명)

- 2024년 12월 11일 수요일 11시, 내란공범 국짐당 장례식 기자회견, 국민의힘 울산시당 앞 (100명)
- 2024년 12월 13일 금요일 13시, 국민의힘 서범수·김기현·박성민 국회의원 탄핵 찬성 촉구 서명지 전달 릴레이 기자회견, 서범수·김기현·박성민 국회의원 사무실 앞 (200명)
- 2024년 12월 14일 토요일 15시, 윤석열 탄핵해야 Merry Christmas! 울산시민대회, 롯데백화점 광장 (1만 명)
- 2024년 12월 24일 화요일 18시 30분, 청년·청소년 크리스마스 이브 파면 문화제, 롯데백화점 광장 (300명)
- 2025년 1월 18일 토요일, 윤석열 즉각 파면, 국민의힘 해체 울산시민대행진, 롯데백화점 광장~박성민 국회의원 사무실 앞 4.3킬로미터 (1000명)
- 2025년 3월 1일 토요일 16시, 모이자! 3·1 윤석열 즉각 파면 울산시민대행진, 롯데백화점 광장~울산대공원 동문 3.2킬로미터 (1500명)
- 2025년 3월 11일 화요일~4월 4일 금요일, 윤석열 즉각 파면 촉구 24시간 철야농성장 운영, 롯데백화점 광장 (500명)
- 2025년 4월 2일 수요일~4월 3일 목요일, '헌법재판소는 윤석열 8:0 파면하라' 1인 시위, 울산 전역 123곳 (150명)
- 2025년 4월 4일 금요일 11시, 울산시민과 함께 헌법재판소 탄핵심판 선고 시청, 롯데백화점 광장 (300명)
- 2025년 4월 4일 금요일 18시 30분, 울산시민 승리대회, 롯데백화점 광장

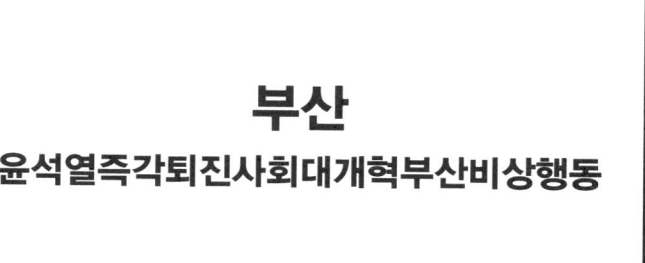

부산
윤석열즉각퇴진사회대개혁부산비상행동

1. 발족 경과

윤석열즉각퇴진부산운동본부(이하 부산비상행동)는 시민사회단체와 제 정당 126개가 참여해 2024년 12월 4일 오전 10시 '윤석열의 계엄 폭거, 현 시국 관련 부산 시민사회·정당 대표자 비상회의'를 통해 발족했다. 회의에서는 비상계엄 선포를 '국민을 상대로 한 쿠데타'로 규정하고, "내란범죄자는 즉각퇴진하라"는 구호 아래 매일 시국대회를 열기로 만장일치 결정했다.

2. 주요 활동

부산비상행동은 2024년 12월 4일 서면태화에서 '군사계엄 내란범죄자 윤석열 퇴진'을 요구하며 첫 집회를 진행했다. 7일 토요일, 응원봉 청년세대가 광장의 주인으로 등장하였다. 14일에는 전포대로를 가득 채운 7만 명의 부산시민이 탄핵소추안 가결의 순간을 함께하였다. 이후 수요일·토요일 집회를 이어가다 윤석열 석방을 기점으로 다시 매일 부산시민대회를 진행하였고, 4월 4일 부산시민 승리대회에서 "위대한 민주공화국 만세! 위대한 주권자 민중 만세! 빛의 혁명 만세!"를 외쳤고 이후 '내란청산 사회대개혁 부산행동'으로 조직이 전환되었다.

3월 7일, 윤석열이 석방되자 1·2차에 걸친 '부산대학생단식농성단'이 조직되어 광화문에서 시민들과 함께하였다. 4월 2일, "지금 파면투쟁의 최전선은 헌법재판소 앞이다! 모두 헌법재판소 앞으로!"라는 기조 아래 부산 파면버스가 조직되었고 200여 명의 부산 시민이 헌법재판소 앞 농성투쟁에 결합하였다. 상임공동대표단 산하 사회대개혁 소위원회를 구성하여 부산 사회대개혁 과제를 논의하여 결과를 중앙에 제출하였다.

3. 참가 단체

(사)범시민금정산 보존회, (사)열린포럼, (사)인본사회연구소, 5·3동지회, 가덕도신공항반대시민행동, 건강사회를위한치과의사회 부산지부, 겨레의길 민족광장, 경성대학교 민주동문회, 교육공동체 부산벗, 극단새벽, 금정비상행동, 기장군민 시국모임, 기후변화에너지대안센터, 기후위기 부산비상행동, 남수영구 시국모임, 노동사회과학연구소 부산지회, 누리벗, 대안문화연대, 대천마을학교, 더 30Km 포럼, 더민주혁신회의, 동래구시국모임, 동아대학교 민주동문회, 동의대학교 청년동문회, 동의대학교 민주동문회, 맨발동무도서관, 민족문제연구소 부산지역위원회, 민주누리회, 민주시민교육원, 박종철 합창단, 반빈곤센터, 백년어서원, 부경대학교 민주동문회, 부경역사연구소, 부민협동지회, 평화주권행동 평화너머 부산본부, 부산경남대학생진보연합, 부산경남주권연대, 부산경실련, 부산고리2호기수명연장·핵폐기장반대 범시민운동본부, 부산공감연대, 부산공공성연대, 부산교육희망네트워크, 부산그린트러스트, 부산기

2024년 12월 14일, 부산시민대회에 응원봉으로 참가한 부산시민들, 서면 전포대로.

독교교회협의회, 부산다행복교육학부모네트워크, 부산대학교 민주동문회, 민주사회를위한변호사모임 부산지부, 부산민언련, 부산민예총, 부산민주항쟁기념사업회, 부산민중연대, 부산비상시국회의, 부산성폭력상담소, 부산시민운동단체연대, 부산여성단체연합, 부산여성사회교육원, 부산여성의전화, 부산여성장애인연대, 부산여성회, 부산외국어대학교 민주동문회, 부산윤석열퇴진대학생행동, 부산윤석열퇴진청소년행동, 부산을바꾸는시민의힘민들레, 부산인권포럼, 부산자주연합(준), 부산자주통일평화연대, 부산주민운동교육원, 부산지역대학민주동문회연석회의, 부산진구 시국모임, 부산참여연대, 부산촛불행동, 부산평화와통일을여는 사람들, 부산풀뿌리네트워크, 부산학부모연대, 부산한부모가족센터, 부산항8부두 미군세균전부대추방 남구수영구대책위, 부산환경운동연합, 부산YMCA, 북녘동포에게 편지 쓰는 사람들, 불교환경연대, 사상구 시국모임, 사하구 시국모임, 사회복지연대, 서동구비상행동, 습지와 새들의 친구, 언론공공성지키기부산연대, 연제구 시국모임, 영도구 시국모임, 육지희정신계승사업회, 인도주의실천의사협의회 부산경남지부, 인제대학교 민주동문회, 재송마을사람들, 전국민주화운동 부산동지회, 종교인평화회의, 참교육을위한전국학부모회 부산지부, 천주교 사회교리실천 네트워크, 천주교정의평화위원회, 청년, 오늘, 청년가치협동조합, 부산퀴어행동, 탈핵부산시민연대, 평화통일센터하나, 포럼지식공감, 풍물굿패 소리결, 해운대구 시국모임, 희망세상, 노동당 부산시당, 더불어민주당 부산시당, 부산녹색당, 사회민주당 부산시당(준), 정의당 부산시당, 조국혁신당 부산시당, 진보당 부산시당, 민주노총 부산지역본부, 건설노조 부울경본부, 공공운수노조 부산본부, 공무원노조부산본부, 금속노조 부양지부, 대학노조 부경본부, 민주일반연맹 부산본부, 보건의료노조 부산본부, 사무금융노조 부울경본부, 서비스연맹 부경본부, 전교조 부산지부, 한국비정규교수노조부산대분회

4. 활동 보고

주요 일지

- 2024년 12월 4일 수요일 10시, 윤석열의 계엄 폭거 현 시국 관련 부산 시민사회·정당 대표자 비상회의, 민주노총 부산지역본부 2층 대강당
- 2024년 12월 4일 수요일 19시, 군사반란 계엄폭거 내란범죄자 윤석열즉각퇴진 부산시민대회, 서면태화 (3500명)
- 2024년 12월 11일 수요일 13시, 내란공범 국민의힘 사망선고 장례식, 국민의힘 부산시당 (30명)
- 2024년 12월 14일 토요일 15시, 내란수괴 윤석열 탄핵체포 부산시민대회, 서면 전포대로 (7만 명)
- 2024년 12월 28일 토요일, 내란수괴 윤석열 구속파면 부산시민대회 (박수영 사무실 행진 '민주공화국을 지키러 부산의 남태령으로!'), 서면 동천로~남구 박수영 국회의원 사무실 앞 (4000명)
- 2025년 1월 15일 수요일, 내란수괴 윤석열 체포 축하 부산시민 승리대회, 서면태화 (1000명)

◆ 2025년 1월 25일 토요일, 윤석열 즉각 파면 부산시민대회 "설날맞이 탄핵문화제", 서면 동천로 (2500명)

◆ 2025년 2월 22일 토요일, "극우내란집단의 준동, 어떻게 할 것인가?" 토론회, 영광도서 8층 문화홀 (120명)

◆ 2025년 3월 10일 월요일 11시, 내란수괴 구속취소와 검찰의 항고 포기에 대한 윤석열 퇴 진부산행동 입장 발표 기자회견, 부산시청 광장

◆ 2025년 3월 10일 월요일, "윤석열 구속취소와 더러운 정치검찰에 열받은 사람 다 모입시 다" 윤석열 즉각 파면 부산시민대회, 서면태화 (1000명)

◆ 2025년 4월 1일 화요일, '헌재를 포위하라 24시간 철야 집중행동' 부산 파면버스, 헌법재 판소 앞 (200여 명)

◆ 2025년 4월 4일 금요일, "내란수괴 파면! 민주주의 승리! 빛의 광장이 기어이 내란수괴를 이기고 민주공화국을 지켜냈습니다" 기자회견, 부산시청 광장 (100여 명)

◆ 2025년 4월 4일 금요일, 내란수괴 파면, 민주주의 승리! 부산시민 축하대회 빛의 광장 승 리의 밤, 서면 동천로 (3500명)

시군구 활동

◆ 2024년 12월 13일 금요일~2025년 4월 9일 수요일, 금정구 주민대회 등 (12회)

◆ 2024년 12월 13일 금요일~2025년 2월 28일 금요일, 기장군 시국대회 (10회)

◆ 2024년 12월 5일 목요일~2025년 3월 12일 수요일, 남구수영구 주민행동 (14회)

◆ 2024년 12월 13일 금요일~2025년 2월 28일 금요일, 동래구 시국회의 주민행동 (9회)

◆ 2024년 12월 13일 금요일~2025년 3월 7일 금요일, 부산진구 주민집회 (9회)

◆ 2024년 12월 14일 토요일~2025년 1월 8일 수요일, 북구 주민집회 (2회)

◆ 2024년 12월 13일 금요일, 강서구 주민행동 (1회)

◆ 2024년 12월 13일 금요일~2025년 2월 28일 금요일, 사상구 주민집회 (8회)

◆ 2024년 12월 6일 금요일~2025년 3월 7일 금요일, 사하금요촛불 및 시국모임 활동 (15회)

◆ 2024년 12월 13일 금요일~2025년 2월 21일 금요일, 동구서구 주민집회 (7회)

◆ 2024년 12월 27일 금요일~2025년 2월 28일 금요일, 연제구 시국대회 (8회)

◆ 2024년 12월 12일 목요일~2025년 3월 3일 월요일, 해운대구 시국모임 (12회)

◆ 2024년 12월 5일 목요일~2025년 3월 6일 목요일, 중구영도구 시국대회 (11회)

비상행동 소개: 지역별 비상행동의 형성과 전개

제주
윤석열정권즉각퇴진·
한국사회대전환제주행동

1. 발족 경과

윤석열정권즉각퇴진·한국사회대전환제주행동(이하 윤석열 퇴진제주
행동)은 2023년 8월 2일 출범했다. 윤석열정권의 퇴행과 반노동 반민
중 폭주를 멈추고 노동자·농민·빈민을 중심으로 각계각층이 함께
한 윤석열 퇴진과 체제 전환 투쟁을 위한 연대기구로 출범했다. 12월
3일, 비상계엄 선포 이후 정권퇴진과 사회대개혁의 대중적인 요구를
받아 제주지역의 퇴진 광장을 이끌었다.

2. 주요 활동

윤석열퇴진제주행동은 비상계엄 직후 오전 8시 제주도청 앞에서 '헌
법유린 계엄선포' 윤석열즉각퇴진 요구 기자회견을 시작으로 파면
선고까지 총 29차례의 제주도민대회를 제주시청 일대에서 진행했다.
3월 10일, 윤석열 석방을 규탄하며 조속한 파면을 촉구하는 시국농

2024년 12월 14일, 윤석열즉각퇴진 제주도민대회에 참가한 2만여 명의 제주도민, 제주시청 앞.

성장을 운영했다. 농성은 4월 4일, 파면 선고 시까지 이어졌고 농성장은 윤석열퇴진제주행동 활동가와 도민들이 함께 조속한 파면을 촉구하며 이야기를 나눌 수 있는 거점으로 작용했다. 매주 이어진 제주광장에서는 민주주의를 지키고, 불평등을 넘어 평등사회로의 사회대개혁을 위한 의제가 참가자 발언을 통해 쏟아졌다.

3. 참가 단체

민주노총 제주본부, 전농제주도연맹, 전여농제주도연합, 강정마을해군기지반대주민회, 노동당 제주도당, 노동안전과현장실습정상화를위한제주네트워크, 노동인권실현을위한노무사모임제주지부, 시민정치연대제주가치, 양용찬열사추모사업회, 정의당 제주도당, 제주녹색당, 제주민예총, 제주여민회, 제주여성인권연대, 제주여성회, 제주주권연대, 제주통일청년회, 제주평화인권센터, 제주평화인권연구소왓, 진보당 제주도당, 평등노동자회제주위원회, 제주환경운동연합, 제주참여환경연대, 제주주민자치연대, 곶자왈사람들, 제주장애인인권포럼, 제주YMCA, 제주흥사단, 제주퀴어프라이드조직위원회, 식민역사문화청산제주회의, 노동열사김 동도추모사업위원회, 강정친구들

4. 활동 보고

주요 일지

- 2024년 12월 4일 수요일 8시, '헌법유린 계엄선포' 윤석열즉각퇴진 요구 기자회견, 제주 도청 앞
- 2024년 12월 4일 수요일, 1차 윤석열 즉각 파면·처벌! 내란세력 청산! 사회대개혁! 제주 도민대회, 제주시청 (1000명)
- 2024년 12월 5일 목요일 13시, 국민의 명령이다! 국민의힘은 윤석열탄핵에 동참하라!, 제 주도의회 정문
- 2024년 12월 7일 토요일, 4차 윤석열 즉각 파면·처벌! 내란세력 청산! 사회대개혁! 제주 도민대회, 제주시청 (3500명)
- 2024년 12월 9일 월요일 11시, 2차 내란시도 즉각 중단과 내란공범 국민의힘 해산 촉구 긴급 기자회견, 국민의힘 제주도당사 앞
- 2024년 12월 10일 화요일 11시, 탄핵거부 국민의힘 소속 도의원 탈당·제명과 내란범 제 주명예도민증 취소 촉구 기자회견, 제주특별자치도의회
- 2024년 12월 14일 토요일, 10차 윤석열 즉각 파면·처벌! 내란세력 청산! 사회대개혁! 제 주도민대회, 제주시청 (2만 명)
- 2024년 12월 16일 월요일 10시 30분, 탄핵안 가결에 따른 제주행동 기자회견, 제주특별 자치도의회
- 2024년 12월 27일 금요일 11시, 탄핵거부 내란공범 국민의힘 해체 기자회견, 국민의힘 제 주도당 앞
- 2025년 1월 4일 토요일, 15차 윤석열 즉각 파면·처벌! 내란세력 청산! 사회대개혁! 제주 도민대회, 제주시청 (1000명)
- 2025년 1월 20일 월요일 11시, 윤석열 즉각 파면과 법원 난입 극우 폭동 엄중처벌 촉구 기 자회견, 제주특별자치도의회
- 2025년 3월 10일 월요일 14시, 내란수괴 윤석열 석방 규탄과 즉각 파면 촉구 기자회견, 제주도의회
- 2025년 3월 10일 월요일 14시~4월 4일(금) 12시, 내란수괴 윤석열 헌법재판소 즉각 파

면 촉구 시국농성 (26일간 운영), 제주시청 앞 시국농성장

◆ 2025년 4월 4일 금요일, 29차 윤석열 즉각 파면·처벌! 내란세력 청산! 사회대개혁! 제주
도민대회, 제주시청 (500명)

◆ 2025년 4월 7일 월요일 11시, 헌법재판소의 전원일치 윤석열 파면 선고에 따른 제주행동
기자회견, 제주도의회

◆ 2025년 5월 10일 토요일, 30차 윤석열 즉각 파면·처벌! 내란세력 청산! 사회대개혁! 제주
도민대회, 제주시청 (200명)

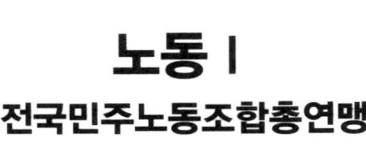

노동 |
전국민주노동조합총연맹

1. 발족 경과

비상계엄이 선포된 직후 민주노총은 12월 4일 14시 10분 국회 앞 금속노조 자동차판매연대지회 농성장에서 비상 중앙집행위원회를 열고, 윤석열정권 퇴진 시까지 무기한 총파업 돌입과 전 국민 비상행동을 진행한다는 지침을 정했다. 그런 뒤 윤석열의 계엄을 막아내고 윤석열 파면을 위한 투쟁에 돌입해 파면될 때까지 전 조직적 투쟁을 전개해 나갔다.

2. 주요 활동

민주노총은 12월 한강진 관저 투쟁과 결의대회를 시작으로, 1월 확대간부 철야농성을 전개하며 윤석열정권 퇴진과 사회대개혁을 향한 결의를 다졌다. 2월 전 조합원 행동의 날을 거쳐 3월에는 1만 간부 선전전과 비상 결의대회, 전국노동자대회를 통해 투쟁의 열기를 전국

2024년 12월 7일, 국회 앞 도로를 열었던 민주노총, 국회 앞.

적으로 확산시켰다.

특히 3월 20일 총파업 선포를 기점으로 22일 전국 동시다발 총궐기와 27일 총파업·총력투쟁을 단행하며 정권 압박 수위를 최고조로 높였다. 이어 4월에는 헌법재판소 앞 양대노총 24시간 철야 집중행동 선포 결의대회와 임시 대의원대회를 통해 '기각 시 항쟁'을 천명하며 파면 선고 직전까지 강도 높은 투쟁을 이어갔다.

3. 활동 보고

주요 일지

- ◆ 12월 4일 수요일, 민주노총 비상 중앙집행위원회 및 무기한 총파업 선포, 국회 앞
- ◆ 12월 12일 목요일, 민주노총 투쟁, 한강진 대통령 관저 앞
- ◆ 12월 21일 토요일, 윤석열 반노동정책 폐기, 사회대개혁실현 민주노총 결의대회
- ◆ 1월 3일 금요일, 민주노총 확대간부 윤석열 체포·구속 촉구 철야 투쟁
- ◆ 2월 15일 토요일, 윤석열 즉각 파면, 사회대개혁! 민주노총 전 조합원 행동의 날
- ◆ 3월 4일 화요일, 윤석열 파면 촉구, 사회대개혁 실현! 1만 간부 집중 실천 선전전
- ◆ 3월 11일 화요일, 내란 종식! 윤석열 즉각 파면! 민주노총 전국단위사업장 대표자 비상 결의대회 (1박 2일)
- ◆ 3월 15일 토요일, 내란세력청산! 사회대개혁 쟁취! 3·15 전국노동자대회
- ◆ 3월 20일 목요일, 내란수괴 윤석열 즉각 파면 민주노총 총파업·총력투쟁 선포
- ◆ 3월 22일 토요일, 윤석열 즉각 파면 전국 동시다발 민주노총 총궐기 행진
- ◆ 3월 25일 화요일, 윤석열 즉각 파면을 위한 민주노총 총파업 지지 민주노총 전직 중앙집행위원 기자회견
- ◆ 3월 27일 목요일, 윤석열 즉각 파면 민주노총 총파업·총력투쟁
- ◆ 4월 1일 화요일, 헌법재판소를 포위하라! 윤석열을 파면하라! 양대노총 24시간 철야 집중행동 선포 결의대회
- ◆ 4월 3일 목요일, 민주노총 83차 임시 대의원대회 '기각이면 항쟁이다'
- ◆ 4월 3일 목요일, 헌법재판소에 경고한다! 윤석열을 지금 당장 파면하라! 민주노총 행진 결의대회

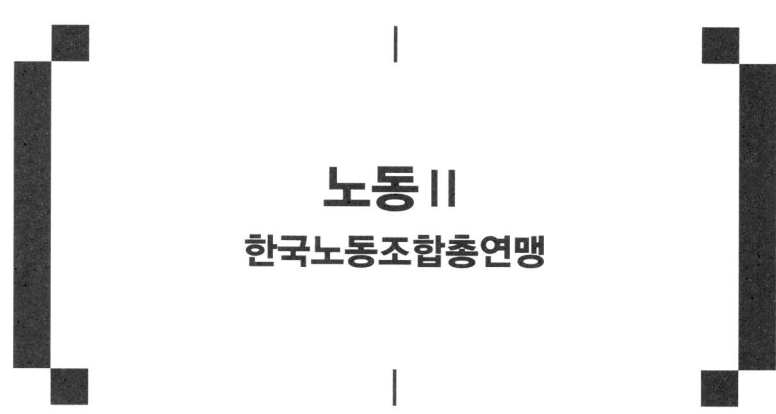

노동 II
한국노동조합총연맹

1. 발족 경과

한국노총은 비상계엄 선포 직후인 12월 4일 109차 한국노총 중앙집행위원회를 개최, 내란수괴 윤석열 퇴진을 위한 전 조직적 투쟁을 결의하고 파면의 그 날까지 총력투쟁을 전개했다. 이로써 비상행동의 각종 기자회견, 집회 등에 조직적으로 결합하였으며, 1월 '내란수괴 윤석열 체포·구속을 위한 한국노총 농성투쟁' 등 독자적인 실천투쟁도 추진했다. 또한 3월 비상행동 광화문 농성에 전 조직적으로 결합하는 한편 '내란 우두머리 윤석열 신속 파면 촉구 한국노총 시국선언', '한국노총 단위노조대표자 및 간부 결의대회', '24시간 철야 집중행동 선포 결의대회' 등을 전개하는 등 선도적 투쟁을 진행했다.

2. 주요 활동

한국노총은 2024년 12월 중앙집행위원회를 기점으로 윤석열 대통령

2025년 3월 26일 수요일, 윤석열 즉각 파면을 위한 전국단위노조대표자대회 및 간부 결의대회, 광화문.

퇴진을 촉구하는 기자회견을 열며 본격적인 투쟁에 돌입했다. 2025년 1월에는 조합원 결의대회와 천막농성을 통해 내란수괴의 체포와 구속을 강력히 요구하며 투쟁의 강도를 높였다.

3월부터는 양대노총 공동 기자회견과 시국선언을 통해 신속한 파면을 촉구하는 한편, 단식 천막농성과 단위노조대표자 결의대회로 조직적 역량을 총결집했다. 4월 파면 선고 직전에는 양대노총 24시간 철야 집중행동 선포 결의대회와 집중 농성을 전개하며 헌법재판소의 8 대 0 파면결정을 압박했다. 마침내 4월 4일 파면 선고와 함께 투쟁승리 보고대회를 개최하며 4개월간의 퇴진투쟁을 승리로 마무리했다.

3. 활동 보고

주요 일지

◆ 2024년 12월 4일 수요일, 109차 한국노총 중앙집행위원회 및 윤석열 대통령 퇴진 촉구 한국노총 기자회견 개최

◆ 2025년 1월 10일 금요일, 내란수괴 윤석열 체포·구속을 위한 한국노총 조합원 결의대회

◆ 2025년 1월 10일 금요일~1월 15일 수요일, 내란수괴 윤석열 체포·구속을 위한 한국노총 조합원 결의대회 및 천막농성 투쟁

◆ 2025년 3월 4일 화요일, 윤석열 파면 촉구 양대노총 기자회견

◆ 2025년 3월 8일 토요일~4월 4일 금요일, 윤석열즉각퇴진·사회대개혁비상행동, 한국노총 단식 천막농성

◆ 2025년 3월 10일 월요일, 내란 우두머리 윤석열 신속 파면 촉구 한국노총 시국선언

◆ 2025년 3월 26일 수요일, 한국노총 단위노조대표자 및 간부 결의대회

◆ 2025년 4월 1일 화요일, 양대노총 24시간 철야 집중행동 선포 결의대회

◆ 2025년 4월 3일 목요일~4월 4일 금요일, 내란수괴 윤석열 8 대 0 끝장 한국노총 집중 철야농성

◆ 2025년 4월 4일 금요일, 윤석열 파면 선고! 한국노총 투쟁승리 보고대회

[농민 I
전국농민회총연맹

1. 발족 경과

윤석열은 집권 후 '양곡관리법' 개정안에 최초로 거부권을 행사했다. 2024년 7월 4일 전국농민대회에서 청년 농민 한 명이 폭력적으로 연행됐다. 윤석열에 맞서 농민들은 11월 9일 전봉준투쟁단 발대식을 열고 윤석열 퇴진을 천명했다. 12월 16일부터 시작된 '세상을 바꾸는 전봉준투쟁단 트랙터 대행진'은 21일 남태령에서 경찰 차벽에 막혔으나 시민들의 빛나는 연대로 '남태령 대첩'을 만들어 역사상 처음으로 트랙터의 서울 입성을 이뤄냈다. 하지만 2025년 1월 농림축산식품부 송미령 장관은 '벼 재배면적 강제감축' 이라는 내란농정을 잇는 정책을 발표하였고 이를 막아내는 투쟁을 동시 전개하였다. 이후 2025년 3월 25일에는 2차 남태령 투쟁, 전봉준투쟁단 광화문 농성장 설치 등 가열찬 투쟁을 진행하였다.

2024년 12월 22일 일요일, 시민들의 연대로 경찰의 차벽을 뚫고 한남동으로 진격하는 트랙터, 남태령.

2. 주요 활동

윤석열의 비상계엄 선포 직후 전국의 시군농민회는 매일 혹은 매주 각 시군에서 열리는 지역촛불을 진행하며 지역에서의 촛불을 책임졌고, 현수막 게시와 출퇴근 선전전을 진행하며 윤석열 퇴진의 목소리를 전국적으로 퍼트리는 역할을 수행했다. 더불어 전봉준투쟁단 트랙터 대행진, 전봉준투쟁단 집중 상경투쟁, 전봉준투쟁단 서울 재진격, 윤석열 즉각 파면 24시간 집중행동 등 서울에서 진행되는 투쟁에도 적극적으로 결합하며 윤석열 퇴진투쟁의 가장 앞에 서기 위해 노력했다.

3. 활동 보고

주요 일지

◆ 2024년 12월 7일 토요일, 내란죄 윤석열 퇴진! 국민주권 실현! 사회대개혁! 범국민촛불대행진, 국회 앞

◆ 2024년 12월 14일 토요일, 내란수괴 윤석열 즉각 탄핵! 범국민촛불대행진 농민 상여 행진, 국회 앞

◆ 2024년 12월 16일 월요일, 내란수괴 윤석열 체포·구속! 내란동조 국민의힘 해체! 개방농정 철폐! 사회대개혁 실현! 세상을 바꾸는 전봉준투쟁단 트랙터 대행진 서군 출정식, 전남 도청 앞

◆ 2024년 12월 16일 월요일, 내란수괴 윤석열 체포·구속! 내란동조 국민의힘 해체! 개방농정 철폐! 사회대개혁 실현! 세상을 바꾸는 전봉준투쟁단 트랙터 대행진 동군 출정식, 경남 서부청사 앞

◆ 2024년 12월 21일 토요일~12월 22일 일요일, 내란수괴 윤석열 체포·구속! 농민 행진 보장 촉구 시민대회, 남태령

◆ 2025년 1월 15일 수요일, 벼 재배면적 강제감축 규탄 농민 결의대회, 농림축산식품부 앞

◆ 2025년 3월 12일 수요일, 내란수괴 윤석열 즉각 파면하라! 전봉준투쟁단 1박 2일 집중 상경투쟁, 광화문 전봉준투쟁단 농성장

◆ 2025년 3월 15일 토요일, 윤석열 즉각 파면! 내란농정 종식! 농정대개혁 실현! 전국농민대회, 광화문 동십자각

◆ 2025년 3월 25일 화요일, 윤석열 즉각 파면! 내란세력 청산! 전봉준투쟁단 서울 재진격, 남태령

◆ 2025년 3월 26일 수요일, 경찰 트랙터 불법견인 저지 투쟁, 경복궁역 인근

◆ 2025년 4월 1일 화요일~2일 수요일, 전국농민회총연맹 24시간 철야 집중행동, 헌법재판소 앞

시군구 활동

◆ 온라인 기념관에 게재함

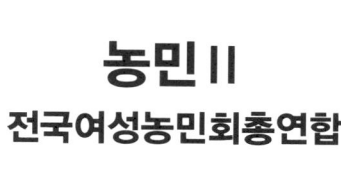

농민 II
전국여성농민회총연합

1. 발족 경과

전국여성농민회총연합(전여농)은 1989년 12월 18일 창립하여, 전국 9개 도, 60여 개의 시군, 3만 여 명의 회원으로 이루어진 여성농민단체다. 전여농은 지속가능한 농업, 대안의 농업, 국민과 함께하는 농업을 위해 고민하고 투쟁하는 조직이다.

2. 주요 활동

2024년 11월 9일, 8년 만에 다시 전봉준투쟁단의 닻을 올렸다. 12월 16일 월요일부터 동군, 서군으로 나뉘어 트랙터 대행진을 시작했다. 12월 21일 토요일 수원시청을 출발하여 남태령에서 경찰에 차단되었지만, 연대의 힘으로 12월 22일 일요일 경찰 차벽을 열고 한남동으로 진격했다. 3월 15일 금요일 전봉준투쟁단 3·15 농민대회를 열고, 3월 25일 화요일 '다시 서울로 진격' 참가 지침을 내리며 윤석열 퇴진

2025년 3월 12일 수요일, 윤석열 즉각 파면 촉구 농업 먹거리단체 기자회견 후 기념사진, 광화문 농성장 앞.

의 마중물 역할을 끝까지 수행했다. 농어업·농어촌 먹거리 대전환을 위한 활동, 한덕수 해임 긴급 서명, 제주 지귀연·오창훈 판사 사법농단 파기환송 대법원 1인 시위, 송미령 유임 철회 농민 대표 노숙농성 등을 진행하였다.

3. 활동 보고

주요 일지

- ◆ 2024년 12월 7일 토요일 15시, 내란죄 윤석열 퇴진! 국민주권 실현! 사회대개혁! 범국민 촛불대행진, 여의도 국회 앞
- ◆ 2024년 12월 16일 월요일, 내란수괴 윤석열 체포·구속! 내란동조 국민의힘 해체! 개방 농정 철폐! 사회대개혁 실현! 세상을 바꾸는 전봉준투쟁단 트랙터 대행진, 전남도청 앞
- ◆ 2024년 12월 22일 일요일, 내란수괴 윤석열 체포구속 농민 행진 보장 촉구 시민대회, 남

태령

◆ 2025년 3월 15일 금요일 13시, 윤석열 즉각 파면! 내란농정 종식! 농정대개혁 실현! 3·15 전국농민대회(전여농 1박 2일 상경투쟁), 광화문 단식농성장

◆ 2025년 3월 19일 화요일, 3·19 민주수호의 날 윤석열 즉각 파면 한 끼 단식

◆ 2025년 3월 21일 목요일, [성명 발표] 윤석열 대통령의 파면과 새로운 사회 건설을 위한 한국농민운동(KPL, KWPA) 투쟁에 대한 지지와 강력한 연대, 케냐 나이로비

◆ 2025년 3월 25일 화요일 13시 30분, 윤석열 즉각 파면! 내란세력 청산! 전봉준투쟁단 서울 재진격, 남태령

◆ 2025년 4월 15일 화요일 10시, 불평등 불공정 판결한 사법부 규탄! 여성농민, 여성노동자 석방하라! 기자회견, 제주지방법원 앞

시군구 활동

◆ 2024년 8월 7일 수요일, 전북여성농민 결의대회, 전북특별자치도청 광장

◆ 2024년 8월 21일 수요일, 강원여성농민대회

◆ 2024년 9월 28일 토요일, 농업말살 윤석열 퇴진 강원농민대회, 전북 농민대회

빈민
빈민해방실천연대

1. 발족 경과

빈민해방실천연대(민주노점상전국연합, 전국철거민연합)는 윤석열정권 1년간 폭력과 탄압으로 가장 고통받던 노동자, 농민, 도시빈민이 윤석열 퇴진투쟁에 앞장설 것을 결심하며, 노·농·빈이 주축이 되어 윤석열정권 퇴진 운동본부 구성을 제안하고 윤석열정권 퇴진투쟁을 본격적으로 시작했다. 특히 10월 8일부터는 윤석열정권 퇴진 국민투표를 진행하며 정권퇴진의 여론을 형성했다.

2024년 12월 3일 윤석열정권의 비상계엄 선포로 윤석열정권 퇴진운동본부(준)를 해소하고 비상행동에 결합하여 빈민들의 정권 퇴진운동을 만들어갔다.

2. 주요 활동

빈민해방실천연대는 2023년 양회동 열사의 죽음 이후, 민주노총·전

2025년 4월 2일 수요일, 파면 선고 전날 헌법재판소 앞 24시간 농성투쟁, 안국동 사거리.

농·전여농과 함께 윤석열퇴진운동본부 결성을 추진하며 윤석열 퇴진투쟁을 시작했다. 2023년 7월 15일부터 9월 16일까지 세 차례의 윤석열정권 퇴진 범국민대회에 집중 참여했다. 2024년에는 거부권 남발 윤석열 거부 긴급행동에 참여하며 18회의 집회 및 기자회견 등에 참여했다.

2024년 10월 8일부터 전국을 순회하며 윤석열 퇴진 국민투표 운동을 진행했다. 노점 마차와 5일장, 요일장, 철거투쟁 농성장 등에서 노점과 시장을 찾은 손님들과 시민들에게 윤석열 퇴진 국민투표를 받으며 퇴진 여론을 형성해나갔다. 비상계엄 선포 후 12월 9일 윤석열퇴진운동본부(준)를 해소하고 윤석열즉각퇴진!사회대개혁비상행동에 공동의장단으로 활동하며 주요투쟁 집중결합과 시기별·사안별 빈민 기자회견, 대회 등을 진행했다.

빈민해방실천연대 단위들에서는 비상행동 지역·자치구 조직들에 결합해 활동했다.

3. 활동 보고

주요 일지

◆ 2024년 12월 7일 토요일 13시, 윤석열 퇴진! 2024 빈민대회, 여의도 산업은행 본점 앞 (2000명)

◆ 2025년 3월 1일 토요일 16시, 윤석열즉각퇴진! 사회대개혁 범시민대행진 집중 참가, 경복궁역 (300명)

◆ 2025년 3월 6일 목요일 11시, 민주주의 파괴! 빈곤과 차별 심화! 윤석열을 파면하라! 윤석열 파면 촉구 빈민·장애인 기자회견, 헌법재판소 앞

◆ 2025년 3월 13일 목요일 15시, 도시빈민의 이름으로 윤석열을 파면한다! 빈민해방실천연대(민주노련, 전철연) 시국선언, 광화문농성장 (40명)

◆ 2025년 3월 26일 수요일 16시 30분, 윤석열 파면! 빈곤·차별 철폐! 2025년 326빈민·장애인대회, 서울시청 동편 도로 (2000명)

◆ 2025년 3월 15일 토요일 16시, 윤석열즉각퇴진! 사회대개혁 범시민대행진 집중 참가, 경복궁역 (500명)

◆ 2025년 4월 1일 화요일 19시, 헌법재판소를 포위하라! 8:0 윤석열을 파면하라! 24시간 철야 집중행동 집중 참가, 안국역 헌법재판소 앞 (100명)

시군구 활동

◆ 2024년 2월 29일 목요일~2025년 1월 4일 토요일, 제1차~제19차 대전시민대회

◆ 2024년 12월 4일 수요일, 불법계엄 철폐! 내란죄 윤석열 처벌! 대전시민항쟁 선포 기자회견

◆ 2024년 12월 9일, 월요일 질서 있는 퇴진 따위 필요 없다! 윤석열을 즉시 탄핵하고 국민의힘 해체하라! 탄핵폐기 내란공범 국민의힘 해체! 대전지역 기자회견

◆ 2024년 12월 16일 월요일, 윤석열 구속! 국민의힘 해체! 사회대전환! 윤석열정권퇴진대전운동본부 입장 발표 기자회견

◆ 2024년 12월 31일 화요일, 내란특검법, 김건희 특검법 즉시 공포 촉구 전국 동시다발 대전지역 기자회견

기후환경

1. 발족 경과

윤석열 정부의 비상계엄 선포와 탄핵 국면에서 기후환경 분야는 별도의 신규 조직을 발족하기보다, 기존의 연대기구를 중심으로 즉각적인 공동대응에 나섰다. 한국환경회의, 기후위기비상행동, 기후정의동맹, 탈핵시민행동 등 주요 연대체들은 비상계엄 직후부터 계엄의 위헌성과 민주주의 파괴를 규탄하며 공동성명과 기자회견을 진행했다. 이들은 윤석열정권의 계엄 시도를 단순한 정치 위기가 아니라, 기후위기 대응과 생태 전환을 후퇴시키는 '기후퇴행의 정치'로 규정했다. 이후 기후환경단체들은 광장 집회와 연속 행동에 참여하며 민주주의 회복과 기후정의를 동시에 요구하는 공동 실천을 이어갔다. 이러한 대응은 기후위기 문제를 광장의 핵심 의제로 가시화하고, 사회대개혁 논의로 확장하는 계기가 되었다.

● 출처: 기후위기비상행동

2025년 2월 15일 토요일, 11차 범시민대행진에서 윤석열정권의 기후환경정책을 비판하는 피켓을 든 시민들, 광화문.

2. 주요 활동

기후위기비상행동 등 5개 기후환경 연대기구는 2024년 12월 4일 계엄 규탄 기자회견을 시작으로 윤석열정권 퇴진과 기후정의 실현을 위한 행동에 돌입했다. 기후환경 연대기구는 12월 말부터 1월까지 매주 토요일마다 광화문, 안국역, 의정부 등지에서 '기후정의 오픈마이크'를 열어 "기후위기와 민주주의 위기는 하나"라는 메시지를 시민들에게 전했다.

이러한 지속적인 활동은 2월 8일 광화문 월대 앞에서 열린 '민주주의 기후정의 광장' 집회로 결집되어 정권 퇴진의 목소리를 높였다. 이후에도 2월 20일 헌법재판소 앞 파면 촉구 기자회견과 3월 12일 시국선언 기자회견을 연이어 개최하며, 내란수괴 파면과 민주주의 회복이 곧 기후정의를 지키는 길임을 천명하고 광장 투쟁을 이어갔다.

3. 활동 보고

주요 일지

- 2024년 12월 4일 수요일, 반헌법적 계엄 규탄, 민주주의 회복, 윤석열 퇴진 촉구 기자회견, 광화문 이순신 동상 앞
- 2024년 12월 21일 토요일, 윤석열 퇴진·기후정의 오픈마이크·범시민대행진, 서울 광화문 일대 (경복궁역 4번 출구~동십자각)
- 2024년 12월 28일 토요일, 윤석열 퇴진 기후정의 오픈마이크, 서울 안국역 북인사마당
- 2025년 1월 4일 토요일, 기후정의 오픈마이크, 서울역사박물관 앞 광장
- 2025년 1월 18일 토요일, 윤석열 퇴진·기후정의 오픈마이크, 경기 의정부시 역사유적광장
- 2025년 1월 21일 화요일 19시, 윤석열 끝내러 가는 기후정의 집담회 (온라인 간담회), 온라인 ZOOM
- 2025년 1월 25일 토요일, 6차 기후정의 오픈마이크, 서울 광화문 월대 앞
- 2025년 2월 8일 토요일 15시, '민주주의 기후정의 광장' 집회, 광화문 월대 앞
- 2025년 2월 20일 목요일, '기후정의의 이름으로 윤석열 대통령을 파면하라' 기후환경단체 공동 기자회견, 광화문 이순신 동상 앞
- 2025년 3월 12일 화요일 11시, '내란수괴 윤석열 파면! 민주주의 회복!' 기후환경단체 시국선언 기자회견, 서울 종로구 서십자각터 (윤석열즉각퇴진 농성장 앞)

여성

1. 발족 경과

124일의 시간 동안 여성 시민들은 평등·돌봄·연대의 가치를 행동으로 실천하며 광장에서 새로운 민주주의의 모습을 만들어갔다. 계엄군에 맞서 국회를 지키고, 추운 밤을 버티는 동료 시민들을 위해 방한용품과 음식, 여성용품, 약품 등을 나누는 돌봄의 정치는 광장 곳곳에서 자발적으로 펼쳐졌다. 시민들은 스스로를 페미니스트, 퀴어, 노동자로 호명하며 정체성을 적극적으로 드러내고, 서로의 의제에 공감하며 모두가 평등한 사회를 만들자는 요구를 확장했다.

여성 청년들이 들고나온 다양한 색과 형태의 응원봉은 민주주의를 지키기 위한 새로운 상징이 되었고, 광장은 윤석열 퇴진 이후 한국사회가 나아가야 할 방향을 보여주는 장이 되었다. 시민들은 발언과 피켓, 구호를 통해 존엄하고 평등한 사회에 대한 메시지를 지속적으로 제기했으며, 광장 밖에서도 다양한 현장과 연대하며 민주주의·인

2025년 3월 8일 토요일, 내란 종식과 민주주의 회복을 위한 3·8세계여성의 날 집회에 참여한 시민들, 광화문 앞.

권·평화의 가치를 확장했다.

2. 주요 활동

여성단체들은 한국사회가 모두에게 존엄하고 평등한 사회가 될 수 있도록 비상행동 내 공동의장단, 공동운영위원장단, 상황실, 사회대개혁위원회에서 활발한 활동을 벌였다. 공동의장단, 공동운영위원장단, 사회대개혁위원회 등 주요 의사결정 구조에서의 성별 균형을 고려하여 여성들의 참여를 확대하기 위해 노력했다.

또한 과거 박근혜 퇴진 집회 당시 집회 현장에서 목격된 여성과 소수자에 대한 혐오와 차별, 배제가 다시는 반복되지 않도록 비상행동 상황실 내에 차별과 혐오 없는 집회를 실제로 기획하고 운영해나가기 위한 노력을 다방면으로 진행하였다.

여성연합은 '평등 집회를 위한 약속문'을 제작하여 12월 7일 집회 때부터 사용될 수 있도록 공유하였고, 이후 매 집회 시 사회자가 광장의 참여자들에게 해당 내용을 공유하는 것뿐 아니라 집회 내 발언자와 공연자에게 사전에 약속문을 공유하고, 공연자의 플레이리스트에 차별적이거나 혐오적인 표현이 없는지 확인하여 차별과 배제의 언어가 아닌 모두의 존엄과 평등을 위한 언어가 집회 내에서 사용될 수 있도록 노력하였다.

3. 활동 보고

주요 일지

◆ 2024년 12월 4일 수요일, '윤석열 대통령은 지금 당장 비상계엄을 해제하라' 긴급성명 발표
◆ 2024년 12월 4일 수요일, '폭주하는 남성성의 시대는 끝났다', '이게 바로 안티페미니스트 정치의 말로' 현수막 액션, 광화문
◆ 2024년 12월 4일 수요일, '불법 비상계엄 선포한 윤석열 대통령은 즉각 사퇴하라' 성명 발표
◆ 2024년 12월 6일 금요일, '여성계 시국선언 기자회견' 대한민국 헌정질서와 민주주의를 파괴한 내란죄 범죄자 윤석열을 여성 시민의 이름으로 파면한다
◆ 2024년 12월 7일 토요일, '페/미/니/스/트/가/요/구/한/다/윤/석/열/은/물/러/나/라' 여의도 대형피켓 액션, 여의도
◆ 2024년 12월 7일 토요일, '반성 없는 성폭력 2차 가해자는 민주주의 광장 무대에서 빠져라' 성명 발표
◆ 2024년 12월 9일 월요일, '제주여성이 요구한다, 윤석열은 즉각퇴진하라!' 공동성명 발표
◆ 2024년 12월 14일 토요일, '여성은 언제나 광장에 있었다' '퀴어는 언제나 광장에 있었다' 피켓 액션
◆ 2024년 12월 28일 토요일, '해피 탄핵 뉴이어' 피켓 액션
◆ 2025년 1월 4일 토요일, '뒤집어라 젠더체제, 구속하라 윤석열' 트랜스젠더 배제 대항 피켓 액션

- 2025년 1월 6일 월요일, '페미니스트가 요구한다 윤석열 물러나라' 페미존 스티커 배부
- 2025년 1월 18일 토요일, '페미니스트가 요구한다, 윤석열은 물러나라' 휠체어 시민과 함께하는 행진, 광화문 비상행동 집회
- 2025년 1월 25일 토요일, '페미니스트가 요구한다 극우파시즘은 물러나라' 서부지법극우폭동 대항 피켓 액션
- 2025년 2월 5일 수요일, 윤석열 퇴진! 평등으로 가는 수요일, '페미-퀴어와 함께! 혐오는 퇴진, 평등은 전진' 집회
- 2025년 2월 8일 토요일, '민주주의 구하는 동덕여대 학생들과 연대합니다' 동덕여대 학내시위 폄훼 대항 피켓 액션
- 2025년 2월 18일 화요일, '더 이상 성평등 후퇴는 없다. 헌법재판소는 윤석열을 즉각 파면하라' 윤석열 파면 촉구 기자회견
- 2025년 2월 22일 토요일, '탄핵은 끝이 아니라 시작이다' 피켓 액션 행진
- 2025년 2월 27일 목요일, 2025년 3·8세계여성의 날 117주년 기념 제주지역 여성대회 선포 기자회견
- 2025년 3월 1일 토요일, '우리는 페미-퀴어 대통령을 원한다' 피켓 액션 행진
- 2025년 3월 5일 수요일, 헌법재판소의 윤석열 즉각 파면을 위한 헌법재판소 의견서 제출
- 2025년 3월 6일 목요일, 극우세력 이화여대 난입 폭력에 대한 즉각 수사·강력 처벌 촉구 기자회견
- 2025년 3월 8일 토요일, '내란 종식과 민주주의 회복을 위한 3·8 여성 1만 인 선언' 발표
- 2025년 3월 8일 토요일, 2025년 3·8세계여성의 날 117주년 기념 제주지역 여성대회
- 2025년 3월 13일 목요일, 윤석열 즉각 파면 촉구 페미니스트 시국선언
- 2025년 4월 4일 금요일, '성차별주의자 내란수괴 윤석열이 파면됐다 성평등 민주주의가 승리했다' 논평 및 성명 발표
- 2025년 4월 5일 토요일, '이게 바로 안티페미니스트 정치의 말로' 현수막 액션
- 2025년 4월 10일 목요일, 평등이 지킨 민주주의, '차별금지법 있는 나라로 광장의 승리 이어가자' 기자회견

비상행동 소개: 부문별 조직의 참여와 연대

성소수자

윤석열퇴진성소수자공동행동

1. 발족 경과

윤석열퇴진성소수자공동행동(이하 공동행동)은 2024년 12월 5일, 성소수자차별반대무지개행동(현 성소수자인권단체연합무지개행동)이 온라인 긴급회의를 통해 발족했다. 민주주의 파괴에 함께 저항하고, 성소수자들 역시 광장과 집회 현장에 존재함을 가시적으로 드러내려는 취지로 출범했다.

공동행동은 2024년 12월 5일 첫 대응을 시작으로 2025년 4월 4일 윤석열 파면 선고까지 활동했으며, 이후 2025년 6월 14일 서울퀴어퍼레이드 행진 트럭 참여 이후 공식적으로 해산했다.

2. 주요 활동

공동행동은 2024년 12월 6일 여의도 국회 앞에서 열린 비상행동 집회에 처음 참여했다. 이후 매주 1~2회 회의를 이어가며 성소수자 시

2024년 12월 14일, 국회의 탄핵소추안 가결을 기다리는 성소수자와 앨라이 시민들, 여의도공원.

민의 가시성을 극대화하기 위해 '무지개존'을 공식 운영했다. 초창기 매일 집회가 이어지던 시기에는 연속 참여했고, 내란 국면이 장기화된 이후에는 매주 토요일 집회를 중심으로 무지개존을 꾸렸다.

매주 약 100여 명의 성소수자와 앨라이(ALLY)가 참여해 "민주주의 지키는 성소수자, 성소수자 지키는 민주주의"를 외치며 윤석열 퇴진과 평등사회를 요구했다.

공동행동은 집회 외에도 다양한 정치·사회 대응활동을 전개했다.

12월 13일 광화문에서 성소수자 시국선언 기자회견을 열었으며, 무지개존에서는 혼인평등(모두의 결혼) 캠페인, 슬로건 피켓·스티커 배포, 오픈마이크, 개인 피켓 제작 프로그램 등을 운영했다. 3월에는 성소수자 공론장 '무지개로 칠하는 세상'을 개최하고, 혐오·내란 옹호 대응 자료집 〈극우리포트〉를 500부 제작해 국회의원들에게 배포했다. 이어 3월 19일 광화문 거리강연 '그것이 알고 싶다: 대한민국 극우리포트'를 진행하며 한국 극우세력이 반젠더·성차별·소수자 혐오를 기반으로 세력을 확장해온 구조를 알렸다.

3. 활동 보고

주요 일지

- 2024년 12월 6일 금요일부터, 여의도 – 광화문 비상행동 집회 무지개존 운영 및 모두의 결혼 캠페인, 여의도~광화문 일대
- 2024년 12월 13일 금요일 10시, 성소수자 시국선언 기자회견, 광화문
- 2024년 12월 25일 수요일, '평등으로 가는 수요일' 크리스마스 집회
- 2025년 3월 6일 목요일, 성소수자 공론장 '무지개로 칠하는 세상'
- 2025년 3월 초, 혐오·가짜뉴스 대응 자료집 〈극우리포트 – 성소수자 혐오에서 내란 옹호까지〉 발송, 국회의원실
- 2025년 3월 8일 토요일, 3·8 여성대회 무지개존·트랜스존 운영, 온·오프라인
- 2025년 3월 12일 수요일 14시, '청년 성소수자의 이름으로 윤석열을 파면한다' 기자회견
- 2025년 3월 12일 수요일 15시, 윤석열즉각퇴진 성소수자 시국선언 기자회견
- 2025년 3월 19일 수요일, 거리강연 '그것이 알고 싶다: 대한민국 극우리포트', 광화문
- 2025년 3월 27일 목요일 15시, '평등시민 총파업'
- 2025년 4월 1일 화요일~4월 2일 수요일, 차별금지법제정연대와 함께 24시간 철야 집중행동 텐트촌 운영

청년청소년 I
전국대학생시국회의

1. 발족 경과

전국대학생시국회의는 학교별로 시국선언을 제안하거나 동참한 대학생들이 자발적으로 모여 결성한 연대체로, 당일 기준 31개 대학 학생들이 모여 2024년 12월 10일 국회 앞에서 발족했다. 대학가에서는 비상계엄이 있기 전 10월 말부터 '윤석열 퇴진'을 요구하는 시국선언이 진행되었다. 예전과 같이 대학 및 사회문제에 공동으로 대응하는 상설 연대체는 없지만, 윤석열 퇴진과 사회대개혁을 바라는 대학생들의 목소리를 힘 있게 전달하고 지속하기 위해 개인 및 단체로 참여할 수 있는 전국적 연대체를 마련했다.

2. 주요 활동

전국대학생시국회의는 2024년 12월 7일부터 2025년 4월 19일까지 19차에 이르는 전국대학생시국대회를 진행했다. 여의도 KDB산업은행 앞에서 열린 12월 7일 1차, 12월 14일 2차 대회는 전국 집중 집회로 각각 2000명과 5000명 이상이 참가했다. "안전하게 살고싶 다"(2024년 12월 7일 1차 대회), "참사의 시대 대학생이 바꾼다"(2025년 1월 4일 1차, 4차, 5차 대회) 등 피켓에서 드러나듯이 특히 사회적 참사에 대 한 문제의식을 바탕으로 안전이 우선되는 사회 구조적 변화를 촉구 했다. 시국회의 대학생들은 자체 집회뿐 아니라 매주 비상행동 집회 에 참가해 모금 자원봉사 역할을 수행했다.

윤석열 파면 선고 전까지는 파면 촉구를 위한 활동을 전개했다. 헌 법재판소의 선고가 지연될 때 만장일치 파면 촉구 전국 대학 1만 명 서명을 모아 헌법재판소에 제출하고, 파면 촉구를 위한 삼보일배를 진행했다. 부산 지역 대학생 7명은 비상행동 의장단 단식 시기 서울 에 올라와 단식에 함께하기도 했다. 2025년 2월 25일에는 한국외국 어대학교에서 '청소년·대학생·청년 시국 원탁회의'를 열어 퇴진 이 후 다시 만들 세계를 토론했고, 이는 파면 이후 2025년 5월 25일 덕수 궁 돌담길에서 1000인 원탁회의로 이어졌다.

3. 활동 보고

주요 일지

◆ 2024년 12월 7일 토요일 13시 30분, 윤석열 퇴진 전국대학생시국대회 (1차), 여의도 KDB 산업은행 앞 (2000명)

◆ 2024년 12월 21일 토요일, 윤석열 퇴진 3차 대학생 시국대회 (대통령 관저 항의 엽서 500장 작성 후 발송), 경복궁 서십자각터 (2000명)

◆ 2025년 2월 25일 화요일, 청소년·대학생·청년 시국 원탁회의: 퇴진 이후 우리가 다시 만 들 세계, 한국외국어대학교 오바마홀 (250명)

◆ 2025년 3월 1일 토요일 14시 20분, 윤석열 퇴진 13차 전국대학생시국대회 3·1절 106주년 '내란 종식 만세' 퍼포먼스, 광화문 월대 앞 (300명)

◆ 2025년 3월 14일 금요일, 윤석열 만장일치 파면 촉구 대학생 1만 인 서명운동 전달 기자

2024년 12월 7일 토요일 13시, 윤석열 비상계엄 이후 진행된 첫 전국대학생시국대회에서 대학생들이 구호를 외치고 있다. 여의도 KDB산업은행 앞.

회견, 헌법재판소 (서명 1만 1197명, 기자회견 20명)

◆ 2025년 3월 20일 목요일 10시, 윤석열 만장일치 파면촉구를 위한 경복궁—헌법재판소 대학생 삼보일배, 비상행동 단식농성장~헌법재판소 (50명)

◆ 2025년 3월 25일 화요일 11시, 전국시민총파업 청년학생 긴급행동 기자회견 및 삼보일배 행진, 광화문 월대 앞~헌법재판소 (300명)

◆ 2025년 4월 19일 토요일, 19차 전국대학생시국대회, 광화문 월대 앞 (50명)

◆ 2025년 5월 25일 일요일, '다시 만들 세계' 포럼 : 청년·대학생·청소년 원탁회의, 덕수궁 돌담길 (1000명)

청년청소년 II
윤석열물어가는범청년행동

1. 발족 경과

2025년 1월 13일 발족한 '윤석열물어가는범청년행동(이하 범청년행동)'은 윤석열 퇴진 정국에서 청년시민의 목소리를 모으고 더 나은 민주주의·불평등 해소를 목표로 구성된 청년시민단체의 연대체다. 범청년행동(김설·김승길·이재정 공동대표, 이한솔 운영위원장)에는 민달팽이유니온, 성북청년시민회, 윤퇴청, 전국청년정책네트워크, 청년광장, 청년유니온, 청년참여연대, 공적인사적모임 등 총 25개 단체(계절의목소리, 공적인사적모임, 남성과함께하는페미니즘, 넥스트네트워크, 니트생활자, 다양성을 향한 지속가능한 움직임 다움, 민달팽이유니온, 부산청년들, 기후변화청년모임 BigWave, 성북청년시민회, 신촌문화정치연구그룹, 심오한연구소, 아디주 커뮤니티, 윤석열 퇴진을위해행동하는청년들, 이태원을 기억하는 호박랜턴, 전국대학원생노동조합, 전국청년정책네트워크, 전진하는 민주주의 VALID, 청년광장, 청년신협추진위원회, 청년연대은행 토닥, 청

2025년 1월 13일 월요일, 출범 기자회견, 광화문광장.

년오픈플랫폼 Y, 청년유니온, 청년지갑트레이닝센터, 청년참여연대까지 총 25개 청년시민단체, 2025년 5월 2일 기준)가 참여하였다. 범청년행동의 출발점은 2024년 12월 7일과 14일 18개 청년단체가 공동주최한 '청년사전집회'로, 당시 청년들은 윤석열 퇴진뿐 아니라 기후정의, 차별금지, 성평등, 산재·참사 예방, 전세사기 근절 등 새로운 세상을 향한 요구를 광장에서 분명히 드러냈다. 광장을 매개로 모인 청년시민단체들은 광장 안팎의 청년시민들의 목소리를 모으고, 실질적 변화를 만들기 위한 기획과 실천을 도모하기 위해 연대체 결성을 추진하게 되었다.

2. 주요 활동

범청년행동은 2024년 12월 두 차례의 청년사전집회를 계기로 결성된 뒤, 2025년 1~3월 홍대·신촌·헌법재판소 앞·광화문광장 등에서 체포·파면 촉구 캠페인과 기자회견, 거리 선전전을 이어가며 청년의 이름으로 윤석열 파면과 시민들의 연대를 촉구했다.

또한 광장에 직접 참여하지 않거나 참여할 수 없었던 청년들에 주목하여 '광장 밖 청년 100인 인터뷰' 프로젝트를 진행하고, 3월 말 중간보고회를 통해 사회적 의제를 확장하였다. 아울러 온라인 확산을 위해 경향신문과 협업해 인터랙티브 페이지를 개설하였다.

4월 윤석열 파면 이후에는 조직명을 '불평등물어가는범청년행동'으로 전환하고, 청년들의 요구를 토대로 〈차기 정부가 우선 다뤄야 할 청년 정책 과제〉(12대 분야 46개 정책) 자료집을 발간했다. 이어 더불어민주당·민주노동당 대선캠프와 정책 간담회를 열어 불평등 해소와 청년의제를 제도권과 연결했으며, 평등한 민주사회를 위한 실천을 현재까지 지속하고 있다.

3. 활동 보고

주요 일지

- ◆ 2024년 12월 7일 토요일 14시, [18개 청년단체 공동 청년사전집회] 민주주의와 희망으로 새롭게 칠하자, 산업은행본점 앞 (200여 명)
- ◆ 2024년 12월 14일 토요일 14시, [18개 청년단체 공동 청년사전집회] 윤석열 퇴진! 시민 참여 수다회: 왜 다시 광장에 나오셨나요?, 여의도공원 문화의마당 태극기 게양대 앞 (150여 명)
- ◆ 2025년 1월 17일 금요일 14시, [윤석열 물어가는 범시민 캠페인] 윤석열 드디어 체포! 다시 만날 우리의 세계를 만들자!, 홍대입구 걷고 싶은 거리 (15여 명)
- ◆ 2025년 2월 19일 수요일 10시 30분, [윤석열 파면 촉구 릴레이 기자회견] 청년시민의 이름으로 대통령 윤석열을 파면한다, 헌법재판소 앞 (30여 명)
- ◆ 2025년 3월 19일 수요일 11시, [윤석열 파면 촉구 릴레이 시국선언 기자회견] 청년의 주

문, 피청구인 윤석열을 파면한다, 광화문 인근 비상행동 농성장 (20여 명)

- ◆ 2025년 3월 27일 목요일 12시, 윤석열 즉각 파면 위한 거리 선전전, 신촌 현대백화점 앞 (20여 명)
- ◆ 2025년 3월 28일 금요일 19시, [광장 밖 청년 100인 인터뷰] '언급되지 않는 청년 100인의 목소리' 프로젝트 중간 결과 발표 토론회, 별들의집 (50여 명)
- ◆ 2025년 4월 25일 금요일 10시, 불평등물어가는범청년행동 전환 기자회견, 광화문광장 이순신 동상 앞 (30여 명)
- ◆ 2025년 5월 9일 금요일 10시, 범청년행동 X 더불어민주당 정책 간담회, 계절의목소리 (20여 명)
- ◆ 2025년 5월 21일 수요일 15시, 범청년행동 X 민주노동당 정책 간담회, 참여연대 아름드리홀 (20여 명)

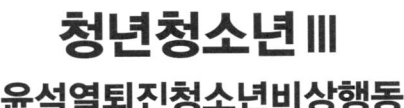

청년청소년 Ⅲ
윤석열퇴진청소년비상행동

1. 발족 경과

윤석열퇴진청소년비상행동은 12월 21일에 발족했다. 비상계엄을 비판하는 포스트잇을 국민의힘 이만희 의원 사무실에 부착하였다가 고소를 당한 사건에 분노한 청소년 4명의 제안으로 시작해 전국특성화고노동조합, 대구청소년인권단체 얼라들, 청소년진보연대 소명, 청소년정치연합, 진보당청소년특별위원회와 청소년 개인들이 참여했다. 이후 윤석열 퇴진청소년비상행동은 매주 윤석열 즉각 체포·퇴진! 사회대개혁 범시민대행진 참여와 윤석열 파면 등을 목표로 활동하였다.

2. 주요 활동

윤석열퇴진청소년비상행동은 12월 19일 서울 광화문 이순신 동상 앞에서 '청소년 시국대회 선포' 기자회견을 시작으로 12월 21일 발

2025년 1월 18일 토요일, 집회에 함께 참여한 청소년들, 광화문 서십자각 앞

족식 및 시국대회 진행, 1월 4일 제주항공여객기참사 추모리본 나눔, 1월 11일 국민의힘 해체 요구하는 엽서 쓰기 행사, 1월 18일 민주주의와 인권을 지키는 청소년 열린 발언대를 진행, 1월 25일 윤석열 즉각탄핵! 국민의힘 해체! 기원하는 전통놀이를 진행했다.

3. 활동 보고

주요 일지

- ◆ 2024년 12월 11일 수요일 19시, 비상계엄 옹호하는 국민의힘 의원 규탄 포스트잇 행동, 전국 국민의힘 국회의원 사무실 및 국민의힘 시도당사 (30여 명)

- ◆ 2024년 12월 19일 목요일 11시, 청소년시국대회 선포 기자회견, 서울 광화문광장 이순신 동상 앞 (10명)

- ◆ 2024년 12월 21일 토요일 13시, 윤석열 퇴진청소년비상행동 발족식, 광화문 (8명)

- ◆ 2025년 1월 4일 토요일 12시, 제주항공여객기참사 추모리본 나눔, 광화문 서십자각 (10명)

- ◆ 2025년 1월 11일 토요일, 국민의힘 해체 요구 엽서쓰기 행동, 광화문 서십자각 (20명)

◆ 2025년 1월 18일 토요일, 민주주의와 인권을 지키는 청소년 열린 발언대, 광화문 서십자각
(30명)

◆ 2025년 1월 25일 토요일, 윤석열 즉각 탄핵! 국민의힘 해체! 기원하는 전통놀이, 광화문
서십자각 (20명)

1. 발족 경과

윤석열 정부 출범 이후, 시민사회단체연대회의의 구성단체들은 감사원과 기타 행정기관을 동원한 윤석열 정부의 전방위적 시민단체 탄압과 여성가족부 폐지 시도, 탄소중립목표 후퇴와 환경규제 완화 등 환경정책의 급격한 퇴행, 10·29 이태원참사 책임 은폐, 일본의 방사성 오염수 해양 투기에 대한 정부의 방관, 반복되는 윤석열 정부의 반헌법적 법률안 거부권 행사 등 여러 가지 현안에 대응하며 다양한 영역의 단체와 연대의 틀을 유지하였다.

2024년 11월 6일~7일, 전국 369개 시민사회단체의 상설적 연대체인 시민사회단체연대회의는 전국 운영위원 워크숍을 통해 윤석열 정부 정세 진단과 대응전략 회의를 진행하였다. 이후 상시적 상황 공유를 위해 주간 조찬회의를 정례화하여 기민한 대응을 위한 구조를 만들었다. 12·3 비상계엄을 계기로 윤석열 퇴진 기조를 만장일치로 확

2025년 3월 26일 수요일, '윤석열 파면 촉구 시민사회단체 결의대회' 중, 시민들이 던진 콩주머니에 터지는 파면 박, 경복궁역 앞.

● 출처: 시민사회단체연대회의

정하고 대응을 위한 윤석열 퇴진특별위원회를 구성하였다.

2. 주요 활동

시민사회단체연대회의는 비상행동 상황실 전체 활동가 인원의 약 절반에 육박하는 대규모 파견단을 구성하였을 뿐 아니라, 각 단체 내부에서 이들을 지원하는 수많은 활동가의 헌신을 통해 역량을 집중하며 대응체계를 유지하였다. 특히 내란 우두머리 윤석열 퇴진 이후, 사회대개혁의 지혜를 모으고, 제도와 정책의 실질적인 변화를 위해 광장 시민들의 목소리를 직접 듣는 공론장을 열었다.

시민참여팀에서 진행한 세 차례의 공론장과 3·9 시민대토론회,

6·21 광장시민대토론회 등을 통해 광장 민주주의의 구체적 내용을 확인하고, 사회대개혁위원회의 11개 분야 118개 과제로 정리하였다.

시민사회단체연대회의는 윤석열 파면에 대한 헌법재판소의 결정이 미뤄지는 과정에서 신속한 결정을 촉구하며, 헌법재판소 앞 기자회견 및 시민사회단체 결의대회를 진행하였다. 특히 3월 26일, 간난신고 끝에 남태령을 넘어 경복궁까지 진입한 트랙터를 지키기 위해 시민들과 함께 결의대회를 진행하며 윤석열의 퇴진에 대한 의지를 모았다.

3. 활동 보고

주요 일지

◆ 2025년 2월 21일 금요일 11시, 윤석열 파면 촉구 시민사회단체연대회의 기자회견 '헌법재판소는 헌정파괴 내란수괴 윤석열을 즉각 파면하라!', 헌법재판소 앞

◆ 2025년 3월 26일 수요일 14시, 윤석열 파면 촉구 시민사회단체 결의대회 '더 이상 기다릴 수 없다. 모이자, 광화문에서!', 광화문 새마을금고 본점 앞

평화통일

1. 발족 경과

2024년 12월 윤석열의 비상계엄이 국회와 시민사회의 저항 속에서 해제된 이후, 윤석열 내란세력이 평양 무인기 침투와 오물풍선 원점 타격 시도 등 내란의 명분을 위해 수개월간 집요하게 군사분계선에서의 충돌을 유도하려 하였다는 증언이 줄을 이었고, 관련 자료들도 공개되었다. 자주통일평화연대, 접경지역연석회의 등 시민사회는 비상행동과 함께 윤석열, 김용현, 여인형, 노상원 등 4인에 대한 외환죄 고발, 다양한 시국기자회견과 집중행동, 국회토론회, 서명운동 등을 통해 내란주범들의 외환죄 처벌, 대북전단 살포, 확성기 방송, 실사격 훈련 등 충돌 위기를 높이는 적대행동, 군사행동 중단을 촉구하는 활동들을 지속하였다.

시민사회의 활동에 힘입어 내란특검법에 전쟁유도 외환죄가 포함되었고, 새 정부 출범 이후 대북전단 살포 중단, 확성기 방송 중단 등

2025년 4월 30일 수요일, 전쟁유도 외환죄 특검 촉구 국회─시민사회 기자회견. 국회 계단.

의 조치가 이어졌다. 2025년 11월 10일, 내란외환특검은 윤석열과 김용현, 여인형을 일반이적죄 등으로 기소하고 김용대를 공문서 위조 등의 혐의로 기소하였다.

2. 주요 활동

시민사회는 윤석열 정부 집권 이후 남북공동선언 등 남북합의보다 '힘에 의한 평화' 기조 아래 대북 압박 일변도의 정책기조를 펼치는 것을 비판해왔으며, 특히 2023년 11월, 북한의 인공위성 발사를 명분으로 '9·19군사합의의 공중완충지대 합의를 무효화'하는 등 접경지역 일대의 군사충돌 위험성을 높이는 조치들이 뒤를 잇는 것에 심각한 우려를 갖게 되었다.

이에 6·15공동선언실천남측위원회(현 자주통일평화연대)의 제안으로 참여연대, YMCA, 민주노총, 한국노총, 한국기독교교회협의회 등 종교시민 사회단체들, 군사충돌 위기의 최전방에 놓인 서해5도, 강화, 파주, 연천, 인제, 철원, 고성 등 접경지역 주민들이 함께 2023년 12월 13일, '평화와 연대를 위한 접경지역 주민, 종교, 시민사회연석회의'(이하 접경지역연석회의)를 구성하고 군사분계선 일대의 충돌 위기를 조장하는 윤석열 정부의 군사행동에 대한 저항, 연대 활동을 본격화하였다.

2024년 연초 연평도 일대의 포사격훈련과 주민 대피령 등 접경지역 위기가 가시화되었고, 일부 단체들의 대북전단 살포가 본격화되는 가운데 5월 말부터 북한의 오물풍선 맞대응과 정부의 9·19군사합의 백지화 및 확성기 방송, 실사격훈련의 재개, 원점타격 검토 등 충돌 위기를 격화시키는 조치 등이 이어졌다. 평양 무인기 침투 사건 등 납득하기 어려운 의혹들이 뒤를 잇는 가운데 군사분계선의 충돌 위기는 날로 격화일로를 걷고 있었다.

이에 2024년 내내 접경지역연석회의와 자주통일평화연대는 한반도평화행동, 참여연대, 민주노총, 한국진보연대, 겨레하나(현 평화주권행동평화너머) 등과 함께 내신·외신 기자 간담회, 국회토론회, 각종 기자회견과 접경지역 현장 평화행동, 집회와 행진 등 대북전단 살포와 실사격훈련, 무인기 침투 등 접경지역 충돌 조장 행위를 비판하고 그 중단을 촉구하는 행동을 집중적으로 펼쳤다.

2024년 12월 윤석열의 비상계엄이 국회와 시민사회의 저항 속에서 해제된 이후, 윤석열 내란세력이 평양 무인기 침투 및 오물풍선 원점타격 시도 등 내란의 명분을 위해 수개월간 집요하게 군사분계선에서의 충돌을 유도하려 하였다는 증언이 줄을 이었고, 관련 자료도 공개됐다. 자주통일평화연대, 접경지역연석회의 등 시민사회는 비상행동과 함께 윤석열, 김용현, 여인형, 노상원 등 4인에 대한 외환죄 고발, 다양한 시국기자회견과 집중행동, 국회토론회, 서명운동 등을 통해 내란주범들의 외환죄 처벌, 대북전단 살포, 확성기 방송, 실사격훈련 등 충돌 위기를 높이는 적대행동, 군사행동 중단을 촉구하는 활동들을 지속하였다.

시민사회의 활동에 힘입어 내란특검법에 전쟁유도 외환죄가 포함되었고, 새 정부 출범 이후 대북전단 살포 중단, 확성기 방송 중단 등의 조치가 이어졌다. 2025년 11월 10일, 내란외환특검은 윤석열과 김용현, 여인형을 일반이적죄 등으로 기소하고 김용대를 공문서 위조 등의 혐의로 기소하였다.

3. 활동 보고

주요 일지

◆ 2024년 12월 26일 목요일 10시, 내란 주도자 4인 (윤석열·김용현·여인형·노상원)에 대한 '한반도 전쟁유도' 외환죄 고발 기자회견, 국가수사본부 앞

◆ 2025년 1월 11일 토요일 14시, "평화를 시민의 것으로" 계엄을 위해 전쟁유도한 윤석열 구속 촉구 시민 평화 행동, 광화문 서십자각

◆ 2025년 3월 1일 토요일 15시, 3·1혁명 106주년 역사정의 평화주권 시민대회 '친일역사쿠데타 전쟁조장 윤석열을 파면하라!', 광화문 서십자각 본무대

◆ 2025년 3월 4일 화요일 14시, 국회토론회 : 내란세력들의 전쟁유도 북풍공작의 전말과 해법 모색, 국회의원회관 11간담회실

◆ 2025년 3월 8일 토요일~4월 7일 월요일, 내란 위한 전쟁유도 범죄 처벌 촉구 서명운동, (2만 4123명 서명, 외환특검법 제정 및 접경지역 충돌 조장 중단 등 포함)

◆ 2025년 3월 13일 목요일, 릴레이 시국선언 (참여: 자주통일평화연대, 평화주권행동평화너머, 자주연합(준), 평화통일시국회의 등)

◆ 2025년 4월 23일 수요일 9시, [대북전단 살포 저지 평화행동] 접경지역 주민에게 안전한 일상을! 한반도에 평화를!, 임진각

◆ 2025년 4월 30일 수요일 9시 30분, [국회·시민사회 공동 기자회견] 내란주범들의 전쟁유도 외환죄, 특검으로 철저히 수사, 처벌하라!, 국회 본청 계단 앞 (기자회견 후 이학영 국회 부의장 면담 및 2만 4123명 서명 전달)

역사정의

1. 발족 경과

한일역사정의평화행동은 정의로운 강제동원 판결에 불복한 윤석열 정권이 피해자를 모욕하는 3자 변제안을 발표한 것을 계기로 2021년 8월 9일, 역사정의, 평화, 인권, 생명과 안전을 고민하며 활동해온 616개의 단체가 뜻을 모아 발족하였다. 발족에는 정의기억연대, 일제 강제동원시민모임, 민족문제연구소, 민주노총, 한국노총, 지구촌 동포연대, 시민모임독립, 한국진보연대, 평화주권행동평화너머, 평화나비, 진보대학생넷, 방사성오염수시민연대 등 각계 시민사회단체가 참가하였다.

윤석열의 위헌·위법한 비상계엄의 해제 후 비상행동에 적극 참가하고 윤석열정권 기간에 자행되었던 친일역사쿠데타를 폭로하는 집회와 국회토론회 등이 이루어졌다.

2025년 3월 1일 토요일, 3·1혁명 106주년 역사정의 평화주권 시민대회 중 참석자들 사진, 경복궁역 4번 출구 앞.

2. 주요 활동

한일역사정의평화행동 등 시민사회는 윤석열정권의 '친일역사쿠데타'를 규탄하고 내란수괴 파면을 이끌어내기 위해 집회, 토론회, 전시 등 전방위 활동을 펼쳤다. 1월 25일 시민대회와 3월 1일 역사정의·평화주권 시민대회를 공동주최하여 을사늑약 120년, 한일협정 60년을 맞은 시점에서 정권의 역사 퇴행을 강력히 성토했다. 이와 함께 비상행동 공동의장단의 단식과 시국선언을 진행하며 일본의 독도 영유권 망언 등에도 즉각적인 대응을 이어갔다.

이론적·실천적 기록 활동도 병행되었다. 3월 국회토론회를 통해 친일역사쿠데타의 실체를 진단하고 차기 정부의 과제를 모색했으며,

식민지역사박물관과 민족문제연구소는 '민주주의와 깃발전' 전시와 〈윤석열정권 3년, 역사쿠데타 기록보고서〉를 통해 뉴라이트 교과서, 사도광산 등재 동의 등 역사 왜곡의 실상을 낱낱이 고발했다. 또한 정의기억연대는 계엄 선포 직후부터 수요시위를 통해 비상계엄 상황과 역사정의 훼손 문제를 시민들에게 알리며 투쟁의 현장을 지켰다.

3. 활동 보고

주요 일지

◆ 2024년 12월 4일 수요일~매주 수요일, 일본군성노예제 문제해결을 위한 수요시위 (매주 진행)

◆ 2025년 1월 25일 토요일 13시~15시, 윤석열이 망친 역사, 우리가 바로 세우자! 친일역사쿠데타 윤석열 파면 촉구 시민대회 (참가자 500여 명, 부스: 민족문제연구소, 정의기억연대)

◆ 2025년 3월 1일 토요일 15시, 친일역사쿠데타·전쟁조장 윤석열 파면! 3·1혁명 106주년 역사정의·평화주권 시민대회 (참가자 2000여 명)

◆ 2025년 3월 6일 목요일 13시 30분, 윤석열정권의 친일역사쿠데타 '진단과 극복 방안' 국회토론회, 국회

◆ 2025년 3월 14일 금요일 11시 30분, 을사늑약 120년·한일협정 60년·광복 80년 친일역사쿠데타 내란수괴 윤석열 파면 촉구 시국선언, 광화문 서십자각터 농성장

◆ 2025년 4월 9일 수요일, [규탄성명] '후안무치' 일본 외교청서 당장 폐기하라!

◆ 2025년 5월 7일 수요일, [국회토론회] 차기 정권에 바란다: 평화와 역사정의를 위한 과제, 국회

◆ 2025년 5월 7일 수요일, 반헌법적 3자변제 졸속추진 일제강제동원피해자지원재단 규탄 기자회견

◆ 2025년 5월 7일 수요일~10월 19일 일요일, 민주주의와 깃발전: 윤석열 퇴진 광장 123일의 기록 (전시)

◆ 2025년 5월 30일 금요일, 〈윤석열정권 3년, 역사쿠데타 기록보고서〉 발간

문화예술

1. 발족 경과

윤석열퇴진예술행동은 한국민예총, 한국작가회의, 문화연대, 영화인연대 등 문화예술단체와 예술인들이 참여해 윤석열 퇴진투쟁의 노정에서 예술인성명, 기자회견, 예술인대회, 예술행동을 지속적으로 펼쳤다.

2. 주요 활동

한국민예총과 한국작가회의를 주축으로 한 문화예술계는 2024년 11월 윤석열퇴진예술행동을 발족하고, 여의도와 광화문 일대에서 대규모 시국선언과 예술인대회를 개최하며 정권 퇴진운동의 선봉에 섰다. 12월부터는 수천 명의 예술인이 참여한 탄핵 촉구 대회와 거리 버스킹 '희망은 힘이 쎄다'를 통해 내란부역자 처벌과 민주주의 회복을 시민들에게 호소했다.

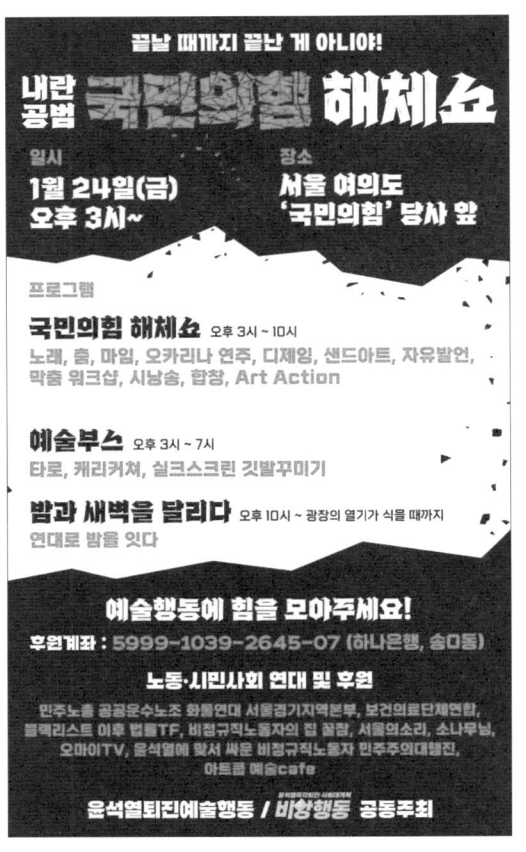

2025년 1월 24일 금요일, 국민의힘 해체쇼, 여의도 '국민의힘' 당사 앞.

해를 넘겨 2025년 1월에는 국민의힘 당사 앞 '국민의힘 해체쇼'와 의원직 제명 요구로 압박 수위를 높였으며, 3월부터는 광화문 월대에 농성 천막을 설치하고 송경동 시인 등의 단식투쟁과 매일 저녁 예술 난장을 병행하며 파면 촉구의 열기를 최고조로 끌어올렸다. 4월 4일 헌법재판소의 파면 선고와 함께 농성을 승리로 마무리한 윤석열 퇴진예술행동은 이후 사법부 개혁과 차기 정권의 과제를 논의하는 공론의 장을 이어가다 6월 27일 공식 해산하며 8개월간의 치열했던 예술 실천의 막을 내렸다.

3. 활동 보고

주요 일지

- 2024년 11월 9일, 윤석열퇴진예술행동 선포식
- 2024년 11월 11일~2025년 4월 4일, 윤석열퇴진예술행동 문화제, 동화면세점 앞
- 2024년 11월 15일, 윤석열퇴진예술행동 2차, 부산 서면
- 2024년 11월 17일, 윤석열 퇴진 요구 작가선언 "윤석열 대통령은 임기를 채울 자격이 없다"
- 2024년 11월 19일, 범예술계 윤석열퇴진예술행동(준) 원탁회의
- 2024년 12월 6일, 윤석열즉각퇴진 문화예술계 시국선언 발표, 여의도 국회 앞 (4800여 예술인 및 단체)
- 2024년 12월 7일, 여의도 1차 탄핵 촉구 예술인대회, KBS본관 앞 집회~국민의힘 당사 앞
- 2024년 12월 8일, '내란동조 국민의힘 규탄 및 윤석열 탄핵 촉구' 성명서 발표
- 2024년 12월 12일, '윤석열 탄핵으로 민주주의 회복' 공동성명
- 2024년 12월 13일, 윤석열 퇴진 요구 2차 성명 발표
- 2024년 12월 14일, 내란수괴 윤석열 즉각 체포·탄핵 촉구 문화예술계 2차 시국선언 및 여의도 2차 예술인대회, 국회 앞, KDB산업은행 앞
- 2024년 12월 18일, 윤석열 퇴진 촉구 음악인 선언 발표 (2000여 명, 음악인)
- 2024년 12월 23일, 윤석열퇴진예술행동 공식활동 결의 및 '윤석열 없는 해맞이 밤샘농성' 결의
- 2024년 12월 23일~2025년 4월 3일, '희망은 힘이 쎄다' 버스킹, 5호선 광화문역 8번출구, 세종문화회관 뒤뜰 (총 62회 진행)
- 2024년 12월 24일, 긴급 논평 발표 '한덕수 대통령 권한대행 내란특검 수용 촉구', '구미시 이승환 콘서트 검열 사태'
- 2024년 12월 29일, '윤석열 없는 해맞이 밤샘농성' 일정 보류 (제주항공여객기참사 애도 기간)
- 2024년 12월 30일, '내란동조 국무위원 전원 탄핵' 성명 발표 (한국작가회의)
- 2025년 1월 3일, '윤석열 체포와 경호처 해산' 성명 발표 (한국작가회의)
- 2025년 1월 8일, 윤석열과 내란범 즉각 체포를 촉구하는 문화예술계 긴급 기자회견, 꼰벤뚜알프란치스코수도회 앞 (직후 국민의힘 해체쇼 추진 결의)
- 2025년 1월 24일, 내란동조 국회의원 제명요구 기자회견 및 국민의힘 해체쇼, 국회 소통관, 의장실, 국민의힘 당사 앞 (15시~익일 새벽)
- 2025년 2월 12일, 윤석열즉각퇴진·사회대개혁 내란 종식 대보름 달맞이 풍물굿

- 2025년 2월 20일, 전국문화예술인 선언 기자회견 '내란수괴 윤석열을 즉각 파면하라', 헌법재판소 앞
- 2025년 3월 4일, 윤석열 퇴진 이후 문화예술계 활동 의견 수렴을 위한 간담회
- 2025년 3월 11일, 윤석열퇴진예술행동 긴급운영위원회 (광화문 농성 돌입 결정)
- 2025년 3월 12일, '헌법재판소는 내란수괴 윤석열을 즉시 파면하라' 성명 발표 (한국작가회의)
- 2025년 3월 12일~4월 4일, 광화문 농성 천막 설치 및 단식농성, 광화문 월대 인근 [송경동(14일),정윤희·최낙용(9일) 등 단식, 매일 저녁 예술난장]
- 2025년 3월 13일, 윤석열 즉각 파면! 문화예술인 시국선언 기자회견, 광화문 단식농성장 앞
- 2025년 3월 19일, 문화예술인 광화문 기자회견 '헌재는 윤석열을 이번주에 파면하라', 광화문 단식농성장 앞
- 2025년 3월 22일, 광화문 문화예술인대회 '파면이 민주다, 평화다, 예술이다', 경복궁역 4번 출구
- 2025년 3월 25일, 문학인 2487인 긴급 시국선언 기자회견 (한국작가회의, 윤석열퇴진예술행동 공동주최)
- 2025년 3월 29일, 광화문 문화예술인대회 '파면이 민주다, 평화다, 예술이다', 경복궁역 4번 출구
- 2025년 4월 2일, '파면이 예술이다' 문화예술인 대회, 비상행동 집회 무대
- 2025년 4월 4일 10시, 예술인 집결 후 파면 선고 환영 및 농성장 철거, 북인사마당
- 2025년 4월 4일, '윤석열 파면 이후, 무엇을 할 것인가?' 성명 발표 (한국작가회의)
- 2025년 4월 9일, 윤석열퇴진예술행동 운영위원회 (연대체 이후 계획 논의)
- 2025년 4월 12일, '더 많은 정의, 더 많은 민주주의를 위하여' 집담회, 창비서교빌딩 50주년 홀 (한국작가회의)
- 2025년 4월 15일, 윤석열퇴진예술행동 운영위원회 (토론회 개최 결정)
- 2025년 4월 22일, '국민의힘 대통령 후보들은 즉각 사퇴하라!' 성명 발표 (한국작가회의)
- 2025년 5월 7일, '대법원과 사법부는 내란 연장·종사 업무를 멈춰라!' 성명 발표 (한국작가회의)
- 2025년 6월 27일 11시, 운영위원회 결의로 예술행동 해산, 한국작가회의 회의실

1. 발족 경과

윤석열 정부 출범한 지 얼마 안 된 2022년 10월 29일, 용산 이태원역 1번 출구 앞 골목에서 대규모 사상자를 낸 압사 참사가 발생했다. 경찰과 지자체의 인파 관리 부재, 소방의 구조 실패로 최악의 인명 피해가 났음에도 윤석열 정부는 피해자들에게 책임을 돌리고 진상조사를 거부해왔다. 이에 희생자 유가족들은 2022년 12월 10일 10·29 이태원참사유가족협의회를 구성하고 성역 없는 진상조사와 희생자 명예회복을 요구하는 활동을 펼쳐왔다. 이에 앞서 2022년 12월 7일에는 208개의 시민단체가 모여 10·29 이태원참사시민대책회의라는 연대체를 구성하여 공동대응을 이어오고 있다. 10·29 이태원참사유가족협의회와 시민대책회의는 이태원참사 추모와 진상규명, 피해자 지원을 촉구하는 공동 활동을 펼치고 있다. 2024년 1월 30일 윤석열 대통령이 끝내 10·29 이태원참사 진상규명 특별법에 대한 거부권을 행사한 이래로 '거부권을 거부한다'는 기조하에 무책임한 윤석열 정부를 규탄하는 다양한 활동을 해왔다.

2. 주요 활동

12·3 비상계엄이 발표된 직후 10·29 이태원참사 유가족들과 시민단체 활동가들도 국회 앞으로 뛰어갔다. 그리고 윤석열 탄핵안이 가결될 때까지 다른 시민들과 마찬가지로 국회 앞에서 목소리를 높였다. 대규모 인파에 쏠려 이태원참사의 트라우마가 몰려와 울음을 참을 수 없으면서도 유가족들은 집회 장소에 모였고 끝까지 행진을 함께하며 윤석열 탄핵을 촉구했다.

윤석열 파면의 그 날까지 10·29 이태원참사유가족협의회와 시민대책회의는 매주 광화문 앞에서 비상행동의 집회가 열릴 때마다 시민들을 만나는 부스를 운영하고 집회와 행진에 적극 참여했다.

국회에서 탄핵안이 통과되고 광화문에서 첫 집회가 열리던 2024년 12월 21일부터 유가족들은 경복궁역 인근에 위치한 이태원참사 추모소통 공간 '별들의집'을 추위 쉼터로 개방하고 시민들을 맞이했다. 누구나 방문해 앉아서 쉴 수 있도록 테이블과 의자를 배치하고, 몸을 녹일 수 있도록 따뜻한 음료와 간식을 준비했다. 특히 국회 앞 탄핵 촉구 집회 당시 시민들이 관광버스를 빌려 자발적으로 운영하던 영유아 쉼터를 별들의집에서도 운영했다. 유가족협의회 사무실 공간 내 가구들을 재배치하고 기저귀를 갈 수 있도록 매트를 까는 등 어린 아이를 둔 부모들이 편하게 쉬어갈 수 있도록 했다.

별들의집을 시민들에게 개방하는 한편, 유가족들은 12월 21일부터 매주 집회 장소에 부스를 설치하고 시민들을 맞이했다. 장시간 집회를 견딜 수 있도록 시민들에게 간식을 나눠 주고 이태원참사 추모의 뜻을 담은 보라리본, 스티커, 기억팔찌 등도 배포했다. 159명의 희

2025년 3월 29일 토요일, 비상행동 집회에 나온 시민들에게 간식과 기억물품을 나누는 유가족들, 광화문 앞 부스.

생자를 낸 참사의 책임자이자 내란 우두머리인 윤석열 파면을 기원하는 많은 시민을 만나고 연대의 힘을 얻을 수 있었다.

'10·29 이태원참사 유가족 보라리본과 간식 나눔 부스'와 '별들의 집 쉼터' 운영은 헌법재판소의 파면결정이 있던 4월 직전까지 매주 이어졌다. 부스를 운영하는 것만이 아니라 이태원참사 생존 피해자들의 제보를 독려하고 피해 지원 정보를 안내하는 피켓팅도 진행해 광장에 나온 시민들이 참사 해결에 관심을 가질 수 있도록 노력했다.

헌법재판소의 윤석열 탄핵 재판 선고가 늦어지면서 시민들은 헌법재판소의 파면결정을 촉구하는 릴레이 행동에 나섰다. 특히 헌법재판소 최후진술에서 윤석열은 이태원참사 진상규명 및 책임자 문책을 위한 투쟁을 '북한 지령'에 의한 것이라는 망언을 내뱉기도 했는데,

10·29 이태원참사 유가족 약 40여 명은 3월 19일 13시 59분, 광화문 앞에 모여 윤석열 파면 기원 159배를 진행했다. 이 외에도 파면 선고를 하루 앞둔 4월 3일에도 광화문 사거리에서 윤석열 파면 기원의 뜻을 피켓팅으로 알렸다.

3. 활동 보고

주요 일지

◆ 2024년 12월 21일 토요일~2025년 3월 29일 토요일, 10·29 이태원참사 유가족 보라리본과 간식 부스 운영, 광화문 앞

◆ 2025년 3월 19일 수요일 13시 59분, '별이 된 159명이 명령한다' 윤석열 파면 기원 159배 및 리본 달기, 광화문 앞

◆ 2025년 3월 22일 토요일 14시, 10·29 이태원참사 유가족 보라리본과 간식 부스 운영, 광화문 앞

◆ 2025년 3월 29일 토요일 14시, 10·29 이태원참사 유가족 보라리본과 간식 부스 운영, 광화문 앞

◆ 2025년 4월 3일 목요일 11시 30분, 윤석열 파면 촉구 유가족 피켓팅, 광화문 사거리

법조

1. 발족 경과

민변은 2024년 12월 10일 윤석열 퇴진특별위원회를 공식 출범하고, 비상행동의 활동과 더불어 법조계의 일원으로서 윤석열과 그 관련자들의 법적 책임을 묻고 민주주의를 회복시키기 위한 활동을 이어왔다. 이 윤석열 퇴진특별위원회는 윤석열의 탄핵 이후 12·3 내란 진상규명 및 재발 방지 TF로 개편하여 재판 모니터링과 제도 개선활동 등을 이어나가고 있다.

한편 민변뿐 아니라 다양한 법조인이 단체 또는 개인으로 윤석열의 즉각퇴진과 민주주의 수호를 위해 목소리를 냈다. 물론 내란을 옹호하거나 침묵했던 많은 법조인이 국민의 실망을 불러일으켰으나, 헌법과 민주주의를 수호하기 위해 목소리를 낸 법조인들의 활동은 기록이 필요하다. 이하에서는 민변 윤석열 퇴진특별위원회의 활동을 중심으로 소개하되, 다른 법조계의 구성원들이 수행한 주요 활동도 간략히 소개한다.

2. 주요 활동

민변 윤석열 퇴진특별위원회는 비상행동의 법률대응팀으로서의 역할과 더불어 12·3 비상계엄 및 포고령에 대한 헌법소원심판청구, 헌법재판관 임명부작위에 대한 헌법소원심판청구, 법률가 탄핵심판 의견서 제출, 집회금지에 대한 집행정지 신청 등 법률대응과 더불어 현장에서 인권침해감시단 등을 운영하며 공권력의 남용을 감시했다. 또한, 12·3 내란에 관한 두 차례 국회토론회 개최, 각종 논평의 발행, 시국선언, 변호사대회, 거리행진 등 다양한 활동도 함께 진행했다.

한편 민변 윤석열 퇴진특별위원회뿐 아니라 법조계 전반에서 단체 또는 개인으로 민주주의를 수호하기 위한 법조인들의 다양한 활동도 있었다. 주요 국면마다 대한변호사협회(변협) 및 전국지방변호사회 전현직 인권이사·인권위원들의 제안으로 개최된 변호사들의 기자회견, 공익인권변호사들의 공동성명, 25개 법학전문대학원 학생들의 성명 발표, 윤석열 체포 변호사단의 1인 시위, 민주주의법학연구회, 헌정회복을 위한 헌법학자회의 등 법학교수와 연구자들의 성명 및 기자회견 등 다양한 법조단체 및 주체가 민주주의의 수호를 위한 활동을 진행했다.

3. 활동 보고

주요 일지

1) 민주사회를위한변호사모임 윤석열 퇴진특별위원회

◆ 2024년 12월 4일 화요일, 비상계엄 및 포고령 등에 대한 헌법소원심판청구

◆ 2024년 12월 31일 화요일, 대통령 권한대행의 헌법재판관 임명 부작위에 대한 헌법소원 청구 기자회견

◆ 2025년 1월 20일 수요일, 윤석열 탄핵심판의 법적 쟁점과 헌정질서 수호 국회 긴급토론회 공동주최

◆ 2025년 3월 11일 화요일, 내란 우두머리 윤석열의 신속한 파면을 촉구하는 민주사회를위한변호사모임 시국선언

◆ 2025년 3년 20일 목요일, 윤석열 즉각 파면 촉구 변호사대회

◆ 2025년 3월 27일 목요일, 윤석열 즉각 파면! 변호사 거리행진

2) 법조분야 단체들의 주요 활동

◆ 2024년 12월 6일 금요일, 윤석열 및 내란공범의 심판을 촉구하는 전국 25개 로스쿨 학생 성명 (1014명)

◆ 2024년 12월 7일 토요일, 윤석열 탄핵을 촉구하는 전국 변호사 시국선언 (2436명)

◆ 2024년 12월 27일 금요일, 헌법재판관 임명 및 내란특검법 공포 촉구를 위한 전국 법학교수·변호사·노무사·연구자 등 법률가 시국선언 (1224명)

◆ 2025년 2월 13일 수요일, 방어권 옹호 국가인권위원회 위원장 및 위원 사퇴 촉구 공익인권변호사 공동성명 (140명)

◆ 2025년 3월 14일 금요일, 대한변호사협회 및 지방변호사회 전 인권이사 및 인권위원 시국선언 (105명)

◆ 2025년 3월 21일 금요일, 조속한 탄핵결정 촉구 헌정회복을 위한 헌법학자회의 긴급성명

◆ 2025년 4월 3일 목요일, 윤석열 대통령 파면 촉구 4·3 변호사 선언 (629명)

5부

광장의 이모저모

광장을 빛낸 응원봉과
선결제, 푸드트럭 연대

4개월간 이어진 윤석열 퇴진 광장에서 가장 상징적인 장면은 색색깔의 응원봉이 수놓은 불빛이었다. 2016년 박근혜 퇴진 광장의 상징이 촛불이었다면 이번 광장의 상징은 응원봉이었다. 촛불집회 이후 버려지는 수많은 초와 종이컵으로부터 환경을 지키는 한편, 퇴진 집회를 통해 나의 가장 소중한 것을 지키겠다는 참가자들의 자발적인 움직임으로, 응원봉이 광장에 등장했다. 여의도, 남태령, 한강진, 광화문광장 어디에서든 "가장 빛나고 소중한 빛"인 응원봉을 든 2030 여성들을 만날 수 있었다.

이에 대해 일부 언론은 응원봉을 든 여성들의 등장을 새로운 현상처럼 다루었다. 그러나 응원봉을 든 여성들은 12·3 내란 이전부터도 노동, 성평등, 소수자 인권을 위한 투쟁에 함께해왔다. 응원봉의 등장은 지금까지 없었던 새로운 현상도 젊은 여성들의 기특한 행동도 아닌 그동안 사회가 주목하지 못했던 여성과 사회적 소수자의 목소리를 사회가 비로소 주목한 결과물이었다.

한편 이렇게 여성과 소수자들이 광장에 나올 수 있었던 배경에는 광장이 만들어진 직후부터 함께 낭독한 '평등 집회를 위한 약속문'이 있었다. 시민대행진 초창기에는 여성혐오나 소수자에 대한 비하적인 내용을 담은 발언들이 무대에서 이루어졌다. 그러나 여성, 성소수자 단체들의 대응으로 집회를 시작할 때마다 사회자의 선창에 따라 다 함께 평등약속문을 읽게 되었다. 이를 통해 퇴진 광장에서 혐오 표현은 지양해야 한다는 공동의 합의가 형성됐다. 응원봉의 불빛이 광장 곳곳을 밝히고 성소수자와 다양성을 상징하는 무지개 깃발이 흩날릴 수 있었던 것은 이렇게 평등광장을 만들기 위한 모두의 노력 덕분이었다.

평등한 집회를 위한 약속문

- 모든 참여자는 발언 시 반말이나 비속어를 사용하지 않고, 여성·성소수자·장애인·청소년·이주민 등 사회적 소수자와 비인간 동물을 차별하거나 대상화하는 말과 행동을 하지 않습니다.
- 타인에게 신체접촉 및 성희롱 등을 하지 않습니다.
- 특히, 집회 발언자와 진행자는 자신의 발언과 무게의 영향력을 인식하여 말과 행동에 더욱 주의를 기울입니다.
- 모두의 열린 광장을 위해, 수어통역과 휠체어존(무대 인근)이 운영됩니다.

모두의 광장을 만들기 위한 시민들의 연대도 이어졌다. 12월 4일 국회에서 탄핵소추가 이루어지는 날까지 여의도 집회에서는 시민대

행진 참가자가 먹을 수 있도록 국회의사당역 주변 카페에 음료나 음식에 대한 '선결제'가 이어졌다. SNS에는 커피나 차를 50~100잔 선결제를 해두었고, 자신의 이름을 대면 누구나 마실 수 있다는 글이 줄줄이 올라왔다. 국회의사당역 카페는 선결제가 쏟아져 주문이 모두 마감된 곳들도 있었다. 선결제 매장 정보, 여의도 인근 공공화장실이 지도에 표시된 정보 사이트가 만들어지기도 했다. 유독 추운 겨울이었지만 모든 시민이 민주주의를 지키고자 하는 한마음이었고, 그 따듯한 열기로 탄핵소추까지 이루어낼 수 있었다.

여의도에서 선결제가 있었다면 광화문에서는 푸드트럭이 있었다. 여의도 집회 때부터 함께하던 푸드트럭은 광화문으로 시민대행진 장소가 옮겨진 후에는 수십 대로 늘어났다. 매 주말 시민대행진이 이루어질 때마다 광화문 서십자각부터 청와대까지 이어지는 효자로에는 수십 대의 푸드트럭이 자리를 잡았다. 떡볶이, 붕어빵, 어묵, 비건 감자튀김 등 음식과 커피, 차 등 음료까지, 다양한 푸드트럭이 모두 '음식 나눔'으로 연대를 하였다. 음식만이 아닌 난방으로 연대를 하는 이들도 있었다. 남태령 집회와 한강진 집회 등 추운 겨울밤 집회 때마다 난방버스가 등장하여 시민들의 몸을 녹여주었다.

시민들의 자발적 후원과 연대를 가장 상징적으로 보여준 순간은 2024년 12월 21일부터 22일까지의 이른바 '남태령 대첩'이었다. 전봉준투쟁단의 트랙터 행진이 경찰 차벽에 의해 남태령 고개에서 멈춰 선 후 연대하는 시민이 속속들이 남태령으로 모여들었다. 수천 명으로 시작하여 마지막에는 수만 명의 시민이 남태령 도로를 가득 메운 가운데, SNS에서 소식을 접한 시민들에 의해 물품 후원이 이어졌다. 쉴 새 없이 배달 기사들이 드나들며 후원한 음식들을 전달하였고 핫팩 무료 나눔도 이어졌다. 남태령 대첩에 참여한 한 시민은 이를 '오병이어의 기적'이라고 부르기도 했다.

시민들이 화장실이나 휴식 공간을 이용할 수 있도록 장소를 개방해 연대한 곳들도 있었다. 2025년 1월 3일부터 6일까지 한강진에서 이어진 윤석열 체포·구속 촉구 철야농성, 이른바 '한강진 대첩'에서 집회 장소 인근 일신빌딩과 꼰벤뚜알프란치스코수도회가 시민들에게 화장실과 쉼터 등을 개방했다. 당시 수도회 신부님이 응원봉을 들고 참가자들을 안내하는 모습은 SNS에서 큰 화제가 됐다. 3월 윤석열이 석방된 후 매일 광화문 농성이 이어지는 가운데 서울 명동 향린교회는 시민들을 위해 교회 건물을 야간 쉼터로 개방했다. 남태령 대첩을 거치며 여러 투쟁 현장에 연대하는 시민들이 2024년 12월 31일 전국금속노조 경남지부 거제통영고성 조선하청지회 투쟁문화제와 연대했을 당시, 지회는 연대 시민들을 위해 숙소를 마련했는데 특히 성소수자 시민들을 위한 성중립 숙소를 두기도 했다.

2024년 12월 3일부터 2025년 4월 4일까지 4개월간의 겨울 추위는 특히 매서웠다. 그러나 광장을 밝힌 응원봉의 불빛과 지속적으로 이어진 연대의 힘으로 시민들은 끝내 내란을 막고 민주주의를 지켜낼 수 있었다. 이처럼 광장의 승리는 결코 저절로 만들어진 것이 아니라 새로운 민주주의, 새로운 사회를 바라는 시민들의 열망이 있어 가능했다. 이제는 그 열망을 내란청산과 사회대개혁 과제의 실현을 통해 이어나가야 할 때다.

바람의 혁명, 깃발들

탄핵 광장의 또 다른 상징은 광장 곳곳을 수놓은 깃발들이었다. 무대에서 발언과 공연이 이어질 때마다 박자에 맞춰 깃발이 흩날렸다. 노동민중인권단체, 정당 등 단체가 들고나온 깃발들도 있었지만, 구체적인 소속이 없어도 자신만의 깃발을 들고나온 시민이 많았다. 2016년 박근혜 퇴진 집회 때부터 보이던 재치 있는 문구의 깃발들도 다시 한번 찾아볼 수 있었다. 응원봉으로 상징되는 '빛의 혁명'에 대응하여 깃발들은 '바람의 혁명'으로 불렸다. 시민대행진에서는 몇 차례 기수들이 함께하는 깃발 행진이 이루어지기도 했다.

당시 광장을 수놓은 1000개가 넘는 깃발들은 아카이빙 사이트 '깃발들'[1]에서 찾아볼 수 있다. 이렇게 모인 깃발 중 SNS에서 화제가 되었거나 언론을 통해 그 의미가 드러난 깃발 몇 개를 선정하여 광장에

[1]   깃발들, URL: flaaags.com/about

나온 이유와 깃발의 의미에 대해 질문하였다. 각 깃발의 사진은 깃발들 사이트를 참조하였다. 다만 정대만 깃발의 경우는 직접 촬영한 사진을 사용하였다.

1. 정대만

자기소개
2030 여성

광장에 나온 이유
계엄과 12·7 국민의힘 단체 노쇼에 대한 분노

깃발의 의미
아무 말 깃발에 속하는, 좋아하는 만화 캐릭터의 작품 내 응원기입니다. ^^

(내향인)

입니다.

2. 내향인

자기소개

안녕하세요. 저는 '내향인 깃발'로 활동하는 내향인 깃발 기수입니다. 평소에는 조용하고 혼자 있는 시간을 많이 보내는 내향인이지만, 내향인도 사회 안에서 자신의 목소리를 낼 수 있다는 것을 깃발이라는 형태로 표현하고 있습니다.

광장에 나온 이유

저의 성향과 상관없이, 지금은 광장으로 나갈 수밖에 없는 상황이라고 느꼈습니다. 그리고 이 상황 속에서 한 개인이 할 수 있는 일은 무엇일까 스스로에게 질문했습니다. 그 질문에 대해 '내가 할 수 있는 내 몫을 하자'라는 답을 내리게 되었고, 그렇게 광장에 나오게 되었습니다. 그 자리에 사람들과 함께 서 있는 것만으로도 참여가 될 수 있다는 것을 보여주고 싶었습니다.

깃발의 의미

이 깃발은 내향인인 사람도 페스티벌에서, 사회적 체면이나 자신의 성향과 상관없이 신나게 놀 수 있다는 점을 보여주고 싶어서 만들었습니다. 그리고 짧게 한마디로 말하면, 이 깃발은 반항입니다. '평소에는 조용할 것으로 생각했던 여자가 저렇게 논다고?'라는 충격을, 고정관념을 가진 사람들에게 주고 싶었습니다. 틀을 깨고 싶습니다. 그래서 더 열심히 놀고, 달리고, 뛰고, 뒹굴며, 연대하며 세상에 부딪히려 합니다.

3. 화분안죽이기실천시민연합

자기소개

화분안죽이기실천시민연합, '화실련'은 2016년 11월 14일, 국정농단 박근혜 퇴진 광장에서 촛불의 물결과 함께 창립한 시민연합입니다. 살려야 할 화분이 있다면, 차마 지키지 못한 화분이 있었다면, 우리가 모두 화분안죽이기실천시민연합, 화실련입니다. 어느 화분이든 허무하게 죽지 않는 세상. 그런 세상을 함께 만들기 위해, 민주공화국을 함께 피워내기 위해 노력하고 있습니다.

광장에 나온 이유

100만 명이 운집했던 '박근혜 퇴진 광장'의 3차 촛불집회(2016년 11월 12일)에서 '장수풍뎅이연구회' 깃발이 등장한 이후, 엑스(구 트위터) 거쳐 '광장'에서 태어난 아무 깃발인 만큼, 2회 차 퇴진 광장이 된 '윤석열 퇴진 광장'도 산천초목의 분노를 다시 한번 똑똑히 보여주기 위해, 화실련이 함께해야만 했습니다. 2024년 12월 3일부터, 2025년 4월 4일까지. 123일의 투쟁으로 우리는 내란-헌정파괴 세력을 끌어내렸을 뿐, '빛의 혁명'은 아직 시작도 하지 않았습니다. 그러나 123일의 광장에서(전국의 퇴진 광장에서, 여의도에서, 남태령에서, 한강진에서, 광화문에서, 혜화역에서, 평화로에서, 평등으로 가는 수요일에서, 고공 투쟁 현장에서, 서울시교육청 앞에서…) 우리는 희망의 불씨를 미리 체험하기도 했습니다. 광장에 나왔던 수많은 사람이 품었던 저마다의 바람, 그리고 내란 정국의 매서운 겨울바람을 헤치고 떨리며 몰아친 절망과 환희의 물결을 온전히 받드는 것이 '혁명' 혹은 '개혁'의 첫걸음입니다. 1회 차 퇴진 광장이 미완의 과제로 남겼던 '사회대개혁'의 실현을 위해, 화실련은 광장의 빛과 바람의 물결을 이어가고자 합니다.

깃발의 의미

화실련의 상징은 (농협마크 3연성으로 오해하기도 하지만) 1세대 시민단체, 경제정의실천시민연합(경실련)의 패러디이자 오마주로 제작한 것입니다. 주황, 파랑, 초록의 색 면 배합으로 산천초목이란 상징을 담고 있습니다. 또한 화실련은 깃발과 함께 세월호참사를 추념하는 노란 리본 휘장을 항상 함께 올리고 있습니다. 윤석열정권의 이태원참사 이후에는 보라색 리본도 함께 달아 지금과 같은 노랑-보라 리본 휘장의 형태가 되어 깃발과 함께 광장에서 휘날리고 있습니다.

4. 분노를 노래하소서, 민중이여

자기소개

안녕하세요, '분노를 노래하소서, 민중이여!' 깃발을 들고나온 하길이라고 합니다. 20대의 끝을 지나고 있고, 9년 차 진보당 당원입니다.

광장에 나온 이유

사실 특별한 이유가 있기보다는, 그냥 저에게는 너무 당연하고 자연스러운 일이었어요. 진보정당 활동을 하면서 집회와 투쟁에 익숙해서 광장에 나가는 것에 부담이나 어려움이 특별히 크지도 않았고요. 계엄 당일 국회에 갈 때는 사실 좀 무섭긴 했는데 이토록 긴박한 상황에 안 가는 것이 더 무서울 것 같아서 나갔고, 그때 느꼈던 불법계엄이라는 황당함과 두려움, 시민들이 모였기에 금방 해제할 수 있었다는 경험이 이후 광장까지도 지치지 않고 나갈 수 있게 한 동력이었던 것 같아요.

깃발의 의미

제 깃발에는 그리스 신화의 트로이아 전쟁을 다룬 《일리아스》라는 고대의 서사시의 첫 문장, '분노를 노래하소서, 여신이여'에서 여신을 민중으로 바꾼 문구가 적혀 있어요. 사실 메인은 그 아래에 적힌 아카이아노동조합 미르미돈지회인데요. 《일리아스》 1권에 보면 그리스 최고의 전사인 아킬레우스가 자신의 명예를 훼손한 총사령관 아가멤논에게 화가 나서 전투에서 물러나겠다고 선언합니다. 일종의 파업이라 생각해서 장난삼아 당시 그리스를 부르던 이름인 아카이아와 아킬레우스가 이끄는 민족 이름인 미르미돈을 따와서 가짜 노동조합 이름을 만들었어요. 그러다가 탄핵 광장이 열렸고, 박근혜 탄핵집회 때 등장했던 아무 말 깃발들이 다시 등장하기 시작했죠. 마침 저도 기존에 생각해두었던 패러디 노동조합도 있겠다, 깃발을 만들어보고 싶다고 생각했고 디자인해주신 트친님께서 첫 문장의 '여신이여'를 '민중이여'로 바꾸자는 제안을 해주셨어요. 말 그대로 분노한 민중들이 광장에 나오는 거니까 너무 멋진 아이디어라 흔쾌히 받아들였는데, 아주 우연한 계기로 깃발이 유명해지면서 《일리아스》까지 입소문을 타게 되었습니다. 유명해진 이야기 자체도 흥미로운데, 원문을 변형한 문구도 사람들의 마음에 많이 와닿았던 것 같아요.

5. 사패련

자기소개

안녕하세요. 저는 현재 다양한 곳에 개인 연대를 하고 있는 사당이라고 합니다.

광장에 나온 이유

저는 당시 직장 위치가 서울 시청역이었습니다. 적법한 근거 없이 발생한 계엄령은 새벽에 해제는 되었으나, 날이 밝고 출근한 후 회사에서도 '이게 끝일까?'라는 생각으로 불안할 수밖에 없었습니다. 그 상태로 야근을 하던 중에 밖에서 들리는 다가오는 행진 소리에 엑스(구트위터)에서 본 집회 소식이 생각났고, 저는 바로 짐을 챙겨 나와 대열을 찾아 합류했습니다. 자리에 앉아 불안해하는 것으로는 아무것도 변화되지 않고, 가만히 있으라고 해서 가만히 있으면 안 된다는 것을 아는 사람들 중 한 명이기에 직후부터 열리는 광장의 소식들을 찾아보며 광장에 나오기 시작했습니다.

깃발의 의미

제가 광장에 들고 나온 깃발은 네이버 시리즈에서 연재 중인 비가 작가님의 《화산귀환》에 나오는 '사패련(邪覇聯)'이라는 사파 연합의 깃발입니다. 제가 깃발을 처음 들고 나올 즈음에 광장은 공권력과 항상 대치 중이었고, 광장에 혼자 나오기 무서워서 함께 있어줄 사람을 찾는 글들이 엑스(구 트위터)에서 보이기 시작했습니다. 그리고 몇 년 전에 있었던 과거의 집회들에서 참여자들을 향해 "어딘가의 소속이다", "돈을 받고 나오는 이들이다"라고 음해했던 일들 때문에, 이번 집회에는 사람들이 "우리는 모두 각자 개인이고, 누군가 시켜서 나온 것이 아니다"라는 뜻으로 이른바 '아무 말 깃발'을 들고나오던 때였고요.

그래서 저 또한 자발적으로 나온 시민임을 외치는 깃발을 들고, 혼자 광장에 나오기 두려운 분들이 의지할 곳이자 표지판이 되어주고 싶었습니다. 어떤 깃발을 들지 고민하다, 저는 이것이 제가 한창 좋아하던 작품에서 배운 협의(俠義)의 형태 중 하나라고 생각했고, 그중에서도 가장 좋아하는 캐릭터가 이끄는 사파 연합의 깃발을 택했습니다.

제가 무협 소설 속에 나오는 사파의 깃발을 들게 되면서, 제 깃발에는 무협에서 관(官)과 무(武)는 서로 관여하지 않는다는 암묵적 규칙인 '관무불가침'을 깰 만한 일이 벌어졌다는 의미와 무협 소설 내에서 자주 악으로 표현되는 사파마저 앞에 나와 함께할 정도로 이 상황이 잘못되었다는 의미도 함께 담게 되었습니다.

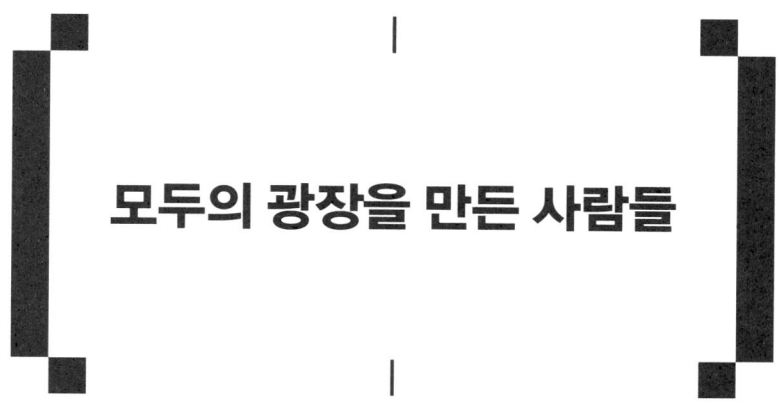

모두의 광장을 만든 사람들

집회시위인권침해감시단

광장에서 매일같이 볼 수 있는 사람들이 형광색 조끼를 입은 비상행동 활동가와 시민 자원봉사단, 그리고 노란 조끼를 입은 '집회시위인권침해감시단(이하 인권침해감시단)'이었다. 민주주의를위한변호사모임 회원들로 이루어진 인권침해감시단은 67회 이루어진 시민대행진에 빠짐없이 참여하여 집회의 자유에 대한 침해에 맞서왔다.

인권침해감시단의 주 역할은 경찰 등 공권력에 의한 시민들의 집회의 자유 침해를 감시하고 대응하는 것이었다. 시민대행진의 장소가 광화문으로 이동한 후 수십만에서 수백만의 시민이 집결했지만, 경찰은 계속해서 집회 장소를 광화문 앞 차로 일부만을 사용하도록 제한통고를 내렸다. 행진 과정에서도 경찰은 차로의 일부에서 행진이 이루어지도록 끊임없이 간섭했다. 인권침해감시단은 이렇게 경찰의 부당한 집회 장소 제한에 맞서 각 행진 차량 앞에서 원활한 행진이 이루어지도록 힘썼다.

극우세력의 집회 방해에 대응하는 것도 인권침해감시단의 역할이었다. 12·3 내란을 계기로 더욱 집결한 극우세력은 시민대행진에 참여한 시민들을 위협하고 때로는 폭력행위를 일으키기도 했다. 극우집회와 시민대행진의 장소가 분리되기는 했으나 집회 행렬이 끝나는 지점에서는 크고 작은 충돌이 일어나기도 했다. 이러한 극우세력의 집회 방해를 감시하고 대응하는 것도 인권침해감시단의 주 역할이었다.

여의도, 남태령, 한강진, 광화문, 시민대행진이 이루어지는 모든 집회 현장에서 노란 조끼를 입은 인권침해감시단을 만날 수 있었다. 시민들 역시 노란 조끼를 보면서 안정감을 얻고 응원의 한마디를 건네거나 간식을 주는 사람도 있었다. 모두가 한마음으로 만든 광장이 평등하고 안전한 공간이 되기까지 인권침해감시단도 동료로서 함께했다. 당시 현장에 함께한 민변 회원의 한마디를 공유한다.

"노란 조끼를 입고 집회 현장에 있다 보면 여러 응원을 마주하게 됩니다. '민변 화이팅'이라는 응원 한마디를 외치시거나 말없이 손에 간식을 쥐여주고 가시는 분들, 추운데 고생한다며 핫팩을 주머니에 넣어주시는 분들이 계십니다. 묵묵히 행렬 뒤에서 쓰레기를 줍는 뒷모습을 보며 제가 위로를 받은 것과 같이, 추운 현장에서 인권침해감시 활동을 하며 그곳에 함께하신 민변 회원분들의 존재가 많은 시민에게 위로가 되지 않았나 감히 짐작해봅니다. 갈 길이 멀지만 절망 곁에 붙은 희망, 그리고 혼돈 속의 작은 올곧음을 믿으며 힘을 내보겠습니다. 그럼 또 현장에서 뵙겠습니다!"[2]

시민자원봉사단

파면 1주년을 앞둔 2026년 2월 10일 시민자원봉사단(이하 시민자봉단)을 만나 이야기를 들었다. 참여자들은 자원봉사에 참여하게 된 계기와 경험들이 서로 달랐지만 함께 민주주의를 지키고 새로운 세상을 바라는 마음은 똑같았다. 이들에게 참여 계기와 기억나는 순간, 그리고 파면 1년을 맞아 바뀐 것과 바뀌어야 할 것에 대해 물었다.

참가자: 김노랑, 김상수, 김수림, 유지민, 최민성, 최정은.

질문1
자기소개와 시민자봉단 참여 계기를 이야기해주세요

김수림 (노랑팀 팀장. 시민자봉단은 거주지역과 역할별로 색깔을 붙여 팀을 나누었다.) 초반에는 푸드트럭 줄 세우고 안전관리하고 이런 역할을 하다가 나중에 참여자가 많아지면서부터는 차도 정리, 쓰레기 정리 등을 했어요. 우측통행을 가장 많이 외쳤습니다.

시민자봉단 참여 계기는 사실 여의도에서 먼저 자원봉사를 하는 중이었고 동네에서도 원래 지역 활동으로 방범 순찰 이런 거 하는 친구들이 있었는데요. 탄핵소추된 날 사람이 몰린다고 해서, 우리 형광조끼 있으니까 함께하자 해서 갔고, 그 이후에 이제 아예 시민자봉단

---

2   강솔지, 〈[회원 기고] 그럼 또 현장에서 뵙겠습니다!(윤석열 퇴진 특위 집회시위 감시 변호단 활동 참여기)〉, 민주사회를위한변호사모임, URL: www.minbyun.or.kr/?p=62250&cat=1755&paged=0.

이 꾸려지면서 이렇게 들어오게 되었습니다.

김노랑 초록팀이랑 파랑팀에서 활동을 했는데요. 초록팀은 본 무대 바로 왼쪽 서십자각 앞에서 시민들 병목 현상 방지를 위해서 계속 지나가도록 안내하고, 화장실이나 여기로 들어오면 안 된다는 주의, 안내하는 역할을 했습니다.

저는 조금 막바지에 들어왔는데요. 집회를 갈 때마다 조금씩 모금에 참여했는데 파면 선고가 생각보다 늦어지면서 집회가 점점 길어졌잖아요. 그러니까 이제 더 이상 보탤 돈이 없는 거예요. 그래서 비상행동 측에 뭐라도 도움이 되고 싶은데 그러다가 자봉이 급하다는 글을 보고, '아 이거다 몸으로라도 때워보자' 해서 신청을 했어요.

최민성 지원팀에서 활동했고요. 지원팀이 나중에 소수 정예로 꾸려진 팀인데요. 100만 시민이 광장에 모이고 자원봉사자들이 활동하는데, 그 자원봉사자들을 관리하고 또 인력 파견도 나가고 그냥 여러모로 어디 땜빵하는 심부름꾼이었습니다.

저는 비상행동 공식 계정에 올라온 자원봉사자 인원 급구 게시글을 보고 신청을 했어요. 그 시기가 12월 말인가 아무튼 마지막 주 토요일인데 엑스(구 트위터)를 보니 인원이 필요하다고 해서 지원을 했거든요. 그 당시에는 아무런 생각 없이 그냥 지원을 했는데요. 지금와서 돌아보면 어떻게든 작은 티끌 하나라도 도움이 되고 싶어서 지원한 게 아니었을까 생각이 듭니다.

최정은 저는 처음에 빨강팀으로 시작을 해서 지하철역 출입구부터 시작해서 대로 쪽을 담당했습니다. 그러다가 기록팀에 들어갔는데, 지원팀 안에 기록팀이 따로 있었어요. 이제 우리도 우리의 기록을 남겨보자는 취지로 자원봉사자분들한테 이제 설문조사나 인터뷰를 하고 일지와 기록집 제작을 했습니다.

저 같은 경우는 12월 첫째 날에 처음 자원봉사 참여를 했어요. 그래서 12월 3일 내란 터지고 4일, 5일, 6일인가 이때쯤에 첫 작업을 했었는데 그때 너무 힘들었거든요. 국회의사당 좁은 골목에서 너무너무 힘들어서 사실 그때 한 번 하고 빠졌었어요. 두 번은 못 하겠다고 했는데, 이제 남태령 집회 때 그때는 무슨 운영회라든가 이런 책임자가 있었던 자리가 아니었음에도 자발적으로 계속 뛰어다니셨던 시민 자원봉사자분들이 계셨었어요. 그분들의 활동에 조금 깊은 감명을 받아서 다시 광장의 비상행동으로 돌아오게 됐죠. 그래서 그 이후부터는 거의 될 수 있는 한 모두 출석을 했어요.

유지민 저도 처음에는 빨강팀으로 시작을 해서 보통 활동하던 구역은 아까 말씀하셨던 것처럼 경복궁역 입구부터 서십자각 있는 부분까지였고요. 나중에는 지원팀에 들어가서 이제 집회하기 전에 적기 정리라든지 물품 배포하는 것을 좀 도왔고, 또 자원봉사 관련해서 부스를 지키거나 아니면 일손이 좀 부족할 때는 다른 팀으로 나가서 지원했습니다.

저 같은 경우는 일반 참여자로 여의도 때부터 집회에 나갔었고요. 자원봉사를 한 것은 광화문으로 시위가 넘어오고 나서부터였어요. 한남동이었나 남태령이었나 그때 자원봉사하시는 분들을 보면서 일손이 부족하다는 거를 느꼈어요. 사실 그때까지만 해도 이게 자원봉사인 줄 잘 몰랐고 스태프, 어디 단체에서 따로 나와서 하시는 분들인 줄 알고 그때는 도움을 못 드렸었는데요. 그러다가 광화문으로 나온 이후로 저도 엑스(구 트위터)를 통해서 처음 접했고 거기서 신청해서 자원봉사를 시작했습니다.

김상수 저는 하양팀에서 시작했다가 빨강팀으로 이적을 했고요. 하양팀에 있었을 때는 주로 극우 분들이 집회 방해하는 거 감시하는 역할 정도를 했고요. 윤석열이 구속취소돼 풀려난 날부터 빨강팀으로 이적해서 활동했는데, 그때는 주로 차량 통제나 횡단보도 통행 관리를 담당했습니다.

저는 자원봉사를 하자고 마음먹게 된 계기가 2025년 2월 28일 서울시교육청에서 지혜복 교사님 포함 23명이 연행됐는데요. 제가 아는 사람도 그중 한 명이어서 면회를 갔는데, 불발이 되어서 뭐라도 (지원 물품을) 넣자 해가지고 거기 계셨던 분들 정보 얻어내 가지고 다 넣은 적이 있었어요. 그중 한 명이 자원봉사를 하셨던 분이어서 친하게 지내다가 비상행동 좀 도와주고 싶다고 얘기하니까 자원봉사를 추천받아서 하게 됐고요. 본격적으로 하게 된 계기는 윤석열 구속취소 결정되고 딱 풀려났을 때입니다. 그때부터는 이제 누가 이기나 해보자는 마인드였던 것 같아요.

질문2
시민자봉단으로 참여하며 가장 기억에 남는 순간은 무엇인가요

김수림 저는 진짜 3월 8일 (윤석열이 구속취소되어서 석방된 그날) 김밥 먹고 체했던 게 생각이 나요. 가장 생각나요. 진짜 너무 춥고, 너무 당황스럽고 그냥 그 8차선 도로, 경복궁 앞에서 그 화면을 보면서 진짜야 이러고, (윤석열이) 걸어 나오는 거를 포커싱하는데 진짜 모두가 탄식을.

그게 아직 본대회 시작 전이었어요. 그래서 사람들이 다 오지도 않았는데 부스는 있으니까 '슬슬 앉혀야 하는데' 이러고 있었죠. 그날 그 공기와 습도 막 이런 거 있잖아요. 너무 충격적이었고, 계엄날만큼 이때가 생각이 나요.

김노랑 저는 아무래도 파면 선고를 앞두고 안국역 앞에서 철야를 했던 날이 가장 기억에 남는데요. 그때 거기 있었던 1박 2일이 거의 생생하게 통으로 기억이 나요. 가장 기억에 남는 건 그 화면에서 선고문을 읽을 때 시민자봉단끼리 손잡고 함께 그걸 듣고 있었거든요. 그러다가 이제 파면을 외치던 순간 서로를 껴안고 한참을 울었단 말이에요.

그때 12월 14일 탄핵안이 가결되던 날은 여의도에서 저 혼자 울었었거든요. 그런데 이제는 혼자 울지 않는다는 점이 가장 기쁜 거예요. 이 사람들 보면서 내가 이 얼굴을 이 이름을 평생 잊을 수 있을까 싶고, 아마 영원히 잊지 못할 순간이에요.

최민성 저도 파면 당일이요. 파면 당일에 아침에 안국역으로 가고 있었거든요. 근데 그 열기를 저는 아직도 잊지 못해요. 지하철에서 내리면서 걸어가고 있는데 티는 안 냈거든요. 막 심장이 요동치고 떨리고 만약에 정말 안 좋은 상황으로까지 치달으면 어떡하나 이런 생각까지 하면서 걸어가고 있었는데, 사람은 많고 이제 자봉단끼리 따로 집결 장소가 있었대요. 근데 워낙 인파가 많이 몰려서, 본무대 옆에 스태프 구역으로 잘못 갔어요.

거기서 선고 순간을 지켜봤는데, 선고가 되자마자 막 다들 환호성을 지르고 무대 앞에서 정면을 바라보는데 인파가 쫙 깔린 모습을 보고 눈물을 막 쏟았어요. 그리고 제 앞에 사회자 박민주 님이 계셨거든요. 민주 님도 막 울고. 비하인드가 또 하나 있는데요. 진보당 정혜경 의원이 올라오시는 거예요. 아는 분이니까 인사를 드리는데 갑자기 눈물이 또 막 쏟아져 나온 거예요. 그러니까 안아주시는 거예요. 갑자기 눈물이 막 쏟아져 나오고 주변에 카메라가, 제가 그날 카메라가 제일 많이 찍혔던 날이었어요.

최정은 저는 4월 4일도 기억이 남고 그런데 딱 구속취소가 뜬 다음 날 집회 때 사람들이 많이 몰렸어요. 그때 제가 기억하고 메모를 해놓은 게 그날 인원 몰렸던 거랑 3월 20일인가 21일쯤엔가 토요일에 또 사람이 엄청 많이 왔어요. 그때 저희가 추산 진짜 몇백만이었는데 그때 너무 힘들었어요. 인파가 진짜 너무 많이 오고 자원봉사를 처음 오신 분들도 많이 오시고 그래서.

　이게 또 집회가 오래 지속되다 보면 그사이에 집회에 익숙해진 그룹이 있는가 하면, 집회에 또 익숙하지 않은 그룹이 있으시잖아요. 그럼 또 익숙한 그룹은 평등 수칙이라든가 우측통행이라든가 맞춰주시는데, 익숙하지 않은 그룹이 몰려오면은 또 엄청 바쁘게 뛰어다녔고요. 그래도 뭔가 이 사람들이 다 같은 것 때문에 왔다는 생각이 드니까 그때는 얼굴 보고 한두 마디 하면은 오케이 내 편, 이런 식으로 정리됐던 기억들이 있어요. 그리고 그때 자원봉사를 처음 나오셨던 그분들의 마음, 뭔가 응원하는 마음, 힘이 되고 싶어서 왔다는 그 마음을 엄청 솔직하게 표현해주셨던 게 저는 좀 기억에 남아 있어요. 그래서 사람이 엄청 많아서 힘들었지만 또 남는 시간이었어요.

유지민 저는 좀 집회 장소 밖에서 있었던 개인적인 경험인데 제가 집회 나갈 때마다 입고 가는 옷이 항상 똑같았어요. 너무 추워서 제일 안 추운 옷을, 실험을 거쳐서 항상 입던 옷이 있었고요. 그러다 보니까 알아보시는 분들이 좀 있더라고요. 그리고 집회 나가는 날에 광화문에 제가 항상 밥을 먹고 가는 집이 있었는데요. 거기서 이제 밥을 먹다가 옆에 금속노조 조끼 입으신 분들이 식사하러 한번 오셨었거든요. 근데 거기 분 중에 한 분이 밥 먹는데, 오셔서 자원봉사하시는 분이냐고 제 얼굴 알아보시고 와서 얘기하다가, 나가려는데 계산하고 가시는 거예요.

눈물이 나고, 같은 장소에 매번 모이는 사람끼리 이렇게 서로 얼굴을 알아본다는 것도 너무 신기했고요. 서로 그렇게 좀 보듬어주려고 서로 신경 써주려고 하는 마음 자체가 저한테는 되게 인상 깊게 남았어요.

김상수 저는 3월 8일 이후부터 계속 나오다 보니까 김식 자원봉사단장님께서 저를 알아봤거든요. 그런데 2차 남태령 때 제가 자원봉사자가 아니라 그냥 개인 시민의 자격으로 갔는데요. 광화문 집회 끝나고 다 넘어올 때 김식 단장님이 저를 보자마자 야 조끼 입어, 조끼 입어야지(웃음).

그리고 계속 나가다 보니까 오히려 경찰들이 제 얼굴을 알아보기 시작한 거예요. 그래서 기억에 남았던 순간이 뭐냐면 선고 일자 나오고 나서 안국역에서 계속 집회했었잖아요. 거기서 극우 한 명이 시민을 폭행하고 도망간 사건이 있어서 충돌이 있었나 봐요. 그래서 제가 말리러 갔는데, 경찰들이 어떻게 못 하니까 저를 보고 "선생님 여기 좀 도와주세요" 이러는 거예요. 속으로 '제가요?' 했죠. 이렇게 경찰들이 제 얼굴을 아니까 막 요청하고 이게 맞나 싶었던 기억이 있어요.

질문3
파면 1년, 그동안 무엇이 바뀌었고 더 바뀌어야 할 것은 무엇인가요?

김수림 저는 사회에 참여하는 청년이나 활동가들에 대한 시선이 좀 더 따뜻해진 것 같아요. 요즘 동네 주민분들도 많이 만나는데, "너네 같이 이렇게 활동하는 애들이 있어서 좋다", "고생한다"라고 직접적으로 응원해주시는 분이 많아요. 그렇게 우리를 응원해주는 사람들이 늘었구나 하는 걸 느끼고요.

그렇지만 어쨌든 대통령이 바뀌었고 사회대개혁을 우리가 얘기하기도 했었는데 아직 차별금지법이라거나 국가보안법이라거나 이런 것들이, 그리고 아직 내란청산이 안 되었잖아요. 이게 내란청산되는 과정에서 좀 잘돼야 되는데, 그게 아직 안 되어서요. 저도 차별금지법 서포터즈 활동도 하고 이후에도 뭔가 하지만 좀 그런 것들이 잘 되게끔 앞으로도 해나가면 좋겠다는 생각이 듭니다.

김노랑 12·3 이후로 일상을 되찾고 싶다고 저희가 막 엄청 얘기했었잖아요. 그런데 4월 4일이 지나니까 더 이상 이전의 일상으로 돌아갈 수 없고, 새로운 일상을 맞이해야 한다는 거를 알았어요. 일단은 뜻이 같은 친구들을 만난 게 삶의 가장 큰 변화예요. 그전에는 이런 거를 얘기할 수 있는 친구도 없고 그래서 항상 집회도 혼자 나와서, 이런 친구들이 너무너무 필요했는데요. 그런 존재들을 만난 게 너무 좋았고요. 그리고 덕분에 조금 행동하는 사람이 됐다는 거, 제가 옛날에는 연대나 이런 거에 약간 관심은 있는데 그냥 집에만 있는 사람이었단 말이에요. 그런데 계엄 이후로 나오면서 직접 연대하러 다니기도 하고요. 또 남태령 이후에는 밥을 좀 안 남기려고 하는데요. 옛날에는 쌀이 그냥 음식이었어요. 근데 이제는 그냥 음식이 아닌 거예요. 그 뒤에 사람이 보이기 시작한 거예요. 무슨 상품을 보든 이제 그 뒤에 이거를 만들었을 사람들이 보이기 시작하더라고요. 이게 저의 개인적인 변화예요.

그리고 바뀔 것이 한참 많다고 생각하는 게 지지부진한 내란청산도 그렇고, 광장에 울렸던 약자와 소수자들의 외침들이 아직 해결되지 않은 게 많잖아요. 특히 응원봉을 들고나온 여성들은 그저 기특한 존재로만 여겨지고 그게 끝인가 싶어서 화가 나고 무기력해지기도 해요. 하지만 그렇다고 멈출 수 있나, 느리더라도 계속 싸워야지 그래서 차별금지법을 시작으로 세상은 조금씩 바뀔 거라고 믿으면서 지치지 않는 게 제일 중요하다고 봐요.

최민성 저는 광장에 나오면서 제 개인 삶의 방향성도 좀 많이 변했고 좋은 것을 많이 얻어갔던 것 같아요. 제가 자원봉사를 1월부터 4개월 동안 했었거든요. 나오면서 진짜 좋은 분을 많이 만났고, 좋은 것도 많이 배워갈 수 있었어요. 제가 실은 한 환경단체에서 기후 활동가로 근무했었거든요. 그러면서 좋은 인연을 많이 만났고, 사실 활동가들의 세계도 그전엔 잘 몰랐었거든요. 직접 활동가 신분으로 일해보면서 이런 세계가 있다는 걸 알게 되었어요. 정말 이러한 세상이 있는 줄 몰랐었고 그래서 저랑 다소 거리가 조금 멀게 느껴져서 관심도가 크게 높지 않았거든요. 그런데 정말 좋은 분을 많이 만나면서 덕분에 제 열정이 식지 않았던 것 같아요.

그런데 아직 내란청산이 지지부진하다는 걸 좀 느꼈고 또 이제는 차별금지법도 제정해야 하잖아요. 그러는 과정에서 이제 목소리를 내는 분들의 의견을 묵살하고 있다는 것을 좀 최근에 들었거든요. 우리 지치지 마요.

최정은 저는 가장 큰 변화라고 하면 이제 경찰을 보면 주먹을 쥐는 습관이 생겼고요(웃음). 저도 그 말이 엄청나게 와닿았거든요. 우리는 12월 3일 이전의 일상으로 돌아가는 게 아니라 이후의 일상으로 바뀐 것이라고 많이 느꼈고요. 그리고 현장을 공유한다는 것, 직접 나의 체험으로 체득한다는 것의 중요성을 엄청 깊이 깨달았어요. 그 이전까지 그냥 활자로만 알음알음 알던 것들이 얼마나 얇은 껍질 같았던 거였는지를 좀 깨달으면서 현장에서 내가 직접 눈으로 보고 체득하고 당사자의 의견을 직접 듣는 것이 중요하다는 것을 알았어요. 탄핵 광장처럼 매일매일 이렇게 광장에 나가서 같이 구호를 외치지는 못하고 있지만, 내가 참여할 수 있는 것이 있다면 빼지 않고 바로 행동력을 갖출 수 있게 된 게 저는 좀 귀한 체득이라고 생각하고 있어요.

그리고 한 100명, 200명 되는 정도의 행사 규모는 이제 우습게 보이기 시작했고요. 탄핵 광장을 지나면서 어떤 정치적인 이념이라든가 가치관이라든가 그런 활동 자체에 대해서도 분명히 관심이 많아지긴 했지만, 언어적인 것에 대해서도 되게 관심이 커졌어요. 우리가 광장에서 느끼고 같이 했던 것들을 광장 밖 앞으로의 일상에서 나와 마주하는 사회 안에서 어떻게 거부감 없이 언어로 풀어내고 전달을 할 수 있을 것인지에 대해 조금씩 공부를 하려고 노력하고 있고요. 그래서 독서량도 작년보다 조금 늘었습니다.

그리고 우선으로 할 것이 내란청산이라는 거는 저도 동의를 하고 있고, 그것이 지지부진하다고 느끼기 때문에 분노하는 건데요. 내란청산의 우선순위에 급급해서 또 이제 나중으로 밀리는, 사회대개혁이라는 문제가 점점 좀 희미해지고 있다는 것이 안타까워요. 저는 개인적으로 빛의 혁명이라는 말을 아주 싫어하거든요. 그 빛은 사실 어떻게 따지면 혁명에 있어야 되는 빛들이 아니잖아요. 아이돌 콘서트장이나 팬 사인회에 있어야 할 빛들을 가져온 것에 대한 부끄러움을 찾았으면 좋겠다는 생각을 좀 갖고 있습니다. 저는 그래서 처음 우리가 외쳤던 사회대개혁이 이루어지도록 좀 같이 그거를 서포트하고 또 응원하는 일을 계속하려고 노력하고 있습니다.

유지민 우선 저도 제 개인적인 일상에서는 생각이 비슷한 사람들이 주변에 훨씬 많아졌다는 것, 그리고 이제 얘기를 할 때 좀 더 가감 없이 나랑 의견이 비슷한 사람들과 같은 별을 공유할 수 있다는 것 자체가 되게 좋은 변화라고 생각하고요. 광장에 나오면서 함께하게 된 인연을 통해서 좀 더 다양한 사람이랑 그 삶의 형태에 대해서 제가 배우게 되는 계기가 된 것 같고, 그만큼 개인으로서도 좀 성장하고 성숙해질 수 있는 어떠한 발판이 된 것 같다고 이번에 느꼈어요. 그리고 평소에 인권이나 혹은 사회적으로 어떤 불이익을 봤을 때, 원래도 이렇게 제 의견을 좀 밝히는 편이었는데, 지금은 훨씬 더 타협하지 않고 가감 없이 얘기하는 사람이 된 것 같다고 느낍니다.

그런데 사회적으로 이번에 아쉬운 점이라고 생각하는 건 최근 내란청산 관련해서 판결들이 나오고 있잖아요. 그런데 판결 과정을 보고 있으면 아직 내란이 진행형이라는 생각도 많이 들고요. 노골적으로 이렇게까지 국민을 우롱할 만한 판결이 지금 같은 시기에 나와도 되는 건가 하고 싶어서 분노하는 일도 많았는데, 하루빨리 올바른 방향으로 풀렸으면 좋겠다는 개인적인 바람이 있어요. 또 아직 여실히 부족하다고 느끼는 점은 노동이랑 약자에 대해 아직도 많이 부족하다고 느끼게 되는 점이 최근에도 있었어요. 최근에 인스타그램에 전장연 시위 관련해서 게시물을 올렸는데요. 저랑 되게 친한 친구였는데 그 문제에 대해서 저랑은 좀 반대되는 의견을 가지고 있더라고요. 저는 그렇게까지 행동하게 된 계기가 있을 거 아니냐, 그러면 그게 이제 개인 차원을 넘어서 이제 사회적 차원의 문제면 우리가 그걸 함께 해결하기 위해서 이제는 논의해야 될 단계라고 생각한다고 했는데, 그 지점에 대해서 저랑 말이 통하지 않더라고요. 그래서 결국 흐지부지 대화를 마치게 됐죠. 어떠한 행동에 있어서 개인 차원의 문제로 자꾸 이렇게 남겨두려고 하는 것들이 있는데, 보다 근본적인 원인을 우리가 봐야 되잖아요. 그것을 좀 더 알리기 위해서 어떤 언어를 활용해서 우리가 더 대중적으로 전달할 수 있을까, 어떻게 해야 조금 더

사람들의 불씨를 건드리지 않고 공감을 살 수 있는 언어로 다가갈 수 있겠느냐는 생각을 좀 많이 하게 됐던 것 같아요.

김상수 저는 일단 개인적으로 아직 큰 변화는 못 느낀 것 같아요. 윤석열 정부 때랑 지금 이재명 정부 때랑 큰 변화를 못 느끼고 있는 부분도 있는 게, 아무래도 너무 내란청산에만 급급하다 보니까 노동 부분이라든지 사회적 약자에 대한 부분이 너무 미비한 게 아닐까 싶기도 하고요. 그리고 아직 내란 관련한 선고를 보면 크게 납득하지는 못한 부분이 있기도 하니까, 아직 내란청산이랑 사회대개혁에 대해 너무 지지부진한 게 아닌가 해요.

그리고 최근에 또 이재명 정부에 대한 배신감, 실망 그런 것을 좀 느꼈던 사건이 있다면, 세종호텔에서 12명 연행됐던 사건이었는데요. 우리가 비상행동 집회하고 행진할 때 세종호텔로 한두 번 정도 갔던 걸로 기억하고, 그러면서 고진수 동지가 고공농성을 하면서 발언하고 대회를 마무리했던 것으로 기억해요. 그렇게 비상행동 집회를 계속한 결과 탄생한 정부가 이재명 정부인데, 막상 노동자들을 탄압하지 말라고 했던 대통령이 그렇게 탄압을 하는 걸 보니까, 뭔가 크게 실망을 하게 되더라고요. 그래서 아직 좀 많이 화가 나는 부분도 있고요. 그렇지만 계속해서 연대를 하고, 뜻이 같은 분들을 많이 만나면서, 개인적으로 지금 활기도 얻고 아직은 그래도 살맛 나는 세상이 있다는 걸 좀 느낍니다.

질문4

마지막으로, 나에게 민주주의란?

김수림 저에게 민주주의란 '정말 어렵지만 꼭 해야 하는 것'. 진짜 민주주의 너무너무 어렵다 너무 싫다 이렇게까지 해야 하나 싶지만요. 정말 계속하기 위해서 참여해야 되는 거라고 봐요. 저는 그래서 사실은 주 4일제나 포괄임금제 폐지나 이런 게 돼야 우리가 더 민주주의를 위해서 애쓸 수 있다고 생각합니다. 우리의 노동권이 보장되어야 나머지 시간을 이렇게 민주주의를 위해서도 쓰고 나를 위해서도 쓰고 이런 걸 하지요. 집회도 좀 하고요.

김노랑 제가 99년생인데 저에게 민주주의는 공기처럼 당연한 거였거든요. 기성세대가 이렇게 피 흘려 투쟁해주신 덕분에 태어나 보니 나이만 먹으면 당연히 투표권이 생기고 당연히 주권은 국민에게 있고 당연히 대통령은 내 손으로 뽑는 나라였어요. 그런데 2024년 12월에 그것이 하나도 당연하지 않다는 걸 알게 된 거예요. 그래서 (민주주의는) 아, 내가 깨어 있지 않으면 언제라도 다시 잃을 수 있는 것이구나, 그래도 잃어보니 그 소중함을 깊이 깨닫게 됐고요. 그리고 12·3 이전엔 국민이 나라의 주인이라고만 생각했지만, 광장에 나오면서 생각의 폭이 조금 넓어졌어요. 공장의 주인은 노동자고 또 학교의 주인은 학생이고 민주주의란 모두가 존엄한 인격체로 존중받는 기본 틀이라고 생각합니다.

최민성 제가 생각하는 민주주의는 '건강한 이념, 끝없는 논의와 타협'이라고 생각하는데요. 대한민국이 일단 총인구가 5000만 명이다 보니까 모두가 같은 생각을 하고 살 수는 없잖아요. 그렇지만 어쨌든 진보든 보수든 간에 일단 이념이 건강해야 한다고 생각하거든요. 또 그것을 바탕으로 끝없는 논의와 타협으로 이끌어가는 이 모든 과정이 다 우리나라 민주주의가 옳게 돌아가고 있다는 하나의 신호로 저는 보고 있어요. 제가 생각하는 민주주의로 돌아가고 있다는 (신호로).

최정은 저에게 민주주의란 '수동'이다. 최근에 좀 알게 된 거는 사실 민주주의라는 말도 되게 잘 포장된 포장재 같다는 생각이 조금씩 들더라고요. 반대되는 두 개의 의견이 있을 경우에 우리가 하나를 선택하는 순간 다른 하나의 의견이 어쩌면 자주성을 잃게 되고요. 또 우리가 대표자를 선출하는 선거라는 제도를 채택하고 있는데 대표한다는 의미, 이 사람이 대표할 수 있는 범위란 과연 정말 우리 구성원 모두를 포함하고 있는가. 그런 얘기를 하다 보니까, 민주주의라는 건 모두가 주체성을 갖자는 의미를 포함하지만 실제로 우리가 살아가는 데 있어서 100% 보장되는 것은 아니더라고요. 우리가 진짜 자주성과 민주성을 획득하기 위해서는 결국 저마다의 쳇바퀴를 열심히 굴리고, 그것이 서로 맞물리다가 어긋나면 다투기도 하는 과정이 다 필요하지, 자동으로 돌아가는 건 없는 것 같아요. 그래서 민주주의는 수동이라고 생각합니다.

유지민 나왔던 말들이랑 좀 비슷한 결이긴 한데 저도 민주주의라는 게 어떤 항시적인 것이 아니라 일종의 상태라는 것을 이번에 깨달은 것 같아요. 그래서 지펴도 안 올라가면 초로 기름칠해줘야 하듯이 민주주의도 잘 굴러가려면 항상 관리하고 칼처럼 계속 갈아줘야 원활히 굴러갈 수 있다고 느낀 점에서, 민주주의는 '상태'다.

김상수 저는 아무래도 민주주의는 '희생'이라고 말하고 싶어요. 개인적으로는 기계가 고장났다고 하면 누구의 손을 거쳐가듯이 이제 민주주의도 누군가의 손으로 다 거쳐가면서 민주주의를 달성하는 게 아닐까 싶기도 하고요. 박근혜 정부 때도 그렇고 윤석열 정부 때도 그렇고 모든 사람이 전부 다 분노하고 광장에 나와서 다시 한번 민주주의를 일으켰다시피, 누군가의 희생이 있는 것이 아마 민주주의의 탄

2026년 2월 11일, 자원활동가 인터뷰를 진행한 참가자들. 한국진보연대 회의실.

생이지 않을까 싶기도 하고요. 저는 심지어 박근혜 정부 때 세월호참
사가 터지고 나서부터 활동을 한 적도 있었고요. 박근혜 정부 국정농
단 사태 때도 계속 활동했었는데, 그때 백남기 농민께서 물대포 맞
고 쓰러지셨을 때 제가 그걸 봤거든요. 그래서 민주주의가 이렇게 누
군가의 희생이 있어야만 꼭 일어날 수 있는 거냐는 생각이 들기도 해
서, 저는 아무래도 민주주의는 희생이지 않은가 싶습니다.

광장 발언문 분석
"광장에서 만난 세계"[3]

비상계엄이 선포된 이튿날인 12월 4일부터 윤석열 퇴진을 요구하는 집회가 열리기 시작했고, 시민들은 무대에 올라 윤석열이 퇴진해야 하는 이유와 우리 사회가 변화해야 할 방향을 발언하기 시작했다. 이후 4개월간 이어진 열린 광장에서의 시민 발언은 사회대개혁을 향한 열망으로 모였다.

비상행동 사회대개혁특별위원회는 광장의 열망을 기록하고 개혁 요구안으로 연결하기 위해 시민발언문을 분석했다. 2024년 12월 4일부터 2025년 4월 4일 파면 선고 전까지 비상행동에 접수된 발언신청문 1265건과 일부 현장 발언 녹취록 319건을 분석했다. 집회에 대한 단순 건의, 중복 신청 발언 등을 제외한 1233건의 시민발언문을 분석했다.

---

3   이 글은 유현미·김이선·김정환·장진범·박상은, 〈광장에서 만난 세계 – 윤석열 퇴진 집회 시민발언문 분석〉,《경제와 사회》146호, 2025, pp. 153~193을 요약·정리한 것이다. 자세한 내용은 해당 논문을 참고하라.

윤석열에 맞서는 '우리'

[그림1] 상위 빈도 200개 단어 사용 워드 클라우드.

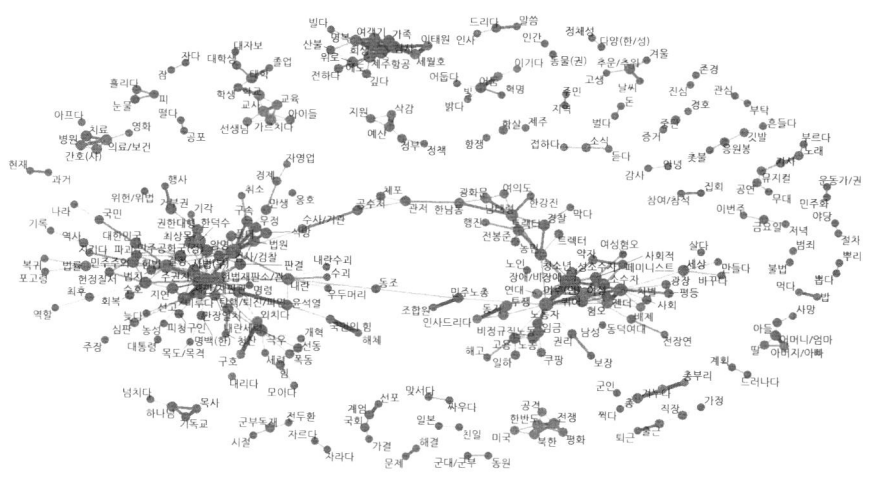

[그림2] 시민발언문 단어 연결망.

워드 클라우드(그림1)를 살펴보면, '우리'가 '윤석열'에 맞서 광장을 구성했다는 점이 잘 나타난다. 함께 등장한 단어들의 연결망(그림 2)에는 '계엄-선포-국회-가결', '국민의힘-해체', '극우-선동-폭동', '추위-날씨-고생', '제주항공-참사-이태원-세월호-위로' 등 주요 의제와 사건의 전개 과정이 뚜렷하게 나타나고 있다.

단어 연결망 중앙에는 2개의 네트워크 군집이 양쪽으로 이어져 있다. 왼쪽에는 '사법(부)-재판-탄핵-주권자-민주주의-내란세력' 등 계엄 관련 단어들이 그룹을 이룬다. 여기에는 당시 헌법재판소 판결에 대한 요구(미루다-늦다-선고), 국가 정치에 대한 요구(내란세력-청산, 국민의힘-해체, 민주주의-헌정질서-파괴-지키다-수호) 등이 담겨 있다. 오른쪽에는 다양한 시민 연대가 '여성-젠더-이주민-성소수자-장애·비장애-청소년-노인', '농민-트랙터', '노동자-비정규직-임금-민주노총'으로 이어지는 모습으로 드러난다. 특히 '광장-세상-바꾸다-만들다-살다'와 같이, 혐오와 차별의 세상을 다양한 시민의 연대로 바꾸고자 하는 광장의 바람이 함께 나타난다.

'우리'의 아홉 가지 이야기

LDA 토픽 모델링 방법을 통해, 다음 9가지 주제를 뽑아냈다.

1. '**연대와 평등 세상의 비전**': 자신의 다양한 정체성과 위치성을 드러내며 "다층적인 주변부로 밀려난 의제에 연대하고자 하는 사람"임을 강조하는 이야기가 나타난다. 윤석열 체포·처벌 이후의 세상에서는 소수자가 차별받지 않고, 다양성이 존중되며, 모두가 평등한 세상을 바라는 마음이 담겨 있다.

2. '**광장을 일으키고, 광장이 일으킨 시민적 정서와 덕목**': 사람들을 광장으로 이끈 감정, 광장에 느낀 마음, 광장에서 나누고 싶은 생각들이 담겨 있다. 정치에 무관심했던 과거에 대한 부끄러움, 이미 오래전부터 먼저 광장에 나와 있었던 사람들을 향한 감사함, 생존권을 지키려는 농민들에 대한 동료 시민적 책임·연대의식 등이 담겨 있다.

3. '민주주의와 법': 사법부와 법조 엘리트에 대한 불신, 법치주의에 대한 의문이 표출되어 있었고, 그럼에도 불구하고 대통령 파면을 통해 민주주의의 원칙이 재확인될 것이라는 기대와 믿음도 드러나는 토픽이다. 변호사나 국회의원, 시민단체 사법 부문 활동가들의 발언이 관련성이 높았다.

4. '노동 있는 민주주의': 주로 다양한 분야에서 일하는 노동자들의 발언문으로 구성된 토픽이다. 반노동·반노조·친자본 윤석열 정부에서 노동과정이 얼마나 악화됐는지 말하고, 탄핵은 노동자들의 삶의 질과 권리를 확보하는 사회대개혁의 출발점임을 강조한다.

5. '학교 안팎의 민주주의': 대학생, 고등학생, 교사 등의 발언이 주로 포함됐다. 각 학교의 시국선언 제안자로서, 여대생으로서, 대자보 부착이 학칙으로 금해진 대학의 학생으로서, 법적으로 참정권이 제한된 교사로서, 전교조 조합원으로서, 예비 교사이자 학생인 교대생으로서 자신이 경험한 교육 현장의 문제들을 말하고 있다.

6. '투쟁 경험과 독려': '투쟁!'의 인사로 시작되는 이 토픽은 남태령 등지에서 농민과 시민들을 가로막은 경찰과 내란수괴 일당에 대한 분노를 표현한다. 집회 단상에 올라 청중들과 상호 교감하는 인사와 감정을 나누고, 자신과 동료 시민이 만들어 나가는 투쟁의 귀중함을 환기하고, 앞으로의 참여와 헌신을 다짐하는 주제 의식으로 짜여 있다.

7. '폭력에 대한 저항과 평화 염원': 계엄 선포와 군부대의 국회 투입의 불법성과 폭력성을 중심으로 윤석열정권이 끊임없이 조장하고 있었던 군사적 긴장감과 전쟁 위기에 문제를 제기한다. 정치적 반대 세력에 대한 국가폭력과 학살, 그리고 서부지법 폭력 사태로 이어지는 사례들도 담겨 있다.

8. '항쟁의 역사를 잇는 미래로의 투쟁': 보수 세력이 친일 및 독재 세력과 연관되어 있는 역사를 상기하고, 이들을 내란동조 세력으로 명명하

는 발언, 더불어 항일과 민주항쟁, 촛불의 기억에 이어 미래로 나아가는 투쟁을 독려하는 내용으로 구성돼 있다.

9. '생명과 안전을 바라며 기억하고 애도하기': 충주 공군 군용트럭 사고, 세월호참사, 이태원참사, 제주항공여객기참사 등의 사회적 재난과 함께, 1950년 지심도와 경산(보도연맹 학살), 1979년 부산과 마산, 1980년 광주, 1980년대 남영동 등 국가폭력을 고발하는 내용들이 담겼다. 이러한 죽음의 역사를 상기하며 시민들은 한편으로는 공포에 맞서기 위해, 다른 한편으로 다시는 이를 반복하지 않기 위해 광장에 모였음을 보여준다.

광장의 세계상

광장의 세계상 1

소수자, 연대, 성평등

광장은 우리가 우리라고 부를 수 있는 범위를 넓혀왔습니다. 노동자, 여성, 청소년, 성소수자, 이주민, 난민, 빈민, 농민, 장애인, 그리고 제가 미처 말하지 못한 다양한 정체성의 사람들이 모두 우리입니다(12월 26일 신청문).

2024~2025년의 광장에서는 사회적 소수자들의 참여와 주체성이 전면화되었다. 특히 남태령 집회와 직후 집회들에서는 젠더 불평등 체제와 섹슈얼리티 위계에서 소수자적 위치나 경험을 가진 이들의 목소리가 많았다. 퀴어이자 페미니스트, 비건으로서 정체성을 드러내고, 가정폭력이나 성폭력 피해자들이 자신의 피해 경험을 언급하기도 했다. 이처럼 광장에서 자신의 소수자성 드러내기가 전면화되자, 타자

의 취약성이나 소수자성을 목격한 자로서의 말하기도 두드러졌다.

소수자성을 전면적으로 드러내는 광장의 발언에 대한 반응도 발언 신청문을 통해 엿볼 수 있다. '탄핵 촉구'라는 대의에 집중해 이들의 발언을 자제시켜야 한다는 백래시도 일부 있었지만, 발언문 대부분은 자신의 기득권을 성찰하며 횡단하는 연대를 제안하거나, 연대의 경험을 말하며 소수자 간 연대를 강조하는 내용이 많았다.

광장의 세계상 2

법과 말과 민주주의

광장의 공통 화두는 무엇보다 민주주의였다. 시민들은 느닷없이 선포된 비상계엄에 민주주의가 훼손되었음을 실감했다. 손상된 민주주의의 핵심에는 법이 시민들의 평안을 보장해주지 못한다는 사실이 자리 잡고 있었다. 불법이었던 비상계엄, 한 차례 부결되고 나서야 국회에서 통과된 탄핵소추안, 트랙터를 몰고 상경투쟁을 시도한 농민들의 집회를 막는 자의적인 법 집행, 관저에 머물고 있던 대통령에 대한 체포영장 집행 실패 등이 이를 잘 보여준다.

시민들이 법 앞에서 경험한 당혹감과 불안함은 많은 경우 말과 관련되었다. 저들끼리 말이 오가고 있을 것이라는 의심, 익숙지 않은 법의 언어를 들여다보아야 하는 수고, 하염없이 헌법재판관의 입만 쳐다보아야 하는 부조리, 길어지는 헌법재판소의 침묵 등. 하지만 광장에서의 4개월은 법의 침묵이나 법을 넘나드는 막말 앞에 위축되기만하는 시간이 아니었다. 광장은 민주주의의 학교였으며, 시민들은 4개월간 쉽지만은 않은 공부의 시간을 가지며 성장했다.

도대체 민주주의가 무엇입니까? 저는 민주주의가 모든 사람이 사람답게 살 수 있는 세상을 만드는 방법이라고 생각합니다(12월 27일 신청문).

광장의 발언에서 나타난 민주주의는 국민주권, 법치주의, 삼권분립 등 법에서 규정하는 좁은 의미의 민주주의를 넘어서는 것이었다. 광장에 모인 시민들은 새로운 민주주의의 가능성을 다양한 방식으로 말했다. 더불어 시민들이 말하고 있는 내용뿐 아니라 다양한 이의 발화 그 자체도 민주주의였다.

광장의 세계상 3

노동 있는 민주주의

이번 광장의 또 다른 특징은 노동 의제와 노동조합이 광장의 전면에 등장했다는 점이다. 발언문을 통해 그 이유를 알 수 있다. 첫째, 앞서 지적했듯 이번 광장에서 사회적 약자 및 소수자가 전면에 가시화된 것이다. 노동자는 이 같은 사회적 소수자의 일부로 표상되면서 이들과 함께 가시화될 수 있었다. 발언문에서 노동자는 산재로 목숨을 잃은 희생자, 사측의 반노조주의에 맞서 단식투쟁을 벌이는 존재, 정부의 강압수사와 노조 탄압에 분신으로 맞서야 하는 존재, 따라서 "매 순간 존재와 사랑을 부정당하는 사람들"의 일부로 표상되었다.

두 번째는 사회대개혁 지향의 공론화다. 노동자는 윤석열이 파면되고 정권이 교체되어 민주당과 그 지지자들이 광장을 떠난다 하더라도 광장을 계속 지키거나 일상 곳곳에서 싸움을 계속할 것으로 기대되었다.

여러분이 지지하는 정당이 정권을 잡아도 민주노총은 데모하고 있을 수 있습니다. 그렇다면 노동권이 완전히 보장되지 않았거나 노동자 국민이 주인 되는 세상이 아직 오지 않았기 때문일 겁니다(1월 4일 발언문).

세 번째는 노동조합, 특히 민주노총으로 조직화된 권력의 필요성에 대한 대중적 공감이다. 군대와 경찰과 검찰 등 억압적 국가 장치를 전면 동원한 친위쿠데타 앞에서 시민들은 이들에 맞설 권력의 필요성을 느끼지 않을 수 없었다. 이런 상황에서 민주노총으로 대표되는 조직노동은 "시민들의 길을 열어주기 위해 선두"(12월 14일 발언문)에 섰고 실제로 길을 열어냈다. 이 점에서 남태령 대첩을 이끈 전국농민회총연맹(전농) 역시 흐름을 같이한다. 민주노총이나 전농 등은 '권력 없는 자들의 권력'을 보여주며 대중들의 무력감을 상쇄하고 자신감을 불어넣는 역할을 했다.

평화와 안전을 바라며 기억하고 애도하기

이번 광장에서 눈에 띄는 점은 군대·군부에 대한 여러 언급이 있으며, 이것이 생명·안전·평화의 문제와 연결되어 등장한다는 점이다. 한편에서 군대는 전쟁과 평화와 연결되어 등장하는데, 이는 계엄 당시 부당하게 군대를 동원하고 국지전을 유발할 계획까지 드러나면서 받은 충격에서 비롯된다. 자녀가 입대 중인 부모들의 걱정, 계엄령 당시 군대에 있었던 당사자의 분노, 접경지역에 거주하는 이들이 실생활에서 느끼는 공포 등이 발언문에 자주 등장했다.

다른 한편에서는 군대라는 조직에 속한 개별 군인의 생명과 안전의 문제가 등장하고 있다. 이들은 공적 자원을 생명과 안전을 위해 사용하지 않고 권력을 위해서만 사용한다는 점을 지적하기도 했는데, 이 서사는 생명보다 이윤을 우선시해온 사회, 국민의 생명을 지키기 위한 책임을 다하지 않는 국가를 고발하는 산재 피해자·사회적 참사 피해자들의 서사와 닮았다. 계엄령, 산재와 재난의 반복, 여성 대상 범죄는 모두 '국민과 국가권력 사이 '안전의 협약'의 파기를 상징한다는 점에서 동일선상에 놓였다.

여성 범죄 및 산재사고, 재난. 모두 막을 수 있는 참사였는데 왜 막을 수 없었는지 아십니까. 마땅히 쓰여야 할 사회적 불평등 해소와 국민의 안전에 쓰여야 할 돈을 본인들의 입에 처넣느라 정신없는 저들 때문입니다!!(1월 17일 신청문)

희생자들을 애도하며 새로운 세계를 상상한 이들은, 사회가 중시하는 가치의 우선순위와 공적 자원이 투입되는 원칙을 지금 상태 그대로 두어도 되는지 의문을 제기했다.

다시 만들 세계

사회적 약자와 소수자의 목소리가 전면화된 이번 광장은 평균이 아닌 목소리들을 들을 수 있는, 그리하여 한국사회 민주주의를 모두를 위한 것으로 진전시킬 수 있는 흔치 않은 기회였다. 광장의 발언문들은 향후 한국사회에서 정치와 정책 담론의 '준거점'이 될 가능성을 내포하고 있다. 광장 초기 발언문의 어휘와 방향성이 이후 발언문에 영향을 미치게 된 것처럼, 광장 발언문의 기록은 앞으로 우리가 나아가는 과정에서 준거점, 활용할 수 있는 어휘 목록으로써 활용되어야 한다.

천만의 연결,
그다음 세상은?
광장의 시민이 바라는 사회대개혁

비상행동은 광장에 나오고 싶지만, 생계와 학업, 지역과 물리적인 한계로 광장에 나오지 못하는 시민들, 그리고 광장의 시민들이 집과 직장, 학교, 동네로 돌아간 뒤에도 사회대개혁을 주제로 함께 연결될 수 있도록 사회대개혁 온라인 공론장인 '천만의 연결'을 기획·운영했다.

천만의 연결은 시민들이 온라인을 통해 자유롭게 사회대개혁 의제를 제안하는 천만의 연결, 어디서든 시민 3명 이상만 모이면 사회대개혁과 관련된 모임을 자유롭게 제안하고 개최할 수 있는 '천만의 대화', 비상행동 특위가 제안하는 12개 의제 118개 개혁 과제를 둘러보고 댓글을 달거나 본인의 SNS에 게시할 수 있는 '사회대개혁 과제'로 이루어졌다.

이번 장에서는 2월 10일 '천만의 연결'이 오픈한 이후 약 3개월 동안 시민들이 남긴 다양한 목소리를 정리하여 시민들이 어떤 변화를 바라고 있는지 자세히 살펴보고자 한다.

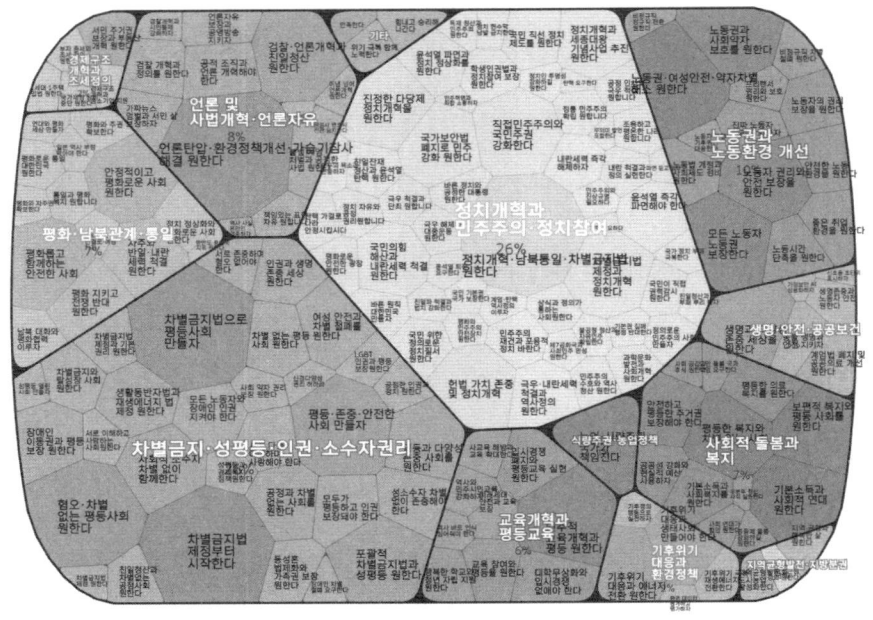

[그림1] 전국의 시민들이 3개월간 천만의 연결을 통해 남긴 사회대개혁의 목소리.

- 수집 기간: 2025년 2월 10일 ~ 2025년 5월 15일.
- 분석 대상: 788건(우리가 만들 세상 586건, 사회대개혁 과제 202건).
- 분석 도구: 어피니티버블(https://www.pxdai.co.kr/).
- 출처: 천만의 연결 홈페이지(https://talk.bisang1203.net).

---

1. 차별금지·성평등·인권·소수자권리 (25.9%)

"모든 사람이 차별받지 않고 존엄하게 살아가는 사회"

많은 시민이 성별·연령·장애·성적 지향·인종·사회적 신분 등에 따른 차별이 없는 사회를 꿈꿨다. 특히, 차별을 막고 인권을 보장하기 위한 법과 제도가 부족하다는 지적이 많았고, 이를 해결하기 위한 포괄적 차별금지법 제정이 필요하다는 의견이 두드러졌다. 차별 없는

사회를 만들기 위해서는 법적 보호, 제도적 개선, 사회적 인식 변화가 함께 이루어져야 하고, 단순히 법을 만드는 것만이 아니라, 차별이 없는 문화를 만들기 위한 교육과 정책적 지원이 필요하다는 의견도 많았다.

포괄적 차별금지법 제정

"차별금지법이 있는 나라에서 누구도 차별받지 않고 존엄하게 살 수 있었으면 좋겠습니다."

- 성별·장애·성정체성·인종 등 다양한 사유의 차별금지를 포괄하는 법 제정에 대한 사회적 요구가 반복적으로 등장함.
- 차별금지법은 혐오 표현을 줄이고, 평등사회로 가는 디딤돌이자 최소한의 법적 장치로 인식됨.
- 성소수자·여성·이주민 등 다양한 소수자에 대한 제도적 보호 필요성이 강하게 제기됨.

다양한 가족과 관계의 법적 인정

"생활동반자법이 제정되어 모두의 가족과 돌봄이 인정되는 세상을 만들어주세요."

- 동성혼, 생활동반자 등 전통적 가족 범주 밖의 관계도 사회적으로 보호받아야 한다는 요구가 확산됨.
- 돌봄과 생존과 직결되는 다양한 가족단위가 법으로 인정되어야 한다는 의견이 많았음.

성평등, 여성, 장애인 권리와 복지

"여성이라는 이유로 더 이상 죽지 않는 세상을 만들어주세요."

- 여성 대상 혐오·폭력 근절, 구조적 고용 차별 해소 등의 요구가 강

하게 제기됨.

● 장애인의 이동권·접근권 보장과 서비스 접근성 확대에 대한 실질적인 제도 개선이 필요함.

● 소수자의 삶을 실제로 바꾸는 정책과 제도의 실행력 부족에 대한 불만이 반복적으로 등장함.

존중·공존·문화·동물권까지 확장된 인권 인식

"비인간 동물들이 고통받지 않고 여생을 보낼 수 있는 세상을 꿈꿉니다."

● 인간뿐 아니라 동물·자연·문화권까지 포함하는 확장된 권리 담론이 등장함.

● 혐오 표현 규제, 문화 향유권 보장, 생명존중 사회로의 전환 등 다양한 목소리가 함께 모임.

● 시민들이 상상하는 평등사회는 법과 제도에 국한되지 않고 삶의 문화와 태도 전반을 아우름.

2. 정치개혁과 민주주의·정치참여 (25.8%)

"시민이 주인이 되는 진짜 민주공화국을 원합니다"

많은 시민이 부정부패 없는 투명한 정치 시스템을 원했고, 국민의 뜻이 제대로 반영되는 민주주의를 강화해야 한다고 말했다. 특히 정경유착, 권력기관의 남용을 근절하고 약속을 지키는 정치 구조를 만들 것을 촉구했다. 윤석열 대통령의 퇴진 요구, 국가보안법 폐지, 국민소환제와 같은 직접민주주의 제도 도입 등 보다 구조적인 개혁에 대한 강력한 목소리가 나왔다.

권력기관 개혁과 책임 있는 정치 실현

"헌법을 위반한 대통령을 파면하고, 국민이 직접 권력을 감시할 수 있는 시스템을 만들어야 합니다."

● 국회·검찰·법원·경찰 등 핵심 권력기관에 대한 민주적 통제 장치 강화 요구가 두드러짐.

● 방송통신위원장 등 주요 공직자의 국민 직선제 또는 국회 검증 강화.

● 윤석열 대통령 파면, 내란 책임자 처벌 등 정치적 책임 추궁 요구 다수.

시민주권 실현과 직접민주주의 확대

"정치인이 주인이 아니라 시민이 주인인 사회를 만들어야 합니다."

● 국회의원 국민소환제, 국민발안제 도입 등 시민의 실질적 정치 개입 요구.

● 제도적 장벽을 넘는 실질적 참여 기반 마련 필요.

● 기존 양당 중심 정치 구조에서 벗어나 시민의 다양한 의견을 반영하는 다당제 체제 전환 주장.

반민주적 제도 청산과 인권 중심 사회 전환

"국가보안법을 폐지하고, 모두가 존엄한 세상을 만들어야 합니다."

● 국가보안법, 색깔론, 권위주의 정치 유산 철폐 요구가 반복적으로 등장.

● 포괄적 차별금지법, 학생인권법, 동성혼 법제화 등 인권 중심 입법 필요성 강조.

3. 노동권과 노동환경 개선 (10%)

"일하다 죽지 않고, 누구나 존중받는 노동을 할 수 있는 세상"
많은 시민은 노동이 단순한 생계 수단을 넘어 존엄한 삶의 권리로 보장되어야 한다고 말했다. 불안정 노동 해소, 차별 철폐, 노동권 실현, 제도 개선 등 노동 전반에 대한 구조적 전환이 필요하다는 요구가 이어졌다.

노동권 보장과 안전한 노동환경

"노동자의 생명이 존중받는 세상. 혐오와 차별이 없는 세상"

● 특수고용직·프리랜서·이주노동자 등에게도 노동자로서의 권리를 보장해야 한다는 요구가 반복됨.

● 과로사, 산재 등 위험 노동환경을 개선하고, 실질적인 산업안전 규제 강화와 노동시간 단축이 필요하다는 인식이 나타남.

● 모든 노동자에게 단결권·단체교섭권·단체행동권이 보장되어야 한다는 목소리가 꾸준히 제기됨.

임금 공정성과 고용 안정성

"동일한 일을 하면 차별 없이 공정한 임금을 받아야 한다고 생각합니다."

● 동일가치노동 동일임금 원칙을 법제화하고, 비정규직·파견노동자 등에게도 공정한 처우가 이루어져야 한다는 요구가 등장함.

● 최저임금 현실화, 생활임금 보장을 통해 생계 안정과 삶의 질 향상을 꾀해야 한다는 공감이 형성됨.

● 플랫폼 노동, 특수고용 등 새로운 노동 형태에 대한 고용 안정과 실업급여 보장이 필요하다는 제안이 제기됨.

차별 철폐와 약자 보호

"비정규직, 이주노동자, 장애인, 여성, 누구나 존중받는 일터를 만들어야 합니다."

- 성별·국적·신체 조건 등에 따른 차별을 해소하고, 포용적 노동환경을 조성해야 한다는 요구가 뚜렷함.
- 이주노동자의 사업장 변경 자유, 장애인의 접근권 보장, 노인의 고용 안정성 확보 등 다양한 정책 과제가 언급됨.

노동조합 권리와 제도 개선

"더 이상 노조를 악마화하지 않는 세상."

- 노동조합 활동 보장을 위해 노조법 2·3조 개정 등 법제도 개선이 필요하다는 의견이 지속적으로 제기됨.
- 노동조합에 대한 사회적 편견을 해소하고, 언론과 교육을 통한 긍정적 인식 확산이 필요하다는 시민들의 요구가 강하게 나타남.

4. 언론개혁과 표현의 자유 (8%)

"공정한 언론, 진실한 보도, 시민의 표현 자유를 위한 사회"
시민들은 언론이 권력과 자본에 휘둘리지 않고, 시민의 목소리를 공정하게 전달해야 함을 강조했다. 또한 가짜뉴스 규제, 표현의 자유 보장, 언론 독립성과 윤리 회복을 위한 제도 개선 요구가 이어졌다.

검찰·언론·공공조직 개혁

"검찰청을 수사청과 기소청으로 나누고, 언론사주의 편파 보도는 막아야 합니다."

- 검찰 권력 분산과 정치적 중립 확보를 위한 구조 개혁 요구가 반복

적으로 등장함.

- 언론의 편파 보도, 가짜뉴스 유포에 대한 엄격한 규제와 공영방송의 독립성 보장이 강조됨.
- 경찰과 군대 같은 공공기관도 시민의 뜻에 따라 운영되어야 하며, 권력을 남용하지 않도록 시민이 감시할 수 있는 구조가 필요.

표현의 자유 보장과 가짜뉴스 규제

"표현의 자유는 지켜야 하지만, 혐오와 거짓은 멈춰야 합니다."

- 표현의 자유는 민주주의의 핵심 권리로 보장돼야 하지만, 악의적 허위정보에 대한 사회적 책임 규명이 병행되어야 함.
- 가짜뉴스와 여론조작, 혐오 조장 행위에 대해 실효성 있는 법적·재산적 처벌 도입이 요구됨.
- 언론의 공공성 회복과 진실·보도 책임 강화에 대한 시민적 요구가 강하게 나타남.

포용적 사회를 위한 다양성 존중과 시민참여

"모든 사람이 서로의 다름을 존중하고, 다양한 의견이 표현될 수 있어야 합니다."

- 다양한 사회 집단의 대표성과 의견이 존중받는 구조가 필요하다는 목소리가 제기됨.
- 시민의 적극적인 정치·사회 참여를 유도하고, 상식적이고 포용적인 사회문화를 만들어야 한다는 요구가 반복됨.
- 국민참여제도 강화, 공공언어의 투명성 확보 등 공공성 중심의 사회운영 원칙이 강조됨.

5. 평화·남북관계·통일 (7.2%)

"전쟁과 증오가 아닌 대화와 공존으로, 평화로운 한반도를 원합니다"
많은 시민은 한반도의 지속가능한 평화, 공정한 사회, 자주적인 외교
와 군사 정책, 그리고 함께 살아가는 복지 공동체에 대한 강한 열망을
드러냈다. 단순한 통일을 넘어 정의와 공존의 가치를 실현하는 미래
를 그리는 목소리가 이어졌다.

평화와 통일, 남북 협력

"남북이 자유롭게 교류하고 만나는 것이 당연해졌으면 좋겠습니다."
- 전쟁과 무력 갈등을 거부하며, 항구적 평화체제를 구축해야 한다
  는 인식이 확산됨.
- 종전선언, 평화협정 등 제도적 기반 마련과 함께, 남북 교류와 협
  력을 확대해야 한다는 시민들의 요구가 강하게 제기됨.
- 통일은 정의롭고 평화로운 가치 실현의 과정으로 바라봐야 하
  며, 후손에게 부끄럽지 않은 미래를 물려줘야 한다는 의지가 드
  러남.

자주외교와 주권 확립

"전시작전통제권을 회수하고 외세에 휘둘리지 않는 나라가 되어야
합니다."
- 외세에 의존하지 않는 자주외교 노선과 군사주권 확보가 필요하
  다는 요구가 반복됨.
- 일제강점기의 잔재 청산과 일본의 사과 촉구 등 역사정의 실현 요
  구도 함께 제기됨.
- 평화는 자주권 회복과 병행되어야 한다는 인식이 뚜렷하게 드

러남.

6. 사회적 돌봄과 복지 (6.4%)

"누구도 소외되지 않고, 함께 연대하는 사회를 원합니다"
시민들은 차별과 배제 없는 사회, 모든 사람의 존엄과 권리가 보장되는 공동체를 바라고 있었다. 특히 약자 보호와 공공복지 강화, 기득권 개혁과 연대의 가치를 중심으로 사회 전반의 근본적인 변화를 요구했다.

모두를 위한 공공복지와 안전망 구축

"안전기본법을 제정하고, 누구나 집다운 집에서 살 수 있는 사회를 만들어야 합니다."

- 생명과 안전을 최우선 가치로 삼는 사회 시스템 구축에 대한 시민적 요구가 강하게 나타남.
- 주거는 투기 대상이 아닌 삶의 권리로, 에너지 기본권을 포함한 실질적 보장이 요청됨.
- 무상 의료와 교육 실현, 공공 돌봄 책임 강화 등 보편적 복지국가 실현을 위한 구체적 조치가 요구됨.
- 의식주와 의료 접근 등 기본적 권리 보장, 사회적 고립에 놓인 사람들에 대한 복지 강화 요구가 등장함.

기본소득을 통한 평등사회 실현

"기본소득은 모두의 생존을 위한 권리입니다."

- 최저임금의 현실화, 노인빈곤 해소, 소득과 자원의 공정한 분배 요구가 꾸준히 제기됨.

- 조건 없는 기본소득 도입을 통해 생존권 보장을 실현해야 한다는 의견이 반복됨.

공동체 연대와 공공성 회복

"연대는 우리의 힘입니다. 공동체가 서로를 지키는 사회를 만들어갑시다."

- 사회적 연대와 공동체 의식은 위기 극복의 핵심 가치로 인식됨.
- 사회에 기여하는 사람들에 대한 존중과 인정 문화의 필요성이 나타남.
- 관계 중심 철학을 바탕으로 한 공동체적 삶에 대한 시민적 열망이 강조됨.

7. 교육개혁과 평등교육 (5.6%)

"모두가 차별 없이 배우고, 입시 경쟁에서 벗어나 함께 성장하는 교육을 원합니다"

시민들은 경쟁 중심의 교육에서 벗어나, 누구나 차별 없이 교육받을 수 있는 사회를 원했다. 대학 서열 해소, 고등교육 무상화, 교육복지 확대, 교사 권리 보장 등 공공성과 평등을 중심으로 한 교육개혁 요구가 나타났다.

대학 서열 해소와 고등교육 무상화

"대학 서열화가 해소되어 입시 경쟁의 고통에서 벗어나는 사회."

- 극심한 입시 경쟁은 청소년의 삶을 위협하고 가족 전체를 고통에 빠뜨린다는 비판이 많았음.
- 대학 서열 체계와 학벌 중심 사회 구조를 해체하지 않으면 교육 불

평등이 구조화된다는 인식이 공유됨.

- 대학 평준화와 입시 간소화, 대입시험 폐지 등 급진적 개혁 요구도 등장함.

삶 중심의 교육과 민주시민 역량 강화

"시험이 아닌 삶을 배우는 교육이 필요합니다."

- 암기·성적 중심 교육에서 벗어나 창의성, 비판적 사고, 공동체 감수성을 키우는 교육으로의 전환 필요.
- 민주시민교육·역사교육·예술교육 등 공적 삶을 위한 교육의 중요성이 부각됨.
- 다양한 교육이 존중받을 수 있도록 공교육 내 다양성과 자율성 확보가 필요함.

모두를 위한 교육 접근성과 복지 강화

"모든 아이들이 배움에서 배제되지 않고, 안전하게 성장할 수 있어야 합니다."

- 장애 학생, 가정 형편이 어려운 아이들, 특수 질환이 있는 아동 등 취약계층에 대한 교육 접근성 개선 필요성이 제기됨.
- 교육복지 정책의 분산과 비효율을 극복하고 통합적 정책체계 구축이 필요함.
- 모든 아이가 배움에서 배제되지 않도록 교육권을 기본권으로 보장해야 한다는 목소리가 반복됨.

8. 생명·안전·공공보건 (3%)

"사람과 동물이 함께 안전하고 존엄하게 살아갈 수 있는 세상"

많은 시민은 생명과 안전이 가장 기본적인 권리라고 강조했다. 공공의료 확대, 생명안전기본법 제정, 생명존중 사회로의 전환, 동물과 자연의 생명권 보장 등 인간과 비인간 모두의 존엄한 삶을 위한 보건·복지·윤리적 기반 강화 요구가 이어졌다.

생명존중과 안전한 사회 실현

"생명과 안전은 모든 시민에게 보장돼야 할 가장 기본적인 권리입니다."

- 노동재해, 의료 공백, 기후재난 등 다양한 위험에서 누구도 소외되지 않는 사회 시스템이 필요함.
- 생명안전기본법 제정, 안전권 헌법 명시 등을 통해 사후 보상이 아닌 예방 중심의 제도적 전환이 요구됨.
- 사회적 약자를 복지 대상이 아닌 '권리의 주체'로 바라보는 인식 전환과 국가 책임 강화가 강조됨.

공공의료와 건강권 보장

"모두가 건강한 세상, 돈 걱정 없이 치료받는 세상이어야 합니다."

- 사보험 중심 의료체계의 한계를 지적하고, 보편적 공공의료 강화에 대한 요구가 반복적으로 제기됨.
- 저소득층·고령자·장애인 등 의료 취약계층이 불평등하게 배제되지 않도록 공공병원 확대와 건강보험 개혁이 필요함.
- 특히 '지역 간 의료격차' 해소와 '예방 중심 의료'에 대한 요구도 강함.

동물과 자연의 생명권 보호

"인간의 생명과 더불어 비인간 동물의 생명도 함께 지켜지는, 공존이

가능한 세상을 꿈꿉니다."

- 인간 중심의 성장주의에 반대하고, 동물과 자연도 존중받아야 한다는 철학적·윤리적 요구가 증가함.
- 동물권 보호, 학대 방지, 헌혈센터·유기동물 보호소 등 인프라 강화에 대한 의견도 등장함.
- 생명권의 개념을 인간 외 존재로까지 확장하는 시민 감수성이 뚜렷하게 드러남.

9. 기후위기 대응과 환경정책 (0.9%)

"기후위기 없는 세상, 국가가 책임져야 합니다"
시민들은 기후위기를 더 이상 개인의 실천에 맡겨서는 안 되며, 국가 주도의 강력한 대응 정책이 필요하다고 강조했다. 특히 탈석탄, 재생에너지 확대, 환경영향평가 강화 등의 요구가 이어졌으며, 이는 단지 친환경이 아니라 생존을 위한 정책이라고 인식하고 있었다.

국가 주도의 에너지 전환과 기후정책
"기후위기 극복을 위한 국가 주도의 에너지 전환 정책!"

- 탈석탄, 핵발전 감축, 재생에너지 확산 등 실질적인 에너지 전환 정책에 대한 요구가 나타남.
- 기후정책은 선택이 아니라 생존을 위한 사회적 투자로 인식됨.
- 기후위기의 구조적 해결을 위한 정부의 선도적 역할과 재정 투입 필요성이 강조됨.

환경영향평가 제도 강화
"무기력한 환경영향평가법, 전면 개정이 필요합니다."

- 개발사업 우선의 구조를 바꾸고, 환경 보전을 실질적으로 담보할 수 있는 평가 체계로의 전환 필요.
- 강과 물, 생태계 보전을 위한 '물 관리 정책'의 근본적인 변화 요구.

사회대개혁특별위원회 사회대개혁 과제

"탄핵 너머, 대선 너머 사회대개혁으로 만드는 새로운 세상"

취지

비상행동은 2024년 12월 3일 윤석열의 비상계엄 선포 직후 12월 11일 전국 1700여 개 시민·사회단체가 자발적으로 발족하였다.

'비상행동'은 발족식에서 '사회대개혁특별위원회(이하 특위)'를 설치하면서 1)향후 한국사회의 대개혁에 대한 사업을 기획 및 진행, 2)사회대개혁을 위한 촛불 광장 전개를 목적으로 했다.

경과

비상행동으로부터 특위 초동모임 주체로 지명된 윤순철(시민사회단체연대회의 정책위원장), 이정희(전국민주노동조합총연맹 정책실장), 주제준(한국진보연대 정책위원장), 황순식(전국비상시국회의 대변인) 등은 사회대개혁 과제 발굴을 위한 조직 체계와 운영 원칙을 마련했다.

- 특위는 '과제 발굴을 위한 조직 체계'로 공동위원장단 (특위 운영의 책임 주체, 관할 소위원회 협력과 지원, 12명)과 11개 소위원회 및 소위원회 산하 세부과제팀(개혁 과제 논의 진행·쟁점 정리·이견 조정·과제 성안 단위, 20명), 총괄조정회의(각 분야에서 제출한 과제 중 분야별·과제별 중복 또는 충돌 등 종합적인 조정, 소위원장·팀장·관할 공동위원장 약 40명)으로 의사결정단위와 책임 주체를 구성하였다.

- 특별과제 TF 구성: 12·3 비상계엄령으로 대통령이 탄핵소추된 시기를 고려하여 내란의 적발·책임 규명·처벌 그리고 방지를 논의하기 위하여 '특별과제 TF: 내란의 종식과 헌정질서 회복' 소위원회를 추가하여 총 12개 소위원회가 활동하게 되었음.

- 특위는 7개 항의 '운영 원칙'을 전체회의에서 채택하여 시행하였다 (1차 전체회의, 2025년 1월 3일).

① 특위는 다양한 경험과 전문성을 지닌 주체들이 참여하므로 단체의 입장만을 주장하는 자세를 지양하고 상호 존중하는 자세를 원칙으로 한다.

② 개혁 과제의 선별·논의·성안은 '합의'를 원칙으로 한다.

③ 개혁 과제의 선정은 시대적 흐름을 반영하고 우리 사회의 미래 지향적 가치를 중요하게 고려한다.

④ 개혁 과제는 너무 세분화된 현안보다는 중범위 수준을 고려하며, 개혁 과제들은 구체성·실현 가능성·사회적 체감(가치)·대안 제시가 가능하도록 구성한다.

⑤ 소위원회는 다양한 사회 영역에서 많은 의제가 제안될 것이지만 모두 포괄할 수 없는 한계가 있으므로 해당 분야에서 핵심적인 문제들을 우선적 과제로 선정할 수 있다.

⑥ 특위 참가 단체와 개인은 사명감·책임감으로 성실하게 종료 시까지 활동한다.

⑦ 개혁 과제의 논의 및 성안 과정에서 성평등·인권·차별금지 등을 주요한 관점으로 견지한다(2025년 1월 24일, 2차 전체회의, 추가).

특위는 '비상행동' 참여 단체 및 개인들에게 한국사회대개혁을 위한 개혁 과제 성안을 위한 활동을 소개하면서 참여를 독려했고, 자발적으로 참가 신청서를 제출한 127개 단체 190명이 1차 전체회의(2025년 1월 3일)를 열어 조직 체계 및 담당자를 선출하며 활동을 시작하였다.

특위의 분야별 12개 소위원회는 해당 분야의 과제별로 '법률개정(폐지)·법률제정·정책전환·개헌'등을 표기하여 소위원회당 9~12개의 과제를 2025년 2월 15일까지 제출하였으며, 두 차례의 총괄조정회의를 개최하여 최종과제를 확정하였다.

● 특위의 총괄조정회의에서는 각 소위원회가 제출한 과제에 대해 ① 문제의식과 대안의 일치성 ② 과제의 미시성과 과대 포괄성 ③ 과제의 주제와 세부과제의 연결성 ④ 과제 간의 중복성 및 충돌성 ⑤ 누락 과제 등을 기준으로 집중 검토하여 4~5개 과제의 조정이 이뤄졌다.

● 특위는 헌법 개정 과제에 대해서는 우선 사회대개혁 과제 논의에 집중하기 위하여 논의하지 않기로 하였다.

한편, 특위는 '비상행동'에 참여하는 단체와 개인의 요구뿐 아니라 광장 시민의 요구까지 수렴해 균형 있는 사회대개혁 과제를 제시하려고 노력하였다. 이를 위하여 윤석열의 비상계엄 선포 이후 2024년

12월부터 개최된 '비상행동'의 여의도 국회 앞 집회·남태령 트랙터 행진 집회·한남동 윤석열 구속 촉구 집회·광화문 집회 등에서 시민들의 발언문, 광장의 시민들과 소통하기 위해 2025년 2월 개통한 '사회대개혁특위' 홈페이지(천만의 대화, 천만의 말씀)의 시민참여문, 각 소위원회에서 1회 이상 시민들과 함께 논의했던 개혁 과제 논의 결과, 매주 광화문에서 소위원회별로 개최한 '사전대회' 결과 등을 개혁 과제 논의에 반영했다.

개혁 과제 118개 성안

분야 (소위원회)	개혁 과제	세부 과제	법률 개정/폐지	법률 제정	정책 전환	헌법 개정
다시 민주공화국 시민이 주인되는 세상	10	30	18	5	3	4
정의로운 경제와 민생이 안정된 사회	12	42	22	7	9	4
평화·주권·역사정의가 실현되는 사회	10	28	10	2	16	0
기후위기 너머 정의로운 생태 사회	9	40	8	7	22	3
모두의 행복한 삶을 위한 돌봄중심 사회	10	38	27	2	8	1
좋은 일자리와 보편적 노동권이 보장되는 사회	9	39	29	1	6	3
생명·안전이 지켜지는 세상	11	44	30	3	10	1
모두의 존엄과 공존을 위한 성평등·인권 사회	12	35	23	5	7	0
언론·정보통신·문화의 공공성과 표현의 자유가 보장되는 사회	11	35	24	2	6	3
식량주권과 먹거리가 보장되고, 지역이 살아나는 세상	11	48	23	6	17	2
교육과 청(소)년의 삶에 평등을 여는 세상	10	31	18	2	10	1
❖ 특별과제: 내란 종식과 헌정질서 회복	3	14	9	2	3	0
합계	118	424	241	44	117	22

특위는 3월 9일 성공회대에서 시민 200여 명이 참석한 시민대토론회 '당신의 선택이 대한민국을 바꿉니다'를 개최하고, 성안된 개혁 과제에 대한 시민들의 의견을 수렴하여 내용을 정교하게 보완하였다. 이러한 과정을 통해 특위는 사회대개혁 과제로 총 118개 과제, 424개 세부과제를 성안하였다. 헌법 개정 과제는 논의에서 제외하였음에도 불가피하게 제출된 과제는 6개(세부과제 22개)였다.

사회대개혁 과제의 활용

특위가 성안한 118개 사회대개혁 과제는 각 정당들과 간담회를 통해 전달하였으며, 대통령 선거와 정당 정책 수립에 반영할 것을 요청하였고, 이후 정책토론회, 정책협약으로 활용되었다.

● 비상행동과 8개 정당(더불어민주당·조국혁신당·진보당·기본소득당·사회민주당·노동당·녹색당·정의당)은 4월 17일 국회에서 '탄핵 너머, 대선 너머 사회대개혁으로 만드는 새로운 세상'을 주제로 정책토론회(정치 분야, 경제민생 분야, 사회 분야)를 개최하였다.

● '비상행동'이 제21대 대통령선거의 공동 활동 방침을 정하지 않으면서 비상행동에 참여하는 시민사회 및 사회운동 그룹들은 사회대개혁 과제를 토대로 각 정당의 대선캠프와 '공동선언', '정책협약', '대선후보 초청 토론' 등을 추진하였다.

● 광장대선연합정치시민연대와 제정당연석회(더불어민주당·조국혁신당·진보당·기본소득당·사회민주당)는 5월 9일 '공동선언'을 하였다. 주요 내용은 ① 정치개혁: 결선투표제 도입, 의원선거 시 비례성 확대 강화, 원내교섭단체 기준 완화 ② 개헌: 국회 헌법개정특별위원회를 통해 국민참여형 개헌을 임기 내 추진 ③ 시민사회와

공동 정책토론회

탄핵을 넘어,
대선을 넘어,
사회대개혁으로
만드는 새로운 세상

- 일시 : 2025년 4월 17일(목) 09:30 ~ 18:30
- 장소 : 국회의원회관 제1소회의실
- 주최 : 내란청산·사회대개혁 비상행동,
  더불어민주당, 조국혁신당, 진보당, 기본소득당,
  사회민주당, 노동당, 녹색당, 정의당

- 참가 신청 : https://bs1203.net/417Forum

사회대개혁 8개 정당 공동 정책토론회

제 정당이 참여하는 '사회대개혁위원회'를 출범하여 8개 분야의 개혁 추진(세부사항-사회대개혁 과제 축약 내용) ④ 반헌법행위 특별 조사위원회 설치 등이다.

- 시민사회단체연대회의·시민사회활성화전국네트워크와 더불어 민주당 중앙선거대책위원회는 5월 16일 제21대 대통령 선거 정책

협약을 하였다. 그 주요 내용은 ① 중대한 국가·사회적 의제에 대한 '(가칭) 국민공회' 운영 ② 시민사회의 기반 강화 및 공익적 활동 촉진을 위한 '(가칭) 시민사회기본법' 제정 및 그 집행을 위한 '(가칭) 시민사회위원회' 설치 추진 ③ 시민의 주권 의식과 시민성 함양을 위한 '(가칭) 민주시민교육지원법' 제정 추진 등이다.

● 비상행동은 권영국 민주노동당(사회대전환연대회의) 후보와 제21대 대통령 선거 정책토론회를 5월 30일 개최하였다.

● 비상행동은 전국은행회관에서 광장시민대토론회를 개최하고 전국에서 모인 시민 159명과 함께 '이재명 정부가 우선해야 할 개혁 과제' 숙의 토론을 진행하여 111개 과제를 채택(6월 21일)하였으며, 이를 이재명 정부 국정기획위원회에 전달하여 광장의 목소리를 국정과제에 반영하도록 요구하였다.

1. 다시 민주공화국 시민이 주인 되는 세상

과제 목록
1 공직선출의 비례성 및 대표성 강화: 결선투표제 도입, 비례성 높은 선거제도로의 개혁, 시민이 참여하는 선거제 개혁 공론장의 보장.
2 여성의 정치 대표성 확대와 정치에서의 성평등 보장: 공직선거 후보자 특정 성의 100/60 초과 금지 의무화 및 강제 이행 조치 시행.
3 정당설립 요건 완화와 정치 참여 기회의 불평등 해소: 정당법 개정을 통한 정당설립 요건 완화, 지역정당제도의 도입, 교원 및 공무원 정치활동 자유 보장, 선거공영제 개혁과 돈 안 드는 정치의 실질화, 고위공직자 공직선거 출마 제한 기간 확대.
4 검찰 수사권 폐지와 형사 사법 절차의 민주화: 공위공직자범죄수사처 제도 개선, 검찰 수사권의 단계적 폐지, 전문수사기구 설립 및 인력 재배치.

5 시민 알권리 보장과 권력기관 견제를 위한 정보공개·기록관리 혁신: 정보공개법 전부 개정, 회의공개법 제정, 대통령 기록물 무단 훼손과 은닉에 대한 법적 규제 강화, 공익신고자(내부 제보자) 보호 및 보복 금지 조치 강화.

6 재정분권 강화와 자주재원 확대: 국세 대 지방세의 비율을 5 대 5로 이상 확대, 지역균형발전세 신설, 지방교부세의 안정성과 투명성 강화.

7 읍면동 주민자치 보장과 주민참여 확대: 읍면동장 직선제 도입, 주민자치회 권한과 설치·지원 의무 담은 '주민자치법' 제정, 주민자치학교 설립 및 운영, 주민발안·주민소환·주민투표의 요건 완화.

8 시민사회 활성화 및 공익위원회(시민사회청) 설치: 시민사회 활성화에 관한 기본법' 제정·통제 위주에서 활성화 위주로 시민사회단체 설립 운영 제도 개선, 민주시민교육지원법 제정.

9 시민참여형 숙의민주주의 제도화: 시민(주민)의회 도입.

10 국가권력 통제, 시민주권 강화, 지방자치 분권 실현을 위한 헌법 개정: 대통령 및 행정부의 과도한 권한 축소와 민주적 통제 강화, 지역 균형발전과 지방자치권 확대, 직접민주주의 제도 신설.

2. 정의로운 경제와 민생이 안정된 사회

과제 목록
1 전세사기 피해구제와 예방을 위한 세입자 권리 강화: 안정적인 전세사기 피해구제를 위한 전세사기특별법 개정, 세입자 계약갱신권 확대 및 임대료 인상률 적용 확대(주택임대차법 개정), 전세가율 제한 등 전세사기·깡통전세 예방 대책 강화, 임대사업자 제도 개선 및 임대차 행정 강화.
2 주거기본권 보장을 위한 공공주택 확대 및 주거복지 강화: 공공임

대주택 예산 및 공급 확대, 생활권 내 기존 주택 매입 등 매입임대주택 공급 확대, 공공분양주택은 환매조건부로 공급, 쪽방촌 주민 주거권 보장을 위한 공공주택 사업 추진 및 확대, 주거복지 강화(주거비 지원 강화, 최저주거기준 개선, 차별적 주거복지정책 개선).

3 재개발·재건축 공공성 강화와 강제철거 금지: 순환식 개발 시행과 강제철거 금지, 정비사업 공공임대주택 의무공급 확대, 개발이익 환수 강화 등 공공성 강화, 기후위기 대응을 위한 개발 및 도시팽창 규제.

4 소득·자산 양극화 해소와 공정한 시장질서 구축 위한 재벌 개혁: 재벌 총수 일가의 과도한 지배력 확대 방지의 기업지배구조 개선, 재벌 대기업 경제력 집중 방지와 대-중소기업 상생협력 강화.

5 디지털 경제민주화를 위한 플랫폼 기업의 독점·불공정 행위 근절: 온라인 플랫폼 독점규제법 제정, 온라인 플랫폼시장 공정화법 제정.

6 '乙'들의 권리 보장을 통한 골목경제 활성화: 지역경제와 내수경제 활성화 위한 '지역사랑상품권 이용활성화법' 개정, 골목상권 보호와 노동자 휴식권 보장을 위해 '유통산업발전법' 개정, 중소상공, 자영업자 안정적 영업환경과 비용-부담 완화 위한 '상가임대차보호법' 개정, 중소상인 자영업자 단체협상권 보장을 위한 '가맹·대리점법, 중소기업협동조합법' 등 개정, '노점상 생계보호 특별법' 제정 및 민생사안 특별사법경찰 도입 금지.

7 시민의 자주적 참여를 통한 공동체 회복과 생활기본권 실현 위한 사회연대경제 기본법 제정: 사회연대경제 기본법 제정, 시민의 자주적 참여 기반 강화, 그리고 시민이 협동과 연대를 통해 공존상생 및 지속가능 사회 구현에 주체적으로 참여하도록 하는 사회연대경제 활성화, 사회연대경제 활성화를 통한 시민에 의한 사회혁신과 다양한 사회문제 해결.

8 공공성 강화와 복지 확대를 위한 확장적 재정 정책: 공공성 강화 등 사회경제적 가치 실현 위한 '국가재정법' 개정, 복지·재생에너지 인프라 투자 위한 국채 발행 적극 허용(황금률 재정준칙 도입), 기후위기 대응과 민생 안정을 고려한 재정 사업.

9 조세정의와 복지 재원 마련을 위한 감세 원상복구와 누진적 보편

증세: 조세정의와 세수기반을 파괴하는 윤석열 정부 감세 원상복구, 불평등 완화, 고용 확대를 위한 누진적 보편 증세 추진, 탄소세, 디지털세 도입 등 새로운 과세기반 마련.

10 시민의 경제적 안정을 위한 통화·금융 개혁: 통화·금융 정책의 공공성 확보, 가계부채 관리, 사모펀드 규제, 지역 공공은행 설립.

11 경제부처 권력 해체 및 민주적 정책 결정구조 확보: 정부조직법 개편을 통한 기획재정부 해체, 금융위원회 해체 및 금융감독기구 신설, 민주적 정책 결정구조 확보.

12 경제민주화 구현과 민생 걱정 없는 사회를 위한 개헌: 헌법에 토지평등권 등 토지공개념 조항 신설, 헌법에 주거권을 독립적인 기본권 조항으로 신설, 경제민주화를 경제 정책의 기본이념으로 구체화, 철도·에너지·통신 등 기간산업의 국공영화.

대한민국이 선진국에 진입했다고 평가받고 있지만, 다수 시민의 삶은 점점 더 어려워지고 있다. 불평등과 양극화, 민생고로 인한 비극적인 사건들이 반복되고, 부의 집중, 집값 상승, 불투명하고 불공정한 관행들이 상황을 악화시키고 있다. 시민의 삶의 기반을 튼튼히 하기 위해서는 정부가 민생 안정에 초점을 맞춘 적극적인 재정 기조로 전환해야 한다. 재벌 대기업에 유리하게 기울어진 운동장도 경제적 약자 중심으로 바로잡아야 한다. 치솟는 집값을 비롯해 일상과 밀접한 민생문제도 심각하다. 임차인 권리 강화와 더불어, 양질의 공공주택 공급이 필요하며, 민간 주도의 개발사업도 공공성을 중심으로 재편되어야 한다. 골목경제 활성화와 자영업자, 중소상인 지원정책 역시 시급하다. 쿠팡이나 카카오 등 플랫폼 기업의 독점을 규제하는 법률 제정과 중개수수료 등의 개혁이 꼭 필요하다.

3. 평화·주권·역사정의가 실현되는 사회

과제 목록
1   대북 심리전, 군사분계선 인근 군사훈련 중단 등 한반도 군사충돌 방지: 대북전단·대북 확성기 방송 등 대북 심리전과 군사분계선 인근에서의 군사훈련 중단, '남북관계발전에 관한 법률' 개정.
2   한국전쟁 종식과 평화협정 체결: 한미연합군사연습 중단으로 대화 여건 조성, 한국전쟁 종식과 평화협정 체결, 관계개선과 평화체제 구축에 바탕을 둔 한반도·동북아시아 핵위협 해소.
3   흡수통일 배제, 남북 평화공존협력 선언 등을 통한 남북 적대관계 해소: 흡수통일 배제, 남북 평화공존협력 선언, '북한 체제 전환' 심리전 활동 지원 중단 및 평화공존협력 활동 지원.
4   주한미군 방위비분담금제도 등 불평등한 한미관계 해결: 방위비 분담금 삭감 및 특별협정에 대한 근본적인 검토, 한미동맹의 대중국 압박 전환 저지 및 기지 확장 반대, 전시작전권 환수, 한미연합사 해체와 함께 불평등한 한미관계 제도적 개선.
5   한미일 군사동맹 추진 중단과 균형 협력 외교 추진: 한미일 연합 군사훈련 및 군사동맹 추진 중단, 주변국과의 균형 협력 외교 복원, 군대 파견, 군수지원, 무기 수출 등 통제 강화와 투명한 정보공개.
6   병력 규모 감축 및 군 복무제도 개혁: 복무기간 단축 및 대체복무제 확장을 통한 병력감축과 군복무제도 개혁, 북한 점령 목적 군사전략 폐기 및 방어 중심 전략으로의 전환.
7   강제동원, 일본군성노예제 문제해결을 통한 대일 역사정의 실현: '일본군 위안부 피해자 보호법' 개정, '2015 한일합의' 폐기 및 일본군 '위안부' 피해자 승소판결 이행, 강제동원 대법원 판결의 존중 및 판결 이행을 위한 외교적 보호권 행사, 강제동원 관련 미해결 과제의 조속한 해결을 위한 적극적인 노력, 한일협정 60년을 맞아 일제 한반도 불법강점 및 식민지배 책임 명확히 확인.
8   국가폭력 진상규명과 피해자 권리 회복을 위한 법제 정비: '진실·

화해를 위한 과거사 정리 기본법' 개정, '민주유공자법' 제정, '검시를 위한 법의관 자격 및 직무에 관한 법' 제정.

9 윤석열의 내란범죄와 극우세력의 법원 공격의 명분이 된 국가보안법 폐지: 윤석열 내란 및 극우세력 서부지법 공격의 명분이 된 종북몰이를 없애 재발을 방지하고 민주주의를 성장시키기 위해 국가보안법 폐지.

10 외교·안보 정책 결정 과정에서의 여성 참여 확대 및 시민참여 제도화: 평화구축 과정의 모든 공적 기구에서 여성 참여 확대를 통한 성평등 실현, 외교·안보 정책에서의 성인지적 관점 제도화 방안 마련, 한반도 평화 공존을 위한 사회적 합의 제도화, 평화교육 활성화.

윤석열 정부에서 한반도의 평화와 주권, 역사정의는 심각하게 파괴되었다. 심지어 이번 12·3 비상계엄 과정에서 군사충돌을 유도하려고 했던 정황도 드러나 충격을 주었다. '정상적인 군사활동'이라는 미명하에 대북전단 살포, 접경지역 대규모 군사훈련 등 충돌을 부르는 적대적 군사행동을 멈춰 세워야 한다. 전쟁을 끝내고 한반도 평화체제를 구축하는 정책의 일관성 속에서, 과도한 군사력 규모를 현실화하고 민주적 통제를 강화하는 것도 필요하다. 주한미군 방위비분담금제도 등 불평등한 한미관계를 해결해야 하며, 한미일 군사동맹 추진 대신 빠르게 변화하는 국제 정세 속 주권과 평화를 지키기 위한 균형적인 협력 외교로 나아가야 한다. 일본군 '위안부' 피해자 보호법 개정, 강제동원 대법원 판결 이행과 일본군 '위안부' 피해자들의 승소 판결 이행, 국가폭력 피해자들의 권리가 보장된 '진실·화해를 위한 과거사 정리법' 개정 등을 통해 역사정의를 향해서 첫걸음을 충실히 내디뎌야 한다. 윤석열정권의 비상계엄과 '반국가세력 척결' 협박은 분단냉전체제와 혐오정치, 민주파괴가 한 몸처럼 연결되어 있다는 것을 극명하게 보여준바, 그 명분이 된 국가보안법을 반드시 폐지해야 한다. 외교·안보 정책 결정 과정에서의 여성과 시민참여 확대 및 사회적 합의 제도화, 평화통일교육 활성화를 통해 지속가능한 평화를 위한 기반을 튼튼히 마련해야 한다.

4. 기후위기 너머 정의로운 생태 사회

과제 목록
1   기후위기 책임 묻는 누진세 강화와 과감한 재정투자로 주택·교통·식량·에너지의 생태공공성 강화: 소득세와 법인세 등 직접세의 누진율 강화와 에너지세제 개편으로 부유층과 대기업의 기후위기 책임 부담, '녹색공공투자은행'의 설립과 국가 재정의 대규모 투자, 에너지 성능이 강화된 매입형 공공임대주택 확대 등을 통한 주거권 보장, '교통기본법' 제정으로 파편화된 교통법제의 위계를 세우고 공공교통 재정 확대, 에너지 공기업에 대한 투자와 민주적 통제 강화 통한 에너지 기본권 보장, 농지 공유제 기반의 생태농업 전환과 먹거리기본권 보장.
2   석탄발전소 조기 폐쇄와 공공재생에너지 확대 및 발전노동자 고용보장: '정의로운 탈석탄법' 제정(IPCC 권고에 따른 석탄발전소 조기 폐쇄, 노동자의 일자리 전환 및 고용 보장), '석탄화력발전소 폐지지역 지원 특별법' 제정(지원기금 운용, 지원협의체 노동자·주민참여 보장), '공공재생에너지법' 및 '한국발전공사법' 등의 제정을 통한 재생에너지 확대와 고용 보장, '해상풍력특별법(안)' 철회, 해상풍력의 민영화 및 난개발 저지 및 발전공기업 참여 확대, 대왕고래 프로젝트 등 중단, 화석연료 시추 및 채굴사업과 지원정책 중단.
3   기후생태위기에 대응하는 헌법 개정: 헌법 전문에 기후생태위기 대응과 후발세대의 보호의무를 천명하는 문구 삽입, 헌법의 적절한 위치에 국가의 기후생태 보호 의무 조항을 신설, 헌법의 적절한 위치에 국가의 동물 보호 의무 조항을 신설.
4   2035 온실가스 감축 목표 대폭 강화와 '탄소중립녹색성장법'을 '기후정의법'으로 전면 개정: 헌법재판소 판결을 반영한 2035년 감축

목표 대폭 강화, '탄소중립녹색성장기본법'을 '기후정의법'으로 전면 개정, '산업전환지원법' 폐지와 노동자 참여 및 고용 보장을 명시한 '정의로운 전환 기본법' 제정, 성주류화 전략에 따라서 '기후정의법' 제정하여 여성대표성 확대.

5 신공항 건설, 국립공원 케이블카 등 보호지역 내 개발 등 난개발 중단: '가덕도신공항특별법' 폐지, 제주·새만금·흑산도 등 신공항건설계획 철회, 국립공원 등 보호지역 내 케이블카, 산악열차 등 각종 개발사업 철회, 2030년까지 국토 30% 보호지역으로 지정을 위한 단계별 목표설정 및 이행, 생물다양성 증진을 위한 지속가능한 국토이용계획 종합적 수립 및 이행, 환경영향평가제도 실효성을 높일 수 있도록 개선.

6 노후 핵발전소 폐쇄와 신규 핵발전소·SMR 건설 중단 및 고준위 핵폐기물 관리정책 재수립: 노후 핵발전소 수명연장 절차 중단 및 노동자의 정의로운 전환 추진, 신규 핵발전 및 소형 모듈 원자로 (SMR) 건설 계획 중단, 고준위특별법 입법 중단 및 고준위핵폐기물 공론화를 통한 관리계획 재수립, 후쿠시마 오염수 해양투기 저지, 11차 전력수급기본계획 폐기 및 전력계획 개편.

7 탈플라스틱과 화학물질로부터 안전한 사회: 플라스틱 생산 감축 목표 설정과 탈플라스틱 로드맵 마련, '폐기물관리법'과 '폐기물처리시설 설치 촉진 및 주변지 등에 관한 법률' 개정하여 산업폐기물 처리의 공공성, 책임성 강화를 위한 제도를 개선, 유해성 정보의 활용을 중심으로 한 화학안전정책 강화, 만성유해성 물질 관리 제도 개선.

8 4대강 자연성 회복과 신규 댐 건설 계획 폐지, 지속가능한 물 관리 계획: 하천의 연속성을 방해하는 불필요한 횡단 구조물을 철거하고 하굿둑 개방 및 해수 유통을 확대, 신규 기후대응댐 16개 사업계획 백지화, 하천의 녹조 독소의 유해성에 대한 식품·수질·대기 등 다 분야 대응체계 마련, 금강과 영산강의 자연성 회복을 위한 보 처리 방안을 이행하고, 국가 물관리 계획을 자연성 회복 목표로 재수립.

9 해양오염 방지, 2030년까지 해양 보호지역 30% 확대 및 갯벌 복원: 2030년까지 해양의 30%를 보호지역 지정을 위한 단계적 목표 수립, 해양 보호지역의 효과적 관리를 위한 제도 및 예산 확충, 해양

> 오염·쓰레기를 감축하기 위한 관리감독을 강화, 폐어구 등 해양쓰
> 레기의 전 과정을 관리하기 위한 체계 수립, 원양 및 연근해 불법비
> 보고비규제(IUU) 어업근절과 지속가능한 어업을 위한 법제도 마
> 련, 국제기준에 부합하는 어업투명성원칙을 준수하는 관리감독 도
> 입, 새만금 해수 유통을 통한 복원 및 단계적 갯벌·연안습지의 복
> 원 위한 계획을 수립하고 이행, 계획입지제도를 통한 보호지역의
> 우선 제척, 해양생물다양성을 고려한 해상풍력발전 확대 전략을
> 수립하고 이행.

기후위기는 현재형이며 불평등 속에서 발생했다. 기후재난의 피해는 불평등 구조에 맞물려 덜 가진 자들과 사회적 약자에게 집중된다. 기후위기의 정의로운 해결은 온실가스 대부분을 배출해온 산업과 대기업들의 책임을 묻는 일부터 시작된다. 소득세와 법인세의 누진율을 강화하여 세수를 확보하고, 공공서비스에 투자하여 기후위기와 불평등을 해결해야 한다. 조속한 탈석탄과 탈핵을 추진하고 공공재생에너지를 확대하여 폐쇄를 앞둔 발전노동자들의 고용과 시민들의 에너지 기본권을 보장하는 에너지 공공성을 강화해야 한다. 신공항과 케이블카와 같은 생태학살을 중단하고 4대강 재자연화를 추진하면서, 땅과 바다의 생태계 보호구역을 확대해야 한다. 2024년 헌법재판소는 '국가가 더 적극적으로 기후대응에 나서서 국민의 기본권을 보호해야 한다'고 판결했다. 헌법에 기후와 생태 보호에 관한 의무 조항은 물론 후발세대의 보호 의무도 전문에 넣어야 한다. 지금 당장 기후위기를 막아내기 위한 행동이 필요하다. 기후가 아니라 세상을 바꾸자!

5. 모두의 행복한 삶을 위한 돌봄중심 사회

과제 목록
1 국민건강보험 강화: 건강보험 보장성 대폭 강화, 제대로 된 상병수당 즉시 도입, 국가 책임으로 의료 보장.
2 사회적 소수자의 차별 없는 의료접근성 향상을 통한 보편적 건강권 보장: 사회적 소수자에 대한 차별 없는 의료서비스 제공, 트랜스젠더와 HIV/AIDS 감염인의 건강권 차별 해소 및 의료접근성 증진, 실효성 있는 장애인건강권법 이행, 의료급여 강화로 가난한 이들의 건강권 보장, 의료보장제도 및 장애인복지제도에서 이주민에 대한 차별 철폐.
3 공공의료 확충 및 의료공공성 강화: 방방곡곡 구석구석 공공병원 확충, 의료공공성 강화를 위해 충분한 인력이 '좋은' 공공병원의 전제조건, 공공병원 재정지원 강화 및 컨트롤타워 구축, 공공병원에도 민주주의를. 우리가 만들어가는 공공병원.
4 의료민영화 중단: 민영보험 활성화 및 미국식 의료민영화 추진 중단, 의료·건강정보 민영화 중단, 건강정보 보호 강화, 플랫폼 기업의 의료 장악을 위해 추진되는 비대면 진료 법제화 중단, 영리병원 도입 시도 중단 및 영리병원 관련 법 조항 폐기, 의약품·의료기기 규제 완화 정책 철회, 의약품 검증과 신의료기술평가 강화, 서비스산업발전기본법 등 민영화법 제정 중단.
5 국민연금 중심의 공적연금 강화: 국민연금법 개정, 기초연금법 개정, 근로자 퇴직급여 보장법 개정.
6 부양의무자 기준 폐지, 국민기초생활보장법 개정으로 가난한 이들의 권리 보장: 국민기초생활보장법 개정으로 부양의무자 기준 폐지, 사각지대 해소(기준중위소득 현실화, 의료급여 정률제 개편, 보장 수준 강화), 중앙생활보장위원회 회의록 공개와 당사자 참여 보장.
7 모두의 돌봄기본권 보장: 헌법에 돌봄권 명시, 돌봄기본법 제정, 남성생계부양자모델에서 보편적 돌봄제공자 모델로 전환.

8 돌봄 공공성 강화 및 돌봄노동자 처우 개선: 돌봄 공공성 강화, 돌봄노동자 권리 보장 및 처우 개선, 사각지대 없는 출산전후휴가·육아휴직·가족돌봄휴가, 보편적 양육비 대지급제 도입.

9 다양한 가족을 구성할 권리 보장: 혼인·가족 관련 제도적 차별 해소를 위한 민법 개정, 생활동반자법 등 다양한 가족공동체를 포괄하는 법 제정, 건강가정기본법 전면 개정 및 명칭 변경, 다양한 가족·공동체의 권리 보장을 위한 사회보장 및 정책 변화.

10 장애등급제 진짜 폐지·집단수용 장애인거주시설 폐지·탈시설권리 실현: 장애등급제 진짜 폐지(장애인 활동지원 24시간 지원의 중앙정부 책임 강화), 집단수용 장애인거주시설 폐지(장애인거주시설 단계적 시설 폐쇄 5개년 계획 수립), 탈시설권리 실현-탈시설지원법 제정.

우리 사회는 서로가 서로를 돌보는 행복한 삶을 지향해야 한다. 가야 할 길은 아직 멀다. 한국의 보건·복지·돌봄 분야 지출은 OECD 평균에 아직 한참 미치지 못한다. 특히 윤석열 정부는 '약자 복지'를 내세워 돌봄과 복지를 '권리'가 아닌 '시혜'로 만들어버렸다. 국가가 마땅히 책임져야 할 돌봄의 공공성은 약화되고 있고, 돌봄노동자의 처우는 열악하다. 건강보험의 보장성은 축소되고, 의료민영화는 계속되고 있다. 가난한 이들은 여전히 인간다운 생활을 할 권리를 보장받지 못하고 있으며, 장애인은 시설에 갇혀 있다. 성장하고, 노동하고, 아프고, 나이가 들어가는 모든 생애주기에서 우리는 서로의 돌봄이 필요하다. 모두의 존엄하고 차별 없는 보편적인 돌봄을 위해 정부 지출은 반드시 확대되어야 한다. 건강보험과 공적연금의 강화, 공공돌봄과 공공의료의 확충, 사회적 소수자에 대한 보편적 건강권 보장, 돌봄노동자의 권리 보장과 처우 개선이 필요하다. 부양의무자 기준을 완전히 폐지하고, 장애등급제의 진짜 폐지와 탈시설권리도 실현되어야 한다. 정상가족 이데올로기에서 벗어나 다양한 형태의 가족 구성권을 인정하고 보장하는 것도 빼놓을 수 없다.

6. 좋은 일자리와 보편적 노동권이 보장되는 사회

과제 목록
1 노동헌법: 노동에 기반한 평등공화국 지향, 모든 노동자의 존엄한 노동권, 모든 노동자의 평등한 노동권.
2 노동자성 확대 및 노동법 전면 적용을 통한 보편적 노동권 보장: 5인 미만 사업장·초단시간 노동·가사사용인에게 근로기준법 전면 적용, 노동자 추정 제도 도입으로 노동자성 확대 인정 등, 공급망 인권실사법 제정 – 기업의 공급망 인권환경 책임 강화.
3 모두의 고용 안정(차별받지 않고 불안하지 않은)과 일할 권리의 보장: 고용상 연령차별금지 및 고령자 고용촉진에 관한 법률 개정, 청년 고용 확대, 정규직 고용 및 비정규직 차별 해소, 사용자의 일방적 구조조정 금지.
4 적정임금 보장: 포괄임금 금지, 근로기준법 개정, 특수고용·플랫폼노동자 적정임금보장, 안전운임제 등 적정소득보장제도, 최저소득 보장을 위한 최저임금법 적용, 동일가치노동 동일임금 원칙의 법제화, 하청 근로자 중간착취 방지, 실질임금 인상, 최저임금 적용 차별금지, 임금체납 근절.
5 성평등 노동 실현: 성별 임금 격차 해소, 성인지적 산업안전 정책, 직장 내 성희롱·성차별적 괴롭힘 근절.
6 모든 노동자의 노조할 권리 보장: 노조법 1조 개정, 비정규직 차별 해소, 노조법 2·3조 개정, 공무원·교원의 노동기본권·정치기본권 보장, 모든 노동자의 쟁의권 보장, 산별(초기업) 노동조합 단결권과 자주적 활동 보장, 단체협약 효력 확장, 산별(초기업) 노동조합 활동 보장, 근로시간면제제도 폐기, 노동조합 자주성 침해 행정 근절, 노동삼권 침해 부당노동행위 근절.
7 노동시간 단축 및 장시간 노동 근절: 실노동시간 단축을 통한 노동

자 시간주권 확보, 국가 차원의 실노동시간 단축 및 관리, 장시간 노동 근절 및 사용자 의무 강화.

8 공공서비스 확대 및 '모범 사용자' 모델을 선도하는 일자리 국가책임 강화: '경제 규모'에 걸맞은 공공부문 일자리의 획기적 확충, 공공서비스 확충과 연계된 공공 일자리 확충, 노동권 보장 및 '모범 사용자' 원리가 반영되는 양질의 일자리 선도, 공공부문 '실질 사용자' 책임을 반영하는 노사관계 제도 개선.

9 차별 없는 노동권 보장: 이주노동자에게는 노동허가제, 채용사업주에게는 채용허가제 도입 필요, 외국인근로자의 고용 등에 관한 법률 개정, 국제규범에 준하는 외국인력제도 도입 필요, 미등록 이주노동자 합법화.

우리 모두는 노동자다. 윤석열 정부에서 '노동자들은 이미 비상계엄 상태였다'. 이 땅의 노동자들은 어디선가 고공농성 중이고, 파업을 이유로 손해배상 청구를 당하고, 장시간 노동과 고용불안 그리고 산업재해와 임금체불로 고통받고 있다. 모두 노동자지만, 누군가는 노동법 바깥에서 보편적인 노동권을 보장받지 못하고 있으며, 임금체불은 최고치다. 보장되지 않는 적정임금, 임금의 격차는 날로 오르는 물가와 함께 삶을 더욱 힘겹게 만든다. 평등하게 노동할 권리와 노조할 권리, 정치적 기본권 강화가 필수적이다. 윤석열 파면 이후의 세상은 노동에 기반한 평등공화국이고 노동의 가치가 이윤보다 앞서는 노동존엄의 사회여야 한다.

7. 생명·안전이 지켜지는 세상

과제 목록

1   생명안전기본법 제정: '안전권'을 모든 사람의 권리로서 헌법에 기본권으로 포함, 생명안전기본법 제정.

2   중대재해처벌법 개정.

3   가습기살균제참사와 4·16세월호참사 특별조사위원회 권고 이행: 국가책임 인정 및 사과, 추가적인 조사 및 수사, 피해지원 제도의 개선, 가습기살균제참사 및 세월호참사 관련 추가적인 자료 공개, 세월호참사 관련 대통령 기록물 공개 결의.

4   일하는 모든 노동자의 안전할 권리 보장: 특수고용·플랫폼 노동자 산업안전보건법 전면 적용, 작은 사업장 노동자의 공동안전보건관리체계 구축, 이주노동자·방문 노동자·이동노동자·감정노동 정신건강 등 실질 안전보건 대책 마련 및 법제화, 산업안전보건법 차등적용 규정한 산업안전보건법 2조 폐지, 철도·발전소·방사선 취급 업무 등 위험작업 도급금지, 조선업 등 위험작업 도급승인 대상 확대로 재하도급 금지 및 정규직 직접 고용, 건설업 적정공기 산정, 발주자 책임 강화하는 건설안전특별법 제정, 화물안전운임제 도입 및 전면 실시, 감독행정 노동자 참여 보장 및 감독 이후 사업장 개선 대책 이행 강화, 감독행정 개혁과 노동조합 참여 보장하는 산업안전보건청 설립.

5   작업중지권 실질 보장 및 노동자 참여 확대: 폭염·폭우 등 악천후, 안전조치 없는 위험작업에 대한 노동자·노동조합의 작업중지권 실질 보장 및 불이익 처우 형사처벌, 작업중지 임금 손실·원하청 계약의 손실 보장 법제화로 하청 노동자 작업중지권 보장 및 노동부 작업중지 명령 개정, 위험성 평가·산업안전보건위원회·명예산업안전감독관 노동자·노동조합 참여 실질 보장, 정부 감독 강화, 사고조사·특별근로감독에 원하청, 비정규노동자 참여 보장.

6   모든 노동자 산재보험 전면 적용 및 선보장제도 도입: 특수고용·플랫폼 노동자의 산재보험 차등 없이 전면 적용, 산재 처리기간 지

연 대책 및 선보장제도(승인 전 치료와 보상) 도입, 산재노동자 권리 보장·직업병 인정 기준 정기적인 심의구조 및 추정의 원칙 확대 등 산재보험법 개정, 공무원·사학·군인연금, 농업·어업 노동자 산재 심사승인제도 개선, 재활사업 활성화 및 산재병원의 공공병원 역할 강화.

7 2인 1조 등 사고 및 과로사 예방 위한 인력기준 법제화: 위험업무 2인 1조 작업 법제화, 과로사 및 근골격계 질환 예방 위한 인력 기준 법제화, 하청·특수고용 노동자 포괄하는 안전보건전문인력 기준 선정, 중소사업장·감정노동·일터 괴롭힘·직무 스트레스 예방 위한 안전보건 체계 및 인력 구축 법제화, '과로사 예방법' 제정.

8 일하는 모든 사람의 아프면 쉴 권리 보장: 차별 없는 실질적인 상병급여 제도화, 근로기준법에 유급병가 설치 의무화, 지자체 유급병가 도입, 산재보험 및 장애연금과 연계되도록 설계 필요.

9 자본의 이윤추구에 생명 안전이 위협받는 반도체산업의 정의로운 전환: 반도체산업의 정의로운 전환.

10 자본과 유흥을 위한 생명착취 산업 금지 및 정의로운 전환: 산천어 축제·바비큐 축제·빙어 축제, 소싸움 금지 및 정의로운 전환, 동물원·수족관 단계적 폐지 및 동물보호소 생츄어리 전환, 펫숍·동물공장·동물 카페의 정의로운 전환, 광고·드라마·영화에 동물권리 보장, 의류·화장품·의약 실험·전쟁을 위한 동물 도구화 금지.

11 가축 살처분 폐지와 생계형 축산·어업의 정의로운 전환: 공장식 밀집사육 축산의 단계적 폐지, 예방 중심 방역 체계 구축 및 살처분 폐지, 생계형 축산·어업 노동자와 살처분 노동자의 정의로운 전환.

4·16 세월호참사 이후 우리는 10·29 이태원참사, 오송지하차도참사 등 반복되는 재난 참사를 고통스러운 마음으로 마주했다. 매년 2000명이 일터에서 집으로 돌아오지 못하고, 일하는 현장에서 다치거나 아픈 사람이 13만 명이 넘는다. 생명이 존중되고 모두가 안전하고 건강하게 일하는 세상을 위해 생명안전기본법을 제정하고 재난 참사 대

응체계를 전면 개혁해야 한다. 중대재해처벌법의 개정으로 중대시민 재해 적용과 공무원 처벌 조항을 강화하고, 사회적참사특별위원회의 권고도 제대로 이행되어야 한다. 안전할 권리는 직종·고용 형태·사업장 규모와 무관하게 차별 없이 적용하며, 산업안전보건법이 전면 적용되고, 다양한 위험으로부터 노동자를 보호하는 시스템이 구축되어야 한다. 사고와 과로사를 일으키는 위험 요소를 제거하는 정책, 위험한 환경에서 일하지 않을 권리인 작업중지권이 지금보다 폭넓게 보장되어야 한다. 또한 생명 안전은 '생태적 한계' 안에서 고려되어야 하고, '인간'이라는 경계를 넘어 국가적 구조 안에 있는 '생태계'와 '비인간 동물'로 확장되어야 하고, 헌법에도 국가의 적극적 보호 의무를 명시해야 한다. 무분별하게 생태계를 개발하지 못하도록 환경영향평가를 강화하며 신공항, 4대강, 국립공원, 숲을 훼손하는 조림 사업이 중단되어야 한다. 그리고 살처분제도를 중단하고 축산과 어업의 대규모 전환을 통해 공생하는 사회로 나아가야 하며, 생명을 도구화하는 축제나 의류, 화장품 실험, 전쟁 등 산업의 단계적 전환도 필요하다.

8. 모두의 존엄과 공존을 위한 성평등·인권 사회

과제 목록
1   새로운 민주주의를 열어젖히는 포괄적 차별금지법 제정.
2   국가 성평등 정책 전담부처 '여성가족부' 유지·강화, 대통령 직속 성평등위원회 설치 등 성평등 추진체계 강화: 국가 성평등 정책 전담 부처 '여성가족부' 유지·강화 등 성평등 추진체계 강화, 대통령 직속 성평등위원회 설치, 고용노동부에 차별 시정국 및 지방노동관서에 고용평등실 설치, 민간 고용평등상담실 복원 및 강화.

3 가정폭력, 데이트폭력 등 친밀한 관계 내 여성폭력 포괄 입법: '가정폭력방지법' 전면 개정 통한 '친밀한 관계 내 여성폭력' 포괄 입법, 스토킹처벌법 정의 규정 개정─스토킹 행위에 포괄적 규정 신설.

4 '형법'상 강간죄의 구성요건을 '폭행 또는 협박'에서 '동의 여부'로 개정: 강간죄 개정, '피해자 저항' 기준의 수사 및 재판 관행 철폐

5 성매매여성 비범죄화 및 성별 불평등한 구조 강화하는 성착취 산업 해체: '성매매알선등행위의처벌에관한법률'의 전면 개정, '식품위생법'의 '유흥접객원' 조항 삭제로 남성들의 성구매 문화 해체, 강력한 수요차단 정책 추진 .

6 안전한 임신중지와 성·재생산 건강과 권리 보장: '성·재생산 권리 보장 기본법' 제정, '모자보건법' 전부 개정, 임신중지 비범죄화에 따른 개별 법률 개정, 보호출산제 폐지와 보편적 출생등록제법 제정, '저출산·고령사회위원회' 폐기하고 '사회적 돌봄·삶의 질 위원회' 설치, 보건의료와 상담체계에서 안전한 임신중지를 위한 권리 보장, 차별 없는 재생산 권리 보장을 위한 지원체계와 인프라 확충.

7 시민으로서의 결혼이주여성 체류 안정성 보장.

8 장애여성 재생산권, 성-인권교육권 등 기본권 보장을 위한 법정책 마련: 장애여성의 종합적인 계획 마련 및 정책 추진 위한 '장애여성 지원법' 제정, 시설거주 장애여성의 재생산권 침해 실태조사와 탈시설 권리 보장 정책 마련, 장애아동 청소년 포괄적 성교육 추진을 위한 장애아동 청소년 성·인권교육 사업 복원 및 예산 확대.

9 모든 이주배경 아동의 인권보호를 위한 지원체계 정비, 미등록 이주아동 구금금지, 장기체류 이주배경청소년 합법화 정책: 모든 이주아동 사회보장제도 안으로 포섭, 이주아동의 교육권 보장, 이주아동의 건강권 보장, 이주아동의 보육권 보장, 이주아동 구금과 강제퇴거로부터의 보호, 이주아동 체류자격 부여와 아동 최상의 이익 고려 관련, 무국적 아동의 권리 보장을 위한 조치.

10 모든 아동의 존엄한 삶을 위한 '어린이·청소년인권법' 제정: '아동은 인간이 되는 과정이 아니라 이미 하나의 인간.' 어린이·청소년 인권법 제정, 정부 및 국회의 어린이·청소년관의 변화가 필요.

11 장애인도 시민으로 이동하는 민주주의: '교통약자이동편의증진법'을 '교통약자이동권보장법'으로 전부 개정, '모두의 1층'을 위한 장애인등편의법·건축법 개정.

12 혼인평등(민법 개정을 통한 동성혼 법제화) 실현: 민법 812조(혼인의 성립) 등을 개정하여 동성혼을 법제화, 혼인 중인지 여부와 무관하게 트랜스젠더의 법적 성별 정정 허가.

구조적인 성차별을 부정하고, 사회적 소수자를 지우며 끝내 민주주의를 파괴한 윤석열의 퇴진을 넘어 성평등과 인권이 기본가치가 되는 민주사회를 만들어야 한다. 18년간 미뤄진 포괄적 차별금지법을 제정하고, 성평등 추진체계를 강화해야 한다. 동의 여부로 강간죄 구성요건의 개정, 친밀한 관계 성폭력의 포괄 입법, 성착취 산업 해체, 성·재생산 권리 보장을 통해 사회 전반의 성차별을 해소해야 한다. 장애인도 1층이 있는 삶을 누리고 이동할 수 있으며, 어린이와 청소년이 존엄한 삶을 보장받으며, 누구나 상대의 성별과 관계없이 혼인할 수 있어야 한다. 장애 여성, 이주아동, 결혼 이주여성 등이 겪는 교차적 차별도 해소해야 한다.

9. 언론·정보통신·문화의 공공성과 표현의 자유가 보장되는 사회

과제 목록

1 공영방송사장 국민추천제: 공영방송사장 국민추천위원회 구성, 국회의 정당추천 이사회 인원을 축소.

2 방송통신위원회·방송통신심의위원회 정치적 독립성 강화를 위한 제도 개선: 방송법·방송통신위원회의 설치와 운영에 관한 법률 개정.

3 　미디어 공공성 강화를 위한 '대통령 직속 미디어개혁특별위원회' 구성: '미디어개혁특별위원회' 구성, '미디어기본권' 제정.

4 　인터넷 표현의 자유 보장: 방송통신심의위원회 심의 대상 축소, 방송통신위원회의 삭제 명령권한 폐지.

5 　디지털 환경에서 빅테크 기업의 책임성 강화와 시민 인권보호, 젠더폭력 방지: 개인정보보호법 개정 및 개인정보보호위원회의 독립성 강화, 인공지능의 위험으로부터 시민의 안전과 인권을 보호할 수 있는 제도 마련, 정보통신 기술에 젠더 관점 개입을 위한 제도적 기반 마련, 기술 매개 젠더폭력 인터넷서비스 사업자 책임 강화, 디지털 공간 내 성적 괴롭힘 처벌법 입법, 빅테크 플랫폼의 사회적 책무성을 강화하는 제도 마련.

6 　미디어 환경의 성차별과 소수자 혐오 배제: 통신·미디어·과학기술 정책에 젠더 관점 개입을 위한 제도적 기반 마련, 미디어 환경의 성차별 소수자 혐오 예방 대책 마련.

7 　민주주의와 인권을 지킬 수 있는 평등한 집회 시위의 권리 보장: 집회 및 시위에 관한 법률 개정, 집회에 대한 형벌화를 막기 위한 정책 개선.

8 　(가칭)'블랙리스트 특별법' 제정을 통한 국가범죄 진상조사 및 표현의 자유 확대: '블랙리스트 특별법' 제정, 블랙리스트 재발 방지법 '예술인의 지위와 권리의 보장에 관한 법률(예술인권리보장법)' 개정, '문화기본법' 개정, 정부조직법·국가재정법 등 법체계 수정, 국회 문화체육관광위원회 차원에서 문화·예술 검열과 블랙리스트 정책에 대한 대응단위 구성 및 운영.

9 　예술인의 노동 권리 보장 및 사회안전망 전면 적용: 문화예술노동자 노동자성 인정, 노조할 권리 보장(노동관계법령 개정), 사용자의 책임과 의무 부과 및 공공 사용자성 인정, 적정한 임금을 받을 권리와 안전하게 일할 권리 보장, 문화예술노동자의 건강권과 안전권 보장, 4대 보험 등 사회보장제도의 예술인 전면 적용, 문화예술 노사교섭·노사정교섭·노정교섭 실시.

10 지속가능한 지역문화 정책을 통한 시민 문화권 확대 및 지역분권·지역자치 실질화: 지역문화위원회 신설을 통한 지역문화 지원체계

의 혁신, 지역문화 재정 구조의 혁신, 지역문화 관련 협력적 거버넌스 구축, 문화도시 사업의 재구조화.

11 표현의 자유와 정보기본권 보장의 헌법 개정: 정보기본권을 헌법에 명시적으로 포함, 언론출판의 자유를 별도 조항으로 두고 표현의 자유를 확장하고 언론의 기능과 공공성 및 시민의 명예권 등 보장, 집회결사의 자유와 예술의 자유에 대한 허가는 금지하며, 국가의 보장 의무를 명시.

윤석열 정부는 공영방송 장악과 표현의 자유 침해, 언론탄압을 지속적이고 폭력적으로 밀어붙였다. 방송통신위원회와 방송통신심의위원회를 망쳐놓고, 근거 없는 음모론을 퍼뜨렸다. 방송의 잃어버린 공공성을 되찾기 위한 개혁이 필요하다. 공영방송을 다시 시민의 곁으로 되돌리고, 언론의 독립성을 지키기 위한 방안을 마련해야 한다. 미디어개혁특별위원회를 구성하여 미디어의 공공성 강화, 시민의 미디어기본권과 정보주권, 혐오차별 배제 등을 위한 통합적 시민 공론장을 마련해야 한다. 유튜브나 페이스북 등 날로 영향력이 커지는 SNS에서 혐오와 폭력이 자라지 못하도록 개혁이 꼭 필요하다. 시민의 안전과 인권, 성평등과 정보주권이 보장되도록 빅테크 플랫폼과 플랫폼 기업들의 사회적 책무성을 강화하도록 법률을 전면 개정해야 한다. 윤석열 집권 이후 법의 공백을 이용하여 집회와 시위에 대한 제한과 탄압이 심했는데 헌법이 정한 '말하고 모일 권리'가 보장되도록 집시법 등 관련 법을 개정해야 한다. 세계적으로 K-컬처의 인기가 높지만, 문화예술을 바라보는 정부의 태도는 너무 후진적이다. 지역문화예술에 대한 지원을 삭감하고, 블랙리스트 유인촌이 문화체육관광부 장관으로 화려하게 돌아오기도 했다. 전국에서 다양한 문화예술을 지원하고, 불필요한 간섭은 하지 않는 정책을 추진해야 한다. 문화는 우리 사회가 함께 키우고 누려야 할 공공재다.

10. 식량주권과 먹거리가 보장되고 지역이 살아나는 세상

과제 목록
1   기후재난 극복과 걱정 없는 농업을 위한 국가책임농정 실현: 농어업재해보상법 제정·농어업재해대책법 개정·농어업재해보험법 개정, 양곡관리법 개정·농수산물 유통 및 가격안정에 관한 법률 개정·주요 농산물 공공수급법 제정, 농어업기후적응기금 설치, 농업·농촌 인력 수급 체계 공공성 강화.
2   친환경·생태 농업 전면 전환으로 지속가능한 농업 보장: 지역농산물 농민가공 법률 제정, 친환경농어업육성법 개정, 가축전염병예방법 개정 및 사육 두수 총량제 도입, 국가 차원의 친환경·생태 농업 전면 전환 선언, 농정예산 개혁.
3   여성·청년 등 미래를 위한 농업 주체의 지위 향상: 여성농어업인육성법 개정, 농지조사특별법 및 농지임대차보호법 제정, 여성농민 법적지위 보장 및 성평등 농정 실현, 청장년 농민 육성 및 정착 지원 종합체계 구축, 농민의 생산수단 농지 확보를 위한 농지 공공성 강화.
4   농민권리 보장을 위한 농민기본법 제정: 농민·농업·농촌 정책기본법('농민기본법') 제정, 유엔 농민권리선언 제도화, 농정의 기본원칙 재정립, 농민의 권리와 식량주권 보장을 위한 제도 개선, 지속가능한 농업 먹거리 선순환체계 구축 및 공공농업 기반 확보를 위한 정책 도입.
5   국민 누구나 건강·안심 먹거리 보장을 위한 먹거리기본법 제정: 먹거리기본법 제정, 국가·지자체 먹거리종합전략 수립·시행 의무화.
6   생애주기 먹거리 돌봄과 교육: 공적 영역(학교·군대·공공기관 등)의 생애주기 먹거리 보장 및 식재료 기준 마련, 급식업무 국가 공공성 강화, 식생활교육지원법 개정, 식품위생법 등 개정, 먹거리 돌봄정책 전면화, 기후먹거리 채식선택권 보장, 친환경 농산물 지원 프로그램 확대, 공공먹거리 건강식품에 가이드라인, GMO완전표시제(원료기반) 도입과 방사성 물질 검사 제도화.

7 농어촌 주민의 기본적 소득보장체계 구축: 농어촌 주민의 기본적인 소득보장체계 구축, 농어업·농어촌 기본소득법(주민수당법) 제정.

8 농어촌 주민의 지역 사회서비스 획기적 확충: 지역균형발전법 개정, 읍·면 단위 기본생활 사회서비스 보장, 농촌 살리기와 지역활력을 위한 생활환경 개선, 농촌형 공공임대주택 및 사회주택(공공·사회적경제조직 등) 보급, 사회적경제(협동조합, 마을기업 등) 집중 육성·지원.

9 읍면동 주민자치제 도입과 주민참여 실질화: 지방자치법 개정 또는 주민자치법 제정으로 주민자치회 제도화 및 권한·재원 지원 근거 마련, 지방분권균형발전법 개정 및 '산업단지 인허가 절차 간소화 특례법' 폐지, 농어촌 자치공동체 지원.

10 대통령 직속 민관협치 의결기구 등 농정 민주주의와 자치농정 활성화: 농어업농어촌특별위원회법 개정, 대통령·국무총리 직속 '농촌 살리기 부처 간 공동위원회' 설치·운영, 식량주권 지역 먹거리 담당 국가기관 배치 및 구성, 농정 관련 국가사무와 지방사무 혁신 및 중앙·지방 농정협력 재정립, 국가보조금제도 전면 개혁 및 중앙·지방 간 농정협약제도 일괄 실시 등 책임 있는 자치농정 추진.

11 농업·농촌·농민의 다원적 기능 및 공익적 가치 창출·기여와 국가의 책무(개헌): '농업·농촌·농민의 다원적 기능 및 공익적 가치 창출·기여'와 국가·지자체의 기본책무 및 적극적인 정책수단 강구 명문화, '국민의 먹거리기본권 보장 및 순환과 공생의 지속가능한 먹거리체계 구축'에 대한 국가·지자체의 기본책무 및 적극적인 정책수단 강구 명문화.

기후위기는 반드시 식량위기를 동반한다. 국가통제의 경제성장에 희생양이 된 농업은 세계 10위권의 경제강국이 된 지금도 배제와 희생을 강요당하고 있다. 농업의 파괴는 국민 먹거리에 직접 영향을 주었고, 국민 밥상은 출처 불명의 해외농산물에 점령당한 지 오래다. 기후위기 시대, 식량주권 실현을 위한 농민권리 보장과 전 국민의 차별 없

는 먹거리기본권 확장은 국가의 미래를 위한 필수적 조건이다. 농업
·농촌(지역)·먹거리 문제를 해결하기 위하여 지속가능한 생태농업
으로의 전면적 전환, 농업·농촌의 다원적 기능 확립, 농촌주민의 기
본적 소득보장과 지역 사회서비스 안전망 구축, 지역사회의 자치와
협동 그리고 생산자·소비자·정부 간 협치농정은 더 이상 미룰 수 없
는 국가의 기본과제다. 윤석열에 의해 거부된 농업 4법은 즉시 입법
화되어야 하고, 국회와 정부는 농민기본법과 먹거리기본법의 제정
을 통한 식량주권 실현의 농정대개혁에 적극적으로 나서야 한다. 기
후먹거리 실현을 위한 로드맵의 마련, 농민과 시민이 참여하는 민관
협치, 농업 주체들이 온전한 삶을 누리는 사회, 지역에 기반한 순환과
공생의 사회, 생산자와 소비자가 상호협동하며 공동체를 이루는 사
회를 향해 우리는 더 이상 지체할 시간이 없다. 국가 책임의 농정 대
전환의 개혁을 이루자.

11. 교육과 청(소)년의 삶에 평등을 여는 세상

과제 목록
1 시험 능력주의 사회를 넘어, 대학 서열화 및 입시 경쟁 해소를 위한 대학통합네트워크와 절대평가 도입: 거점 국립대와 주요 사립대의 대학통합네트워크로 대학 평준화의 첫걸음을, 고교 내신 성적과 수능시험의 절대평가 전환을 통한 입시 경쟁 교육 해소, 고교서열체제를 해소하고 고교평준화체제 정착, 능력주의적 교육 운영을 정당화하는 헌법 조문의 개정.
2 시민·포용교육과 포괄적 성교육 확대: 시민·포용교육 실현을 위한 교육기본법 개정, 체계적 시민·포용교육을 위한《시민》교과 신설, 포괄적 성교육 확대.
3 학생 시민의 인권 보장을 위한 학생인권법 제정: 학생인권법 제정,

학생 참여권 보장과 학내 민주주의 강화를 위한 초중등교육법·고등교육법·사립학교법 개정, 청소년의 삶과 정신건강 위기 대응을 위한 학생 휴가제 도입과 청소년 친화적 상담 환경 조성.

4   청소년·교원의 정치기본권 보장: '청소년이 정치하는 시대' 실현—공직선거법 및 정당법 개정, 교원의 정치적 자유 보장, 청소년·교원의 선거운동의 자유 보장을 위한 공직선거법 개정 .

5   학생의 위기가 교사의 위기로 이어지는 악순환을 끊기 위한 학생맞춤통합지원법 개정: 예산과 인력을 실질화하는 학생맞춤통합지원법 개정, 지역사회 복지체계와 학교와의 협력 강화를 위한 학생맞춤통합지원법 시행령 제정, 소수자 학생 지원정책 강화.

6   '영유아·초등 돌봄 통합기구' 신설을 통한 돌봄정책의 공공성·통합성 강화: 늘봄학교와 돌봄교실을 통합관리하는 돌봄통합기구 신설, 늘봄학교 및 돌봄교실 예산을 국가 예산으로 별도 책정, 온동네 돌봄안전망 구축.

7   대학 등록금 부담 해결을 위한 대학 관련법 제·개정: 국가 차원의 고등교육 재정지원 확대를 위한 법 제정, 사학재단의 대학 재정 책임성 강화, 실질적인 학생 의견 반영을 위한 구조 개편.

8   청년·청년여성에게 평등한 노동권 보장: 입직과정·노동환경에서 청년여성에게 발생하는 성차별 해소, 사각지대에 놓인 청년 노동권 보장, 지역 내의 지속가능한 좋은 일자리.

9   다양한 이행기를 포괄하는 청(소)년 사회적 자립 3대 패키지 강화: 누구나 내일을 안정적으로 기대할 수 있는 보편적 청년정책·청년수당 확대·개편, 부모자산·고용 형태와 무관하게 자산 형성이 가능한 내일채움공제 재개·개편, 청(소)년 세입자 전월세 지원 확대를 통한 주거 안정화.

10 청(소)년 참여의 실질적 보장 및 참여기구 구조의 전향적 개편: 참여기구 운영 시스템의 전향적 개편, 국가 정책 전반의 미래 세대 영향 평가 체계 수립 및 예산 반영, 정부위원회 등 참여기구의 계층 다양성 확보, 청소년 참여기구 개편을 통해 대표성과 권한을 가진 청소년의회 도입, 참여권 확대.

경쟁과 능력주의가 학교를 점령한 지 오래다. 민주주의와 평등을 배워야 할 학교에서 반민주와 서열, 차별의 질서를 먼저 접한다. 학생인권조례마저 없애고 위기 상황에 놓인 학생을 내쫓는 학교의 풍경은 12·3 비상계엄처럼 인권과 민주주의를 줬다가 뺏을 수 있는 가치로 인식하게 할 위험이 크다. 그 틈을 타고 딥페이크 범죄나 성차별주의도 기승이다. 경쟁교육을 민주·평등·포용교육으로 당장 전환해야 할 이유다. 학생인권법 제정, 학생·교원의 정치기본권 강화, 영유아 돌봄, 치솟는 대학등록금 문제 해결도 시급하다. 청소년과 청년의 삶도 위태롭다. '그냥 쉬었다'라는 청년인구가 역대 최대치에 이르렀다. 주거와 소득 불안에 더해 일자리도 사라지고 있다. 페미니즘 사상검증이란 어처구니없는 일도 일어난다. 채용절차법 개정, 자립 지원, 참여기구 실질화는 청(소)년의 삶에 드리운 불평등과 배제를 해결할 작은 시작이다.

12. 특별과제 TF: 내란 종식과 헌정질서 회복

과제 목록
1   12·3 내란 진상규명과 책임자 처벌 : 내란수괴 윤석열의 즉각 파면, 12·3 내란세력 및 부역자·기관의 책임 인정을 포함한 공적 사과, 12·3 내란 기록의 폐기 금지·보존·공개, 12·3 내란 진상규명 및 책임자 처벌·징계.
2   내란 부역 군·정보·경찰 기구 개혁: 방첩사령부 폐지, 국가 정보기구 개혁, 경찰 독립성 확보, 검찰의 권한남용 통제.
3   내란 재발 방지를 위한 법제도 개혁: 부당한 지시에 대한 공무원의 거부권 및 공익신고 보장, 대통령 특권 남용 통제, 사법부와 국가인권위원회의 독립성 확보, 국가긴급권 행사의 제한, 국가폭력의 재발 방지를 위한 교육, 사회갈등 완화와 민주주의 회복력 강화를 위한 특별기구의 설치 운영.

12·3 내란은 민주적 기본질서를 무너뜨리는 헌법파괴 행위였다. 그러나 탄핵 심판과 재판 과정에서 내란수괴 윤석열은 자신의 위헌위법 행위를 인정하지도 사과하지도 않고 있다. 내란동조 세력들에 의한 특검법의 좌절 등으로 대통령과 군·경찰 일부 관계자 외에는 현재 충분한 수사와 기소가 이뤄지지 않고 있고, 내란 기록과 정보의 확보에도 제동이 걸리고 있다. 윤석열 대통령의 파면, 일부 주요 종사자들에 대한 진상과 책임 규명만으로는 12·3 내란의 실체가 축소되고, 반헌법적 범죄 가해자에 대한 불처벌(impunity)이라는 부정의가 발생할 수 있다.

12·3 내란의 재발을 막기 위해서는 내란 행위뿐 아니라 내란 전 무인기 전개와 오물풍선 원점타격 등 전쟁 유발행위, 내란 이후 부적절한 권한 행사 등 각종 헌법파괴 행위에 대해서도 진상과 책임을 규명하는 것이 필요하다. 더불어 주권자 시민들의 생명을 앗아갔을 수 있는 국지전 등 전쟁 유발 의혹에 대해서도 진상규명이 필요하다.

12·3 내란의 종식은 윤석열 대통령에 대한 파면과 처벌만으로 이뤄질 수 없다. 내란의 완전한 진상규명, 책임자 처벌, 내란을 용인했던 제도 개선 등 재발 방지, 책임 인정과 사과, 진실의 기록 등 12·3 내란이 우리 사회에 다시는 반복되지 않도록 하는 조치가 완수될 때 비로소 내란은 종식될 수 있을 것이다.

사회대개혁을 향한 광장의 다짐과 선언

윤순철(공동위원장, 시민사회단체연대회의 정책위원장)

어제 헌법재판소는 윤석열을 파면했다. 내란의 겨울이 끝나고, 민주주의 봄이 왔다. 윤석열의 느닷없는 계엄에 우리 '빛의 혁명군'들은 여의도에서 탄핵의 시동을 걸었고, 트랙터 전봉준투쟁단은 남태령에서 경찰의 저지선을 뚫었다. 혹독한 눈보라가 몰아친 한남동에서 은박지 키세스 시민들은 윤석열을 구속시켰다. 그리고 광화문에서 우리는 모였고, 행진했다. 시민들은 거리에서, 광장에서 밤을 꼬박 새우며 발언했고, 서로의 말을 경청했고, 응원했고, 연대했다. 우리는 한겨울 광장의 시민 목소리를 하나도 빠뜨리지 않고 갈무리했다. 우리는 이렇게 상상하고, 대화하고, 연결하며 12개 세상을 만들었다.

이태호(소위원회 위원장, 참여연대 운영위원장)

다시 민주공화국 시민이 주인 되는 세상을 열자!

정치를 바꾸자. 정당설립의 문턱을 낮추고 여성을 비롯한 다양한 목소리가 반영되게 하자. 결선투표제를 도입하고 공직선출의 비례성을 강화해야 한다. '검찰공화국'을 바꾸자. 검찰 수사권을 폐지하자. 행정권력을 제대로 감시하기 위해 국민의 알권리를 확대하자. 수도권에 편중된 권한을 분산하고, 마을부터 중앙정부까지 자치를 확대하자. 시민의 참여로 협동하는 참 민주사회를 만들자.

김은정(소위원회 위원장, 참여연대 협동사무처장)

정의로운 경제와 민생이 안정된 사회를 열자!

시민들의 삶은 불평등과 양극화, 집값 상승, 불공정한 관행으로 점점 더 악화되고 있다. 정부가 민생 안정에 초점을 맞춘 적극적인 재정 기조로 전환하고, 재벌 대기업에 기울어진 운동장을 경제적 약자 중심으로 바로잡아야 한다. 임차인 권리 강화와 양질의 공공주택 공급이 필요하며, 민간 주도의 개발사업도 공공성 중심으로 재편하자. 골목경제 활성화와 자영업자 지원이 시급하며, 플랫폼 독점규제법을 제정하자.

주제준(공동위원장, 한국진보연대 정책위원장)

평화·주권·역사정의가 실현되는 사회를 열자!

대북전단 살포, 접경지역 군사훈련 등 충돌 유도의 적대적 군사행동을 당장 멈추자. 한반도 평화체제를 구축하고, 군 병력 감축과 복무제도 개선으로 방위력을 현실화하자. 불평등한 한미관계를 해결하고 주권과 평화를 지켜가는 균형외교로 나아가자. 일본군 위안부 피해자 보호법 개정, 강제동원 대법원 판결의 즉각 이행, 국가폭력 피해자의 권리를 보장하고 국가보안법을 폐지하자. 지속가능한 평화의 기반을 만들어가자.

이경석(소위원회 팀장, 환경정의 사무처장)

기후위기 너머 정의로운 생태 사회를 열자!

기후위기의 피해는 불평등한 구조와 맞물려 사회적 약자에게 집중된다. 기후위기의 정의로운 해결은 온실가스 대부분을 배출하는 산업과 대기업들의 책임부터 물어야 한다. 소득세와 법인세의 누진율 강화로 세수를 확보하고 공공서비스에 투자하자. 조속한 탈석탄과 탈핵으로 공공재생에너지를 확대하고, 신공항과 케이블카와 같은 생태학살을 중단하고, 4대강 재자연화를 추진하며, 땅과 바다의 생태계 보호구역을 확대해야 한다.

장서연(공동위원장, 민주사회를위한변호사모임 부회장)

모두의 행복한 삶을 위한 돌봄중심 사회를 열자!

윤석열은 돌봄과 복지를 '권리'가 아닌 '시혜'로 만들었고, 의료민영화도 추진했다. 성장하고, 아프고, 나이가 들어가는 생애주기에서 우리는 서로의 돌봄이 필요하고 이는 모두의 권리다. 차별 없는 돌봄을 위해 정부 지출은 반드시 확대하고, 건강보험과 공적연금 강화 등 제도 개혁이 시급하다. 부양의무자 기준을 완전히 폐지하고, 장애인도 지역사회에서 함께 살아갈 수 있도록 탈시설권리를 실현하자.

이정희(공동위원장, 전국민주노동조합총연맹 정책위원장)

좋은 일자리와 보편적 노동권이 보장되는 사회를 열자!

이 땅의 노동자들은 어디선가 고공농성 중이고, 파업 때문에 손해배상을 당하고, 고용불안과 산업재해, 임금체불로 고통 속에 있다. 노동자이지만 누구는 노동법 바깥에서 노동권을 보장받지 못하고 있다. 평등하게 노동할 권리와 노조할 권리, 정치적 기본권 강화가 필요하다. 윤석열 파면 이후 노동에 기반한 평등공화국, 이윤보다 노동 가치가 존중되는 사회를 만들자.

박래군(공동위원장, 4·16재단 운영위원장)

생명·안전이 지켜지는 세상을 열자!

매년 2000명이 일터에서 집으로 돌아오지 못하고, 다치거나 아픈 사람이 13만 명이다. 생명존중 안전사회를 만들기 위해 생명안전기본법을 제정하자. 중대시민재해에 중대재해처벌법을 적용하고 공무원 처벌을 강화하자. 안전할 권리는 직종·고용 형태·규모와 무관하게 적용하고, 위험한 환경에서 일하지 않도록 '작업중지권'을 폭넓게 보장하자. 생명안전을 '생태계'와 '비인간 동물'로 확장하고, 살처분제도를 중단하고, 생명을 도구화하는 축제·의류·화장품·전쟁 등 산업을 전환하자.

양이현경(공동위원장, 한국여성단체연합 공동대표)

모두의 존엄과 공존을 위한 성평등·인권 사회를 열자!

윤석열의 퇴진을 넘어 인권과 성평등이 기본가치가 되어야 한다. 포괄적 차별금지법을 제정하고, 국가 성평등 정책 전담 부처를 강화하자. 동의 여부로 강간죄 구성요건을 바꾸고, 친밀한 관계의 여성폭력의 포괄 입법, 성착취 산업 해체, 성·재생산 권리 보장으로 사회 전반의 성차별을 해소해야 한다. 장애인도 1층이 있는 삶을 누리고 이동할 수 있으며, 장애·이주아동·결혼 이주여성의 교차적 차별을 해소하자. 누구나 상대의 성별과 관계없이 혼인할 수 있는 다양한 형태의 가족 구성권을 보장하자.

조혜인(공동위원장, 차별금지법제정연대 법률위원회 부위원장)

언론·정보통신·문화의 공공성과 표현의 자유가 보장되는 사회를 열자!

공영방송을 시민 곁으로 되돌리자. 방송통신위원회와 방송통신심의위원회를 재구성하자. '미디어개혁특별위원회'를 구성하여, 미디어의 공공성 강화, 시민의 미디어기본권과 정보주권, 혐오차별 배제를 위한 시민 공론장을 열자. 혐오와 폭력이 자라지 못하도록 빅테크 플랫폼 기업의 책임성을 강화해야 한다. 헌법의 '말하고 모일 권리'가 보장되도록 집시법을 개정하고, 전국에 다양한 문화예술을 지원하고, 불필요한 간섭을 못 하게 하자.

신지연(공동위원장, 전국여성농민회 사무총장)

식량주권과 먹거리가 보장되고 지역이 살아나는 세상을 열자!

농업의 파괴로 밥상은 출처 불명의 해외농산물이 점령했다. 식량주권 실현을 위해 농민권리 보장과 전 국민의 차별 없는 먹거리기본권을 위해 정부와 국회는 농정대개혁에 적극 나서야 한다. 농업·농촌·먹거리 문제를 해결을 위해 생태농업으로의 전환, 농촌주민의 기본적 소득보장과 안전망을 구축하자. 자치와 협동 그리고 생산자·소비자·정부 간 협치농정은 더 미룰 수 없는 국가의 기본과제다. 윤석열이 거부한 농업 4법을 다시 입법화하자.

김민지(소위원회 위원, 전국대학생시국회의)

교육과 청(소)년의 삶에 평등을 여는 세상을 열자!

민주주의와 평등을 배워야 할 학교에서 반민주와 서열, 차별의 질서가 판치고, 학생인권조례마저 없앴다. 그 틈새에 딥페이크 범죄나 성차별주의도 기승이다. 인권과 민주주의는 줬다가 뺏을 수 있는 가치가 아니다. 경쟁교육을 민주·평등·포용교육으로 당장 전환하자. 학생인권법을 제정하고, 학생·교원의 정치기본권을 강화하며, 치솟는 대학등록금도 시급히 해결하자. 청년의 주거와 일자리를 해결하자. 채용절차법 개정과 자립 지원은 청년의 불평등을 해결할 작은 시작이다.

서채완(공동상황실장, 민주사회를위한변호사모임 사무차장)

내란을 완전히 종식시키고 헌정질서를 회복하자!

윤석열의 파면과 내부 책임자 처벌은 정의를 실현할 수 없다. 내란 행위뿐 아니라 전쟁 유발 등 헌법파괴 행위들도 책임을 물어야 한다. 내란의 원인을 개선하고 그 진실을 기록하여 내란을 원천 차단했을 때 내란은 종식될 것이다. 사회 곳곳에 뿌리내린 계엄 혐오 폭력세력들에 대해 우리는 헌법, 도덕, 민주주의 인권으로 이겨낼 것이다.

황순식(공동위원장, 비상시국회의 대외협력위원장)

우리는 다음 대통령이 누구든 광장의 시민들이 '권력의 주인'임을 잊지 않을 것이다. 정치를 감시하고, 권력을 견제하고, 시민의 기본권을 확대하기 위하여 서로에게 묻고, 연결하고, 싸워나갈 것이다. 이제는 탄핵을 넘어, 대선을 넘어, 사회대개혁의 대장정을 떠나자!

광장을 빛낸 시민 발언들

부산 서면 집회에서 윤석열 파면을 촉구한 고등학생
(2024년 12월 8일)

안녕하십니까. 부산 시민 여러분 저는 초등학교는 사상구에서, 중학교는 진구에서, 고등학교는 북구에서 18년 동안 부산에 살았던 부산 토박이, 부산의 딸 ○○○입니다. 지금 막 걸음마를 뗀 제 사촌 동생들과 집에 있을 남동생이 먼 훗날 역사책에 쓰인 지금 이 순간을 배우며 제게 물었을 때, 부끄럽지 않게 당당하게 여기 나와서 말했다고 말하고 싶어서 이 자리에 나오게 되었습니다.

5개월 전 학교에서 민주주의의 역사를 배웠던 저와 제 친구들은 분노했습니다. 교과서에서 말하는 민주주의가, 삼권분립이, 국가 원수의 책임이 전혀 지켜지지 않는 현 정국을 보고 말입니다.

(중략)

그리고 국민의힘 부산시의원 등 일곱 명에게 말합니다.

자신의 권력과 자리를 지키기에 급급한 집단을 저의 대변인으로 인정할 수 없습니다.

계엄해제 표결에 불참한 탄핵소추안 표결에 불참한 여당 부산 국회의원 17명의 이름을 잊지 않을 것입니다. 당신들은 무엇을 위해 부산을 대표하는 국회의원을 하고 있습니까?

어제저녁 윤석열의 탄핵 표결이 부결되었습니다. 국민의힘은 심기일전하여 법치주의를 지킬 방안을 찾겠다고 그랬습니다. 그 방안이 표결 불참 의회 퇴장입니까? 그게 여당의 대답입니까? 국민들이 눈을 시퍼렇게 뜨고 다 보고 있는데 본인들의 당에 미래가 있다고 생각하십니까? 지금 제가 서 있는 여기 부산에서 서울에서 그리고 대한민국 전국에서 쏘아 올린 촛불이야말로 진정한 국민의 힘입니다.

한덕수 국무총리는 어째서 오늘 오전 사과와 해명 없이 정부 예산안 통과를 들먹이며 그 모든 다른 해야 할 말보다 돈 이야기를 먼저 꺼냈습니까? 국민이 돈 주려고 합니까? 명태균 게이트, 김건희 공천 개입, 뇌물 수수, 왜 검찰은 수사 중이라는 말만 하면서 제대로 된 결과를 내보이지 않는 것입니까? 검찰은 내란 혐의 수사권이 없는데도 내란 혐의 김용현 긴급 체포라는 기사를 낸 이유가 무엇입니까? 쇼하자는 겁니까? 내란죄 수사는 경찰의 권한인 걸 모르는 검찰도 있습니까? 덕후에게 덕질만 할 수 있는 나라를, 엄마에게 볼 드라마를 걱정하는 나라를, 아빠에게 낚시 장소가 고민하는 나라를 그런 나라를 제발 만들어달란 말입니다.

민주주의란 모든 시민이 평등하게 권리를 누리고 스스로의 운명을 결정할 수 있는 체제입니다. 그것은 독재나 폭력으로 결코 억압될 수 없는 시민의 힘이며, 약자와 소외된 이들에게 존엄과 희망을 약속하는 유일한 길입니다. 그러나 지금 이 순간 우리의 민주주의는 깊은 위기에 처해 있습니다. 정부는 국민의 목소리를 외면하고 권력을 무기로 삼아 시민의 자유를 억누르고 있습니다.

우리는 대한민국의 역사를 기억합니다. 군부, 독재의 억압을 뚫고 이룩한 민주화의 성과를 기억하며, 수많은 시민의 헌신과 희생이 있었기에 오늘날의 자유가 가능했다는 사실을 잊지 않습니다.

역사는 우리에게 묻습니다.

지금 이 순간 우리는 어떤 선택을 할 것인가, 침묵 속에서 억압을 용인할 것인가, 아니면 시민의 이름으로 민주주의를 다시 세울 것인가. 역사는 우리에게 말합니다. 일제에서 광복을 얻어냈을 때도, 이전 정부들에게서 민주주의를 얻어냈을 때도 나라를 지켜왔던 건 늘 약자였습니다. 우리나라 역사상 국민이 진 적은 없습니다. 오래 걸린 적은 있어도 절대 지지 않습니다. 2016년 박근혜 전 대통령의 탄핵소추안 또한 12월에 발의되었으나 다음 3월에 탄핵되었습니다. 다들 기억나십니까? 지금 우리가 보내는 추운 겨울은 따뜻하게 맞을 봄을 위해 서울의 봄을, 부산의 봄을, 나아가 대한민국의 봄을 맞기 위함이라고 생각합니다.

인터넷에 이런 말이 있습니다.

세상은 호락호락하지 않다. 하지만 괜찮다. 나도 호락호락하지 않으니까.

파면 후의 세상은 소외된 이들을 위해
(2024년 12월 14일)

안녕하세요, 반갑습니다. 저는 저기 온천장에서 노래방 도우미로 일하는, 소위 말하는 술집 여자입니다. '너같이 무식한 게 나서서 뭐 하냐', '사람들이 너 같은 사람의 목소리를 들어줄 것 같으냐' 같은 말에

반박하고 싶어서, 또 많은 사람이 편견을 가지고 저를 경멸하거나 손
가락질하실 것을 알고 있지만, 오늘 저는 민주사회의 시민으로서 그
권리와 의무를 다하고자 이 자리에 용기 내어 올라왔습니다.

제가 오늘 이곳에 선 이유는 다름이 아니라 여러분께 한 가지를 간
곡히 부탁드리고 싶어서입니다. 그건 우리가 이 고비를 무사히 넘기
고 난 다음에도 계속해서 정치와 우리 주변의 소외된 시민들에게 관
심을 가지는 일입니다. 우리는 박근혜를 탄핵했고 또 윤석열을 탄핵
할 것이지만 동시에 우리 국민의 절반은 박근혜와 윤석열을 뽑은 사
람들입니다. 내 집값이 오른대서, 북한을 견제해야 해서, 내가 속한
커뮤니티의 사람들이 그렇게 부추겨서 국민의 절반이 국민의힘을 지
지하고 있었습니다. 그들은 왜 그러는 걸까요? 강남에 땅이 있는 놈
들이라 그렇다 쳐도, 쥐뿔도 가진 것 없는 20~30대 남성들과 노인들
은 왜 국민의힘을 지지할까요?

그것은 시민교육의 부재와 그들이 소속될 적절한 공동체가 없기
때문입니다. 우리는 전 세계적으로 우경화가 가속되는 시대 한복판
에 서 있습니다. 이 거대한 흐름을 막지 못한다면 또 다른 윤석열이,
또 다른 박근혜가, 또 다른 전두환과 박정희가 우리의 민주주의를 위
협할 것입니다.

그러니 다시 한번 부탁드립니다. 우리 주변의 소외된 이들에게 관
심을 주십시오. 더불어 민주주의에 관심을 가져주십시오. 오로지 여
러분의 관심만이 약자들을 살려낼 수 있습니다. 저기 쿠팡에서는 노
동자들이 죽어가고 있습니다. 파주 용주골에선 재개발의 명목으로
창녀들의 삶의 터전이 파괴당하고 있습니다. 동덕여대에서는 대학
민주주의가 위협을 받고 있고, 서울 지하철에는 여전히 장애인의 이
동할 권리가 보장되고 있지 않으며, 여성들을 향한 데이트폭력이, 성
소수자들을 위한 차별금지법이, 이주노동자의 아이들이 받는 차별

이, 그리고 전라도를 향한 지역 혐오가, 이 모든 것들이 해결되지 않는다면 우리의 민주주의는 여전히 완벽하지 못한 것입니다.

그러니 여러분께 간곡히 부탁드립니다. 우리가 이 고비를 무사히 넘기는 데 성공하더라도, 이것이 끝이고, 해결이고, 완성이라고 여기지 말아주십시오. 편안한 마음으로 두 발 뻗고 잠자리에 들지 말아주시길 부탁드립니다. 이상입니다.

남태령에 연대 온 응원봉 시민
(2024년 12월 21일)

안녕하세요. 저의 오늘 가장 큰 정체성으로 인사드리겠습니다. 전농 충북도연맹 진천농민회에서 활동하다 4년 전 돌아가신 농민운동가 고 신용범의 딸 신○○입니다.

아빠 보고 있어??

아빠가 원하던 농민 해방 세상으로 갈 수 있을 것 같아.

저희 가족은 요즘 시위에 참가하여 〈임을 위한 행진곡〉을 부르는 여러분들을 보면 아빠가 살아 있었다면 저기 트럭을 몰고 트랙터를 몰고 가며 참 기뻐하셨을 거라고 말하곤 했습니다. 어젯밤에는 정말 두렵고 아빠가 정말 그립고 자랑스러워졌습니다. 그래서 여기 아빠를 생각하며 여기에 왔습니다. 앞서서 간 아빠를 따르러 딸이 왔습니다!

여러분 저희 아버지가 꿈꾸던 농민 세상에 연대해주실 거죠? 농민의 사회대개혁에 연대해주실 거죠?

여기 있는 여러분들을 보니 저의 두 번째 정체성을 보여드려도 될 것 같습니다. 저는 e-스포츠 한화생명 팬 신○○입니다. 저와 친구들이 프로게이머 팬 시국선언문을 작성하였습니다. 맨날 싸우고 난리 치는 스포츠 팬인 저희들은 아홉 팀의 33명 팬분들이 연대서명해주셨습니다. 감사합니다! 그럼 시국선언문 그 일부를 읽어드리겠습니다.

"우리는 민주주의를 응원한다. 응원과 연대는 그 형태가 닮아 있다. 그것은 행위에 힘을 보태는 것이다.

프로게이머 팬인 우리는, 방식이 다를지언정 선수들의 열정과 노력으로 승리를 쟁취하는 모든 과정을 응원한다. 그리고 국민인 우리는 집회에 참여하거나, 시민단체를 후원하거나, 뉴스를 공유하거나 혹은 집에서 동료의 안전을 바라며 행동한다. 어떤 형태로든, 우리는 윤석열 탄핵을 응원한다. 우리는 우리가 가장 잘하는 방식으로 연대한다. 또 다른 승리를 위해 응원할 것이다."

저희 모두 직업도 나이도 성별도 성적 지향도 국가도 덕질 분야도 모두 다른 사람이지만 경찰 탄압 앞에 한뜻으로 모였습니다. 이 감동적인 연대와 응원의 힘을 윤석열과 내란범들과 경찰들에게 보여줍시다.

용기 내어 광장에 나온 평범한 카페 알바생
(2025년 1월 2일)

안녕하십니까? 저는 그냥 평범한 카페 알바생입니다.

오늘도 그리고 12월 3일 밤도 저는 여느 날과 같이 공연을 보고 집에 가는 길이었습니다. 집에 와서 씻고 폰을 봤는데 계엄령이 선포되었습니다. 새벽까지 국회로 뛰어나가는 시민들을 보며 잠 못 들고 있었습니다. 그러다 그날 본 뮤지컬 넘버 한 가사가 생각났습니다.

"모른다고 말하는 건 아직도 무섭지만
그렇다고 아무거나 삼킬 순 없어.
내일 아니고 오늘, 나중 아니고 지금
나의 마음을 안아 줄래."

저는 늘 목소리를 내는 것이 두려운 사람이었습니다. 내 생각을 말하는 것이 무섭고 앞장서 행동하는 것이 싫었습니다.

저는 노동자입니다. 그리고 전 아마 페미니스트일 것입니다. 그리고 또 아마 성소수자일 것 입니다. 하지만 전 그 마음들을 방임했고 무시하였습니다. 사실 아직도 정치 잘 모릅니다. 아직도 사회문제 잘 모릅니다. 하지만 제가 살면서 본 공연들이 계속 저에게 미숙하더라도 행동하라고 말해주는데 어떻게 더 이상 이 상황을 묵인할 수 있겠습니까?

여러분 한 걸음입니다. 제가 이 자리로 나오게 만든 그 수많은 고민보다 그냥 밖으로 나온 단 한 걸음이 제 세상을 바꿨습니다. 그리고 그 이런 수많은 한 걸음이 모여 우리의 세상을 바꿀 것입니다. 아니 이미 많은 것이 바뀌고 있습니다!

각자의 자리에서 각자의 방식으로 힘을 보태주시는 분들, 그리고 이곳에 모여 함께해주시는 분들 감사합니다. 이 말을 하고 싶어서 신청하였습니다. 아직 저처럼 망설이시는 분들에게 용기를 전하고 싶습니다. 정말 작은 행동 한 번이면 됩니다. 개 큰 용기? 필요 없습니다. 단 한 걸음입니다. 우리 단 한 번이라도 작게라도 소리 내서 말해봅시다!

제일 맘에 들었던 구호 외치고 내려가겠습니다. 이게 나라냐!

성소수자, 장애인이 모두 외치는 윤석열 파면
(2025년 3월 22일)

투쟁으로 인사드리겠습니다. 투쟁! 저는 서울 은평구에 있는 전세집에서 남편과 살고 있는 30대 게이, 남성 성소수자입니다.

우리 삶의 기반이 되는, 민주주의를 지켜내는 우리 서로에게 존경과 감사의 인사를 나눕시다. 우리의 노력이 광장을 안전하게 하고, 더 많은 사람, 누구나 올 수 있도록 문턱을 낮추고 있다는 것이 저는 경이롭습니다.

우리가 열었고, 우리가 지탱하고 있는, 우리의 아주 힘이 세고 강한 이 광장은 곧 우리의 민주주의로 향합니다. 우리가 지키려는 민주주의는 곧 우리의 안전이고, 사람으로서 사람답게 살아갈 권리의 기반이기에, 저는 성소수자로서 그것이 너무나도 간절하고 또 절박합니다. 이 간절함과 절박함이 비단 저만의 것이 아님을 저는 압니다. 윤석열 파면과 내란세력 청산을 향한 우리의 간절함, 절박함, 민주주의를 향한 강력한 의지, 그 행동이 옆 사람과 또 그 옆 사람과 연결되어 있지 않겠습니까. 서로 다른 우리가 민주주의를 향한 똑같은 열망으로 윤석열을 반드시 파면합니다. 감히 확언합니다.

윤석열 파면! 고공에서 농성하는 노동자들의 요구입니다. 윤석열 구속! 시설에 갇혀 살아온 장애인들의 요구입니다. 국민의힘 해체! 성폭력 위험에 불안을 느껴온 여성들의 요구입니다. 윤석열 파면! 결혼제도를 평등하게 이용하고 싶은 동성부부들의 요구입니다. 내란잔당 척결! 주민등록증 숫자 때문에 고통받는 트렌스젠더와 논바이너리의 요구입니다. 민주주의 수호! 질병을 이유로 범죄화에 시달리는 HIV 감염인의 요구입니다.

윤석열 파면! 헌법재판소가 윤석열 '파면'이라는 마침표를 찍어야, 우리가 그다음 새 역사의 문장을 쓰기 시작하지 않겠습니까? 우리 지치지 말고, 아니 조금은 지쳐도 옆을 보며, 다시 일어서고, 다시 주먹을 불끈 쥐자는 부탁의 말씀을 드리고 저도 또 배워가겠습니다.

구호로 마무리하겠습니다.

민주주의의 힘으로 윤석열 파면하자!

윤석열 파면하고 사람답게, 함께 살자!

고맙습니다!

여의도, 남태령, 한강진, 광화문까지 함께한 시민
(2025년 3월 13일)

안녕하세요. 투쟁으로 인사드립니다. 여의도에서 시작해 남태령에서 농민분들과 한강진에서 민주노총과 광화문에서 많은 시민분과 여전히 함께하고 있는 이○○이라고 합니다.

요즘 전 엑스(구 트위터)에서는 비상행동에 힘을 보태달라고 후원 글을 올리고 친구에게는 퇴근하고 와서 구호하면서 스트레스도 풀고 유산소 한다 생각하고 오라고 격려합니다. 함께했다는 동질감, 동지는 그렇게도 만들어지니까요. 남태령도, 한강진도, 영하 16도의 광화문도 너무 추웠는데, 윤석열이 석방되던 저번 주 토요일이 제일 추웠습니다. 너무 참담했습니다.

사실 고백하자면 서러웠던 적이 한두 번이 아닙니다. 차가운 아스팔트 위에 오랜 시간 앉아야 하기 때문에 매번 완전 무장으로 둔해진 몸과 핫팩과 응원봉, 혹시 모를 상황에 대비한 물건들을 주섬주섬 챙기다 보니 어느새 무거워진 가방을 등에 메고 경복궁으로 향하기 위해 버스정류장에 앉아 있을 때면, 어디선가 누군가를 만나기 위해 곱게 차려입고 발간 얼굴을 한 내 또래의 사람들을 마주칩니다. 괜히 모자를 더 깊이 푹 눌러써 보기도 하고, 주머니에 있던 마스크를 써 얼굴을 숨겨보기도 했습니다. 아니, 사실 아주 많이 원망스러웠습니다. 같은 하늘 아래 대한민국이 나에게만 이렇게 사람답게 살아가 보자 아우성치게 만드는 곳이었던가. 활화산 같은 분노에 타오르다 해일 같이 밀려오는 현실을 마주하니 무력감에 휩싸이기 싫어 그렇게 저는 또 거리로 나왔습니다.

거리에 나오면 먼저 이 땅을 지키고자 하셨던 선배님들이 보입니다. 엄마, 아빠의 손을 잡고 거리로 나온 어린아이들이 보입니다. 신념을 지키고자 하는 대학생들이 보입니다. 노동자들이, 농민들이, 장애인들이, 소외받고 있는 사람이 보입니다. 사람이, 나와 같은 사람이 자꾸 눈에 보입니다. 그래서 저는 자꾸 차가운 아스팔트 위에 앉아 있게 됩니다. 윤동주 시인이 왜 끝없이 부끄러움에 시달렸는지 처절히 깨달아가는 중입니다. 부끄럽지 않기 위해. 내가 생각했던 정의와 법과 윤리가 한 개인에 의해 뒤틀려가는 이 상황이 기가 막혀서. 내가 살아가는 대한민국이 아깝고, 가여워서 다시 세우고 다듬고 싶습니다.

저는 대한민국 깨끗이 빨아서 다시 쓰고 싶습니다. 평등하고 청렴한 대한민국 우리가 만듭시다. 그렇게 다시 평온했던 일상으로 돌아갑시다. 내란수괴도 포기하지 않는데, 제가, 우리가 포기한다는 게 말이 안 되지 않습니까?

제가 집회에 나오면서 가장 인상 깊었던 발언자분의 말을 여러분께도 들려드리고 구호 한 번 외치고 내려가겠습니다.

우리 서로 모르는 사이였던 시절로 돌아가지 않기를 바랍니다.

나는 되고 너는 안 되는 그런 정의는 없습니다.

비상행동 주요일지

정세	비상행동 활동
2024년 12월 3일 22:28 윤석열 비상계엄 선포.	
2024년 12월 4일 01:03 분노한 시민 수천 명이 국회로 집결해 맨몸으로 군경을 막아내고 국회의원들은 담을 넘어 비상계엄해제요구 결의안 가결. 04:30 윤석열, 국무회의서 비상계엄해제요구 결의안 의결. 14:43 야6당 윤석열 1차 탄핵소추안 발의.	**2024년 12월 4일** 11:30 광화문광장에서 '윤석열 불법계엄 규탄·내란죄 윤석열 퇴진·국민주권실현을 위한 전면적 저항운동 선포' 전국민비상행동 기자회견. 18:00 동화면세점 앞에서 〈내란죄 윤석열〉 내란죄 윤석열 퇴진! 국민주권 실현! 사회대개혁! 퇴진 광장을 열자! 시민촛불집회.
2024년 12월 5일 국회 국방위원회·행정안전위원회 긴급현안 질의. 검찰, 경찰, 공수처, 윤석열 등 피의자 입건 후 수사 착수.	**2024년 12월 5일** 동화면세점 앞에서 〈내란죄 윤석열〉 내란죄 윤석열 퇴진! 국민주권 실현! 사회대개혁! 퇴진 광장을 열자! 시민촛불집회.
2024년 12월 6일 수사기관들, 특별수사본부 구성 및 본격 수사 개시.	**2024년 12월 6일** 여의도 국회의사당 앞으로 옮겨서 〈내란죄 윤석

정세	비상행동 활동
홍장원 국가정보원 1차장, 국회 정보위원장 면담에서 윤석열의 주요 정치인 체포 지시 폭로.	열 〉 내란죄 윤석열 퇴진! 국민주권 실현! 사회대개혁! 퇴진 광장을 열자! 시민촛불집회 진행.
2024년 12월 7일 윤석열 3차 담화 "계엄 법적 정치적 책임 회피 안 해." 윤석열 1차 탄핵소추안 국회 의결정족수 부족으로 투표 불성립.	**2024년 12월 7일** 국회의사당 앞에서 〈내란수괴 윤석열 즉각 탄핵! 시민촛불〉 진행. 100만 시민이 국회의사당 앞에 모여 목소리를 모았음에도 국회의원 300명 중 195명이 표결에 참여하면서 투표 불성립, 투쟁의지 고조.
2024년 12월 9일 법무부, 윤석열 출국금지. 검찰, 김용현 전 국방부장관 구속영장 청구.	**2024년 12월 9일** 국회의사당 앞에서 〈내란수괴 윤석열 즉각 탄핵! 시민촛불〉 평일 촛불 진행.
2024년 12월 10일 법원, 김용현 전 장관 구속영장 발부. 경찰과 군 수뇌부 출국금지.	**2024년 12월 10일** 국회의사당 앞에서 〈내란수괴 윤석열 즉각 탄핵! 시민촛불〉 평일 촛불 진행.
2024년 12월 11일 국회, 12·3 비상계엄 사태 긴급현안 질의. 공수처·경찰청 국가수사본부·국방부 조사본부, '12·3 비상계엄 사태' 공조수사본부 구성. 검찰, 윤석열 15일까지 1차 소환 통보, 윤석열 불출석. 육군 특수전사령부 압수수색, 곽종근 비화폰 확보.	**2024년 12월 11일** 향린교회에서 윤석열즉각퇴진·사회대개혁비상행동 발족 및 전국대표자회의. 국회의사당 앞에서 〈내란수괴 윤석열 즉각 탄핵! 시민촛불〉 평일 촛불 진행.
2024년 12월 12일 윤석열 4차 담화 "野 광란의 칼춤…국헌 회복을 위한 계엄 선포."	**2024년 12월 12일** 국회의사당 앞에서 〈내란수괴 윤석열 즉각 탄핵! 시민촛불〉 평일 촛불 진행.
2024년 12월 13일 법원, 조지호 경찰청장, 김봉식 서울청장 구속영장 발부. 국회, 12·3 비상계엄 사태 긴급현안 질의.	**2024년 12월 13일** 국회의사당 앞에서 〈내란수괴 윤석열 즉각 탄핵! 시민촛불〉 평일 촛불 진행.
2024년 12월 14일 국회, 300명 중 204명 찬성으로 2차 윤석열 탄핵소추안 가결, 윤석열 직무정지로 한덕수 국무총리가 권한대행 역할 수행.	**2024년 12월 14일** 국회의사당 앞에서 〈내란수괴 윤석열 즉각 탄핵! 범국민촛불대행진〉 진행, 수도권에서만 200만 명, 전국에서 230만 명의 시민이 각 지역 광장 집

정세	비상행동 활동
헌법재판소, 소추의결서 접수, 사건번호 '2004헌나8.' 법원, 여인형 국군 방첩사령관 구속영장 발부.	회에 참여. 성명 〈내란수괴 윤석열 탄핵소추안 가결, 주권자가 승리했다〉 발표.
2024년 12월 15일 경찰, 노상원 전 국군정보사령관 등 긴급체포.	**2024년 12월 15일** 광화문 동십자각에서 〈윤석열 즉각 파면·처벌! 사회대개혁! 시민대행진〉 진행. 전봉준투쟁단, 전남과 경남에서 한남동으로 트랙터 행진 시작.
2024년 12월 16일 헌법재판소, 첫 재판관 회의 개최. 검찰·공수처, 윤석열 소환 통보, 불출석.	**2024년 12월 16일** 광화문 동십자각에서 〈윤석열 즉각 파면·처벌! 사회대개혁! 시민대행진〉 진행.
2024년 12월 17일 공수처·경찰·군경찰 공조수사본부, 대통령실 서버 압수수색 실패. 법원, 박안수 육군참모총장(계엄사령관) 구속영장 발부.	**2024년 12월 17일** 한남동 공관 앞에서 〈'조사불응' 내란수괴 윤석열, 즉각 체포구속하라〉 기자회견 진행. 향린교회에서 비상행동 1차 운영위원회 회의 개최.
2024년 12월 18일 노상원 전 정보사령관이 주도한 '롯데리아 회동' 보도.	
2024년 12월 19일 한덕수 대통령 권한대행, 양곡관리법 등 거부권 행사.	
2024년 12월 20일 공수처, 윤석열 25일까지 2차 소환 통보, 불출석.	**2024년 12월 20일** 향린교회에서 비상행동 2차 전국대표자회의. 광화문 동십자각에서 〈내란공범 한덕수 거부권 긴급 규탄대회〉 진행. **2024년 12월 21일** 광화문 동십자각에서 〈윤석열 즉각 체포·퇴진! 사회대개혁! 3차 범시민대행진〉 진행. 남태령에서 전봉준투쟁단 트랙터 행진 봉쇄 규탄 철야농성 돌입.

정세	비상행동 활동
	2024년 12월 22일 32시간에 걸친 '남태령 대첩' 종료. 한남동 관저 앞에서 〈내란수괴 윤석열 체포구속! 농민 행진 보장 촉구 시민대회〉 진행.
2024년 12월 23일 경찰 특별수사단, 노상원 수첩의 '수거대상', '수용 및 처리방법', 'NLL(북방한계선)에서 북의 공격을 유도' 내용 발표. 국회, 정계선·마은혁 헌법재판관 후보자 인사청 문회.	
2024년 12월 24일 한덕수 대통령 권한대행, 여야 합의 부재 이유로 김건희 특검법과 내란특검법 거부권 행사 및 헌법 재판관 임명 거부, 상설특검 임명도 미이행. 국회, 조한창 헌법재판관 후보자 인사청문회.	**2024년 12월 24일** 사회대개혁특별위원회 사전준비회의. 향린교회에서 비상행동 2차 운영위원회 회의 광화문 동십자각에서 〈메리퇴진 크리스마스 민주 주의 응원봉 콘서트〉 개최.
2024년 12월 26일 공수처, 윤석열 29일까지 3차 소환 통보, 윤석열 불출석.	**2024년 12월 26일** 광화문 동십자각에서 〈내란연장 헌법파괴 한덕수 퇴진 긴급행동〉 진행.
2024년 12월 27일 한덕수 국무총리 탄핵소추안 가결, 최상목 경제부 총리가 임시 대통령 권한대행 역할 수행. 헌법재판소, 윤석열 탄핵심판 1차 변론준비기일. 검찰 특별수사본부, "(국회의원들을) 총을 쏴서라도 문을 부수고 들어가서 끌어내라", "2차, 3차 계엄령 선포" 등 김용현 전 장관 공소장 내용 일부 공개.	**2024년 12월 27일** 한남동 관저 앞에서 〈내란수괴 윤석열 체포·구속! 시민대회〉 진행.
	2024년 12월 28일 광화문광장 앞에서 〈윤석열 즉각퇴진! 사회대개 혁 4차 범시민대행진〉 진행.
2024년 12월 30일 공수처, 서울서부지방법원에 윤석열 체포영장 청구.	

정세	비상행동 활동
2024년 12월 31일 서울서부지방법원, 윤석열 체포영장과 수색영장 발부. 최상목 대통령 권한대행, 조한창·정계선 헌법재판소 재판관 임명, 마은혁 후보자 임명 보류, 내란 특검법 거부권 행사. 국회 '윤석열 정부의 비상계엄 선포를 통한 내란 혐의 진상규명 국정조사특별위원회' 출범.	**2024년 12월 31일** 향린교회에서 비상행동 3차 운영위원회 회의. 〈윤석열 체포영장 발부, 공수처는 신속하고 엄중히 집행하라〉 입장 발표. 〈'반헌법적 권한남용' 최상목 대통령 권한대행은 물러나라〉 입장 발표. **2025년 1월 2일** 한남동 관저 앞에서 〈윤석열즉각퇴진·사회대개혁비상행동 신년기자회견〉 진행. 한강진역 2번 출구 앞에서 〈윤석열 즉각 체포 촉구 긴급행동〉 진행.
2025년 1월 3일 내란죄 혐의로 첫번째 윤석열 체포 시도, 대통령 경호처 저항으로 6시간 만에 철수, 체포 실패. 우원식 국회의장, 최상목 대통령 권한대행의 헌법재판소 재판관 2인 임명에 대해 권한쟁의심판 청구.	**2025년 1월 3일** 국가수사본부 앞에서 기자회견 〈내란수괴 윤석열 체포방해 경호처장 등 고발 기자회견〉 진행. 한강진역 2번 출구 앞에서 〈윤석열 즉각 체포 촉구 긴급행동〉 진행. 〈영장집행 가로막은 윤석열과 경호처를 즉각 체포하라〉 입장 발표. **2025년 1월 4일** 광화문 동십자각에서 〈윤석열 즉각퇴진! 사회대개혁! 5차 범시민대행진〉 진행. 대통령 관저 앞 민주노총 조합원 연행으로 〈윤석열은 연행하지 못하면서 평화 행진 노동자들을 연행한 경찰을 규탄한다〉 입장 발표. 한남동 관저 앞에서 시민들의 철야농성 돌입. **2025년 1월 5일** 한남동 관저 앞에서 비상행동 공동의장단 긴급회의 후 한남동 관저 앞에서 〈윤석열 즉각 체포 촉구 긴급행동〉 결의, 철야농성 돌입.
2025년 1월 6일 공수처, 서울서부지법에 윤석열 체포영장 집행 일임 공문 발송했다가 철회, 윤석열 체포영장 기한 연장 재청구.	**2025년 1월 6일** 한남동 관저 앞에서 〈주권자의 명령이다! 윤석열 즉각 체포 구속〉 기자회견 진행, 〈윤석열 즉각 체포 촉구 긴급행동〉 진행.

정세	비상행동 활동
국민의힘 국회의원 45명, 대통령 관저 앞에서 윤석열 체포영장 집행 방해.	
2025년 1월 7일 서울서부지법, 윤석열 체포 및 수색영장 재발부. 윤석열의 북한 무인기 침투 작전 지시 정황 보고.	**2025년 1월 7일** 헌법재판소 앞에서 〈12·3 비상계엄 및 포고령 헌법소원 청구〉 기자회견 진행. 향린교회에서 비상행동 4차 운영위원회 회의.
	2025년 1월 8일 〈내란특검법·김건희특검법 부결시킨 국민의힘 규탄한다〉 입장 발표. 〈경호처장 불법행위 묵인하는 최상목 대통령 권한대행 규탄·사퇴 촉구 기자회견〉 진행.
	2025년 1월 10일 〈내란수괴 윤석열 방패 자처 국민의힘 해체 및 국회의원 45인 사퇴 촉구 기자회견〉 진행.
	2025년 1월 11일 광화문 동십자각에서 〈윤석열 즉각퇴진! 사회대개혁! 6차 범시민총궐기대회〉 진행.
2025년 1월 13일 국가인권위원회, 한덕수 탄핵소추 철회, 윤석열 방어권 보장, 불구속 재판 등 권고 안건 상정 시도.	**2025년 1월 13일** 국가인권위원회 앞에서 〈반인권적인 비상계엄에 동조하는 인권위 규탄 기자회견 및 긴급행동〉 진행.
2025년 1월 14일 윤석열 탄핵심판 첫 정식 변론. 하지만 윤석열 불출석으로 인하여 4분 만에 종료.	**2025년 1월 14일** "국민의 명령이다! 헌법재판소는 윤석열 즉각 파면하라!" 내란수괴 윤석열 파면 촉구 기자회견〉 진행.
2025년 1월 15일 공수처, "내란 우두머리 혐의" 윤석열 체포영장 집행, 피의자 조사 후 서울구치소 수감. 명태균·윤석열 부부 대화 캡쳐본이 담긴 검찰 수사보고서 공개 보도.	**2025년 1월 15일** 〈주권자의 힘으로 내란수괴 윤석열을 체포했다〉 입장 발표. 〈윤석열 체포영장 집행에 관한 입장 발표 기자회견〉 진행.
2025년 1월 16일 윤석열 탄핵심판 2차 변론.	**2025년 1월 16일** 프레스센터에서 〈윤석열 즉각퇴진과 한국사회대

정세	비상행동 활동
서울서부지법, 윤석열 체포적부심 청구 기각.	개혁에 대하여: 한국 시민사회–외신기자 간담회〉 진행.
2025년 1월 17일 국회, 외환죄 삭제·수사범위 축소된 내란특검법 처리. 체포영장 집행 방해한 김성우 대통령실 경호처 차장 체포.	
2025년 1월 18일 윤석열 영장실질심사 출석.	**2025년 1월 18일** 경복궁 서십자각터 앞에서 〈윤석열 즉각퇴진! 사회대개혁! 7차 범시민대행진〉 진행.
2025년 1월 19일 서울서부지법, 윤석열 내란수괴 혐의로 구속영장 발부. 윤석열 지지자들, 서부지법 폭동.	**2025년 1월 19일** 〈내란수괴 윤석열 구속, 헌법재판소는 파면하라!〉, 〈법치주의 부정하는 서부지법 폭동 엄정하게 처벌하라〉 입장 발표.
2025년 1월 20일 윤석열 공수처 출석 요구 불응, 강제구인 시도 실패.	**2025년 1월 20일** 사회대개혁특별위원회 각 소위원회 회의 진행. 〈윤석열 탄핵심판의 법적 쟁점과 헌정질서 수호〉 긴급토론회 개최. 〈전쟁유도 관련 증거인멸 규탄한다! 내란 주도자들의 외환죄 혐의 철저히 수사하라〉 기자회견 진행.
2025년 1월 21일 헌법재판소 윤석열 탄핵심판 3차 변론, 윤석열 첫 출석.	**2025년 1월 21일** 향린교회에서 5차 운영위원회 회의 진행. 윤석열 파면촉구 2만 3123인 헌법재판소 시민의견서 참여 캠페인 돌입.
	2025년 1월 24일 서울역과 전국 주요 역사에서 2025 설연휴 귀향 선전전 진행. 여의도 국민의힘 당사 앞에서 〈밤샘 예술행동 "국민의힘 해체쇼"〉 진행.
	2025년 1월 25일 향린교회에서 〈광야에서 광장으로 시민 공론장 part.1 나의 광장 출동기〉, 광화문 서편에서 〈친일

정세	비상행동 활동
	역사쿠데타 윤석열 파면 촉구! 시민대회〉진행. 경복궁 서십자각터에서 〈윤석열 즉각퇴진! 사회 대개혁! 8차 범시민대행진 : 민주주의 수호 평화행 진〉진행.
2025년 1월 26일 검찰 특별수사본부, 윤석열 내란수괴 혐의로 구속 기소.	**2025년 1월 26일** 〈주권자 시민의 힘으로 구속기소된 내란수괴 윤 석열, 엄정한 처벌을 촉구한다〉입장 발표.
	2025년 1월 28일 사회대개혁특별위원회 지역별 대화모임인 '천만 의 대화' 프로그램 운영 : 약 33건의 온·오프라인 시민모임에 약 2500명 참여(~4/17).
2025년 1월 31일 최상목 대통령 권한대행, 내란특검법 거부권 행사.	**2025년 1월 31일** 〈내란범죄 수사 방해 최상목 대통령 권한대행은 즉각 사퇴하라〉입장 발표.
	2025년 2월 1일 향린교회에서 〈광야에서 광장으로 시민 공론장 part.2 나의 광장 획득기〉진행. 경복궁 서십자각터에서 〈윤석열 즉각퇴진! 사회 대개혁! 9차 범시민대행진〉진행.
2025년 2월 3일 헌법재판소, 헌법재판관 미임명 권한쟁의 심판 및 헌법소원심판 사건 선고 연기 결정.	**2025년 2월 3일** 〈꼼수로 연기된 '헌법재판관 미임명' 사건선고에 대한 입장〉발표.
2025년 2월 4일 윤석열 탄핵심판 5차 변론, 이진우 전 육군 수도방 위사령관, 여인형 전 국군방첩사령관, 홍장원 전 국가정보원 1차장 증인신문. 윤석열, 법원에 구속취소 청구.	**2025년 2월 4일** 향린교회에서 비상행동 6차 운영위원회 회의. 〈윤석열의 구속취소 청구, 구차한 짓 그만하라〉입 장 발표.
2025년 2월 6일 윤석열 탄핵심판 6차 변론, 김현태 특전사 707 특 수임무단장, 곽종근 전 육군 특수전사령관 등 증 인신문.	**2025년 2월 6일** 〈"헌법재판관 미임명이라는 초유의 헌법파괴 행 위를 중단해야 한다" 헌정질서 회복을 위한 신속 한 판단촉구 기자회견〉진행.

정세	비상행동 활동
2025년 2월 7일 최상목 대통령 권한대행, 내란 가담 혐의 박현수 행정안전부 경찰국장을 서울경찰청장 직무대리에 임명.	**2025년 2월 7일** 〈내란동조 국민의힘 해체의 날 기자회견 '내란의 힘' 자처하는 국민의힘은 즉각 해산하라 최악의 내란공범 국회의원은 누구인가〉 기자회견 진행. **2025년 2월 8일** 경복궁역 서십자각터에서 〈윤석열 즉각퇴진! 사회대개혁! 10차 범시민대행진〉 진행. **2025년 2월 10일** 사회대개혁 온라인 종합페이지 '천만의 연결' 공식 오픈 (10회 휴먼테크놀로지어워드 시빅테크상 수상).
2025년 2월 11일 윤석열 탄핵심판 7차 변론, 이상민 전 행정안전부 장관 등 증인신문.	**2025년 2월 11일** 향린교회에서 비상행동 7차 운영위원회 회의. 〈내란 수사대상 박현수 서울청장 임명 규탄한다〉 입장 발표. 〈12·3 비상계엄 선포에 대한 국가인권위원회 집단진정 기자회견〉 진행. **2025년 2월 12일** 경복궁 서십자각터에서 〈내란 종식 대보름 한마당 : 달하 우리꿈 비취오시라〉 진행. 윤석열 탄핵 촉구 부문별·단체별 릴레이 기자회견 진행(~3/6), 피청구인 윤석열의 탄핵을 촉구하는 변호사·법학교수·법학연구자 518인 탄핵심판 의견서 제출 기자회견, 윤석열 탄핵 촉구 세상을 가꾸는 네트워크 기자회견 등 진행.
2025년 2월 13일 윤석열 탄핵심판 8차 변론, 조태용 국정원장, 김봉식 전 서울경찰청장 등 증인신문. **2025년 2월 14일** "500명 수거대상" 노상원 수첩 내용 보도.	**2025년 2월 15일** 경복궁 동십자각에서 〈사회대개혁 이야기 다 나누는 사이다파티〉 진행.

정세	비상행동 활동
	동십자각에서 〈윤석열 즉각퇴진! 사회대개혁! 11차 범시민대행진 : 내란은 끝나지 않았다 – 모이자 광화문으로〉 진행.
	2025년 2월 17일 헌법재판소에서 기자회견 〈윤석열 파면 촉구 '45,289인 시민의견서' 헌법재판소 제출 기자회견〉 진행.
2025년 2월 18일 윤석열 탄핵심판 9차 변론.	**2025년 2월 18일** 향린교회에서 비상행동 8차 운영위원회 회의.
2025년 2월 19일 한덕수 탄핵심판 1차 변론기일.	**2025년 2월 19일** 사회대개혁특별위원회 전체회의. 〈'남태령 투쟁' 경찰 조사 출석 입장 발표 기자회견〉 진행.
2025년 2월 20일 윤석열 탄핵심판 10차 변론, 한덕수 국무총리, 홍장원 전 국가정보원 1차장 등 증인신문. 서울중앙지법 윤석열 형사재판 1차 공판준비 기일(헌정사상 최초 현직 대통령 재판 출석).	**2025년 2월 20일** 〈경호차장 구속영장 반려, 내란 수사 방해하는 검찰을 규탄한다〉 입장 발표.
	2025년 2월 22일 동십자각에서 〈광화문연대 갤러리〉, 윤석열 파면 시민재판관 부스 '윤석열을 파면한다', 〈사회대개혁 이야기 다 나누는 사이다파티〉 진행. 경복궁역 서십자각터에서 〈윤석열 즉각퇴진! 사회대개혁! 12차 범시민대행진〉 진행.
2025년 2월 25일 윤석열 탄핵심판 11차 변론, 추가 증거조사 및 종합변론, 최종의견 진술.	
	2025년 2월 26일 〈"헌법파괴자 윤석열을 즉각 파면하라" 윤석열즉각퇴진·사회대개혁비상행동 의견서 제출 기자회견〉 진행.

정세	비상행동 활동
2025년 2월 27일 헌법재판소, 최상목 대통령 권한대행의 마은혁 재판관 임명보류에 대해 전원 일치 의견으로 국회의 권한 침해 인용.	**2025년 2월 27일** 〈헌재도 인정한 위헌적인 재판관 임명 거부, 최상목 대통령 권한대행은 책임지고 사퇴하라〉 입장 발표.
	2025년 3월 1일 동십자각에서 〈윤석열 즉각퇴진! 사회대개혁! 범시민대행진 13차 "전쟁도, 굴욕외교도, 윤석열도 없는 3·1절"〉 진행. 〈사회대개혁 이야기 다 나누는 사이다파티〉 및 사회대개혁 구호 스티커 붙이기 시민참여부스 등 진행.
	2025년 3월 4일 향린교회에서 비상행동 9차 운영위원회 회의.
	2025년 3월 5일 동십자각→안국역→한화오션→국가인권위원회로 행진하는 〈내란옹호 인권위 규탄 나이트워크〉 개최.
	2025년 3월 6일 〈'헌법재판관 미임명' 최상목과 국무위원 직무유기 고발 기자회견〉. 경찰청 본청→삼성 본관→남대문→세종호텔로 행진하는 〈폭력연행 경찰 규탄 나이트워크〉 진행.
2025년 3월 7일 서울중앙지방법원 형사합의25부(지귀연 부장판사), 윤석열 구속취소 결정.	**2025년 3월 7일** 〈터무니없는 윤석열 구속취소 결정, 검찰은 즉시 항고하라〉 입장 발표. 광화문 서십자각터에서 〈내란수괴 윤석열 석방 긴급 규탄대회〉 진행.
2025년 3월 8일 검찰 즉시항고 포기, 서울구치소에 석방지휘서 전달, 윤석열 석방.	**2025년 3월 8일** 광화문 동십자각에서 〈윤석열 즉각퇴진! 14차 사회대개혁! 범시민대행진〉 진행. 광화문 동십자각에서 〈3·8 세계여성의 날〉 기념 제40회 한국여성대회 진행. 비상행동 의장단 철야 단식농성 돌입.

정세	비상행동 활동
	2025년 3월 9일 성공회대학교에서 시민, 활동가 등 240여 명이 참여한 〈"당신의 선택이 대한민국을 바꿉니다" 3·9 시민대토론회〉 진행. 광화문 동십자각에서 〈내란수괴 윤석열 즉각 파면! 긴급집중행동〉 집회 진행.
	2025년 3월 10일 광화문 동십자각에서 〈내란수괴 윤석열 즉각 파면! 긴급집중행동〉 집회 진행. 〈윤석열즉각퇴진·사회대개혁비상행동−야6당(더불어민주당·조국혁신당·진보당·기본소득당·사회민주당·정의당) 연석회의 공동입장문 발표〉 기자회견.
	2025년 3월 11일 향린교회에서 비상행동 3차 전국대표자회의. 광화문 동십자각에서 〈내란수괴 윤석열 즉각 파면! 긴급집중행동〉 집회 진행. 광화문 농성장 앞에서 단체별 윤석열 신속 파면 촉구 릴레이 시국선언 캠페인 진행(~4/3).
	2025년 3월 12일 광화문 동십자각에서 〈내란수괴 윤석열 즉각 파면! 긴급집중행동〉 진행. 사전대회 〈인권시민사회단체 주최 윤석열 즉각 파면! 평등으로! 결의대회〉, 사전대회 〈윤석열 즉각퇴진! 평등으로 가는 수요일. 파면하라! 윤석열, 피워내자! 기후정의 평등의 봄〉 진행.
	2025년 3월 13일 광화문 동십자각에서 〈내란수괴 윤석열 즉각 파면! 긴급집중행동〉 집회 진행.
2025년 3월 14일 최상목 대통령 권한대행, 명태균특검법 거부권 행사.	**2025년 3월 14일** 광화문 동십자각에서 〈내란수괴 윤석열 즉각 파면! 긴급집중행동〉 집회 진행.

정세	비상행동 활동
2025년 3월 15일 헌재, 윤석열 탄핵심판 심리 92일 돌파, 역대 대통령 탄핵심판 최장 기록.	**2025년 3월 15일** 광화문 동십자각에서 〈윤석열 즉각퇴진! 사회대개혁! 15차 범시민대행진〉 진행. 윤석열 석방에 분노한 시민 110만 명 집결. **2025년 3월 16일** 광화문 동십자각에서 〈내란수괴 윤석열 즉각 파면! 2차 긴급집중행동〉 캠페인 돌입. **2025년 3월 17일** 광화문 동십자각에서 〈내란수괴 윤석열 즉각 파면! 2차 긴급집중행동〉 집회 진행. 윤석열 즉각 파면 촉구 각계 긴급시국선언 기자회견 진행(~4/3).
2025년 3월 18일 국방부의 비상계엄 직전 '종이관 1000개', '영현 3000개' 구입 보도.	**2025년 3월 18일** 광화문 동십자각에서 〈내란수괴 윤석열 즉각 파면! 2차 긴급집중행동〉 집회 진행. 〈또 폭로된 윤석열정권의 아파치 헬기 북한 공격 유도 의혹. '전시계엄' 위한 외환 혐의, 철저 수사와 처벌 필요〉 입장 발표. **2025년 3월 19일** 광화문 동십자각에서 〈내란수괴 윤석열 즉각 파면! 2차 긴급집중행동〉 집회 진행. 900명 이상의 시민이 〈민주주의 수호의 날 내란을 멈추는 한 끼 단식 캠페인〉 참여. 〈기어코 100일을 넘길 셈인가 헌법재판소는 지금 당장 윤석열을 파면하라〉 입장 발표.
2025년 3월 20일 한덕수 탄핵심판 선고기일 지정.	**2025년 3월 20일** 광화문 동십자각에서 〈내란수괴 윤석열 즉각 파면! 2차 긴급집중행동〉 집회 진행. 〈"이번 주를 넘길 수 없다. 주권자의 명령이다." 윤석열 즉각 파면 촉구 기자회견〉 진행. 윤석열퇴진전국대학생시국회의 〈"헌재는 하루빨리 선고하라" 윤석열 만장일치 파면촉구를 위한 대학생 삼보일배〉 진행.

정세	비상행동 활동
	2025년 3월 21일 향린교회에서 공동대표단 및 운영위원회 연석회의 진행. 윤석열 즉각 파면 촉구 3차 긴급집중행동 선포 기자회견 진행. 광화문 동십자각에서 〈내란수괴 윤석열 즉각 파면! 3차 긴급집중행동〉 집회 진행. **2025년 3월 22일** 광화문 동십자각에서 〈윤석열 즉각퇴진! 사회대개혁! 16차 범시민대행진〉 진행. **2025년 3월 24일** 광화문 동십자각에서 〈내란수괴 윤석열 즉각 파면! 3차 긴급집중행동〉 집회 진행. 한덕수 대통령 권한대행 탄핵심판 결과에 대한 비상행동 입장 발표 기자회견 진행. **2025년 3월 25일** 남태령에서 트랙터 수호 결의 대회 진행. 광화문 동십자각에서 〈내란수괴 윤석열 즉각 파면! 3차 긴급행동〉 집회 진행. **2025년 3월 26일** 광화문 동십자각에서 〈내란수괴 윤석열 즉각 파면! 3차 긴급행동〉 집회 진행. 사전대회 시민사회단체연대회의 〈윤석열 파면 촉구 시민사회단체 결의대회〉, 사전대회 한국노동조합총연맹 〈윤석열 즉각 파면을 위한 한국노총 전국단위노조대표자대회 및 간부 결의대회〉 진행. 〈경찰의 트랙터 불법탈취 규탄 비상행동 긴급 기자회견〉, 〈트랙터 지켜낸 제2차 남태령 투쟁, 윤석열 파면으로 끝장내자!〉 선언문 발표. **2025년 3월 27일** 광화문 북광장 앞 도로에서 전국민주노동조합총연맹 주도로 〈윤석열 즉각 파면 민주주의 수호 전국 시민총파업〉 진행, 전국비상시국회의 결의대회, 민주사회를위한변호사모임 변호사 거리행진,
2025년 3월 24일 헌법재판소, 한덕수 탄핵청구 기각, 87일 만에 직무 복귀. 윤석열 형사재판 2차 공판준비기일, 윤석열 불출석.	

정세	비상행동 활동
	범청년행동 거리 선전전, 성소수자차별반대무지개행동·세상을바꾸는네트워크·차별금지법제정연대 평등시민 총파업 등 진행.
	2025년 3월 28일 향린교회에서 공동대표단 및 운영위원회 연석회의 진행. 광화문 동십자각에서 〈내란수괴 윤석열 즉각 파면! 3차 긴급행동〉 진행. 〈윤석열 즉각 파면촉구 4차 긴급집중행동 선포 기자회견〉 진행.
	2025년 3월 29일 광화문 동십자각에서 〈윤석열 즉각퇴진! 사회대개혁! 17차 범시민대행진〉 진행.
	2025년 3월 31일 윤석열 파면 촉구 72시간 100만 시민 긴급탄원 캠페인 돌입, 출근길 전국 동시다발 피케팅. 윤석열즉각퇴진·사회대개혁비상행동, 더불어민주당, 조국혁신당, 진보당, 기본소득당, 사회민주당, 정의당, 노동당, 녹색당 공동주최 〈윤석열 즉각 파면촉구 4차 긴급집중행동 선포 기자회견〉 진행. 〈잔인하다! 4월이다! 분노의 대행진 : 한덕수 규탄! 분노의 대행진, 경찰 규탄! 분노의 대행진!〉 개최, 각 동십자각→한덕수 총리 공관→안국동 사거리→헌법재판소, 동십자각→한덕수 총리 공관→안국동4거리〉헌법재판소 경로로 행진.
2025년 4월 1일 헌법재판소, 국회 소추위원단에 윤석열 탄핵심판 선고기일을 4월 4일로 통지.	**2025년 4월 1일** 참여연대에서 공동의장단 및 공동운영위원장단 회의 진행. 광화문 동십자각에서 〈24시간 철야 집중행동〉 돌입. 〈남은 것은 파면 선고뿐이다. 헌법재판소는 내란수괴 윤석열을 단호히 파면하라〉 입장 발표. '헌법파괴범' 한덕수 대통령 권한대행 고발 및 엄벌촉구 기자회견.

정세	비상행동 활동
	2025년 4월 2일 자주통일평화연대, 전국여성연대, 감리교시국대책연석회의, 한국환경회의, 보건의료단체, 자주연합 등 비상행동 소속 단체별 윤석열 파면촉구 릴레이 기자회견 진행. 범불교시국회의, 헌법수호 윤석열 파면인용 촉구 오체투지 봉행. **2025년 4월 3일** 내란수괴 윤석열 8 대 0 만장일치 파면 촉구 전국 100만 시민 서명 헌법재판소에 제출. 〈윤석열 8 대 0 파면 촉구 끝장대회〉 및 철야농성 돌입. 전국의 시국선언 변호사 629명, 〈4·3 변호사 선언〉 발표. 천주교정의구현전국사제단 정의로운 파면 선고를 염원하는 미사 진행. 제17차 범시민대행진 현장에서 모인 후원금 아름다운재단 산불피해긴급지원 기금으로 3200만 원 기부.
2025년 4월 4일 헌법재판소, 윤석열 8 대 0 파면 선고.	**2025년 4월 4일** 안국역 6번 출구에서 〈윤석열 8 대 0 파면을 위한 결의대회 및 선고중계 함께 보기〉 진행. 〈윤석열 파면, 민주주의의 승리다 내란을 끝내고 사회대개혁으로 나아가자〉 입장 발표 기자회견. **2025년 4월 5일** 광화문 동십자각에서 〈주권자 시민 승리의 날! 윤석열 즉각퇴진! 사회대개혁! 18차 범시민대행진〉 진행.
2025년 4월 8일 2025년 6월 3일, 제21대 대통령 선거 일정 결정.	**2025년 4월 8일** 비상행동 전국대표자회의를 통해 〈내란청산·사회대개혁비상행동〉으로 명칭 변경 및 활동 목표 등 수정. **2025년 4월 11일** 경복궁 서십자각터에서 〈내란은 끝나지 않았다!

정세	비상행동 활동
	내란 종식 긴급행동〉 진행. **2025년 4월 12일** 경복궁 서십자각터에서 〈세월호참사 11주기 기억·약속 시민대회 "기억하는 우리가 세상을 바꾼다"〉 진행. **2025년 4월 14일** 〈내란수괴 윤석열 엄벌 및 재판부의 직권 재구속 촉구 기자회견〉 진행. **2025년 4월 17일** 국회에서 8개 정당·내란청산사회대개혁비상행동 공동정책토론회 "탄핵을 넘어, 대선을 넘어, 사회대개혁으로 만드는 새로운 세상" 진행. 〈내란특검법 또 부결시킨 국민의힘을 강력히 규탄한다〉 입장 발표. **2025년 4월 19일** 향린교회에서 시민들 참여로 〈파면 뒤풀이, 사회대개혁 앞풀이〉 진행. 광화문 동십자각에서 〈내란 종식, 사회대개혁을 위한 시민행진〉 진행. **2025년 4월 29일** 〈한덕수 대통령 권한대행의 대통령 기록물 지정 반대를 위한 국회−시민단체 합동 기자회견〉 진행. **2025년 4월 30일** 국회·시민사회 공동 기자회견 〈내란주범들의 전쟁 유도 외환죄 특검으로 철저히 수사, 처벌하라!〉 진행. **2025년 5월 1일** 사회대개혁 온라인 골든벨 이벤트 진행, 시민 1487명 참여(~5/25). **2025년 5월 2일** 〈내란공범 한덕수 대선 출마, 국민이 심판할 것이

정세	비상행동 활동
	다〉, 〈대법원의 노골적인 정치개입을 규탄한다〉 입장 발표.
2025년 5월 10일 국민의힘, 김문수 후보를 한덕수로 기습 교체 시도했으나, 당원 투표에서 안건이 부결.	**2025년 5월 10일** 사전대회로 용산전쟁기념관 앞에서 광화문 집회 현장까지 〈페미니스트 대행진〉, 서울 광화문에서 〈남태령을 넘어 식량주권의 나라로! 내란농정 청산·농업대개혁 실현 범시민대회〉 진행. 광화문 동십자각 앞에서 〈사법부 정치개입 규탄! 내란청산 사회대개혁 시민행진〉 진행.
	2025년 5월 14일 〈"12·3 내란재판 국민의 알권리 보장하라!" 김용현 등 재판 비공개하는 지귀연 재판부 규탄 기자회견〉 진행.
	2025년 5월 20일 〈내란 우두머리 윤석열의 '관저비용 은폐' 대통령비서실 규탄 기자회견〉 진행.
	2025년 5월 21일 118개 사회대개혁 과제 중 '내 맘속 1번 과제' 선정 시민 온라인 이벤트 진행(~6/8).
	2025년 5월 26일 〈내란수괴 윤석열을 즉각 재구속하라! 윤석열 재구속 촉구 3만 6000명 시민서명과 의견서〉 지귀연 재판부에 제출.
	2025년 5월 28일 〈투표로 내란청산! 투표로 사회대개혁! 긴급기자회견 진행〉
2025년 6월 3일 제21대 대통령 선거, 이재명 후보 당선.	
	2025년 6월 4일 〈주권자는 내란세력 심판을 선택했다. 이제는 사회대개혁으로 나아가자〉 입장 발표.

정세	비상행동 활동
	025년 6월 5일 〈세 번째 내란특검법 국회 통과, 이제는 '내란 종식'으로 가자〉 입장 발표. 2025년 6월 10일 "주권자 시민이 이겼습니다! 고맙습니다!" 내란청산·사회대개혁비상행동 활동 종료 기자회견. 2025년 6월 21일 전국에서 200여 명의 시민이 참여한 가운데 〈"이재명 정부 우선 개혁 과제, 시민이 직접 제안하자!" 6·21 광장시민대토론회〉 2025년 10월 23일 비상행동 기록기념위원회 활동계획 발표.

연인원 1000만 명, 발언 1000개, 시민행진 145킬로미터, 220여 개 공연
124일 중 67일, 광장에서 윤석열 파면과 민주주의 수호 외치다!
비폭력·평등·다양성·유쾌·혐오 배제 등 시민정신 빛난 여정.

내란사태에서 내란수괴 파면까지 123일

12·3 내란사태 발발 123일 만에 내란수괴 윤석열이 대통령직에서 파면됐다. 무장한 계엄군은 시민들을 향해 총부리를 겨누었지만, 시민들은 비폭력적·평화적 방식으로 맞섰다. 촛불과 응원봉을 든 사람들이 한데 어우러져 빛의 향연을 이루었다. 민중가요와 K-팝이 함께 울려 퍼지며, 광장은 민주주의를 수호하고자 하는 시민들로 가득 찼다. 내란세력은 한국 민주주의의 시계를 40년 전으로 되돌리려 했지만, 시민의 힘으로 민주주의를 지켜냈다. 시민이 승리했다.

124일간 67차례 시위, 시민행진 60회, 약 145킬로미터

12·3 비상계엄 직후 파면 다음 날인 4월 5일까지 124일 동안 광화문 등 서울에서만 67차례 집회 시위가 열렸다. 이틀에 한 번꼴로 시민들이 모여 내란수괴의 대통령직 파면을 요구한 것이다. 12·3 비상계엄 이후 탄핵소추안 가결(12월 14일)까지 11일간 매일 국회 앞 집회가 이어졌다. 매주 토요일 18차례 범시민대행진을 진행했다. 이뿐 아니라 생계와 본업을 뒤로하고 무박 투쟁조차 마다하지 않았다. 농민의 트랙터 시위 행진을 경찰이 막아 생긴 두 차례의 남태령 대첩(2024년 12월 21일~22일, 2025년 3월 25일~26일)은 분노한 시민들의 자발적 운집으로 무박 2일로 진행됐다. 한남동 관저에 숨어 적법한 체포 집행을 거부한 윤석열을 체포하기 위해서 '윤석열 즉각 체포 촉구 긴급행동'(1월 2일~1월 5일)을 진행하는 가운데 시민들이 2박 3일(1월 4일~6일) 투쟁하며 한남동 대첩을 승리로 이끌어냈다.

3월 8일, 법기술자들의 '날'이 아닌 '시간' 계산이라는 어처구니없는 구속기간 계산법으로 내란수괴 윤석열이 석방된 이후는 거의 매일 긴급집중행동 집회 시위를 벌였다. 1차 긴급집중행동(3월 8일~3월 15일), 2차 긴급집중행동(3월 16일~3월 22일), 3차 긴급집중행동(3월 24일~3월 29일), 4차 긴급집중행동(3월 31일~4월 4일)을 진행한 끝에 헌법재판소의 파면 선고로 긴급집중행동은 마무리되었다. 특히 헌법재판소 선고일 공지를 압박하기 위해 24시간 철야 집중행동(4월 1일~4월 2일), 끝장대회(4월 3일~4월 4일)를 진행했다. 비상행동은 윤석열이 석방된 다음 날(3월 9일)부터 광화문 서십자각에 농성장을 차리고 긴급집중행동을 파면 선고일(4월 4일)까지 27일간 이어갔다. 13명의 공동의장은 3월 21일까지 14일 동안 목숨을 건 단식농성을 진행했고, 2명의 공동의장은 12일 동안 단식농성을 진행했다(건강 악화로 중단하고 병원 이송). 이후에도 비상행동 공동운영위원장단 등이 릴레이 단식에 참여했다. 윤석열퇴진예술행동 소속 송경동 공동대표(3월 11일~3월 25일)를 비롯한 공동대표단의 릴레이 단식도 (3월 21일~28일) 이어졌다.

아울러 메리퇴진 크리스마스(12월 24일) 내란 종식 대보름 한마당(2월 12일) 등 특별한 날에도 광장에서 함께했다. 평일에도 나이트워크(3월 5일, 3월 6일), 대통령 권한대행 한덕수 규탄 대회(12월 20일, 12월 26일) 등이 진행됐다. 국회, 광화문 동십자각, 광화문 서십자각은 물론 서울 곳곳에서 진행한 시민행진은 총 60회, 약 145킬로미터로 이는 서울에서 대전까지에 이르는 거리다.

천만의 시민, 천 명의 발언, 천 명의 예술인이 가득 채우다

유독 한파가 잦았던 2024년 겨울, 내란수괴 윤석열 탄핵을 이끌어내기 위해 12·3 비상계엄 직후 4월 5일까지 연인원 1000만 시민이 광장에 나왔다. 탄핵소추안 가결을 촉구한 1차 범시민대행진에는 100만 시민이, 한 차례 부결 후 치솟은 분노로 다시 모인 2차 범시민대행진에는 200만 시민이 운집했다. 또한 헌법재판소 선고 지연에 분노한 시민이 다시 대규모로 운집한 15~17차 범시민대행진에도 100만 시민이 집결했다. 토요일 범시민대행진에는 20~50만 시민이, 평일집회에도 수만의 시민이 함께했다. 각각의 집회는 다채로운 발언과 공연으로 진행됐다. 약 1030개의 발언이 있었고 이 중 약 70%가 발언을 신청한 시민들의 목소리로 채워졌다. 아울러 220여 개의 공연, 1100명의 예술인이 집회의 다채로움과 흥겨움을 더했다.

무엇보다 124일 동안 큰 사고 없이 비폭력적·민주적이면서 다채롭고 풍성한 집회 문화를 만들어갈 수 있었던 것은 시민들의 높은 인식과 '평등하고 평화로운 집회'를 만들어가기 위해 선언을 매번 다짐하며 집회를 시작한 모두의 노력의 결실이었다. 총 1000명이 넘는 자원봉사자가 1차 집회부터 지금까지 함께했다. 특히 헌법재판소의 선고 지연으로 분노가 치솟았던 13차, 15차 범시민대행진 당시에는 각각 약 280명의 자원봉사자가 안전한 집회를 위해 함께했다. 소외됨 없는 평등 집회를 지향하며 수어통역사 연인원 166명이 거의 모든 집회에 빠짐없이 참여했다. 비상행동 의료지원단(건강권 실현을 위한 보건의료단체연합)은 12월 7일부터 의료부스를 운영하며, 지역 각지에서 평일에는 20명, 주말에는 50~70명, 연인원으로 약 2000명의 의료인이 참여했다. 환자들의 증상은 주로 경증이었지만, 철야농성들에서는 심한 저체온과 전신의 온갖 통증과 증상을 호소하는 환자가 많았다. 그들 중 다수가 쉬어야 한다는 의료진 권고를 따르지 않고 몸만 녹인 뒤 돌아가 끝까지 싸우겠다며 자리를 지켰다. 인권침해감시단 민주사회를위한변호사모임은 평일 10여 명, 시민대행진 50여 명, 연인원 1000여 명의 변호사가 참여했다. 인권침해감시단은 집회가 진행되는 동안 극우세력의 집회 방해 예방과 대응활동을 했을 뿐 아니라, 시민들의 집회 시위의 권리 보장을 위해 집회 금지(제한) 통고 집행정지 신청, 경찰의 집회 장소 및 동선 통제 항의 등의 활동을 진행했다. 이 밖에도 시민들은 푸드트럭, 난방트럭, 핫팩, 생수, 휴지, 월경용품, 각종 식음료, 각종 약품 등 필요한 물품을 아낌없이 지원했다. 또한 집회, 철야농성을 진행하는 주변 상가, 종교시설, 주유소 등에서는 화장실, 쉼터 등을 제공하기도 했다.

광장 너머에서 만난 150만 명의 시민:
온·오프라인, 각계각층, 전국 방방곡곡, 해외 각지

윤석열즉각퇴진을 요구하고 민주주의를 수호하기 위한 시민행동은 광장 집회뿐 아니라 온·오프라인에서 약 150만 명의 시민을 만났다. '대통령 윤석열 탄핵소추와 내란죄 수사를 위한 특검법 제정 촉구에 관한 국회 청원'(2024년 12월 4일~2025년 1월 3일)에는 40만 287명이 참여했다. '윤석열 파면 촉구 헌법재판소 시민의견서'(2월 17일)에는 4만 5289명이 참여했다. '72시간 온라인 긴급 탄원 캠페인'(3월 30일~4월 1일)에는 100만 26명이 참여했다(오프라인 집계 미포함). 특히 단 3일 만에 100만 시민참여는 전례 없는 일이었다. 이 밖에도 광장에서의 만남을 이어가는 '남태령 집담회'(2024년 12월 28일) 70명, '광야에서 광장으로-나의 광장 출동기'(1월 25일) 60명, '광야에서 광장으로-나의 광장 획득기'(2월 1일) 65명 등 시민 공론장에서 200여 명의 시민을 만났다. 광장 곳곳에서 수천 명이 함께한 추모의 벽, 다회용 피켓 꾸미기, 최악의 내란공범 투표, 시민재판, 광장 갤러리, 국힘해체 N행시, 내란을 멈추는 한 끼 동조단식·거리강연·책방 등 시민참여 프로그램이 진행됐다. 아울러 윤석열 파면 촉구와 연대의 마음을 적고 걸어두었던 형형색색 2만 개의 리본도 광장을 물들였다.

윤석열 즉각 파면을 촉구하는 시민의 힘은 광화문 한 곳만이 아니라, 전국 곳곳에서 주말은 물론 평일까지 셀 수 없이 이어졌다. 서울 67회, 부산 50회, 울산 52회, 제주 29회 등 전국의 100여 곳 이상에서 현재(4월 5일 기준) 취합한 것만 1800회 이상 진행된 것으로 확인된다. 해외에서도 한국 민주주의 수호를 위한 시민행동이 이어졌다. 독일 프랑크푸르트, 베를린, 보훔, 슈투트가르트, 뮌헨, 프랑스 파리, 영국 런던, 일본 도쿄, 오사카, 후쿠오카, 미국 뉴욕, 워싱턴, LA, 애틀랜타, 시애틀, 샌프란시스코, 캐나다 토론토, 멕시코 멕시코시티, 호주 시드니, 멜버른, 뉴질랜드 오클랜드 등 해외 각지에서 집회, 피케팅, 캠페인 등이 진행됐다.

비상행동뿐 아니라 시민사회단체별 활동도 이어졌다. '윤석열 파면 촉구 헌법재판소 제출 의견서' 릴레이 제출 기자회견은 27차례, '윤석열 즉각 파면 촉구 릴레이 시국선언'(3월 10일~4월 3일)에는 시민사회민중단체, 여러 연대체, 종교인 등이 참여해 47차례나 진행됐다. 비상행동이 실시한 매주 금요일 국민의힘 해체의 날에 맞춰 '비정규직 이제 그만' 등 비정규노동자들과 '윤석열퇴진예술행동'의 각계 문화예술인들은 국민의힘 청사 앞에서 1박 2일 연속 철야농성(1월 17일~1월 18일), '내란공범 국민의힘 해체쇼'(1월 24일) 등 내란동조 위헌정당 투쟁에 함께했다. 아울러 24개 시민사회단체는 출근길과 점심시간에 광화문역, 시청역, 혜화역, 홍대입구역, 합정역, 충무로역, 명동역 등 서울 곳곳에서 윤석열 8 대 0 파면 긴급 공동행동 피켓팅(4월 1일~4월 3일)을 진행했다. 8 대 0 집중 실천의 날(4월 3일) 서울 시내 곳곳에서 윤석열 파면 방송차량 지역 선전전을 진행했다. 구로구, 영등포구, 노원구, 강남구, 강동구, 광진구, 은평구, 서대문구, 마포구, 동대문구에서도 하루 종일 방송차량이 골목 골목을 순회했다.

사회대개혁을 향해: 11개 분야에서 118개 과제와 424개 세부과제, 그리고 1개의 특별과제

사회대개혁특별위원회는 지난 3개월 동안 11개 분야에서 118개 과제와 424개 세부과제, 그리고 1개의 특별과제(내란의 완전한 종식과 헌정질서 회복)를 만들었다. 이 과정에는 비상행동 소속 1700여 개 단체 대표로 127개 단체, 189명 전문가·활동가, 그리고 시민들이 참여했다. 또한 사회대개혁 온라인 시민 공론장인 '천만의 연결'을 통해 10만여 명의 시민을 만났고 총 800여 건의 시민 의견과 사회대개혁 정책제안을 받아 과제에 반영했다. 서울에서는 28개 테이블, 200여 명의 시민이 참여한 사회대개혁 대토론회(3월 9일)를 진행하여 사회대개혁을 위한 시민들의 열망을 모았고, 경남·광주·인천·전남에서도 지역별 의제를 포함한 사회대개혁 토론회를 진행했다. '천만의 연결'을 통해 제안된 지역, 동네별 사회대개혁 대화 모임인 '천만의 대화'도 전국 곳곳에서 32개의 모임이 진행되었다. 특위는 시민들이 함께 만든 사회대개혁 과제를 각 정당에 전달하고, 대선 과정에서 이 요구들이 각 정당의 공약에 반영될 수 있도록 하는 한편, '천만의 연결'과 정당 초청 토론회 등을 통해 각 정당이 사회대개혁 과제를 얼마나 수용하고 이행해 나가는지 시민들과 유권자들에게 알리는 활동을 진행했다.

총 7건의 고소·고발, 1건의 헌법소원

내란 및 외환 세력에 대한 사법적 조치도 이어갔다. 윤석열 등 내란죄 및 외환죄 혐의 고소·고발(12월 17일, 26일), '체포방해' 경호처 박종준 처장·김성훈 차장 등 고발(1월 3일), 12·3 비상계엄 및 포고령 헌법소원 청구(1월 7일), '헌법재판관 미임명' 최상목과 국무위원 21명 직무유기 고발(3월 6일), 심우정 검찰총장 등 직권남용죄 고발(3월 9일), 트랙터 불법견인 등 박현수 서울청장 직무대리 등 고소(3월 26일), 한덕수 대통령 권한대행 직무유기 등 공수처 고발(4월 1일)로 총 7건의 고소·고발, 1건의 헌법소원을 제기했다.

내란청산 · 사회대개혁
비상행동 결산
(2024년 12월 4일~2025년 6월 9일)

❶ 수입

순	항목	금액	내역		비고
1	오프라인	350,075,570	12월 4일~12월 6일	12,977,000	
			12월 21일	12,076,080	
			12월 28일	21,365,800	
			1월 4일	20,826,850	
			1월 11일	19,101,020	
			1월 18일	10,212,440	
			1월 25일	17,092,030	
			2월 1일	11,335,130	
			2월 8일	8,863,830	
			2월 15일	11,388,200	
			2월 22일	10,642,460	
			3월 1일	13,993,240	
			3월 8일	28,950,900	

			3월 15일	83,554,810	
			3월 22일	32,345,550	
			*3월 29일	32,002,230	산불피해기금
			4월 5일	3,348,000	
			합계	350,075,570	
2	온라인 (계좌 입금)	5,306,065,909	12월 4일~12월 13일	986,641,150	
			12월 14일~12월 20일	277,313,917	
			12월 21일~12월 27일	193,148,688	
			12월 28일~1월 3일	109,932,487	
			1월 4일~1월 10일	272,419,981	
			1월 11일~1월 17일	55,704,352	
			1월 18일~1월 24일	25,662,919	
			1월 25일~1월 31일	89,668,026	
			2월 1일~2월 7일	77,674,218	
			2월 8일~2월 14일	35,043,357	
			2월 15일~2월 21일	51,925,920	
			2월 22일~2월 28일	27,480,813	
			3월 1일~3월 7일	85,464,299	
			3월 8일~3월 14일	850,025,550	
			3월 15일~3월 21일	427,855,798	
			3월 22일~3월 28일	286,820,092	
			3월 29일~4월 4일	522,809,120	
			4월 5일~4월 18일	888,885,500	
			4월 19일~5월 9일	31,346,763	
			5월 10일~6월 9일	10,242,959	
			합계	5,306,065,909	
3	기타	49,631,225	이자+캐시백	527,169	
			거부권을거부하는전국비 상행동 차입금	49,104,056	
4	단체분담금	28,400,000			
	총합계	5,734,172,704			

❷ 지출

순	항목	금액	내역	
1	무대 및 음향	3,668,760,000	12·4시민촛불	39,900,000
			12·5시민촛불	21,000,000
			12·6시민촛불	40,600,000
			12·7범국민촛불대행진	101,900,000
			12·9시민촛불	42,600,000
			12·10시민촛불	57,200,000
			12·11시민촛불	59,700,000
			12·12시민촛불	57,200,000
			12·13시민촛불	110,100,000
			12·14범국민촛불대행진	160,600,000
			12·16시민대행진	35,300,000
			12·20긴급규탄대회	28,000,000
			12·21범시민대행진	79,200,000
			12·24응원봉콘서트	63,100,000
			12·26긴급행동	13,300,000
			12·27시민대회	30,500,000
			12·28범시민대행진	104,300,000
			1·2긴급행동	30,500,000
			1·3긴급행동	32,700,000
			1·4범시민대행진	174,500,000
			1·5긴급행동	30,500,000
			1·6긴급행동	15,500,000
			1·11범시민총궐기대회	101,900,000
			1·18범시민대행진	101,900,000
			1·25범시민대행진	61,600,000
			2·1범시민대행진	62,600,000
			2·8범시민대행진	61,600,000
			2·12대보름 한마당	39,500,000
			2·15범시민대행진	101,900,000
			2·22범시민대행진	61,600,000

			3·1범시민대행진	72,800,000
			3·5나이트워크	2,500,000
			3·6나이트워크	2,500,000
			3·7긴급행동	13,800,000
			3·8범시민대행진	86,400,000
			3·9대토론회	6,000,000
			3·9농성음향	14,860,000
			3·9긴급집중행동	16,500,000
			3·10긴급집중행동	25,300,000
			3·11긴급집중행동	28,300,000
			3·12긴급집중행동	33,800,000
			3·13긴급집중행동	33,800,000
			3·14긴급집중행동	34,300,000
			3·15범시민대행진	181,700,000
			3·16긴급집중행동	26,300,000
			3·17긴급집중행동	29,800,000
			3·18긴급집중행동	26,300,000
			3·19긴급집중행동	28,800,000
			3·20긴급집중행동	28,800,000
			3·21긴급집중행동	28,800,000
			3·22범시민대행진	159,400,000
			3·24긴급집중행동	28,800,000
			3·25긴급집중행동	26,300,000
			3·26긴급집중행동	28,000,000
			3·27시민총파업	39,600,000
			3·28긴급집중행동	28,800,000
			3·29범시민대행진	152,100,000
			3·31긴급집중행동	28,000,000
			4·1긴급집중행동	82,100,000
			4·2긴급집중행동	54,100,000
			4·3긴급집중행동	75,100,000
			4·4긴급집중행동	35,100,000
			4·5범시민대행진	127,100,000
			4·11긴급행동	15,500,000

			4·19시민행진	73,300,000
			5·10시민행진	73,300,000
			합계	3,668,760,000
2	선전 홍보	213,779,210	현수막/손피켓 등 홍보물	137,398,176
			홈페이지/엑스/페이스북/영상제작	76,381,034
			합계	213,779,210
3	행사 진행	291,047,361	행사장비 렌털	151,718,100
			자봉단 운영	23,508,300
			물품 구매	49,007,498
			스텝 지원, 농성 및 단식 등	66,813,463
			합계	291,047,361
4	공연 섭외	170,900,000	220여 개 공연, 예술인 1100여 명	
5	상황실 운영	19,903,781	상황실 물품 구입 및 운영 등	
6	기타	32,002,230	*3·29산불피해기금	
	총합계	4,396,392,582		

❸ 수입－지출: 1,337,780,122원

독립된 감사인의 감사보고서

내란청산·사회대개혁 비상행동 귀중   2025년 7월 31일

본 감사인은 내란청산·사회대개혁 비상행동(이하 "비상행동")이 2024년 12월 4일
부터 2025년 6월 9일까지 활동과정에서 자금의 수입과 지출을 정리한 결산서를 감
사하였습니다. 이 결산서를 작성할 책임은 비상행동에 있으며, 본 감사인의 책임은
이 결산서에 표시된 수입액 및 지출액이 비상행동의 통장거래내역 및 지출증빙, 기
타 관련서류의 확인을 통해 비상행동의 내부지침 및 일반적으로 인정된 회계기준에
따라 사용되었는지를 확인하여 의견을 표명하는 것입니다.

본 감사인은 수입액을 뒷받침하는 통장입금내역을 확인하고, 사업비 사용을 뒷받침
하는 해당 사업경비 사용명세서, 비상행동 수입·지출내역서, 통장거래 내역서 확인
및 관련 회계 기록의 실사를 수행하였으며, 또한 검토 당시의 사정에 비추어 필요
하다고 인정되는 실무자 면담등 기타의 감사절차를 적용하였습니다.

사업기간 중 수입총액은 거부권을 거부하는 전국비상행동 차입금 49,104,056원과
분담금 28,400,000원 및 온·오프라인회비입금액 5,656,141,479원에 이자등
527,169원을 합한 5,734,172,704원이며, 지출총액은 무대음향비용 3,668,760,000
원과 산불피해기금전달액 32,002,230원 및 기타사업비695,630,352원(선전홍보, 공
연섭외, 행사진행, 상황실운영)을 합한 4,396,392,582원입니다. 따라서 2025년 6월
9일 현재 수입총액에서 지출총액을 차감한 통장잔액은 1,337,780,122입니다. 이
중 거부권을 거부하는 전국비상행동 차입금 49,104,056원을 제외한 사업비 집행잔
액은 1,288,676,066원입니다. 본 감사인의 의견으로는 결산서에 기재된 수입총액
및 지출총액은 비상행동의 내부지침 및 일반적으로 인정된 회계기준에 준거하여 적
정하게 집행되었음을 확인합니다.

공인회계사   장 원 택

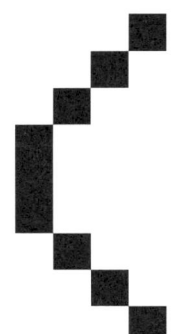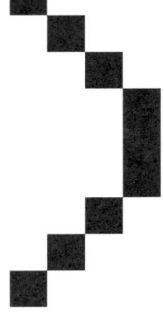

끝이 아닌 새로운 시작

겨울을 지나 다시 봄입니다. 칼바람 부는 12월의 여의도와 남태령, 폭설이 내리던 한남동, 극한의 투쟁으로 마침내 내란세력을 끌어내렸던 광화문과 안국동, 그리고 전국 방방곡곡에서 펼쳐진 수많은 현장의 기억이 다시 떠오릅니다.

한 주 한 주 앞길을 예측할 수 없어 살얼음판을 걷던 그 겨울과 봄의 기억은, 다시 생각해도 너무나 아찔합니다. 무장군경의 국회 진입을 맨몸으로 막아냈던 내란의 밤부터, 끝끝내 국회의 탄핵소추안을 이끌어냈던 국회 앞 200만 집회, 엄중했던 체포영장 집행 대치 국면, 체포 구속의 안도가 가시기도 전에 닥쳐온 내란수괴의 석방, 목숨을 건 광화문 단식농성과 매주 미뤄지던 탄핵심판 선고, 재집권을 위한 내란세력의 거듭된 시도들, 전쟁과 주요 인사들의 불법 체포·사살 계획이 담긴 충격적인 내란 준비 과정들, 윤석열 파면 이후에도 이어진 사법부의 선거 개입 등 비상행동의 6개월은 매일이 롤러코스터였습니다.

그래서 더욱, 광화문에서, 전국에서 벌어진 수많은 항쟁의 기억을 모으고 기록한다는 것이 너무나도 어렵고 무거운 일이었습니다. 그러나 그 자체가 영광스러운 일이었다고 고백합니다.

한 권의 책에 다 담아내지 못한 소중한 이야기들이 아직도 마음을 맴돕니다. 미처 책에 다 담아내지 못한 기록은 온라인 기념관 '빛의 기록'을 통해 더 오래, 더 많이 나눌 수 있어 얼마나 다행인지 모릅니다.

주권자 시민혁명 '빛의 광장의 기록'이 만들어지기까지 정말 많은 분들이 함께했습니다. 기록기념위원회 공동대표님들과 운영위원회, 수집위원회와 온라인기념관팀 구성원들의 협업이 없었다면 이 기록은 나오지 못했을 겁니다. 백서위원회에서 집필에 함께했던 박한희, 우동희, 박상은, 윤순철 님, 각 팀·지역·부문 활동을 나눠서 작성해주신 비상행동 집행팀장들과 지역·부문별 담당자분들, 인터뷰에 참여해주신 깃발과 자원봉사자분들께 감사의 말씀을 드립니다. 지역·부문 담당자들을 챙기고 사진 수집 등 각종 실무에 큰 도움을 주신 심규협, 박평화, 이윤서, 최영옥 님, 교정과 편집, 디자인, 출판, 홍보까지 불가능한 일정을 가능하게 만들어주신 위즈덤하우스 출판사 관계자분들께도 특별히 감사드립니다.

무엇보다 이 백서의 주인공은 빛의 광장을 만들어오신 모든 주권자 시민분들입니다. 절망과 불안의 시간에 서로를 지켰고, 평등과 평화의 목소리로 광장을 메웠습니다. 추락할 위기에 놓인 우리 민주주의를 지켜내고, 내란세력의 재집권을 막아냈습니다. 매 순간이 기적이고, 감동이었습니다. 세계의 모든 시민도 우리의 민주주의와 시민의 힘을 주목하고 있습니다. 이 자리를 빌려 빛의 광장을 열어주고 응원해주신 모든 시민께 존경과 감사의 말씀을 드립니다.

거대한 승리의 역사를 만들어오신 주권자 시민분들께 감사의 인사를 올립니다.

　덧붙여 민주주의와 주권자 시민의 승리는 비상행동의 모든 활동가분의 땀과 노동 없이는 불가능한 일이었다는 점도 글로 남깁니다. 매주 토요일 집회는 16시경 시작했지만 무대는 토요일 새벽에 쌓기 시작했고 함께 외쳤던 구호와 연설, 연출과 행진로, 선동은 일주일 내내 진행되었던 비상행동의 치열한 논의의 결과물이었습니다. 계엄부터 비상행동의 해산까지 190일간 '월화수목금금금'으로 살아오신 비상행동 활동가분들께 감사의 인사를 올립니다.

　내란의 겨울을 지나 새로운 봄이 오듯,《빛의 광장의 기록》은 끝이 아닌 새로운 시작입니다. 우리가 광장에서 함께 외쳤던 '사회대개혁'의 과제가 아직 남아 있기 때문입니다. 비상행동은 활동을 종료했지만 전국 곳곳에서 여전히 사회대개혁을 향한 시민들의 힘찬 발걸음이 이어지고 있습니다.《빛의 광장의 기록》과 함께, 사회대개혁이 실현된 새로운 봄의 광장에서 다시 뵙겠습니다. 감사합니다.

2026년 3월 6일 금요일

감사와 존경의 마음을 담아

내란청산·사회대개혁비상행동 기록기념위원회

김주호·주제준 백서위원회 위원장 드림

윤석열즉각퇴진·사회대개혁

비상행동

'비상행동 기록기념위원회'는 책자형 백서인 《빛의 광장의 기록》 외에도 중앙과 지역의 비상행동, 시민들이 보내주신 각종 기록들을 수집하여 아카이빙하는 온라인 기념관 '빛의 기록'을 열었습니다. 이 백서는 온라인 기념관에서도 다운로드 받으시거나 보실 수 있습니다. 온라인 기념관을 통해 시민 누구나 본인이 소장하고 있는 빛의 광장의 기록을 남기실 수 있으니 많은 관심과 참여 부탁드립니다.

빛의 광장의 기록
윤석열즉각퇴진 사회대개혁

초판 1쇄 인쇄 2026년 3월 25일
초판 1쇄 발행 2026년 4월 4일

엮은이 비상행동 기록기념위원회 백서위원회
펴낸이 최순영

출판2 본부장 박태근
지식교양 팀장 송두나
편집 맹준혁
디자인 이세호

펴낸곳 ㈜위즈덤하우스 **출판등록** 2000년 5월 23일 제13-1071호
주소 서울특별시 마포구 양화로 19 합정오피스빌딩 17층
전화 02) 2179-5600 **홈페이지** www.wisdomhouse.co.kr

ISBN 979-11-7591-052-2 03300